규제를 깬

# 혁신의
# 역사

Innovation
and Its Enemies

# 규제를 깬 혁신의 역사

왜 그들은
신기술에
저항하는가

칼레스투스 주마 지음
박정택 옮김

Why People Resist
New Technologies

한울
아카데미

# 추천의 글

파괴적 혁신의 종사자들의 필독서
**_리처드 J. 로버트**(Richard J. Robert) 노벨 생리의학상 수상자, 뉴잉글랜드바이오랩 최고과학책임자


혁신과 그 적들에 대해 매우 잘 설명한 책이며, 역사적 관점에서 미래혁신을 준비하고자
하는 학자 및 일반 대중들의 필독서
_ **용유트 유탄봉**(Yongyuth Yuthanvong) 전 태국 과학기술부총리 겸 장관


매우 시의 적절한 책이며, 과학기술 혁신을 통해 인류복지를 증진하고자 하는 그의 열정과
사랑에 깊은 감사를 드림
_ **M.S.스와미나탄**(M. S. Swaminathan) 세계식량상 수상자, 스와미타탄 연구재단 총재


매우 우수한 책이며, 특히 신기술 분야에서 일하는 사람들과 21세기 대도전을 준비하는
사람들의 필독서이며 매우 귀중한 참고 자료
_ **알랙 브루어스**(Alec Broers) 영국 상원의원, 전 케임브리지 대학교 총장


새로운 혁신 제품과 서비스에 반대하는 세력에 대한 탁월한 분석이며, 기업가, 정책 결정자
및 학자들의 필독서
_ **N. R. 나라야나 무르티**(N. R. Narayana Murthy) 인포시스 설립자


이 책은 정치적 자본의 적절한 배치와 일반 시민들의 위험과 재해의 혼동 가능성에 대한
보다 깊은 이해가 어떻게 성과의 결정적인 차이를 가져오는지에 대한 저자의 통찰력을
보여준다. 과학 및 정치 지도자들의 필독서
_ **이언 블래치포드**(Ian Blatchford) 영국 과학관 단체 총재

혁신에 반대하는 세력을 진정으로 이해하려면 혁신에 대한 지도적 등불인 칼레스투스 주마가 필요하다. 기술 변화가 최고 속도에 달하고 있는 것처럼, 이 특별한 책은 우리를 속박하고 제지하고 있는 것에 대한 체계적이고 학술적이며 외과적인 분석을 제공한다.
_ **에릭 토폴**(Eric Topol) 『청진기가 사라진 이후(The Patient Will See You Now)』의 저자

저자 칼레스투스 주마 교수는 냉동과 기계화 등 매혹적인 역사적 사례를 통해 우리 시대의 역설 중 하나인 즉 기술 발전으로 많은 혜택을 누린 세대들이 왜 기술 발전에 저항하는지를 설명한다. 기술 개발 및 정책에 관련된 모든 사람의 필독서
_ **루이스 O. 프레스코**(Louise O. Fresco) 네덜란드 바헤닝언(Wageningen) 대학교 총장 겸 연구센터장

새로운 기술이 어떻게 만들어지고 왜 사회에서 받아들여지지 않는지에 대한 뛰어난 논문이다. 『혁신의 역사』는 휴대전화에서부터 커피, 전구에 이르기까지 혁신을 관통하는 멋진 이야기들로 가득하다. 나는 이 책을 읽는 것을 좋아한다.
_ **로버트 랭어**(Robert Langer) MIT 교수 데이비드 코흐(David H. Koch) 연구소

『혁신의 역사』는 훌륭한 책이다. 문체가 명쾌하다. 그 격조가 생동감이 넘친다. 주마 교수는 심오한 사회사적 문제를 논하지만, 그가 역사에서 도출한 사례연구를 사용함으로써 일반 독자들에게 더 가까이 다가가게 한다. 이건 정말 훌륭한 책이고 매혹적인 읽을거리다!
_ **이스마일 세라겔딘**(Ismail Serageldin) 이집트 알렉산드리아 도서관 관장

# 차례

# 역자 서문

4차 산업혁명 시대에 혁신은 우리 사회에서 지속적이며 심도 있게 영향을 미치는 사안이다. 혁신은 보수와 진보의 긴장과 갈등의 원천이며, 인간 생존의 필수조건이고 경제·사회 변혁의 원동력이다. 역사는 혁신되지 않는 '현직 incumbency'은 지속적으로 현상을 유지하지 못하며 새로운 혁신에 의해 도태된다는 사실을 보여준다('incumbency'를 현직, 현상 유지, 현존 체제, 현존 산업 등 혁신에 대비되는 개념으로 폭넓게 사용되며, 역자는 이를 '현직'으로 번역함). 우리는 역설적으로 혁신에 대한 철옹성과 같은 저항을 일상에서 직면한다.

특히 신기술에 대한 저항이 기술 자체의 문제를 넘어 산업과 경제 그리고 사회 전반에 걸쳐 뿌리 깊게 내재되어 현상 유지 status quo 의 방패 역할을 하는 것을 볼 수 있다. 이러한 역학 관계는 혁신에 대한 저항이 기술 변화에만 국한되는 것이 아니라 사회적·문화적 변화의 본질을 반영하고 있기 때문이다. 이는 혁신과 현직 간의 갈등의 근원적인 처방이 특정 기술 자체의 변화에만 의존하기보다는 기술과 사회의 상호작용 관점에서 모색되어야 하는 이유다.

이 책은 혁신에 대한 사회적 반대의 역학을 탐구한다. 특히 신기술의 지지자와 현존 산업계 간 갈등을 조명한다. 역설적으로 혁신을 통해 많은 혜택을 누린 세대들이 왜 혁신에 저항하는지 그리고 새로운 기술이 어떻게 출현하고, 선택되고, 전승되는지에 대해 휴대전화, 커피, 인쇄기, 전기, 냉장고, 유전자 변형 작물에 이르기까지 역사적인 혁신의 여러 사례를 사용해 설명한다. 오스트리아의 경제학자 조지프 슘페터 Joseph Schumpeter 에 따르면 혁신은 기

10

존 관행에서 벗어난 '새로운 조합new combinations'의 창출이며, 창조적 파괴 creative destruction 의 과정이다. 혁신의 창출에는 그에 상응하는 냉혹한 대가가 수반된다. 규범에서의 일탈은 때로 신기술 개발자들과 기업가들에게 엄청난 긴장감과 압력으로 작용하고, 이것이 사회적 배척과 더 나아가 물리적 방해나 직접적인 공격으로 이어지기도 한다. 이처럼 혁신의 과정은 험난하지만 혁신의 성과는 참으로 매혹적이다. 오늘날 교육 현장, 산업 현장, 정치 현장 등 도처에서 혁신의 구호는 현기증이 날 정도로 범람하고 있으나 진정한 혁신의 성과는 여전히 의문이다. 오죽하면 '혁신을 혁신하자'라는 구호까지 나왔을까?

이 책은 역자가 한국의 과학기술에 관한 혁신 정책의 현장에서 정책 입안 및 정책 결정자로서, 대학에서의 강의 및 연구 과정에서 경험하고 터득한 체험을 바탕으로 번역한 것이다. 역자가 이 책을 번역한 동기는 세 가지로, 첫 번째는 혁신이론의 확장에 있다. 이 책은 혁신의 문제를 기존의 기술 정책이나 기술경영이론의 관점을 넘어 보다 거시적인 사회·문화 체제와의 상호작용의 측면을 새롭게 다루고 있다. 국내에 혁신이론 및 정책 관련 서적이나 혁신 기법에 대한 단편적인 주제를 다룬 문헌 및 보고서들은 많이 출간되어 있으나 혁신을 기술과 사회·문화 체제와의 공진화적 관점에서 종합적으로 다루고 있는 관련 문헌은 희귀하기 때문이다.

두 번째는 혁신의 실천적 측면이다. 기술경제적·사회문화적 기제를 충분히 이해하지 못한 채 '장님 코끼리 만지는 식'의 단편적이고 대증적 혁신 제도나 정책만을 가지고는 온전한 혁신을 이루어낼 수 없다. 수많은 혁신 관련 정책과 제도들이 홍수를 이루고 있지만 우리의 현실은 오히려 혁신과 더 멀어지고 있는 느낌이다. 우리는 심지어 혁신 정책이나 제도 자체가 혁신을 가로막는 역설을 종종 목격한다. 역자는 혁신은 지식이라기보다 지혜의 속성을 지니고 있기 때문에 이 책이 정부·공공 기관이나 혁신 기업의 현장에서 혁신의 문제로 고민하는 당사자들이 혁신에 대한 올바른 가치관을 정립하여 합리적인 판단을 하는 데 도움이 되기를 바란다.

이 책은 혁신의 맥락을 우리의 삶과 직결되는 역사적 주요 혁신 제품들의 사례를 통해 설명함으로써 혁신의 사회적 기제를 쉽고 친밀하게 이해하도록 도우며, 특히 새로운 기술이 어떻게 생겨나고, 뿌리를 내리며, 시장에서 그들의 입지에 유리한 새로운 제도적 생태계를 만들어내는지를 자세히 보여준다. 따라서 독자들이 혁신에 대한 피상적인 지식이나 단편적인 기법만으로는 얻기 어려운 혁신의 사회적 총체성을 이해하고 이에 대한 새로운 영감과 통찰력을 얻는 데 도움이 될 것이다.

세 번째는 이 책이 혁신에 대한 광범위한 주제를 다루고 있으면서도 현실적인 정책 대안과 전략이 저자의 학문적·실천적 다양한 경험을 바탕으로 기술과 사회의 상호작용의 관점에서 제시되고 있다는 점이다. 특히 사례별로 제시된 많은 교훈과 정책 과제들은 기술 혁신의 영역을 넘어서 사회적 혁신으로 이어지는 연관성을 지니고 있다. 이러한 맥락에서 정부(입법부·사법부 포함)나 산업계, 특히 혁신 기업의 전략 수립이나 대안 탐색을 위한 지침서로 크게 도움을 주며 후속 연구 과제들을 제시하고 있기 때문에 혁신 정책을 연구하는 학도들에게는 연구의 방향을 설정하는 유익한 길잡이가 될 것이다.

끝으로 이 책은 혁신의 심오한 사회사적 문제를 다루고 있어 자칫 딱딱하고 무미건조한 주제가 될 수도 있지만 600여 년에 걸친 '규제를 깬 기술 혁신의 역사'에서 도출한 우리의 일상과 밀접한 혁신 사례들을 사용함으로써 어려워 보일 수 있는 혁신 문제를 독자들에게 한결 친근하게 다가서게 한다. 이는 혁신이 일부 전문가들의 전유물이 아니라 바로 우리 삶의 문제를 해결해 나가는 일상과 깊숙이 관계되어 있는 '나 자신의 일'이기 때문이다. 따라서 이 책은 4차 산업혁명 시대를 살아가는 우리에게 유익하고 흥미로운 전문 교양서의 역할을 할 것이다. 이 책을 번역하면서 원문과 저자의 의도에 충실하려고 노력하였으나 저자의 뜻을 온전히 반영하지 못한 부분도 있을 것이다. 그로 인하여 저자의 의도가 잘못 전달이 된 부분이 있다면 그 책임은 오롯이 역자의 몫이다.

끝으로 이 책을 번역·출판하는 데 도움을 준 많은 분들에게 감사한다. 특히 서울대학교 행정대학원 한국행정연구소에서 혁신정책 연구와 이 책의 번역에 전념할 수 있도록 지원해 주신 임도빈 교수님, 박정훈 교수님, 정광호 교수님, 전영한 교수님과 김병섭 명예교수님 그리고 번역·출판 과정에 많은 조언을 주신 국회 지방의회연구소 백환기 교수님께 깊은 감사를 드린다. 또한 이 책의 출판을 위해 많은 수고를 아끼지 않으신 한울엠플러스 김종수 대표님을 비롯하여 윤순현 부장님과 조수임 팀장님 그리고 관계 직원분들에게도 깊은 감사를 드린다. 코로나-19 상황에서도 힘든 시간들을 묵묵히 인내하며 사랑과 기도로 격려해 준 가족들(이은희, 혜원, 민규)과 긴 여정을 함께 지켜주신 하나님께 감사드린다.

2022년 4월

박정택

*새로운 사상은 오래된 사상의 적일뿐만 아니라,*
*매우 받아들일 수 없는 형태로 나타나는 경우가 많다.*

_ 칼 구스타프 융

여러분의 적이 누구인지를 알아내는 가장 빠른 방법은 새로운 일을 시도하는 것이다. 이 책은 혁신에 대한 사회적 반대의 역동성을 탐구한다.[1] 오스트리아의 경제학자 조지프 슘페터는 그의 선구적인 저서에서 혁신이 경제변혁의 중심 동력이라고 밝혔다. 그의 저서에서 학술적 설명의 대부분은 혁신이 경제발전을 이끄는 방법과 그 과정에서 기업가들이 담당하는 중요한 역할에 초점을 맞추고 있다. 슘페터에 따르면 혁신은 기존 관행에서 벗어난 '새로운 조합new combinations'의 창출이다. 슘페터는 혁신가, 기업, 경제 전반이 혁신에 대한 저항을 겪는다는 사실에 주목했다. 그는 규범에서의 일탈은 신기술 개발자들과 신기술을 시장에 내놓으려는 기업가들에게 놀라움과 압력을 불러일으킨다는 사실을 관찰했다. 그는 "이것이 사회적 배척과 더 나아가 물리적 방해나 직접적인 공격에 이를 수도 있다"고 말했다.[2]

신기술에 대한 저항은 기술 진보에 의해 필연적으로 극복되는 일시적인 현상으로 치부되는 경우가 많다. 사실 슘페터 자신은 "다른 문화에서보다 원시문화 상태에서에서 반대가 더 강하다"고 주장했다.[3] 그는 '현직incumbency'의 힘을 예리하게 인식하고('incumbency'는 현직, 현상 유지, 현존 체제, 현존 산업

등 혁신에 대비되는 개념으로 폭넓게 사용되며, 역자는 이를 '현직'으로 번역함), "한번 습득한 모든 지식과 습관은 철둑길처럼 우리 자신 속에 확고히 뿌리내리게 된다. 그것은 지속적으로 갱신되고 의식적으로 재현될 필요는 없지만 잠재의식의 단층 속으로 가라앉는다"는 사실을 인정했다.[4] 이러한 은유는 신기술 채택을 둘러싼 논란을 보다 심층적으로 분석할 수 있는 토대를 제공한다.

이 책은 위에서 언급한 바와 같이 혁신에 대한 격렬한 반응의 근원을 탐색한다. 특히 신기술 지지자와 현존 산업계 간 갈등을 살펴본다. 우리가 당연하게 여기는 많은 지배적 기술들은 사회적 갈등의 순간과 연속성의 위협을 헤쳐 나왔다. 사실 기술적 실패가 일반적이다.[5] 우리는 세상을 바꾼 일부 기술을 칭송하지만 중도에서 낙오된 기술은 그 소멸을 둘러싼 사회적 긴장은 말할 것도 없고, 그 존재조차도 거의 기억하지 못한다. 우리는 세상을 바꾼 발명에 대해 그렇지 못한 것보다 더 많이 알고 있다.[6] 성공과 실패 사이에는 더 깊이 탐구할 가치가 있는 큰 논쟁의 영역이 있다.

휴대전화의 경우를 생각해 보자. 휴대전화는 1983년 미국에서 처음으로 상용화되었으며, 암을 유발할 수 있다는 초기 우려에도 불구하고 빠르게 확산되었다. 규제 당국은 휴대전화의 확산을 위한 지원 정책까지 채택했다. 휴대전화의 발암성 위험이 알려졌고, 초기 모델에는 경고 표지가 부착되었다. 유럽에서 휴대전화 논쟁이 정점을 찍었던 2001년 언론은 "미성년자는 전화를 걸거나 문자 메시지를 주고받을 때 휴대전화와 일정 거리유지 등 예방조치를 취해야 한다"고 권고했다.[7] 기술을 둘러싼 이러한 논쟁에도 불구하고 휴대전화의 채택은 일반화되었고 은행, 건강, 교육, 보안, 사회적 상호작용 등 새로운 서비스의 개발을 위한 플랫폼platform 이 되었다. 이동통신의 편익에 대한 인식은 그 위험을 단연코 압도했다.[8]

휴대전화가 데뷔한 같은 해에 유럽의 연구자들은 유전자와 그 기능이 한

종種에서 다른 종으로 이전될 수 있음을 입증했다. 이들의 연구로 해충과 질병에 강하고, 살충제 사용을 줄일 수 있고, 극심한 기후변화에 견딜 수 있는 '유전자 변형 작물transgenic crop'을 전 세계의 농민들이 재배할 수 있게 되었다. 그러나 농업생명기술은 '유엔 생물다양성 협약The United Nations Convention on Biological Diversity: UNCBD'에 따라 유전자 변형 작물의 거래와 관련 유전물질의 교환을 규제하기 위한 국제조약의 체결과 협상 과정에서의 논란으로 주목을 받았다.

2013년 세계식품상The World Food Prize이 농업생명기술의 획기적 발전에 기여한 공로로 마크 반 몬타구Marc Van Montagu, 메리델 칠턴Mary-Dell Chilton 그리고 로버트 T.프랄리Robert T. Fraley에게 수여되었다. 그러나 이 수상 발표는 세계 농업에서 생명기술과 대기업의 역할에 대해 반대자들의 비난을 받았다. '세계식품상 점령Occupy the World Food Prize'이라는 단체가 시위를 벌이고, 전반적인 기업적 농업, 그중 특히 몬산토Monsanto와 연관된 인물들에게 특혜를 준 식품상위원회를 신랄하게 비난했다. 시위자들은 농업생태학적 농업 체계를 선호하는 다른 농업 방식을 주장했다. 같은 해 제1회 엘리자베스 여왕 공학상 Queen Elizabeth Prize for Engineering이 인터넷과 웹web을 개발한 개척자들에게 수여되었다. 백만 파운드의 상금이 전 세계 인류에게 혜택을 준 획기적인 혁신에 기여한 사람들을 격려하고 축하하기 위해 책정되었다. 로버트 칸Robert Kahn, 빈트 서프Vinton Cerf, 그리고 루이 푸쟁Louis Pouzin은 인터넷의 기본구조를 구성하는 프로토콜protocol 개발을 주도했고, 팀 버너스리Tim Berners-Lee는 월드와이드웹www을 만들고 파일 전송과 전자우편을 넘어 인터넷 사용을 크게 확장시켰다. 마크 앤드리슨Marc Andreessen은 학창시절 동료들과 함께 모자이크 브라우저Mosaic browser를 개발해 월드와이드웹 사용을 광범위하게 확산시키고 대중화했다.

이러한 선구적인 공학적 성과는 인간의 의사소통 방식에 혁명을 일으켰다. 이는 기존의 기술로는 개발될 수 없었던 새로운 종류의 산업 창출을 가능하게 했다. 오늘날 전 세계 인구의 3분의 1 이상이 인터넷을 이용하고 있으며, 철도가 산업시대 초기에 그러했던 것처럼 웹은 오늘날 디지털 사회에 필수적인 요소가 되었다. 이러한 공학적 성과는 대중적 논란이 거의 없이 채택되었지만, 그 후에 정보 접근, 재산권, 사생활 보호, 스파이 활동, 도덕적 가치 등 주요 대중적 논쟁의 근원이 되었다.

이러한 우려는 문화 진화 과정의 공통된 특징이다. 이것은 그리스 신화에 나오는 신들의 창조적인 경이로움과 비범한 자질에서 분명히 볼 수 있다. 그리스인에게는 공학과 기술의 신인 헤파이스토스Hephaestus가 있었다. 그는 올림포스 산에 자신의 궁전을 소유하고 있었는데, 거기에는 자신의 공작소와 기계 공구들이 있었다. 그의 창작물은 매우 훌륭했다. 예컨대 아킬레우스의 갑옷, 아이기스의 흉갑胸甲, 아가멤논의 지팡이, 아프로디테의 전설적인 허리띠, 에로스의 활과 화살, 헬리오스의 전차, 헤라클레스의 청동 곤봉, 헤르메스의 날개 달린 투구와 신발 등이 있다. 그는 또한 올림포스 산을 오르내리는 데 필요한 삼각대와 같은 금속 자동화 장치도 만들었다. 물론 올림포스 궁전에 있는 모든 왕좌도 그가 만들었다. 프로메테우스가 불을 훔쳐 인간에게 준 장소도 바로 헤파이스토스의 대장간이었다. 헤파이스토스가 휘두르는 힘을 견제하기 위해 그리스 신화는 그가 완벽하지 않다는 것을 분명히 했다. 따라서 헤파이스토스는 신체적 장애를 가진 유일한 올림포스의 신으로 묘사된다.

나는 1990년대 후반 유엔 생물다양성 협약UNCBD 사무총장으로 재직 시 이 책의 집필을 처음 구상했다. 그 때 나는 '바이오안전성에 관한 생물다양성협약 카르타헤나 의정서The Cartagena Protocol on Biosafety to the Convention on Biological Diversity' 채택을 위한 협상 진행을 총괄하는 업무를 맡고 있었다. 이 국제조약은 특히 농업생명기술 무역을 규제하기 위한 것이었으며, 이를 목표로 협상이 진행되었고 협상은 매우 논쟁적이었다. 각 국가들은 광범위한 기술, 경제, 사회, 환경 및 정치 노선에 따라 입장이 달랐다.

협상 과정의 관리자로서 나는 신기술의 위험과 편익을 인식하는 방식에 국가 간 커다란 다양성을 관찰했다. 나는 후에 신기술에 대한 각 국가들의 인식의 특징을 다음과 같이 분류했다.

- 미국에서 제품은 위험성이 입증될 때까지 안전하다.
- 프랑스에서 제품은 안전성이 입증될 때까지 위험하다.
- 영국에서 제품은 안전하다고 입증되더라도 위험하다.
- 인도에서 제품은 위험하다고 입증되면 안전하다.
- 캐나다에서 제품은 안전하지도 위험하지도 않다.
- 일본에서 제품은 안전하거나 위험하다.
- 브라질에서 제품은 안전하고 위험하다.
- 사하라 사막 이남의 아프리카에서는 제품이 없어도 위험하다.

외교관들이 신중하게 고려한 입장에 대한 이러한 풍자적 표현은 이 책 집필을 위한 나의 연구 여정을 출발하는 계기가 되었다. 여러 시대를 통해 기술적 논란은 많은 공통된 특징을 공유하지만, 오늘날의 논쟁에는 몇 가지 독특한 특징이 있다. 첫째, 기술 혁신의 속도가 현저하게 빠르다는 점이다. 이는 기술 채택을 지연시키기 위한 노력으로 이어지는 극심한 불안감을 야기한다. 둘째, 기술 동향의 세계적 특성과 개인·사회집단·국가 간의 현격한 불균형은 사회적 불평등에 대한 우려를 가중시킨다는 점이다. 이는 신기술과 관련된 사업 모델은 고조되는 긴장과 관련되어 있기 때문이다. 마지막으로 공공 및 민간 기관에 대한 대중의 불신이 커지는 시대에 현대적 논쟁이 일어나고 있다는 점이다. 이러한 요인들은 그동안 거대한 세계적 도전들에 대한 실망스러운 기록으로 인해 전반적인 암울함을 더하고 있다. 인류의 필요를 충족시키고, 포용적 경제발전을 촉진하고, 기후변화와 같은 지구 생태계 문제를 다룸에 있어 아직 큰 진전을 보여주지 못하고 있기 때문이다.

이 책은 기술적 논란이 혁신의 필요성과 연속성·사회질서·안정성을 유지하기 위한 압력 사이의 긴장에서 자주 발생한다는 점을 주장한다. 이러한 긴장은 과학기술 및 공학의 기하급수적 발전으로 인해 더욱 복합적으로 작용한다. 이 책은 혁신에 대한 사회적 반응의 근원을 이해하는 데 기술적 연속성의 역할을 고찰한다. 변혁적 혁신으로 인한 '새로움 novelty'과 안정성 사이의 긴장은 대중적 논란과 정책적 도전의 주요 원천이다.[9] 사회는 '지속가능성 전환'의 경우에서 볼 수 있듯이 그 적응 능력에서 다양성의 창발創發 없이는 진화와 변화에 대응할 수 없다.[10] 하지만 또한 사회는 어느 정도의 제도적 계속성과 사회적 안정성 없이는 기능하지 못한다. 변화와 계속성 사이의 상호작용을 관리하는 것은 여전히 정부의 가장 중요한 기능 중 하나이다.

혁신과 현직 간의 긴장을 유발하는 신기술에 대한 대중적 논쟁은 수십 년 또는 수세기 동안 격렬하게 벌어질 수 있다. 예를 들어 커피에 대한 논쟁은 메카에서 런던을 거쳐 스톡홀름에 이르기까지 구세계에 걸쳐 거의 300년 동안 지속되었다. 마가린 논쟁의 메아리는 오늘날에도 캐나다와 같은 나라에서 여전히 들을 수 있다. 유전공학과 지능형 전력망 smart grid 과 같은 신기술은 다양한 우려에 대한 논쟁을 불러일으켰다. 마찬가지로 풍력과 같은 신재생에너지원을 도입해 기후변화 문제를 해결하려는 노력도 세계 많은 지역에서 강력한 대중적 관심을 불러일으켰다.

신기술에 대한 이러한 논쟁의 대부분은 도덕적 가치, 인간의 건강 및 환경 안전에 대한 위험의 맥락에서 구조화 framing 된다. 그러나 이러한 진정한 우려의 이면에는 종종 더 깊지만 인정받지 못한 사회경제적 고려 사항들이 숨어 있다. 이 책은 사회제도의 역할을 특히 강조하면서 이러한 요인들이 어떻게 기술적 논란을 형성하고 이에 영향을 미치는지를 논증한다. 이 책은 새로운 기술들이 어떻게 출현하고, 뿌리를 내리며, 시장에서 그들의 입지에 유리한 새로운 제도적 생태계를 창출하는지를 설명한다. 기술적 지배와 현직 뒤에는 종종 혁신과 불연속의 과정이 시작된다.

사회경제적 진화는 종종 기술과 제도의 계속적인 조정과 연관되어 있다. 사회경제적 진화는 '자기조직화 self-organization'의 개념을 기반으로 하고 있다. 이는 시장의 선택 환경에 의해서 단지 그 생존이 보장되는 '돌연변이 mutation' 로부터 혁신이 일어난다는 고전적인 다윈적 관점 Darwinian view 과는 다르다.[11] 자기조직화의 관점은 '돌연변이체 mutant'에 더 큰 매개적 수단을 부여하며, 돌연변이체는 그 자신의 필요에 맞게 환경을 형성한다. 기술과 제도는 상호 불가분의 관계에 있다. 기술적 요소가 없는 제도는 없으며 그 반대의 경우도 마찬가지다.

기존 기술적 질서와 새로운 도전자 사이의 대립은 논란으로 이어진다. 대부분의 논란은 위험과 편익에 대한 불확실성에 의해 추동되며 인식의 형태로 나타난다. 기술적 논란은 시간과 공간적 차원에서 일어난다. 첫째, 즉각적인 위험과 장기적인 편익 분포에 대한 인식은 신기술에 대한 우려의 강도에 영향을 미친다. 둘째, 위험이 단기적으로 발생할 가능성이 높고 편익은 장기에 걸쳐 발생한다고 단순히 인식할 경우 사회는 신기술에 반대할 가능성이 가장 높아진다. 기술적 긴장은 종종 혁신의 편익이 사회의 작은 부문에서 발생하고 위험은 더 광범위하게 분포될 것이라는 인식으로 인해 고조된다. 셋째, 문화적 정체성의 변화를 위협하는 혁신은 극심한 사회적 우려를 불러일으키는 경향이 있다. 이처럼 정치적·경제적 불평등이 큰 사회에서는 격렬한 기술적 논란을 경험할 가능성이 높다.

사회경제적 변화 과정은 주로 사회적 학습에 따른 부차적인 산물이며, 신기술에 대한 대중적 논쟁은 새로운 사상에 대한 논쟁과 유사하다. 이러한 사상을 포착할 수 있는 사람들은 사회경제적 변화의 역동성을 더 잘 관리하며, 정부기구들이 마치 학습기관처럼 이들을 조직할 가능성이 더 높다. 이러한 사회적 학습의 중요성이 과학 혁신 자문에 중점을 두는 결과를 가져왔다. 이 러한 논쟁은 대부분 위험에 대한 인식에 관한 것이지 반드시 위험 그 자체의 영향에 관한 것은 아니다.[12]

기술적 논란의 역사에서 두 가지 관점이 있다. 첫째, 대중을 대신해 위험 을 감수하는 지도자의 역할이다. 연속성·안정성·사회질서를 유지하면서 새 로운 경로를 계획하는 것은 지도력의 필수적 요소이다. 모든 수준에서 지도 자들이 혁신과 연속성 사이의 긴장을 다루는 방식이 사회의 운명을 결정지 을 수도 있다. 이러한 점에서 지도자는 불확실성을 헤쳐 나가는 일차적인 책 임을 지고 있지만 가능한 최선의 자문을 통해 그렇게 해야 한다. 이것이 바 로 과학 자문 기구가 점점 더 민주적 지배 구조governance의 중요한 구성 요소 가 되는 이유이다.

둘째, 과학기술 문제에 대한 대중의 참여가 민주적 담론의 중심이 되고 있 다. 그러나 그것은 사회적 긴장의 더 광범위한 근원에 대한 깊은 이해와 함 께 수행되어야 한다.[13] 효과적인 위험 관리 관행은 대중적 참여에 의존하는 만큼 기술평가에 의존한다. 따라서 '위험 소통risk communication'이 민주적 지배 구조의 중요한 측면으로 부상하고 있다. 이것은 전 세계적으로 증가하는 과 학적 문해력과 과학기술 정보에 대한 대중의 접근을 확대하는 정보통신기술 의 역할을 고려할 때 특히 중요하다.

이 책은 근 600년의 기술사를 바탕으로 혁신의 필요성과 연속성·사회질 서·안정성을 유지해야 하는 압력 사이의 긴장을 해소하는 것이 오늘날의 가 장 큰 정책 과제 중 하나임을 확인한다. 그것은 현대의 기술적 논란이 공공 기관과 민간 기관에 대한 불신으로 인해 얼마나 커지는지를 보여준다. 이 책 은 세 부분으로 구성되어 있다. 첫 번째(서론 및 제1장)는 기술 혁신과 사회 변화 간 관계를 이해하기 위한 기본 분석틀을 제시한다. 획기적인 기술 혁신 없이는 해결할 수 없는 주요 세계적 도전 과제들을 개관하고, 기술적 논란의 핵심 요소로서 불확실성과 현직의 중요성을 강조한다. 이 장은 급진적인 기술 변화의 순간에 지배적 사회구조가 어떻게 강화되고 조절력으로 작용할 수 있는지를 보여준다.

두 번째(제2~10장)는 혁신에 대한 긴장이 신기술의 정당성에 도전한 역사적 사례들을 제시한다. 여기에는 커피, 인쇄기, 마가린, 농장기계화, 전기, 기계식 냉동, 녹음 음악, 유전자 변형 작물, 유전자 변형 연어의 사례 등이 포함된다. 이들 장에서는 다양한 사회 시스템이 새로운 기술에 어떻게 반응했는지, 그리고 이러한 기술들이 사회제도와 어떻게 공진화했는지에 대한 광범위한 실제 사례들을 제시한다. 보다 구체적으로 혁신에 대한 현저한 사회적 반응들, 특히 신기술의 악마화demonization, 법률과 같은 외견상 합법적 조치를 통한 신기술의 사용 제한 정책, 신기술에 대한 전면적인 금지 조치 등을 밝혀낼 것이다. 아울러 혁신 옹호자들이 정치적·정책적 환경을 변화시킴으로써 기술 혁신과 제도적 조정이 어떻게 공진화하고 사회 변화에 대응하는지를 보여줄 것이다.

마지막(제11장)에서는 사례 연구에서 얻은 주요 결론과 교훈을 제시하고 긴장을 관리하기 위한 정책적 대안들을 개략적으로 설명한다. 여기서는 보다 광범위한 지배 구조의 일환으로 기술과 사회제도 간 공진화를 관리하는 데 대응적 교육체계뿐만 아니라 과학 혁신 자문의 역할을 강조한다. 이 장은 기술 변화의 과정과 제도적 조정을 효과적으로 관리하기 위해 현대 지배 구조의 재정렬의 중요성에 초점을 맞춘다. 아울러 기술 관리와 혁신 지배 구조에 대한 보다 많은 정보에 입각한 의식적인 접근의 중요성을 강조한다.

세계적 도전이 증가함에 따라 정부가 어떤 특정 기술 지원을 철회할 수 있는 현실적인 위험이 존재한다. 그 기술이 사회적 과제를 해결할 수 없어서가 아니라 국가안보를 포함한 다양한 이유로 대중의 지지를 받을 가능성이 낮기 때문이다. 그 대표적 사례가 원자력이다.[14] 이 책에서는 처음에는 강력한 사회적 반대의 대상이었지만 나중에는 널리 받아들여지게 된 기술에 대한 사례 연구를 활용한다. 사례를 선택한다고 해서 금지 또는 제한되어 온 유해 제품과 기술에서 발생하는 진정한 우려의 중요성이 줄어들지는 않는다.

담배부터 DDT, 백열전구에 이르기까지 이러한 제품과 기술이 많이 있으며, 그중 상당수가 광범위하게 연구되어 왔다.[15] 이러한 일부 제품들의 단계적 제거 과정에서 과학적 지식을 선택적으로 사용해 증거의 균형과 정책 조치의 필요성에 의심을 갖게 하는 기존 산업계의 공동의 노력이 수반되는 경우가 많았다.[16] 이러한 경험에 대한 연구 중 일부는 제품뿐만 아니라 관련 정책의 폐지를 지원하는 장학금으로 이어졌다.[17] 전반적인 지식의 체계는 새로운 또는 기존 기술의 위험은 개별적으로 평가되어야 하며 상당한 동등성에 대한 사례가 제시되는 경우를 제외하고는 일반화해서는 안 된다는 점을 암시한다. 이 책은 특정 제품의 안전성이나 위험성에 대한 판단을 내리는 것에 관한 것이 아니다. 대신 사례 연구를 통해 교훈을 도출하고 신기술 도입으로 야기되는 사회적 긴장 해소 방안을 모색한다.

이 책에 자세히 소개된 많은 교훈들은 기술 혁신의 영역을 넘어서는 유사점을 가지고 있다. 그것은 사회적 혁신에 보다 폭넓게 적용된다. 신기술에 대한 사회적 반응은 사회문화적 공진화의 역학에 대한 더 깊은 이해를 얻는 데 도움이 될 수 있는 풍부한 자기발견법 heuristics 의 원천을 제공한다.

*사람들은 새로운 것에 대해 매우 개방적이다.*
*예전 것과 똑같은 것이라면 말이다.*

_ 찰스 케터링

새천년New Millennium은 경제적·사회적·생태학적 도전의 물결을 불러일으
켰다. 저개발국의 기본적인 필요를 충족하고, 선진국의 경제 침체를 해결하
며, 기후변화에 대응하는 문제가 세계 정치 지형에 크게 부상했다. 새천년은
또한 과학·기술·공학의 극적인 진보에 따른 기술낙관주의와 이러한 발전이
세계에서 가장 시급한 과제 중 일부를 해결할 수 있다는 믿음이 그 특징을 이
루었다.

이 장에서는 급증하는 세계적 도전에 대응한 신속한 기술 채택이 사회의
많은 부분에서 환영받는 동시에 기술 변화의 영향을 늦추려는 사회적 대응
을 촉발한다는 점을 강조한다. '새로움novelty'이 아니라 '손실loss'에 대한 두려
움은 기술에 대한 사회적 긴장감의 근간이며, 그중 일부는 변화에 대한 사회
각 부문의 노골적인 반대 형태를 띤다. 손실에 대한 두려움은 비록 그것이
이익을 포기하는 것을 의미하더라도 개인이나 집단이 혁신이 가져다주는 변
화를 회피하도록 이끌 수 있다.[1] 그러나 대부분의 우려는 손실에 대한 구체
적인 증거가 아니라 손실에 대한 인식에서 비롯된다. 손실에 대한 두려움이
나 인식은 물질적 형태를 취할 수도 있지만, 기존 세계관이나 정체성에 대한

도전과 같은 지적, 심리적 요인도 포함한다.

## 1. 기술, 혁신 그리고 세계적 과제

세계는 대중의 관심을 받고 있는 수많은 거대한 도전에 직면해 있다. 미국 공학아카데미 US National Academy of Engineering 에 따르면 이러한 과제는 크게 네 가지로 분류된다. 지속가능성, 건강, 보안 및 삶의 풍요로움이다. 지속가능성은 태양에너지를 경제적으로 만들고, 핵융합으로 에너지를 공급하고, 탄소 포집법을 개발하고, 질소 순환을 관리해야 하는 필요성을 포함한다. 건강을 위해 깨끗한 물과 더 나은 의약품 기술, 건강 정보학의 발전, 그리고 뇌를 역설계 reverse engineering 하는 작업이 있어야 한다. 보안에 대한 도전은 사이버 공간의 안전을 확보하고, 핵 테러를 예방하며, 도시 기반을 복원 및 개선하는 조치가 필요할 것이다. 삶의 풍요로움을 위한 도전은 가상현실을 향상하고, 개인화된 학습을 진전시키며, 과학적 발견을 위한 도구를 설계하는 작업을 필요로 한다.[2] 세계의 도전 과제가 진화함에 따라 기술 혁신에 대한 사회적 시각도 진화하고 있으며 이는 기술 채택에 영향을 미친다.

사회에서 기술 혁신의 역할에 대한 인간의 이해는 크게 세 가지 이유로 변화하고 있다. 역사적으로 기술 혁신은 느린 과정이었다. 오늘날 많은 새로운 기술과 공학적 해법은 사회가 새로운 보완적인 제도를 설계할 수 있는 것보다 더 빠른 속도로 생성된다. 데이터 수집 기술의 향상에 따른 개인정보 침해에 대한 대중의 반응이 반영하듯이, 더 빨라진 혁신 속도는 광범위한 사회적 영향을 미친다. 둘째, 많은 분야에서 혁신 주기가 상당히 단축되었다. 이를 통해 수십 년 전보다 더 빠른 속도로 신제품을 시장에 출시할 수 있다. 셋째, 세계화는 새로운 기술과 공학 관행이 빠르게 확산될 수 있는 새로운 기회를 만들어냈다.

연구와 제품 출시 사이의 기간이 짧아짐에 따라 기술 예측의 성격도 변화해 '예상 규제 접근법 anticipatory regulatory approach'이 요구되고 있다.[3] 과학기술 지식의 기하급수적 성장, 문화 활동의 다양성, 통신 기술의 발달로 인한 지리적 근접성으로 인해 기간이 단축되었다.[4]

기술 지식의 기하급수적 성장은 지속적으로 발생하는 문제에 대한 저비용의 첨단 공학적 해법을 찾게 한다. 이러한 기술들은 '결합적 진화 combinatorial evolution'를 통해 새로운 기술적 기회를 열면서 전례 없는 방식으로 정치 지형을 재편하고 있다.[5]

따라서 과학·기술·공학의 발전은 인류가 이전에는 단지 상상력의 영역에서만 존재했던 해결책을 고안하는 것을 가능하게 할 것이다. 이것은 사회에 대한 결정론적 관점이 아니라 세계 지식 생태계의 성장과 사회적 의식에서 도출되는 새로운 기술적 결합의 실현 가능성에 대한 관찰이다. 개발도상국은 선진국이 초기 산업화 단계에서 가졌던 것보다 더 많은 과학적·기술적 지식에 접근할 수 있는 잠재력을 가지고 있다. 중국과 같은 후발 경제국이 특정 기술 분야에서 도약할 수 있었던 속도는 그 가능성을 여실히 보여준다.[6]

이러한 발전이 고용에 미치는 영향에 대한 우려가 커지고 있다. 자율주행 자동차는 새로운 소유 양상, 보험 계약 및 사업 모델을 통해 교통을 재구성할 것이다. 컴퓨터 보조 진단, 로봇 수술 및 수많은 의료기기는 이미 의사의 역할과 의료 서비스 방식을 바꾸고 있다.[7] 인공지능과 컴퓨터 알고리즘 algorithms은 기본적 의사 결정 방식에 영향을 미치고 있다. 전투의 현장에서 다양한 군 병력이 수행하던 작업이 드론 drone과 기타 자율주행 차량으로 자동화되고 있다. 일부 선진 기업들은 제품 개발의 중심을 이전시키고 있다. 구글 Google 과 IBM 같은 데이터 기반 기업들이 제약 연구에 뛰어들고 있다. 우버 Uber와 같은 공유 서비스 기업들은 로봇 기술과 공학 능력을 갖추고 있다. 기하급수적 성장의 함의는 만약 정치 지도자들이 계속해서 선형 세계관을 지닌 행동을 고집한다면 사회에서 외면당하게 될 것이라는 점이다.

이러한 추세는 일반적인 인간관계에 그리고 특히 경제에 불확실성의 새로운 요소들을 추가했다. 니콜라스 카Nicholas Carr가 그의 저서 『유리 감옥The Glass Cage』에서 언급했듯이 "자동화는 수단으로부터 목적을 단절한다. 그것은 우리가 원하는 것을 더 쉽게 얻을 수 있게 해주지만 우리를 '앎의 활동'으로부터 더 멀어지게 한다."[8] 이러한 불확실성은 신기술의 영향에 대한 예측 불능에서부터 손실에 대한 두려움으로 인한 극단적인 사회적 반응에 이르기까지 기본적인 사회 경향을 망라할 수 있다.[9]

또한 사회가 신기술에 의해 야기되는 위험을 과소평가하거나 그 위험에 대한 충분한 지식 없이 신기술을 채택한 사례도 많다. 현대 농업은 현재 잔류성 유기 오염물질의 범주에 속하는 화학물질의 광범위한 사용을 통해 가능했다. 일찍이 화학물질이 안고 있는 위험성을 대중들에게 환기시킨 계기가 된 것은 그 위험성을 생생히 묘사한 『침묵의 봄Silent Spring』의 저자 레이첼 카슨Rachel Carson과 같은 선구자들의 저서를 통해서였고, 이는 환경운동의 출현을 촉발시켰다.[10] 과학 지식의 증가로 광범위한 화학물질이 인체 건강과 환경에 미치는 해로운 영향이 밝혀지면서 화학물질 사용이 금지되거나 제한되었다.

교역 제품의 영역에서 반영된 급속한 기술적 다양성 확대는 신제품의 조합과 기술·공학 시스템의 통합을 통해 훨씬 더 큰 창의성을 창출하지만 그와 같은 과정은 위험에 대한 인식을 복잡하게 만든다. 또 다른 기술적 발전은 과학기술자들이 점점 더 작은 물질 단위로 작업하는 능력에서 비롯된다. 나노nano 기술의 부상은 더 많은 기술적 다양성을 창출하고 산업계가 기존 제품에 새로운 특성을 도입하는 데 도움을 준다. 그러나 이러한 발전은 사람들이 인간의 건강과 환경의 건전성을 확보하는 데 기존의 제도적 장치의 적절

성에 대한 의문 때문에 국가의 신기술 규제 능력에 대한 우려가 나타났다.[11]

기술과 공학의 발전은 그 자체가 많은 논란에 대한 해답의 주요 원천이다. 예를 들어, 초기 기계식 냉동과 관련된 안전 문제는 기술의 발전 없이는 해결할 수 없었다. 마찬가지로 초기 트랙터가 빠른 속도로 개량됨으로써 그만큼 트랙터 채택을 촉진하는 데 도움이 되었다. 인간 배아에서 줄기세포를 얻는 것에 대한 최근의 우려는 다른 세포의 원천을 식별하는 데 도움을 준 혁신적인 접근방식으로 해결되었다.

기술의 풍부함, 지속적인 개선, 그리고 혁신에 대한 사용자들의 더 큰 참여의 결합은 미성숙 기술에서 발생하는 기술적 논쟁을 해결하기 위한 새로운 길을 여는 데 도움을 준다. 이것은 영국군이 장궁에서 총기로 전환한 사례에서 잘 드러난다. 18세기 대부분의 기록에 따르면 장궁은 초기의 부싯돌 발화식 머스킷 총flintlock musket보다 우월했다. 장궁은 총보다 더 빨리 쏠 수 있고 비용도 더 저렴했다. 사실 초기의 머스킷 총은 너무 부정확해서 병사들은 "적의 눈 흰자위를 직접 보기 전까지는 총을 쏘지 말라"는 권고를 받았다.[12] 그러나 다른 요인들 중에서도 궁술은 총기에 비해 강도 높은 훈련이 필요했고, 궁술의 쇠퇴는 다른 스포츠에 시간을 할당하는 것과 관련이 있었다.

1591년 엘리자베스 여왕은 국방에 필수적이지 않은 경기를 금지하는 칙령을 발표함으로써 궁술을 부활시키기 위해 활발한 노력을 기울였다. 그녀는 궁술을 "과거 대영제국에 매우 커다란 영예를 안겨주었고 계속 사용되어야 할 무기"로 보았다.[13] 또 그녀는 "전국에 있는 많은 활 판매상, 화살 장인, 활시위 및 화살촉 제조자들과 같은 그 일을 하면서 가족 모두의 생계를 꾸려가는 가난한 사람들은 보호되어야 하며 그들의 직업에 따라 계속적으로 일할 수 있게 해야 한다"는 칙령을 발표했다.[14] 하지만 화기 기술과 공학의 발전은 시간이 흐르면서 결국 궁술을 군사적 잠재력이 계속 쇠퇴하는 스포츠로 전락시켰다.

전반적으로 광범위한 사회 요소들이 상호작용하여 수용 가능한 신기술의 위상과 채택을 결정짓는다. 린 화이트Lynn White가『중세의 기술과 사회 변화 Medieval Technology and Social Change』에서 주목한 바와 같이 "발명의 수용 여부, 또는 수용될 경우 그 함의가 실현되는 정도는 그 기술 항목 자체의 성격과 마찬가지로 사회의 조건들과 그 사회 지도자들의 상상력에 크게 의존한다."[15]

## 2. 슘페터, 혁신 그리고 사회 변혁

앞의 논의는 오스트리아 경제학자 조지프 슘페터가 1942년 그의 저서『자본주의, 사회주의, 민주주의 Capitalism, Socialism and Democracy』에서 새롭게 만든 용어인 '창조적 파괴 creative destruction'(새로운 가치를 창출하기 위해 기존의 것을 파괴, 도태시키는 일련의 혁신 과정 내지는 활동을 의미함 _옮긴이)를 잘 보여준다. 슘페터는 자본주의는 항상 진화해야 하는 시스템이며, 진화와 함께 변화가 온다고 믿었다. 그 변화는 총이 활을, 휴대전화가 유선전화를 대체하는 것 같이 '새로운 것'에 의해 대체되는 '오래된 것'의 파괴를 요구한다. 창조적 파괴 과정의 함의와 범위를 완전히 파악하려면, 1911년 그의 저서『경제발전론 The Theory of Economic Development』에서 제시된 바와 같이 '창조적 구성 creative construction'으로서의 혁신 또는 '새로운 결합의 수행'에 관한 슘페터의 독창적 사고로 되돌아갈 필요가 있다. 그에 따르면 이러한 과제는 기업가에 의해 수행된다. 그는 혁신은 새로운 제품의 도입, 새로운 공정의 개발, 새로운 시장의 개척, 신소재와 반제품의 조달, 그리고 산업 부문의 재편이라는 다섯 가지 형태로 구성된다고 주장했다.[16]

'창조적 구성'이란 용어는 슘페터가 정의한 혁신의 다섯 가지 영역의 어느 곳에도 적용될 수 있다. 스웨드버그 Swedberg가 설명했듯이 창조적 파괴와 혁신에 대한 관련 저항은 이러한 다섯 가지의 모든 영역과 새로운 조합 combination의 범주를 확장하는 모든 추가 영역에서 확인될 수 있다.[17] 창조적 파괴는 사회의 각 부문이 왜 변화를 두려워하는가를 설명하는 동시에 각 개인이 혁신을 포용하는 데 도움이 될 수 있다.

슘페터가 표현한 창조적 파괴의 개념은 보편적 매력을 지니고 있기 때문에 널리 통용되었다.[18] 그것은 문화 전반에 걸쳐 다양한 형태로 나타나므로 정확한 정의 없이 쉽게 적용될 수 있다.[19] 슘페터는 경제를 생태계와 유사한 하나의 통합된 전체로 생각함으로써, 철도 도입의 영향에서 알 수 있듯이 기술적 연속성의 물결로 인한 경제 변혁의 동력을 확인할 수 있었다.[20] 그에게는 "붙잡아야 할 본질적인 요점은 자본주의를 다룰 때 우리가 진화적 과정을 다루고 있다는 점이다."[21] "진화 과정은 오래된 것을 끊임없이 파괴하고, 새로운 것을 끊임없이 창조하면서 안으로부터 끊임없이 경제구조에 혁명을 일으키는 산업적 돌연변이 과정이며, 이러한 창조적 파괴 과정은 자본주의의 본질적 요소"라고 그는 설명한다.[22]

슘페터는 비다윈적non-Darwinian 진화 사고를 사용해 경제적 균형이라는 개념에 도전했다.[23] 그는 새로운 조합의 생성에서 발생하는 변혁에 중점을 두었다. 그는 자신의 고전적 예시를 통해 "어떤 고객이 우편 마차보다 나은 서비스의 유효 수요를 보여주며 앞장섰기 때문에 철도가 등장한 것이 아니다"라고 말했다.[24] 그는 또 다른 사례를 통해 "소비자들은 전등이나 레이온 스타킹을 갖고 싶다거나, 자동차나 비행기로 여행을 하고 싶다거나, 라디오를 듣거나 껌을 씹고 싶다는 욕구를 먼저 보여주지 않았다"고 덧붙였다.[25] 사실 "소비 상품에서 대부분의 큰 변화는 소비자를 겨냥한 생산자들에 의해 주도되어 왔으며, 소비자들은 가끔 그러한 변화에 저항했을 뿐, 정교한 광고 심리 전술에 의해 길들여질 수밖에 없었다."[26]

창조적 파괴 개념의 주요 특징 중 하나는 기술적 불연속성이다. 이 개념과 관련해 인기 있는 파생어는 '파괴적 혁신disruptive innovation'(단순하고 저렴한 제품이나 서비스로 시장의 저변을 공략한 후 빠르게 시장 전체를 장악하는 방식의 혁신 _옮긴이)의 개념이다.[27] 크리스텐슨Christensen 이 그의 원래의 이론 구성에서 언급했듯이 파괴적 혁신은 주요 시장의 주류 고객들이 전통적으로 중시해온 차원에서 기존 제품의 성능을 개선하는 '지속성 기술sustaining technology'(기존 제품 성능을 높이는 기술 _옮긴이)과 구별된다.[28] '파괴적 기술disruptive technology'(성능이 부족하더라고 저렴함, 간결함, 소형화 등을 실현함으로써 이전까지 사용하지 않던 고객에게 선호되는 기술 _옮긴이)은 기존 기술에 비해 열등한 성능으로 시작할 수 있다. 그러나 기술 향상과 마케팅을 통해 결국 시장을 지배하게 된다. 파괴적 기술은 "일반적으로 더 저렴하고, 더 간단하고, 더 작으며, 그리고 종종 사용하기 더 편리하다".[29]

'파괴적 혁신'이란 용어는 일반적으로 사업 모델뿐만 아니라 기술 혁신을 다루는 데 사용된다.[30] 이는 파괴적 혁신의 광범위한 사회적 함의를 평가하기 어렵게 만든다. 다른 접근법들은 급진적 기술 변화와 점진적 기술 변화의 구별에 초점을 두는 경향이 있다. 이러한 구분은 주로 과정보다는 결과에 중점을 두는 것이며 분석적 가치가 제한적이다.[31] 이러한 접근법은 종종 사소해 보이는 기술적 개선이 체제에 광범위한 결과를 가져올 수 있다는 사실을 설명하지 못한다.[32]

한 가지 유망한 접근법은 기술적 불연속성과 사회 전체의 함의에 초점을 맞추는 것이다.[33] 이러한 진화적 관점에서 "기술적 돌파구 또는 기술적 불연속성은 지배적 디자인이 막을 내리면서 강력한 기술적 변이와 선택의 시기를 연다. 이러한 기술 발아기 다음에는 점진적 기술 발전의 시기가 뒤따르고, 그 후의 기술적 불연속성에 의해 파괴될 수 있다.[34] 불연속성은 제품, 공정, 새로운 시장, 조직, 원자재 등에 대한 변화를 포함하는 다양한 원천에서 발생할 수 있다. 이들 영역과 다른 영역의 혁신이 승자와 패자의 균형을 변화시켜 대중적 논란으로 이어지는 변화를 초래하는 정도에 불연속성 논의의 초점이 맞추어져야 한다.

파괴적 기술의 아이디어는 기존 기업의 실패를 강조하면서 기업 및 시장 수준에서 기술적 연속성을 이해하는 출발점을 제공한다.[35] 이러한 실패를 막기 위한 해결책 중 하나는 신기술의 적용을 신생 벤처기업start-up으로 제한하는 것이다.[36] 이러한 견해는 사회기술 혁신 체제sociotechnical and innovation system에 대한 좀 더 넓은 관점을 수용하도록 확장될 수 있다. 사회기술 혁신 체제는 "서로 다른 방식으로 상호작용하는 사회기술적 요소들의 표출된 총체로 정의되며, 이를 둘러싼 환경과는 구별된다. 사회기술 혁신 체제는 지식의 생산, 활용 및 혁신의 특유한 형태들을 발전시켜 왔으며, 사회와 경제에서 특정한 목표를 지향한다".[37]

엄밀히 말하면 크리스텐슨이 개발한 원래의 파괴적 기술의 기본 틀에 부합하지 않는 사례가 많이 있다.[38] 고급 시장에서 시작된 우버Uber의 사례는 크리스텐슨의 정의를 원래 의미 이상으로 확장할 필요 없이 '시장 파괴'에 대한 분석틀을 넓힐 필요성을 잘 보여준다. 틈새시장 확장 과정은 다양한 연구 목적에 적합한 분석 방법에 개방성을 요구할 정도로 매우 복잡하다.

그러나 도전 과제는 혁신과 현직 간의 갈등을 밝히기 위해 특정 기술에서 더 광범위한 사회에 이르는 파괴의 논리를 확장하는 것이다. 이것은 사회 기술 혁신 체제와 그것이 체화된 환경을 구분하지 않는 개방적 접근법의 채택을 필요로 한다. 일부 신기술은 개선과 마케팅을 통해 성과 사다리를 올라 결국 이전 기술을 대체함으로써 우위를 점하게 된다. 그러나 이러한 기술들은 단지 기존 기술을 대체하는 것 이상의 역할을 한다. 그들은 새로운 제도적 구성과 조직 구조와 공진화하면서 사회경제적 지형을 재편한다. 혁신과 현직 간의 긴장을 유발하는 것은 보다 광범위한 사회의 변혁이다. 이러한 이유로 이 책은 혁신의 광범위한 사회의 영향을 감안해 '변혁적 혁신transformational innovation'에 초점을 맞출 것이다. 이것은 크리스텐슨과 다른 사회공학적 시스템의 공식에 의해 정의된 파괴적 기술을 포함할 수도 있고 아니할 수도 있다. 사실 대부분의 경우 변혁적 혁신의 추진력은 파괴적 기술에서 발생한다. 그러나 크리스텐슨의 공식에 부합하지 않는 다른 변혁의 원천들도 있다. 따라서 이 책에서 혁신에 관한 모든 언급은 달리 명시하지 않는 한 슘페터적 창조적 파괴라는 의미에서 변혁적이라고 간주한다.

제도를 사회를 하나로 묶어주는 접착제로서 단순히 규정하는 고전적 관점이 있다. 이러한 정태적 관점은 혁신 과정, 특히 기술, 공학 및 사회 사이 복잡하고 동태적 상호작용 과정에서 수행되는 제도의 역할을 무시한다. 혁신 과정에서 제도의 역할에 대한 기능적 관점은 정보 제공과 불확실성 감소, 갈등 관리와 협력, 행동에 대한 인센티브 제공, 자원의 유통 및 계속성의 유지를 포함하는 뚜렷한 활동들을 보여준다.[39]

사회제도는 적어도 여섯 가지 주요 기능을 수행한다. 첫 번째는 사회를 변화에 적응시키는 것이다. 이것은 종종 새로운 지식과 기술의 창출과 확산을 통해 이루어진다. 그러므로 혁신을 촉진하는 제도는 사회경제적 공진화 과정에서 중요한 역할을 한다. 사회는 생존하기 위해 다양한 일을 수행한다. 그것은 식량 생산에서부터 국가안보에 이르기까지 다양하다. 이는 상당한 조정을 필요로 한다. 따라서 사회제도의 두 번째 기능은 특정 목표를 달성하기 위해 다른 행위자들 사이의 활동을 조정하고 협력을 촉진하는 것이다. 이러한 과제는 정부부처에서부터 민간 기업에 이르는 특정 조직을 통해 실행된다.

조정은 특정 과제를 달성하기 위해 다양한 지식, 기술, 이해관계 및 관점을 가진 개인들을 결집시키는 것을 포함한다. 그러나 성공을 보장하기 위해 요구되는 다양성은 종종 다른 행위자들 사이에서 갈등의 원천이다. 따라서 사회는 제도의 제3의 기능인 서로 다른 행위자 간의 갈등 관리를 설계한다.

자원의 활용 없이는 많은 것을 달성할 수 없다. 그중에서 가장 두드러지는 것은 인적 역량과 재정의 활용이다. 일을 성취하기 위해 모든 사회는 필요한 자원을 생산하고 동원하고 배분하는 것을 주된 기능으로 하는 제도를 만든다. 그러한 제도들 중 가장 일반적인 제도가 신생 분야의 연구를 지원하기 위해 자원을 배분하는 재정 지원 기관이다.

하지만 자원만 가지고는 사람들의 능력을 최고도로 발휘하도록 하는 동기를 부여하기에는 충분하지 않다. 그러므로 사회는 특정 목표들을 달성하는 데 필요한 다섯 번째의 기능, 즉 인센티브를 제공하는 제도를 만든다. 이러한 인센티브는 지적재산권, 연구 자금에 대한 세금 감면 또는 사회 관련 분야의 개척자에게 주어지는 상금의 형태를 취할 수 있다.

사회가 생존을 보장하는 관행을 개발할 때 그것이 가능한 한 광범위하게 재생산되고 대대로 지속되도록 보장되어야 한다는 상당한 압력이 있다. 계속성의 유지는 제도의 최종 기능이다. 법치, 치안, 주택 관련 법규 및 다양한 사회 관습은 계속성을 유지하기 위해 고안된 제도의 예들이다. 계속성 유지의 주요 결과 중 하나는 과거의 사건들이 미래 발전의 궤적을 결정하는 경향성을 가진 경로의존성 또는 '잠금 현상lock-in'이다.[40] 정치체제의 관련 관성은 '새로운 것'의 창출을 통해 혁신을 촉진하려는 사람들과 '현상 유지'의 계속성을 고수하려는 기존 세력 간의 갈등의 발판이 된다.[41]

위에서 설명한 대부분의 기능은 사실상 상호 보완적이며 특정 기능을 수행하기 위해 만들어진 조직을 통해 구현된다. 예를 들어 이들 모두는 기업이나 정부 부서의 관리자들의 다양한 직무에 해당된다. 그러나 보다 넓은 사회의 수준에서 혁신을 통한 변화에 적응해야 할 필요성과 계속성을 유지해야 한다는 압박감은 상당한 긴장의 원천이다. 원칙적으로 혁신은 사회의 재편을 추구한다. 이것은 곧 계속성을 유지해야 하는 필요성과 충돌한다. 이 책은 이 두 가지 기능에서 발생하는 긴장을 탐구한다. 변혁적 변화에 따른 제도적 불확실성은 대중적 논쟁으로 이어지는 경우가 많다. 사회는 변화 자체에 반대하지 않지만 신기술에 대한 사회적 우려는 혁신으로 인한 손실에 대한 인식의 결과이다. 신기술은 개인과 사회집단 간의 이익과 손실의 분배를 재편할 수 있는 불확실한 미래를 제시한다.

사회에서 기술의 역할은 광범위한 논의와 혼란의 대상이다. 『기술의 특성 The Nature of Technology』에서 브라이언 아서 W. Brian Arthur가 정의한 바와 같이 기술은 적어도 세 가지 계층적 방식으로 나누어볼 수 있다. 첫째, 기술은 단순히 인간이 인간의 필요를 충족시키기 위해 자연현상을 활용하는 방법이다.[42] 이러한 현상은 식물 각성제에서부터 중력과 자기력에 이르기까지 다양하다. 예를 들어, 비행은 추력, 양력, 중력 등과 같은 자연현상의 복합적 적용을 통해 이루어진다. 철선 코일의 중간에서 자석을 회전시키면 전기가 발생한다는 발견은 이 현상이 관찰되기 전에는 상상할 수 없었던 새로운 산업을 탄생시켰다.

둘째, 기술은 기능하는 시스템을 구성하는 조립품의 집합체로 이해할 수 있다. 예를 들어, 비행기는 시스템과 관련 하위 시스템의 조립품들의 집합체다. 각각의 하위 시스템은 특정한 기능을 달성하기 위해 결합된 특정 자연현상을 활용한다.[43]

마지막으로, 기술은 "문화에서 이용 가능한 기기 및 공학적 관행의 총체적 집합체"로 존재한다.[44] 항공 산업은 여행에 대한 인간의 욕구를 충족시키지만 또한 광범위한 물리적 조립체이면서 제도적 장치들의 집합체이기도 하다. 인간의 욕구는 새로운 기술적 해결책을 찾는 데 영감을 준다. 반대로 새로운 기술은 새로운 필요의 출현으로 이어진다. 수요와 공급에 관한 단순한 규칙은 경제가 새로운 기술 시스템을 만드는 만큼 새로운 기술이 경제체제의 성격을 바꾸는 역동적인 사회 시스템에서는 깔끔하게 적용되지 않는다.

항공 산업의 출현은 인공물을 만들기 위해 자연현상을 이용해 온 긴 과정이었으며, 그것은 다시 산업 시스템과 하위 시스템을 구축하는 데 이용되었다. 이러한 과정은 항공 여행과 관련된 새로운 표준, 규칙, 사회규범 및 조직의 창설과 함께 공진화했다. 다양한 규제 기관과 조직은 지역·국가·국제사회 조직의 다양한 수준에서 산업과 공진화해 왔다.

비행의 도입은 항공 산업과 함께 진화해 전 세계 경제를 변혁시켰다. 그것은 사회적 조직의 힘은 물론 철도나 많은 관련 산업과 같은 기존의 교통수단을 대체했다. 혁신은 본질적으로 새로운 형태의 경제 조직의 도입을 통한 경제의 변혁이다. 그러므로 경제는 기초 기술의 전개되는 표현이다.[45]

이렇게 보면, 기술은 사회적 필요에 대응해 개발되었는지 여부에 관계없이 경제와는 독립적으로 실험실이나 박물관에 존재할 수 있다. 그러나 경제는 인간의 필요를 충족시키기 위해 만들어진 기술적 집합체와는 독립적으로 존재할 수 없다. 새로운 기술은 종종 그것과 함께 새로운 형태의 사회경제적 조직을 만들어낸다. 기술, 경제 및 관련 제도는 통합된 시스템으로서 공진화하며 기술 변화는 종종 사회제도의 보완적인 변화를 필요로 한다.

기술적·경제적 변화와 관련된 공진화적 역학을 이해하는 것은 사회경제적 관성과 신기술에 대한 회의론에 영향을 미치는 힘을 파악하는 데 필수적이다. 전통적인 농업경제는 기술 시스템과 사회조직의 집합체로서 그 자체로 영속적이며 비교적 느린 변화만을 일으킨다. 기본 농장 도구를 트랙터로 교체하는 것은 단순한 기술 대체 행위가 아니라 전체 사회경제 체제의 급진적인 재구성이다. 트랙터의 채택은 새로운 산업과 사회제도가 함께 진화한 것이다.

## 3. 혁신에 대한 사회적 반응

### 1) 직관적 요소

신기술의 채택은 주로 사회적 학습 과정이다. 공교육은 신기술 채택의 속도와 패턴을 결정하는 데 중요한 역할을 한다. 인간 심리의 직관적인 측면에 주의를 기울이지 않으면 신기술의 위험과 편익에 대한 대중의 인식을 완전히 이해할 수 없다. 신기술 옹호자들은 주로 과학기술적인 문제에 초점을 맞추는 경향이 있다. 그러나 "세계에 대한 직관적인 기대는 인간의 마음을 신기술에 대한 특정 오해에 취약하게 만든다"는 증거가 늘어나고 있다.[46] 적절한 준거점이나 신뢰할 수 있는 기관이 없는 상황에서 개인은 비합리적으로 보이지만 두려움과 공포증이라는 더 깊은 진화적 뿌리에 의존하는 자동 행동 패턴을 반영하는 직관적 반응에 의존하는 경향이 있다.[47]

신기술에 대한 이러한 직관적 반응은 잠재적 병원균의 원천과의 접촉으로부터 자기 보호로서 사람들 사이에서 진화한 혐오감이 사회규범에 의해 강화된 경우가 많다.[48] 이러한 행동은 인간의 건강에 잠재적으로 위협적인 것으로 보일 수 있는 새로운 식품과 같은 신기술로 쉽게 확장된다. 또는 사회 전반을 보호하는 규범을 제공하기 위해 도덕적인 수준으로까지 확대될 수도 있다.[49] 사회는 또한 건전하다고 여겨지는 필수 속성을 기반으로 하는 신기술에 대해 자동적으로 의문을 제기할 수도 있다. 어떤 경우에는 신기술이 자연 세계의 인식적 관점이나 자연 세계 일부의 의도성意圖性에 도전하는 것처럼 보이기 때문에 부정적인 반응을 유발할 수 있다. '신 놀음playing God'에 반대하는 주장은 후자의 범주에 속한다.[50]

신기술이 허용되는 사회적 또는 생태학적 패턴에 맞지 않기 때문에 불순하거나 위험하다는 문화적 우려가 있을 수 있다.[51] 초기에는 신기술을 통제하는 방법에 대한 지식이 부족하기 때문에 주의해서 다루어진다. 이러한 기술은 일반적으로 괴물처럼 취급된다. 순수와 위험에 대한 관념은 위험 관리의 여러 측면에서 다루어져 왔다. '순수 식품pure foods' 운동의 오랜 역사를 가지고 있는 식품 부문에서는 특히 그렇다.[52] 농업에서 화학물질 사용에 대한 반대의 대부분은 순수성에 대한 호소에 뿌리를 두고 있다. 사회가 완전히 통제할 수 없는 것처럼 보이는 신기술의 도입은 대체로 괴물 길들이기로 인식되고 취급된다.[53]

이러한 뿌리 깊은 심리적 혹은 문화적 요인들은 신기술에 대한 초기 반응을 구성한다. 그것은 사회경제적 요인이 표현되는 토대 역할을 한다. 허용 가능한 위험성을 계산해 위험이 미미하다는 것을 입증할 수도 있다. 그러나 허용 가능한 과학적 위험과 신제품 채택 사이의 현실적인 괴리는 단순히 추가적인 정보나 논리적 추론을 제공하는 것만으로는 해결할 수 없다.

신제품을 '비합리적'이라고 일축하는 것 또한 도움이 되지 않는다. 그러한 심리적 또는 문화적 반응에 의존하고 있는 공동체에서 신화에 대항하거나 과학적 증거를 사용하려는 것은 단지 기존의 신념을 확고히 하는 데 도움이 될 뿐이라는 것이 입증되었다.[54] 더욱이 비합리적으로 보이거나 사이비 과학으로 분류될 수 있는 신념은 증거 기반 방식과는 다른 방식으로 인지적 직관을 이용하는 경향이 있다. 실제로 사이비 과학은 "진화된 인지 메커니즘을 활용함으로써 광범위하게 수용될 수 있기 때문에 직관적인 호소력을 위해 지적 정직성을 희생시킨다. 반면 과학은 세상에서 객관적 패턴을 추적하도록 제도적으로 배열되어 있고, 세계는 우리의 직관과 별로 상관이 없기 때문에 과학은 이러한 깊숙이 내재된 직관을 분명히 거부한다".[55]

## 2) 기득권

혁신을 둘러싼 긴장에 대한 생생한 역사적 설명은 영국의 '러다이트Luddites' 사례에서 잘 드러난다.[56] 사실 기계화에 대한 우려는 러다이트보다 앞서 있었다.[57] 일반적으로 러다이트는 단순히 변화에 반대했던 기계 파괴자로 묘사된다. 그러나 상황은 신기술에 대한 단순한 반대보다 복잡했다. 그것은 경쟁하는 경제 세계관과 도덕적 가치의 충돌이었다.[58] 많은 경우에 신기술에 대한 반응은 그것이 기존의 세계관, 가치관 또는 교리를 변형하거나 강화하는 정도에 따라 달라진다. 이것은 조직구조뿐만 아니라 특정 교리와 기술이 공진화하는 군대와 같은 사회 부문 내에서와 마찬가지로 더 넓은 사회에도 해당된다.[59] 기존 기술을 변화시키려는 시도는 그로 인한 명백한 편익과 관계없이 반대를 부추길 가능성이 높다.[60]

러다이트 이야기는 기술 변혁의 체제적 특성을 말해 준다. 산업혁명 당시 영국에서 노동력을 절약하는 직조 기계의 도입은 섬유 장인들의 격렬한 반발을 불러일으켰다. 새로운 기계를 통해 고용주들은 고숙련 직물 장인들을 저렴한 저숙련 노동력으로 대체할 수 있었다. 영국 전역의 섬유 장인들은 생계를 잃을 것을 두려워해 1811년 노팅엄Nottingham에서 시작해 직조 기계를 비롯한 고용주들의 재산을 파괴했다. 이 '폭동에 의한 단체교섭'의 목표는 섬유산업의 기계화를 종식시키는 것이었다.[61]

당시 일반 민심은 새로운 기계장치와 저숙련 노동력으로 고숙련 노동자를 대체하는 것에 모두 반대했고 이로 인해 러다이트 운동은 기계화 과정을 늦출 수 있게 했다. 직조 기계에 대한 대중의 반대는 상점 소유주나 기타 사업가들과 같은 사회 여러 부문에서 터져 나왔다. 이들은 노동력을 기계로 대체하는 대형 공장의 출현이 섬유산업에만 국한되지 않고 자신들의 산업으로도 파급될 것이라고 우려했다. 산업혁명 이전 영국 경제는 주로 전국에 산재한

독립된 소규모 가내 기업들로 구성되어 있었다.[62]

대중적 반대에도 불구하고 새로운 직조 기술은 이윤을 추구하는 기업가들에게 정부 지원을 점진적으로 증가시킴으로써 시장 침투에 성공했다. 특별법과 법원의 판결은 노동자들보다 기업가와 고용주에게 점점 더 유리하게 작용했기 때문에 1860년대 후반에는 새로운 직조 기계와 섬유 공장이 보편화되었다. 러다이트 폭동은 대대적인 효과를 거두지는 못했지만 섬유산업의 기계화를 지연시키고 노동자 간 연대를 구축해 영국 노동조합의 기반을 마련했다.[63] 이 사례는 신기술에 대한 긴장이 종종 시스템 전반에 걸친 영향에 대한 두려움과 복잡한 경제 시스템과 관련된 불확실성에서 비롯된다는 것을 보여준다.[64]

산업혁명 시기의 논쟁의 역동성은 원자력, 정보기술, 생명공학 및 인공지능과 같은 분야에서 오늘날의 담론에서도 되풀이된다.[65] 신기술에 대한 저항이 무익하다는 일반적 견해는 역사를 잘못 읽은 것이다. 극소수의 신기술만이 시장에 진출한다. 기술 채택 과정에 영향을 미치는 많은 요인들이 있다.

슘페터는 경제발전에 대한 복잡한 시스템적 사고의 적용 방식을 개척했다. 그는 시간의 경과에 따른 변화에 관심이 있었기 때문에 역사의 중요성을 인식하는 진화론적 접근방식을 채택했다. 슘페터는 복잡성 사고를 적용하고 변화를 진화적 맥락에서 다루었다. 이와는 대조적으로 그의 비판자들은 비록 정태적 균형 개념에서 벗어나려고는 했지만 실제로는 그것에 의존하는 경제 모델을 사용했다. 그는 이전의 경제 상황만을 가지고는 경제 변화를 설명할 수 없다고 말했다. 국민의 경제 상태는 단순히 선행하는 경제 상황에서 나오는 것이 아니라 선행하는 전체 상황에서 나오기 때문이다.[66]

또한 이 논리에서 분명히 알 수 있는 것은 경제 진화가 창발성을 지닌 비선형적 또는 불연속적 과정이라는 사실이다. 슘페터는 "시스템 내에서 발생하는 그러한 종류의 변화는 시스템의 평형점을 이동시키기 때문에 '극소의 점진적 단계 infinitestimal steps'에 의해서는 이전의 평형점으로부터 새로운 평형점에 도달할 수 없다고 보았다. 아무리 많은 우편 마차를 연속해서 추가한다 해도 그것이 결코 기차가 될 수 없다".[67] 이 주제는 선택과 보존뿐만 아니라 새로운 조합을 통한 다양성의 생성이라는 그의 개념에 분명히 나타나 있다.

시스템 접근방식은 개념적으로나 실질적으로나 개발의 생태학적 함의를 더 쉽게 다룰 수 있게 한다. 지금까지 환경문제에 대한 지배적인 접근방식은 인간의 활동을 배제함으로써 환경이 더 잘 보호된다고 가정하는 전통적인 환경 보존 운동에 근거한다. 지속가능한 개발을 촉진하기 위한 노력은 혁신을 더 많이 사용하지 않고서는 거의 진전될 수 없다.[68]

경제학은 변혁적 사상을 배제함으로써 스스로를 보존하려는 자기조직화 체제이다.[69] 이것은 체제가 혼란으로 발전하는 것을 막기 위해 필요하다. 사실 다원주의적 선택은 모든 돌연변이가 시도되는 것을 요구하지 않는다. 그러나 유리한 돌연변이가 때때로 간과될 수 있기 때문에 선택을 제한하는 것이 항상 최적인 것은 아니다. 경제 및 모든 문화적 체제와 같은 기술 체제는 어느 정도 내재된 안정성을 가지고 있지만 모든 자기조직화 체제는 "관성의 힘을 극복하거나 무기력하게 할 수 있는 메커니즘"을 가지고 있다.[70] 이러한 관성은 숫자 '영'과 같은 기본 개념들에 대한 저항의 오랜 역사에서 입증된 바와 같이 근본적인 지적 구성에도 적용되는데, "일부 문화권에서는 숫자 영이 매우 혐오스러운 것으로 생각되었기 때문에 그것이 없는 삶을 선택했다".[71] 대부분의 문화권에서는 영에 대한 사상이 "공허는 존재하지 않는다"고 하는 깊이 고착된 견해와 충돌했다. 영국의 수학자이자 철학자인 앨프리드 노스 화이트헤드 Alfred North Whitehead 가 말했듯이, "영에 대한 중요한 관점은 우리가 일상 업무에서 그것을 사용할 필요가 없다는 것이다. 아무도 '생선 영 마리'를 사러 시장에 가지 않는다".[72] 또한 많은 전통적인 문화권에서 영이라는 개념은 궁극적인 배제나 빈곤을 의미하기도 했으며, 전통적인 공동체 의식과 소속감과는 잘 어울리지 않았다.

그렇다면 근본적인 문제는 관성의 힘을 극복하는 것이다. 중앙집권화된 관료주의가 순응주의를 낳기 때문에 자유시장경제는 일반적으로 통제경제보다 이러한 힘을 더 잘 극복한다.[73] 문제는 혁신으로 인해 발생하는 장기적 편익과 현상 유지에 따른 단기적 편익 사이의 균형을 맞추는 데 있다. 둘 다 위험을 수반하며 최종 결과는 그 당시의 기술적 선택의 평가로는 쉽게 도출될 수 없다. 혁신은 본질적으로 그 결과가 불확실한 전개 과정이다. 결과가 불확실하기 때문에 그것은 어느 쪽으로든 갈 수 있다. 이것은 기술적 논쟁이 해결되기까지 수 세대가 걸리는 이유를 어느 정도 설명해 준다. 논쟁은 주로 최종 결과에 관한 것이며 논쟁의 과정은 결국 위험과 편익이 어떻게 분배될지를 예측하기 위한 시도이다. 로봇이 고용에 미칠 수 있는 잠재적 영향에 대한 현재의 논쟁은 불안과 희망을 모두 반영하는 이러한 불확실성을 보여 준다.

신기술에 대한 우려의 대부분은 노동계와 고용주들로부터 비롯된다. 노동계는 그들이 축적한 지위와 명성이 기술 변화로 인해 피해를 입을까 우려하고, 고용주들은 현상태에 고착될까 우려하기 때문이다.[74] 혁신에 대한 부정적 반응의 기저에는 경제적 요인들이 있으나, 혁신에 대한 반대는 대개 일부 반(反)경쟁적 시장 행위(예: 혁신가 및 기업가에 대한 신뢰 거부)와 함께 비시장 메커니즘(예: 방화, 개인적 폭력, 폭동 등 비법률적 수단은 물론 규제 포획과 안전 규제와 같은 법적 메커니즘)을 통해 표출된다.

일반적으로 세 가지 요소가 혁신의 성공 가능성에 영향을 미친다. 첫째, 동기부여의 강도이다. 즉 쓸모없게 되는 것을 없애는 것이 가치가 있을수록 혁신에 대한 도전은 더 강해지고, 사회에 대한 편익이 클수록 더 많은 혁신이 촉진된다. 이를 보여주는 역사적 사례가 1460년대 필경사 동업조합 guild 의 인쇄술에 대한 긴장감이다. "인쇄술의 사회적 편익이 컸고 필경사들은 사무원이라는 대체 직업이 있었기 때문에 인쇄술에 대한 도전은 오래가지 못했다. 그러나 자신들의 새로운 지위를 고수했던 인쇄업자 동업조합은 훨씬 더 강력했고 산업혁명 때까지 인쇄술을 동결시킬 수 있었다. 1772년 말 바젤의 숙련 인쇄업자 동업조합은 빌헬름 하스Wilhelm Haas가 금속 부품으로 만든 육중한 인쇄기를 설치하지 못하도록 합법적으로 제지했다."[75]

두 번째 요소는 승자와 패자의 분포에 관한 것이다. 생산자는 대개 집중되어 있는 반면 소비자는 더 널리 분포되는 경향이 있다. 이러한 구조가 생산자에게 더 많은 이익을 줄 수는 있지만 소비자 단체의 집단행동에 노출된다. 현대의 예로는 다양한 농민 시장에 서비스를 제공하는 소수 대기업이 지배하는 종자 부문이다. 농업생명기술에 대한 도전은 농민들 자신이 아닌 다른 집단들에 의해 주도되었다.[76]

마지막으로 권위의 역할은 기술 논쟁에서 중요한 요소다. 권위가 현상 유지에 우호적이냐 또는 새로운 혁신에 우호적이냐 하는 것은 매우 중요한 의미를 지닌다. 예를 들어 프랑스가 1730년의 '구체제ancien régime'의 보호주의에서 1830년의 친기술 정책으로 전환한 사례가 있다. 프랑스에서 대규모 무역 조직인 '동업조합compagnonnages'이 종이, 소총 및 식기류 제조와 같은 산업에서의 혁신을 효과적으로 저지하기 위해 법외 수단들을 사용해 생산수단을 통제하고 혁신을 저지했다. 그 결과 혁신가들이 영국이나 미국으로 추방되었다.[77]

기술적 논란에서 권위의 역할의 또 다른 예는 1880년대 후반 제임스 맥스웰James Maxwell의 전자기학 방정식을 저지하기 위한 실무 전기 기술자들의 시도이다. 이 충돌에서 지적 권위는 물이 배관을 통해 흐르는 방식과 같이 전선을 통해 전기가 흐른다고 믿었던 기능사들로부터 도선 주위의 전자장에서 전기의 흐름을 실험을 통해 보여준 이론 수학자들에게로 옮겨갔다. 맥스웰 학파Maxwellians의 출판물에 대한 억압 조치는 새로운 전기적 응용을 통해 표현되는 이론의 힘과 하인리히 헤르츠Heinrich Hertz와 같은 저명 학자들의 실험을 약화시키지 못했다. 마침내 권위는 학문적으로 훈련된 전기 공학자들에게로 옮겨갔다.[78]

권위 충돌의 또 다른 예는 산부인과 마취에 대한 15년간의 반대를 사례로 들 수 있다. 마취 시술의 반대자들은 그 당시의 끔찍한 출산 관행에도 불구하고 다양한 주장을 펼쳤다. 반대의 주된 근거는 생리적인 것이었고 통증의 역할에 초점을 맞추었다. 일부 저명한 외과 의사들은 통증이 생존 메커니즘이며, 진통이 얼마나 진행되었는지를 결정하는 데 도움을 주는 진단 신호 역할을 한다고 주장했다. 다른 반대 주장들은 비의학적이며 도덕적인 근거에 초점이 맞추어져 있었다. 마취를 술 취함에 비유하거나 마취 상태에서 성적 억제 및 남성 우월주의적 관점에 대한 호소들이 도덕적 접근법의 기반을 형성했다.[79] 결국에는 마취에 대한 과학적 호소가 널리 설득력을 얻었다.[80]

## 3) 지적 반응

기술 변화에 대한 지적 도전의 원천은 위험 회피, 부정적 외부성, 기술과 정치적·사회적 상관관계, 인간 편익을 위한 자연의 조작에 대한 철학적 반대 등 적어도 네 가지를 들 수 있다.[81]

첫 번째 지적 도전은 위험 회피이다. 석면과 같은 일부 기술은 편익보다 사후 비용이 더 높은 유해한 기술로 밝혀졌다. 따라서 일부 지적 운동은 불확실성과 알려지지 않은 위험 가능성을 강조하면서 신기술에 반대하는 이유로 안전 문제를 언급한다. 이러한 우려의 바탕이 되는 전반적 가정은 신기술의 의도하지 않은 결과의 대부분이 부정적일 가능성이 높다는 것이다.[82]

둘째는 부정적 외부성이다. 즉 신기술이 너무 많은 천연자원을 사용하고 이전에 무료로 취급된 재화에 재산권을 할당한다는 가정이다. 부정적인 외부효과를 해결하기 위한 가장 야심 찬 세계적인 노력 중 하나는 배출권 거래이다. 이는 '기후변화에 관한 유엔 기본협약에 대한 교토의정서 Kyoto Protocol to the UN Framework Convention on Climate Change'에 명시되어 있다. 이 조약은 세계적 경제 피해의 심각한 원인으로 여겨지는 기후변화로부터 새로운 시장을 창출하는 일종의 울타리에 비유되어 왔다.[83] 반면에 기술 혁신은 그러한 부정적 외부성을 해결하는 데 도움이 될 수 있다. 이러한 접근의 한 예로는 국제 기술·공학 협력을 통한 오존층 파괴 물질을 줄이는 국제체제의 창설이 있다.[84]

셋째는 기술과 정치적·사회적 상관관계이다. 무기는 더 파괴적이고 더 많은 생명을 앗아가며, 조립 라인의 개발은 작업을 지루하고 따분하게 만들며, 기술과 공학은 종종 외국의 지배와 관련된다. 그러므로 기술 응용의 불확실한 성격은 기술과 공학의 힘에 의해 확대되는 걱정과 희망을 동시에 만들어낸다. 오늘날 드론의 군사적 사용에 대한 격렬한 논쟁이 있지만 드론 기술이 민간 응용뿐만 아니라 인도주의적인 용도로도 점점 더 많이 사용되고 있다.[85]

넷째는 중세 르네상스 시대에는 천연자원에 대한 인간의 착취가 증가해 미래 세대에 대한 우려로 발전했다. 빅토리아 시대의 영국의 지적 운동은 기술을 '비인간화'로 보았고, 중세 유럽의 목가적이고 농민적 삶을 동경하게 했다. 이러한 견해들 중 일부는 오늘날에도 지속되고 있으며, 인간의 활동을 배제함으로써 자연이 더 잘 보존된다고 주장하는 일부 환경운동에서 피난처를 찾았다.[86] 이러한 견해의 지지자들은 급속한 기술 혁신이 생태계 파괴의 주요 원천이며 이를 늦추기 위한 노력이 경주되어야 한다고 주장한다. 이러한 견해를 액면 그대로 믿는다 하더라도 이는 기술 진보와 특정 기술의 영향을 혼동하는 것이다. 이러한 견해를 고수한다면 환경 관리에 필수적인 주요 영역에서 기술과 공학의 사용이 배제될 수도 있다. 예를 들어 화학은 생태적 피해를 초래한 세계적 산업들을 탄생시켰다. 그러나 동일한 과학적 기반 중 많은 것들이 현재 '녹색 화학green chemistry'에 사용되고 있다.

## 4) 사회심리학적 요인

혁신에 대한 심리적 도전은 합리적 과정이 아니다. 고전 경제학이 오랫동안 가정했던 것과는 달리 사람들은 각각의 새로운 기술과 관련된 위험 및 편익에 대해 합리적인 평가를 수행하고 그 분석을 바탕으로 결정을 내리지는 않는다. 대신 정신적 지름길이나 정해진 '일상 규칙routine'의 도움으로 불확실성에 직면해 결정을 내린다.[87] 이러한 지름길로 인해 발생하는 편견은 종종 사후적으로 보면 비합리적인 결정을 초래한다. 위험과 불확실성과 관련된 신기술의 채택 여부에 대한 결정은 종종 이러한 편견에 빠지기 쉽다.

의사결정심리학과 행동경제학의 연구는 사람들이 기존의 습관이나 일상 규칙에서 벗어나기를 꺼려하는 심리, 혁신과 관련된 인지된 위험, 문제의 기술에 대한 대중의 태도 등 혁신에 대한 심리적 도전을 유발하는 세 가지 주요 요인을 밝혀냈다.

인간은 습관의 동물이다. 대부분의 일상적인 결정은 의식적으로 주목받지 않고 지속되는 습관에 기초한다. 흡연이나 과식 같은 나쁜 습관은 보다 바람직한 행동을 반복하고 점차적으로 오래된 나쁜 습관을 새로운 습관으로 대체함으로써 바뀔 수 있다. 또한 대부분의 습관은 사회규범에 기반을 두고 있다. 우리의 사회 환경을 지배하는 규범에 대한 인식이 변할 때 이 세 가지 인식에 기반을 둔 습관도 변한다. 예를 들어, 1984년 미국인의 86퍼센트가 안전벨트를 규칙적으로 착용하지 않았다. 2010년에는 미국인의 85퍼센트가 규칙적으로 안전벨트를 착용했다. 이처럼 습관을 완전히 뒤바꾸는 이유는 교통에서 개인의 안전에 관한 사회적 규범이 바뀌었기 때문이다. 이러한 변화는 일부 주에서 보다 엄격한 입법 및 안전 캠페인 실시로 도움을 받았다.[88]

신기술은 우리의 기존 습관 중 얼마나 많은 변화를 약속하는지와 이러한 습관의 강도에 따라 더 많은 도전에 직면한다. 지속적인 행동의 변화는 그것을 바꾸려는 시도보다는 기존 습관을 통해서 행해져야 한다. 전자계산기가 수학적 계산을 더 빠르게 하는 것과 같은 방식으로 기존 습관을 파괴하기보다는 개선해야만 사람들이 혁신을 채택할 가능성이 높다. 따라서 공공 정책은 가장 덜 체화된 습관을 목표로 행동의 변화를 유도해야 한다.[89] 예를 들어 개발도상국들은 새로운 유형의 고단백 식품 대신 새로운 고단백 음료를 제공함으로써 단백질 소비를 증가시킬 수 있다.

혁신에 대한 도전으로 이어지는 두 번째 주요 요인은 새로운 기술과 관련된 인지된 위험이다. 이러한 맥락에서 특히 중요한 세 가지 일반적인 위험 유형은 새로운 기술의 물리적·사회적·경제적 결과에 대한 혐오, 성과 불확실성 그리고 인지된 부작용이다. 인지된 위험성이 가장 높고 가장 강력한 습관을 바꾸는 것을 목표로 하는 혁신은 대개 가장 큰 도전에 직면한다. 건강과 영양에 관한 사람들의 선택을 바꾸는 것을 목표로 하는 사회 프로그램이 이 범주에 속한다. 반면에 가장 급진적인 기술 혁신은 그와 관련된 높은 위험 때문에 도전을 받으며 우리에게 기존의 습관을 깨기보다는 새로운 습관을 형성하도록 고무한다.[90]

사람들은 위험을 회피하려는 경향이 강하다. 전망이론 prospect theory (위험을 수반하는 대안 간에 의사 결정을 어떻게 내리는지를 설명하고자 하는 이론 _옮긴이)에 따르면, 잠재적 손실은 항상 잠재적 이득보다 더 커 보인다.[91] 일반적으로 사람들은 선택의 결과가 무엇을 잃을 것인가보다는 무엇을 얻을 것인가의 측면에서 그들의 선택의 결과가 표현될 때 더 많은 위험을 추구한다. 따라서 손실에 대한 두려움은 사람들이 위험 회피적인 선택을 하도록 유도하는 반면, 잠재적 이득에 직면했을 때 그들은 위험을 추구하는 선택을 하는 경향이 있다. 이는 사람들이 각 결과의 절대적 가치에만 기초하는 것이 아니라 현재의 상황 즉, 준거점과 비교해 잠재적 손익의 인지된 가치에 기초해 결정을 내리기 때문이다. 이러한 결정은 각 결과에 대한 기대 가치 계산에만 기초하는 것이 아니라 결과의 다른 표현에 의해 유발되는 손실과 이득에 기초한다.[92] 사람들이 기대효용의 고전적 경제 모델에 따라 결정을 내리지 않는 것에 대한 이러한 통찰은 행동경제학 분야의 토대 중 하나이다. 신기술과 관련된 위험과 잠재적 손실은 종종 잠재적 이득보다 더 크게 나타나 혁신에 대한 도전으로 이어진다.

잠재적 이득보다 잠재적 손실에 더 많은 비중을 두는 경향은 신기술의 채택에 대한 빈번한 실패를 설명하는 두 가지 일반적인 행동 편향으로 이어진다. 첫째는 현상 유지 편향status quo bias이고 둘째는 부작위 편향omission bias이다.[93] 전자는 대안 중 하나를 선택할 때 현상 유지에 집착하는 불균형적인 경향을 말한다.[94] 예를 들어 장기 기증 프로그램의 참여 여부를 결정하도록 요청받았을 때, 관련 보험 양식에 기본 옵션default option으로 '예'를 제시하고 프로그램 참여를 독려하는 것이 기본 옵션으로 '아니오'를 제시하고 프로그램 참여를 독려하는 것보다 훨씬 높은 참여율을 나타낸다.[95] 사회적 습관뿐만 아니라 현상 유지로 인식되는 것을 바꾸는 신기술은 사람들에게 편해진 관습을 위협하기 때문에 부정적인 반응으로 이어진다.

손실 회피 성향은 또한 사람들이 아무것도 하지 않고 현 상태를 고수하는 위험을 과소평가하게 만든다. 작위보다 부작위를 선호하는 경향을 부작위 편향이라 한다. 이러한 편향은 사람들이 부작위와 작위의 결과를 알고 있을 때에도 크게 작용한다. 예를 들어 백신 접종을 하면 전체 인구(어린이 포함)에 질병에 의한 피해의 위험이 현저하게 감소할 수 있다고 할지라도 사람들은 백신 접종이 어린이들에게 해를 끼칠 경우 백신 접종을 하는 것이 하지 않는 것보다 더 나쁘다고 생각하는 경향이 있다. 사람들은 유해 확률이 적은 백신 접종을 결정해 만일 그것이 부정적인 부작용이 발생할 경우 그들은 마치 그

들이 죽음을 초래한 것처럼 느끼게 된다.[96]

행동을 취함으로써 생기는 피해는 아무것도 하지 않아 생기는 동일한 피해보다 더 큰 후회와 책임감을 불러일으키는 것 같다. 하지만 사람들이 항상 이런 편견에 사로잡혀 있지는 않다. 사실 그들은 책임 있는 위치에 있을 때 행동을 너무 주저하기보다는 너무 빨리 행동하는 경향이 있다.[97] 그러나 특히 백신이나 유전자 변형 유기체transgenic organism와 같은 혁신들을 둘러싼 정치적 과정에서 작위보다 부작위를 중시하는 소수의 사람들은 혁신의 발전을 저지하고 이러한 혁신의 채택에 필요한 사회적 협력을 방해할 수 있다.

사람들은 라돈의 경우처럼 위험이 잘 알려져 있는 경우보다는 유전자 변형 유기체의 경우처럼 위험이 상대적으로 잘 알려지지 않고 적을 때 위험을 줄이는 데 더 많은 노력을 기울이는 것 같다.[98] 즉, 사람들은 위험을 인지적으로 평가하지만 감정적으로 반응한다.[99] 이것은 혁신에 대한 회의론을 주도하는 세 번째 핵심 요소인 태도를 말해준다. 혁신에 대한 태도에는 인지적 요소와 정서적 요소가 있다. 태도의 인지적 요소는 기술의 특정 측면에 대한 우리의 평가를 포함하는 반면, 정서적 요소는 우리가 전체적으로 기술을 얼마만큼 좋아하는지를 나타낸다. 기술에 대한 사람들의 인지적 태도는 기술에 대한 짧은 노출 후에 기술을 채택하는 정도를 예측하지만 정서적 태도는 그렇지 않다. 태도는 사회적으로 전염되기 때문에 습관보다 변경하기가 훨씬 쉽다. 그러므로 예를 들어 기술의 특정 측면의 편익을 강조함으로써 신기술에 대한 긍정적·인지적 접근을 장려하는 소통 방식은 사람들이 기술을 수용할 가능성을 높일 수 있다.[100]

이에 따라 혁신에 대한 도전은 세 가지 심리적 요인에 의해 줄어들 수 있다. 첫째, 새로운 아이디어가 기존 습관을 깨뜨리려는 시도보다 기존 습관이나 완전히 새로운 습관을 통해 작용할 때 더 쉽게 채택된다. 둘째, 신기술의 잠재적인 결과를 이익 또는 손실의 관점에서 구성하는 것은 손실 회피가 위험을 감수할 것인지 또는 회피할 것인지에 중대한 영향을 미친다.[101] 셋째, 사람들은 의사소통이 기술의 특정 측면의 구체적인 이점을 강조하는 등 긍정적인 태도를 장려할 때 새로운 기술을 채택할 가능성이 더 높다.

신기술에 대한 도전을 정의하는 데 똑같이 중요한 심리적 요인은 정치적 공감이다. 사회운동은 "원인과 해결책을 포함하는 의미를 부여하면서 청중을 동원하기 위한 현실적 전략 도구로서 구조화framing 전략을 사용한다".[102] 정치적 공감은 사회운동이 피해자에게 관심을 집중시키는 데 도움이 될 뿐만 아니라 공통의 우려를 공유하는 다른 분야의 지지를 동원할 수 있는 기반을 만든다. 최근 몇 년 동안 정치적 공감으로 인해 특정 지역의 신기술 반대자와 지지자들이 '소셜 미디어social media'와 기타 정보통신 도구를 사용해 세계적인 운동을 창출하는 것이 가능해졌다.


## 4. 혁신, 불확실성 그리고 손실

기술은 종종 그 경제적 영향에 대한 경쟁적인 주장과 관련이 있다. 비평가들은 회의적인 입장을 고수하는 반면, 많은 경우 신기술은 그 촉진자들에 의해 과도하게 홍보된다. 이러한 주장의 근거가 되는 것은 기술의 궁극적인 진화와 그 사회경제적 영향을 예측하기 어렵게 만드는 통상적인 불확실성이다. 신기술의 장기적인 영향을 예측하기 어렵게 만드는 것은 신기술이 정의되는 편협성에서 기인하며 이러한 편협성은 종종 미래 개선, 보완 기술의 혁신, 새로운 기술 시스템의 출현에 대한 영향, 그리고 새로운 응용 개발과 같은 요인들을 설명하지 못한다.[103] 이러한 요인들이 결합되어 있기 때문에 신기술의 속도·방향·영향을 예측하기가 어렵다.

신기술과 관련된 불확실성을 다루는 방법 중 하나는 종종 기존 기술과 비교해 경제적 영향 연구를 수행하는 것이다. 그러나 이러한 연구는 종종 개선의 범위를 간과하는데, 신기술의 잠재적 개선 전망은 크다. 왜냐하면 신기술의 경제적 영향을 연구할 때 보통 신기술은 초기 단계에 있기 때문이다. 따라서 이러한 비교는 신기술의 장기적인 영향을 과소평가할 수 있다. 실제로 기존 기술에 비해 신기술의 가능성은 초기의 기술적 또는 경제적 우위에 있는 것이 아니라 개선의 장기적 전망에 크게 좌우된다.

아마도 불확실성의 가장 중요한 측면 중 하나는 광범위하거나 보편적인 응용에 대한 잠재력을 보지 못하는 것이다. 미국에서 전기 트럭 대신 휘발유 트럭을 성공적으로 채택한 것은 그 보편적 적용 가능성과 밀접한 관련이 있었다. 군수조달과 같은 지원 요소들이 차이를 만들었지만 이러한 조치는 분명 휘발유 트럭이 도시 트럭의 운송 활동을 넘어 광범위한 응용에 적합한 기술이었기 때문에 가능했다.[104] 보편적 응용 가능성에 대한 인식은 지원제도의 출현을 형성할 뿐만 아니라 특정 기술 발전 방향에 대한 초기 전망에도 영향을 미친다.

보편적 응용 가능성에 대한 인식은 영국에서 전기가 가스로 대체되는 데 중요한 역할을 했지만, 가스 산업계의 대응 노력이 없었던 것은 아니었다. 1930년대에는 전기를 사용할 수 있었음에도 불구하고 대다수의 가정에서 여전히 가스 동력이 사용되었다. 시간이 흐르면서 가스 공급의 사회적 통합을 지원하기 위한 광범위한 사회경제적 제도들이 생겨났다. 주전원 설치는 소수 부유층에만 실행 가능한 선택이었기 때문에 가스 시장이 유지될 수 있었다. 그러나 가스 회사들은 전기 제품의 출현과 함께 시장이 잠식될 가능성에 대해 우려하고 있었는데, 그 출현과 확산은 예측하거나 통제할 수 없었다. 그러나 가전제품이 등장하자 가스 산업은 경쟁 제품으로 대응하려 했다.

가스 회사는 가스 동력 라디오를 생산해 전기 라디오에 대응했다. 그 당시 전기 라디오는 부피가 크고 무거운 납축전지를 사용해야 했는데, 재충전하기 위해서는 충전소로 축전지를 가져가야만 했다. 영국 사우샘프턴 소재 아타익스Attaix사는 열전효과에 기반을 둔 전류 생성 장치를 판매했다. 회로의 두 끝 사이 온도 차이로 전류를 발생시켜 라디오 기기에 전력을 공급했다. 출력은 그다지 크지 않았지만 당시의 라디오에 전력을 공급하기에는 충분했다. 1939년 일체형 가스 동력 라디오를 사용할 수 있게 되었는데, 밀네스 전기엔지니어링Milnes Electrical Engineering 의 헨리 밀네스는 한 캐비닛 안에 열전 발전기와 스피커가 내장된 라디오를 생산했다. 가스 라디오는 전기 라디오보다 더 저렴했으며 또한 난방 기능이 있었다. 가스업계에서는 이 점을 적극 홍보했다. [105]

이러한 추세에 맞추어 세탁기, 식기 세척기, 축음기, 진공청소기 등 가스 구동 가전제품들이 개발되었다. 가장 중요한 것은 더 많은 가스를 판매하는 것이 아니라 전기의 확산을 막는 것이었다. 그러나 전기 제품이 점점 더 많이 확산됨에 따라 가정에 전기를 공급하는 것이 점점 더 중요해졌고, 이는 전력량 증가에 대처하고 전력 생산 비용을 줄이는 데 도움이 되는 전력망의 창출로 이어졌다. 궁극적으로 전기가 가장 실용적인 에너지원으로 부상함에 따라 가스 구동 가전제품은 널리 사용되지 못했다.

신생 기술의 기회를 포착하고 그 이점을 활용하는 능력은 기업가 정신, 사업개발 그리고 공공 정책에서 필수적인 요소다. 신기술은 처음에는 신뢰할 수 없고 실패하기 쉬운 것으로 보일 수 있으며, 또한 대중의 부정적인 인식을 초래할 수 있다. 예를 들어 초기의 트랙터는 초기의 부싯돌 발화식 머스킷 총이 석궁에 비해 열등했던 것처럼 말만큼 신뢰할 수 없었다. 그러나 두 경우 모두 기술의 개선 잠재력은 열등하게 보였지만 이들 앞에 놓인 '가파르지만 보상적 학습 곡선'을 가진 신생 기술을 채택하는 데 유리하게 작용했다(일반적으로 신기술은 초기에는 시행착오 등으로 인해 기술의 학습 곡선상 비교적 심한 변화, 즉 가파른 곡선 형태를 보이나 학습의 변화가 정체된 후 일정 시간이 지나면 다시 높은 수준의 성과 곡선이 나타남 _옮긴이). 이것이 기술적 연속성과 창조적 파괴의 본질적 특징이다.[106]

신생 기술과 기존 기술 간의 경제적 비교는 신기술의 개선 잠재력을 설명하지 못하는 경우가 많기 때문에 그다지 도움이 되지 않는다. 다시 말해, 신생 기술을 개선하기 위한 투자의 한계 이익은 전통 기술에서보다 더 높을 가능성이 크다. 엔지니어는 육종가가 말의 능력을 향상시키는 것보다 더 빠르게 트랙터를 개량할 수 있었다. 따라서 중요한 것은 신생 기술 기회의 중요성을 고려한 사업 전략과 정책을 채택하는 것이다.

종종 기술 경쟁으로 나타나는 것은 기술 융합으로 이어질 수 있고, 기존 기술에 새로운 시장을 열어줄 수 있다. 예를 들어, 텔레비전은 라디오 방송의 대체물로 여겨진 반면에 인터넷의 부상은 라디오 방송이 웹 web으로 이동하여 팟캐스팅 podcasting과 같은 활동으로 이어졌다. 이러한 융합은 새로운 제도적 배치뿐만 아니라 새로운 사업 기회를 창출했다.[107]

기술 위험은 전 세계적으로 공공 담론의 일부가 되고 있다. 신기술은 새로운 산업적 기회를 창출함과 동시에 기존 산업의 파괴에도 기여한다. 투자자들은 신기술의 이점에 초점을 맞추는 반면, 다른 사람들은 그 위험에 대해 우려한다. 현대의 우려는 유전자 변형 식품이나 휴대전화와 같은 인간의 건강에 미치는 위험 인식에서부터 기술이 사회에 미치는 영향에 대한 보다 광범위한 두려움에 이르기까지 다양하다. 과거에는 기술 위험이 신기술이 출현한 국가나 그것이 적용된 특정 분야에만 국한되었다.

1970년대 산업에서 '마이크로프로세서 microprocessor'의 사용에 대한 우려는 제조업 분야의 노동력 대체에 대한 영향에 국한되었다. 전 세계의 노동자들과 노동단체들은 이 신생 기술의 사용에 항의했다. 노동의 탈숙련화와 인적 자본의 침식에 대한 논의에서 이러한 논쟁의 메아리는 오늘날에도 들린다. "우리가 인적 자본을 고려할 때 갈등의 기회는 훨씬 더 커진다. 기술과 경험은 평생에 걸쳐 습득되지만 새로운 기술을 배우는 능력은 라이프 사이클에 따라 감소한다. 학생이나 견습생의 단계를 넘어선 근로자들은 기술 혁신이 그들의 기술을 쓸모없게 만들고 따라서 그들의 기대 수명기간 동안 수익을 되돌릴 수 없을 정도로 감소시키는 한 신기술에 의문을 제기할 것으로 예상할 수 있다."[108] 예컨대 컴퓨터 교육 목적이 컴퓨터 기술의 조속한 채택에 있음에도 불구하고 학교에서 교육 도구로 사용하는 컴퓨터가 교사들을 대체할 것이라는 두려움이 여전히 대중의 의식 속에 남아 있다.

전자공학microelectronics 이 고용에 미치는 영향에 대한 관심이 세계 여러 곳에서 표출되었지만 적어도 두 가지 이유로 광범위한 사회집단을 포함하는 대중운동이 되지는 않았다. 첫째, 직업 대체의 위험성에 대한 논의가 산업 생산성 향상에 따른 편익에 대한 고려와 함께 진행되었다. 이러한 변화는 노동자들의 힘의 변화와 관련이 있었다.[109] 둘째, 세계 경제는 오늘날처럼 통합되지 않았고 이러한 논쟁의 많은 부분이 국가, 산업 또는 지역에 국한되었다. 그러나 세계화는 그것을 변화시켰고 혁신에 대한 국제적 차원의 조직적인 도전을 불러왔다.[110] 세계화는 기술 위험에 더 큰 의미를 부여하고 특정 제품에 대한 지역적 논쟁을 대중 운동으로 바꾼다.

신기술에 대한 도전은 소비자나 노동자들에게만 국한되지 않는다. 기업이 기존 제품 계열을 위협한다는 이유로 자체 기술을 억압한 사례는 수없이 많다. 예를 들어 1930년대 초 벨Bell 연구소는 고도로 발달된 자기 오디오 녹음 시스템을 개발해 사용했다.[111] 그러나 고위 경영진은 10년 이상 이 기술의 상업화를 억제했는데, 이를 상업화할 경우 고객들이 기존의 전화 시스템 사용을 꺼리게 될 것이고, 이는 벨연구소의 '범용 서비스' 개념이 약화될 것을 우려했기 때문이다.

그 두려움은 두 가지 방식으로 표출되었다. 첫째, "만약 대화가 편지나 다른 계약서와 같은 방식으로 기록의 문제가 된다면, 경영자들은 고객들이 중요한 협상을 위해 전화를 포기하고 우편으로 돌아갈 것이며, 우편의 경우 실언으로 인한 치명적인 일은 없을 것이라고 생각했다".[112] 둘째, "대화 내용을 녹음할 수 있다면 일부 임원들이 전체 통화의 3분의 1을 차지할 것으로 추정되는 불법적이거나 비도덕적인 문제에 대해 더 이상 전화로 논의하지 않을 것이다. 이렇게 인지된 사생활 손실의 결과는 통화 횟수의 급격한 감소와 전화 시스템에 대한 개인들의 신뢰 저하로 이어지고, 이는 미국전화전신회사 AT&T의 수익과 명성에 손실을 초래함을 의미한다".[113]

AT&T는 자기 기록의 아주 미미한 이점이 소비자들 사이에서 그 명성과 신뢰를 손상시키는 것을 분명히 원치 않았다. 1928년 미국 정부를 상대로 한 '옴스테드Olmstead 소송'(로이 옴스테드가 정보요원에 의해 불법 도청된 개인 전화 대화의 위법성 여부에 대해 미국 정부를 상대로 한 미국 연방법원 소송 사건 _옮긴이)에서 도청이 합법이라고 한 미국 대법원의 판결이 있었고 그 후, 1967년 미국 정부를 상대로 한 '카츠Katz 소송'(찰스 카츠가 불법 도청된 개인 전화 대화의 위법성 관련 미국 정부를 상대로 한 소송 사건 _옮긴이)에서 대법원 판결이 번복되었다. 사생활에 대한 대중의 관심이 최고조에 달했던 시기에 이와 같은 결정이 내려졌다는 것은 주목할 만하다. 이 사례는 불확실성과 관련한 불안이 신기술의 도입을 지연시키거나 억제하는 결정으로 이어질 수 있음을 보여준다. 이는 사람들이 그러한 불확실성이 소득, 정체성, 공동체 의식, 세계관 및 사생활의 손실을 가져올 수 있다고 인식할 때 특히 그러하다.

## 5. 결론

이 장에서는 슘페터의 '창조적 파괴'라는 개척자적인 개념을 바탕으로 기술적 성공과 혁신의 문제에 관한 관점을 명확히 설명하고자 했다. 오늘날 세계적인 거대한 도전에 대처하기 위해 필요한 기술 변화의 성격은 본질적으로 과학기술 지식의 기하급수적 성장에 의해 생성된 급속한 추진력을 기반으로 한다. 이러한 변혁의 속도와 범위는 현상 유지를 목표로 하는 사회적 대응을 촉발시킬 가능성이 매우 높다. 그 역학 관계는 정치적인 것만큼이나 기술적이다. 사실 긴장을 이해하고 해결하기 위해서는 저탄소 에너지원으로의 전환을 둘러싼 논쟁에서 보여준 바와 같이 정치적 사고의 명시적 적용이 필요하다.[114]

혁신과 현직 사이에 일어나는 긴장은 종종 기술적 연속성에 대한 대중적 논쟁과 연관되어 있다. 이러한 역학 관계는 기술 변화에만 국한되는 것이 아니라 문화적 변화 자체의 본질을 반영한다. 그것은 과학 패러다임의 계승과 같은 다른 분야에서도 폭넓게 연구되고 논의되어 왔다.[115]

이 책의 나머지 부분에서는 미래의 기술적 논란을 다루기 위한 자기발견적 heuristics 장치를 만들 수 있는 교훈을 찾기 위해 역사를 탐구한다. 그 목적은 행동의 모형을 제공하는 것이 아니라 지적 호기심을 자극해 현재와 미래 세대가 자신의 문제를 추구하면서 역사적 준거점을 가질 수 있도록 하는 것이다. 역사는 반복되지 않지만 그 메아리는 우리 주변에서 들을 수 있다. 다음 장들의 목표는 여기에 제시된 사례들 가운데 어느 것이 독자들이 현재 직면하고 있는 도전에 대한 자신들의 창의적인 대응을 위한 적절한 영감의 원천이 될 수 있는지를 결정할 수 있도록 메아리를 증폭시키는 것이다. 본 사례 연구는 신기술이 더 넓은 환경과 어떻게 함께 공진화하는지를 보여준다. 신기술은 그 자체의 틈새 생존과 확장을 위한 여건을 조성한다. 혁신과 현직 간의 갈등은 이러한 역동적인 상호작용의 메아리이다.

*모든 위대한 운동은 조롱, 토론, 채택의 세 단계를 거쳐야 한다.*

_ 존 스튜어트 밀

2003년 이탈리아 나폴리 페데리코 2세 대학교The Italian University of Federico II di Napoli 약학부는 특이한 모의재판을 주최했다. 피고인은 커피였다. 이탈리아 남부 도시 나폴리에서 열린 재판은 커피에 대한 오랜 논쟁을 해결하기 위해 진행되었다. 커피를 마시는 것이 건강에 좋은가 나쁜가? 어떤 사람들은 커피가 몇몇 병을 예방해 준다고 주장하는 반면 다른 사람들은 커피가 "발기부전, 불안, 불면증"을 유발한다고 주장한다.[1]

다양한 이탈리아 대학의 법학 교수들이 커피를 애호하는 도시에서 이 사건을 주재했다. 건강과 요리 분야의 전문가 12명이 증인으로 채택되었다. 교수들이 증거를 신속하게 검토한 후 커피에 대해 '무혐의' 처분을 내렸지만, 커피 소비를 적당히 하라고 권고했다. 이 재판을 주재한 디니 크리스티아니 Dini Cristiani 이탈리아 판사는 "커피가 뇌에 주는 자극 효과로 피로를 감소시키고, 사람들을 더 생산적으로 만들어서 근무시간 동안 커피 브레이크로 인한 파괴적 영향을 상쇄시켰다"고 설명했다.[2]

우스꽝스러워 보이는 이 소송의 이면에는 기술 혁신과 현직 간의 갈등을 보여주는 역사상 가장 오래된 사례 중 하나의 개요가 있다. 커피는 세계에서 가장 오래된 변혁적 혁신 제품 중 하나다. 오늘날 커피콩은 수백만 명에게 생계를 제공하는 가장 중요한 열대 수출 상품 중 하나다. 커피는 전 세계 대부분의 문화에서 필수적인 부분이 되었다. 그러나 커피 섭취의 편익과 위험에 대한 논쟁은 의학 저널에 계속 자주 등장하고 있다.

이 장에서는 커피를 사례연구로 사용해 기존 제품과 문화 생태학에서의 그들의 위치를 방어하는 데 반영되는 혁신과 사회경제적 현직 사이의 갈등 관계를 보다 깊이 검토할 수 있는 발판을 마련한다. 커피의 도입은 와인과 맥주 같은 초창기 음료에 의해 함께 짜인 복잡한 사회구조를 변화시켰다. 커피는 와인과 맥주의 경제를 무너뜨리고 새로운 일상 규칙과 새로운 사업 관행을 창출했다. 스타벅스와 같은 세계적인 커피 체인점의 창설에서부터 틈새 커피 전문점coffee roaster에 이르기까지 광범위했다. 커피가 가져다준 변화에 대한 대중의 반응은 악마화, 금지 및 무역 제한에서부터 경쟁 사업 이해관계자들 사이의 새로운 타협에 이르기까지 다양했다. 15세기 이후 커피는 광범위한 입법적 개입의 대상이 되어왔으며, 오늘날에도 인간의 건강에 미치는 영향에 대한 논쟁은 여전히 계속되고 있다. 이 순수해 보이는 음료의 이면에는 수세기 동안 전 대륙에 걸쳐 세계에서 가장 다채로운 기술적 논쟁 중 하나가 자리 잡고 있다.

## 1. 우려에 대한 근거들

커피 이야기는 새로운 혁신이 그것이 파괴하고 재창조하는 사회제도와 어떻게 공진화하는지를 보여준다. 이것은 또한 경제생활의 균형적 전망을 거부한 슘페터의 견해와도 관련이 있다. 그는 "소비자 취향의 모든 변화는 생산자의 행동에 부수적이며 또한 생산자에 의해 발생된다"는 다소 논란의 여지가 있는 관점을 취했다.[3] 에티오피아의 고지대가 원산지인 아라비카 커피 coffea arabica가 그런 예다. 커피는 수세기 동안 에티오피아 사람들에 의해 사용되었다.[4] 아마도 커피콩이 아닌 통열매나 잎의 형태로 사용되었을 것이다. 커피의 독특한 중독성은 다른 각성제와 구별된다. 다른 많은 음료들과 달리 커피는 가정의 사생활 공간이 아닌 개방된 장소에서 주로 소비되어 사회적 상호작용을 촉진하는 대중적 공간을 창출했으며, 이는 오늘날에도 계속되고 있는 현상이다.[5] 커피를 준비하는 데 필요한 기구는 시간이 지남에 따라 진화했고 대부분 커피하우스에 있었다. 기술 혁신이 커피가 음료로서 부상하는 데 핵심적인 역할을 했다. 커피는 그야말로 하나의 제조품이다. "생두에서 추출된 즙은 확실히 불쾌한 맛이 나고 색이 거의 없다. 마찬가지로 덜 볶은 커피는 불쾌한 '풋내'가 나는 반면에 과도하게 볶은 커피는 탄 맛이 난다."[6]

사회적 긴장은 에티오피아에서 중동과 서유럽으로 확산된 커피의 역사에서 하나의 특징이었다. 우커스Ukers의 기념비적 저서인 『커피의 모든 것All About Coffee』에서 그는 이 음료가 소개된 곳마다 대격변이 뒤따랐다고 말한다. "그것은 커피의 기능이 사람들을 생각하게 만드는 것이라는 점에서 세계에서 가장 급진적인 음료였다. 사람들이 생각하기 시작하자 폭군과, 사상과 행동의 자유의 적들에게는 위험한 존재가 되었다."[7] 1830년대 프랑스 소설가 오노레 드 발작크Honoré de Balzac가 커피를 선동자agent agitateur로 가장 생생하게 묘사한 글 중 하나도 아마 커피를 마시면서 썼을 것이다.

아이디어가 전쟁터의 대군의 대대처럼 밀려오고 전투가 시작된다. 기억은 깃발을 펴고 공격한다. 비교의 경기병대는 훌륭한 질주로 전개한다. 논리의 포병대는 포수들과 포탄으로 구조에 나선다. 익살은 명사수처럼 나타난다. 비유의 표현들이 구체화되기 시작한다. 종이는 잉크로 자신을 덮는다. 저녁은 마치 화약 연기 속의 전쟁터처럼 검은 액체의 급류로 시작되고 끝난다.[8]

커피 소비는 볶기roasting, 분쇄grinding, 추출, 여과 및 음료 서빙serving 분야에서 기술 혁신을 촉진시켰다. 새로운 기술과 소비 증가로 새로운 매너와 관습도 생겨났다. 커피가 만들어낸 사회적 상호작용의 종류는 흔히 알코올 소비와 관련된 '소란스러움'과는 달리 사회에 공손함을 불어넣는 데 도움이 되었다.[9] 커피하우스의 성장도 정치적 담론을 위한 공간을 만드는 데 일조했다.[10]

커피는 단순히 카페인을 얻기 위해 커피콩을 갈아 만든 제품이 아니라 기존의 관행과 제도 체계를 변혁시키고 새로운 것을 창조하는 슘페터적 혁신이었다. 커피는 그 자체로 새로운 생산공정의 개발, 새로운 시장의 창출, 그리고 생산과 판매 조직에 새로운 변화를 가져온 신제품이었다. 커피에 사회 시스템을 재구성할 수 있는 역량을 부여하고 다른 음료의 소비 및 관련 사회제도의 축소를 위협한 것은 기술과 제도의 군집화clustering 영향이었다.

따라서 커피 소비의 안전과 사회적 영향에 대한 논쟁은 커피 음료 자체의 영향을 넘어 더 넓은 사회경제적 변혁을 포함한다. 그러나 주목할 만한 점은 커피가 인간의 건강에 미치는 영향에 대한 불확실성이 커피와 커피하우스의 등장으로 인한 사회의 불연속성을 논의하는 대용물이 되었다는 점이다. 이 이야기의 바탕에는 커피와 기존 음료 간의 역사적 경쟁과 관련된 사회문화적 진화에 관한 이야기가 자리 잡고 있다.


## 2. 마을에 새로운 음료가 있다

커피의 확산은 그 중독성이 크게 작용했다. 몇 세기 동안 이 제품은 원산지인 에티오피아에서 오스만 제국을 거쳐 결국 영국으로 옮겨갔다. 커피 재배의 가장 오래된 사례 중 하나가 15세기 초 예멘에서 발생했다. 16세기 초까지 '카화qahwa'로 알려진 음료는 수피파 족장들Sufi sheiks (이슬람교의 신비주의적 종파로서 다른 이슬람교 종파와는 다르게 전통적인 교리 학습이나 율법이 아니라 현실적인 방법을 통해 신과 합일되는 것을 최상의 가치로 여김 _옮긴이)에 의해 널리 소비되었다. 이 음료는 처음에는 일부 커피나무에서 추출된 자극적인 물약 형태로 사용되었고, 16세기 후반에는 커피콩을 가지고 음료를 만들었다. 수피족의 공동 예배는 보통 야간에 열렸으며 신에 대한 무아지경의 몰입을 이끌어내기 위한 관행이 있었다. 수피 교단의 구성원들은 야간 헌신예배 행사 중 깨어 있기 위해 커피를 마셨다.[11]

예멘에서 커피의 채택은 주로 저명한 율법학자 무하메드 알다바니 Muhamed al-Dhabani에 의해 '파트와'fatwa (이슬람 율법학자들의 교리 해석 _옮긴이) 형태의 일련의 사법적 판결을 통해 지속되었다. 알다바니가 에티오피아를 직접 방문해 커피 소비를 목격하고 안전하다고 주장한 것으로 알려졌다. 율법학자로서의 알다바니의 지위는 커피의 다양한 사용에 안전성에 대한 불확실성을 줄여주었다. 그는 커피를 마시고 병에서 회복되었던 것 같다. 그는 이전에 발행된 커피에 반대하는 많은 교리 해석을 뒤집었다. 그의 파트와는 커피가 명시적으로 불법이라고 선언될 때까지는 커피의 수용이 허용되어야 한다는 '본래적 허용 원칙al-ibaha al-asliya'에 근거를 두고 있었다. 예언자 마호메트 Muhammad의 가르침에 호소한 대부분의 커피 반대자들은 신제품 bid'ah (신제품, 혁신, 새로움, 이단이란 뜻이며, 기독교의 '이단' 개념에 가장 가까움 _옮긴이)이 안전하다고 입증될 때까지 잠재적으로 위험한 것으로 간주되어야 한다고 주장했다. 두 교리 사이의 충돌은 혁신에 대한 서로 다른 철학적 접근법을 상징했다. 하지만 1470년경 알다바니가 사망할 무렵 예멘에서는 커피가 음료로서 자리를 잡았다.

수피 교단의 구성원들은 은둔적인 성도들이 아니었다. 대부분 평신도였고 무역을 하고 직업을 가진 사람들이었다. 이들은 예멘 사회의 일상 업무에 통합되어 있었기 때문에 커피는 다른 분야로 빠르게 확산되었다. 커피하우스는 대부분 수피교 모임의 전형에서 생겨나 거기서부터 확산되었을 가능성이 매우 높다. 1510년경 커피는 예멘의 수도원에서 이슬람 주요 도시로 확산되었다. 무역상들과 여행자들은 곧 커피를 수익성이 좋은 상품으로 인식하고, 15세기 말 커피콩을 메카Mecca로 가져왔다.

커피가 예멘에서 메카로 확산되자 곧 사회적 긴장이 조성되었다. 메카에서 커피에 대한 가장 주요한 반대자는 '카이르 벡 알미마르Kha'ir Beg al-Mi'mar' 총독이었다. 커피하우스가 종교적 권위에 대항하는 사회적 선동의 원천이 될 것을 우려해 커피를 조기에 금지할 목적으로 이를 심의하기 위해 1511년 6월 21일 이 도시의 주요 울라마ulama(이슬람 율법학자들로서 이슬람법과 교리를 포함한 종교 지식의 수호자, 전달자, 해석자의 역할을 함 _옮긴이) 회의가 소집되었다. 한 기록에 의하면 의학적인 증거를 제공하기 위해 두 명의 페르시아인 내과의사가 참석했으며, 그중 한 사람은 커피에 대한 격렬한 반대자로 알려졌다. 두 명의 내과의사는 이 음료에 사악한 특성이 들어있다고 주장하고, 통치자로서의 정통성과 권력에 대한 총독의 야망에 호소하면서 총독이 이 음료에 반대할 경우 "위대한 영광과 풍성한 보상"을 받아야 한다고 말했다.[12] 이 이야기에 대한 공식 기록은 단순히 카이르 벡 총독이 대모스크Great Mosque 근처에서 야간에 카화qahwa를 마신 것으로 알려진 한 무리의 남성들과 마주친 후 이튼 날 아침 울라마 회의를 소집했다고만 전하고 있다. 그 회의에서 그는 의회가 승인한 커피 금지에 찬성하는 열띤 논쟁을 벌였다.

1511년 회의 이후 카이르 벡은 메카에 있는 모든 커피하우스를 폐쇄하고 커피에 대한 전면 금지를 선언했다. 발각된 모든 커피는 압수되어 거리에서 소각되었으며, 커피를 밀거래하거나 마신 사람은 모두 태형에 처해졌다. 커피 금지를 지지하기 위해 왜곡된 의학적 주장이 제기되었다. 일상적으로 여전히 씹어 먹는 커피콩bunn보다는 음료인 카화가 공격을 받았다. 율법학자들은 커피콩의 소비는 어디에서나 합법적이지만 커피하우스에서 소비되는 카화는 불법이라고 주장했다.

커피 음료에 대한 금지령이 내려질 당시 메카 총독은 커피 애호가인 카이로의 술탄Sultan 지휘하에 있었다.[13] 카이로에서 이 금지령을 뒤집는 공식 포고령이 내려왔다. 이 포고령은 커피를 마신다는 이유로 누구도 천국으로 들어가는 것을 거부당하지 않아야 한다고 선포했다. 이 포고령은 또한 원 판결에 가세했던 의사와 율법학자들의 지식에 의문을 제기했다. 페르시아 전문가들은 의심스러운 상황에서 목숨을 잃었고, 2년 뒤 카이르 벡 자신도 부패 혐의로 공직에서 해임되면서 커피에 대한 또 다른 금지 가능성이 사라졌다. 카이로로 돌아가는 길에 그가 죽은 경위는 여전히 수수께끼로 남아 있다. 그러나 커피하우스에 대한 공격의 유예는 오래가지 못했다.

그다음 금지령들 아래에서는 커피하우스와 이미 이슬람 율법sharia에서 금지된 활동들을 결부한 반대가 대두되었다. 이러한 활동에는 도박, 매춘 그리고 담배, 아편, 대마초hashish와 같은 마약의 사용, 그리고 순전히 기분전환을 위한 음악회가 포함되었다. 1525~1526년 사이 메카의 커피하우스가 또 다시 수난을 당했는데 이번에는 메디나Medina 출신의 율법학자 무함마드 이븐 알아라크Muhammad ibn al'Arraq에 의해서였다. 그는 메카에 도착했을 때 그곳에서 일어나고 있었던 여러 종류의 비난받을 만한 활동들을 보고 받고 관리들에게 커피하우스를 폐쇄하라고 지시했다. 이븐 알아라크가 커피의 합법성을 명시적으로 인정했기 때문에 커피 자체는 금지의 대상이 아니었다. 금지 대상이 된 것은 커피하우스였다. 1년 후 알아라크는 세상을 떠났고, 커피하우스는 즉시 다시 문을 열었다. 그의 후계자들은 커피를 억압할 생각이 없었다.

커피의 또 다른 주요 반대자는 율법학자이자 설교인인 아흐마드 이븐 아브드 알하크 알순바티Ahmad ibn 'Abd al-Haqq al-Sunbati였다. 그는 커피하우스 모임에서 들은 내용과 카화를 마시고 뉘우친 사람들로부터 얻은 정보를 바탕으로 카화를 금지한다고 선언했다. 커피에 대한 그의 반대는 아주 잘 알려졌고, 그가 카이로에서 커피 반대파의 아버지로 등장하면서 카이로의 많은 종교인들은 그의 지도를 따랐다.

1534~1535년 그는 커피에 대해 여러 차례 선동적 설교를 했으며, 그의 강력한 영향력은 폭도들에게 많은 커피하우스를 공격하게 하고 그 안에서 발견된 사람들을 구타하도록 부추겼다. 이에 대응해 커피 음료에 찬성하는 사람들은 거리로 나와 심각한 시민 소요와 폭력에 대응했다. 이슬람 수니파 Sunni 의 4개 학파 중 하나인 하나피 Hanafi 학파의 한 판사는 이 문제를 다루기로 결정하고 카이로의 울라마 회원들과 협의를 거쳐 커피의 합법성에 찬성하는 판결을 내렸다. 마침내 카이로에서는 결혼 계약에 남편이 아내에게 충분한 커피를 제공해야 한다는 내용의 언약이 도입될 정도로 인기를 끌게 되었고 이를 지키지 않을 경우 이혼 사유가 되었다.[14]

커피 비평가들은 이 음료를 와인에 비유하고 이를 근거로 반복적으로 금지하려고 시도했다.[15] '마르카하 marqaha'로 알려진 '커피 행복감'은 하나피 Hanafi 법에 따라 금지되었다. 논쟁은 중독에 대한 법적 정의와 이슬람교에서 금지된 와인 및 기타 음료와의 관계에 집중되었다. 이 문제에 대한 하나피법의 우호적인 해석은 중독을 유발하기에 충분한 양의 특정 음료의 소비만 금지한 것이다. 즉, 커피 물질 그 자체는 금지되지 않고 과도한 섭취만 금지함을 의미한다.

그 후 하나피 학파에서의 음료법의 적용은 술 취한 상태에 대한 정의에 의존하게 되었다. 이 주제에 대해 이슬람 율법학자 아부 하니피 Abu Hanifi 는 술주정뱅이의 정의에 대해 다음과 같은 해석을 내놓았다. "정신이 그를 떠나고 아무것도 모르는 사람"이라는 해석을 내놓았다.[16] 이와 같은 해석은 그 후 하나피 학파의 지도자 이븐 누야임 Ibn Nujaym(1563년 사망)에 의해 확장되었다. 즉 "처벌 받을 수 있는 술 취한 사람이란 만취하여 아무것도 이해하지 못하는 사람, 남녀 또는 하늘과 땅을 구별하지 못하는 사람이다".[17] 오스만의 고위 율법학자인 뮬라 쿠스로Mulla Khusraw(1480년 사망)는 술 취한 상태를 "솟아오르는 알코올 증기로 뇌를 가득 채운 상태에서 정결함과 불결함을 구분하는 이성의 기능을 멈추게 하여 사람을 괴롭히는 상태"라고 설명했다.[18] 한편 가벼운 현기증을 중독 증세로 간주하는 다른 수니 학파는 술 취한 사람에 대한 해석에 엄격했던 반면, 하나피 학파는 술 취한 사람을 모든 이성을 잃고 사실상 선 채로 죽은, 의식이 없는 사람으로 보았다.

이러한 해석을 바탕으로 커피에 대한 '마르카하' 체험이 중독으로 분류될 수 있으리라고는 상상하기 어렵다. 그럼에도 불구하고 알순바티Al-Sunbati 등 다른 율법학자들은 커피가 마취제라고 주장함으로써 이러한 시도를 했다. 커피를 마시는 사람의 신체적 또는 정신적 상태의 어떤 변화도 커피 음료의 합법성에 의문을 제기했다.

자수성가한 시리아 사업가 하킴Hakm과 샴스Shams는 1555년 처음으로 콘스탄티노플로 커피를 가져왔다. 1570년 오스만 제국 11대 술탄 셀림 2세Selim II(1566~1574년 재위)가 통치하던 시기에 도시에는 600개 이상의 커피 판매점(노점, 상점, 주택 등)이 있었고, 온갖 계층의 터키인들이 자주 드나들었다. 커피가 도입됨에 따라 이 인기 있는 새로운 음료와 기존의 사회제도 사이의 갈등이 극도로 고조되었다.

셀림 2세는 커피가 콘스탄티노플에 도착한 직후 이를 금지했으나 그 금지령은 오래 가지 않았다.[19] 콘스탄티노플의 술탄 무라드 3세Murad III는 왕위를 차지하기 위해 온 가족을 살해한 후 1580년에 다시 도시의 커피하우스를 폐쇄했다. 그의 피비린내 나는 권력 찬탈은 소란을 일으키면서 커피하우스 안에서 다소 비판적으로 논의되고 있었던 것 같다. 술탄은 커피 금지 명령을 내렸고, 커피하우스는 문을 닫았으며, 커피하우스 주인들은 고문을 당했다. 금지 조치에 대한 종교적인 제재는 회교 정통파 금욕주의 수도사들dervishes에 의해 제기된 주장들에 근거했다. 즉 볶은 커피콩은 석탄과 매우 유사하며 탄화된 것은 마호메트에 의해 인간의 소비가 금지되었다는 점이다. 금지령은 커피를 집 안으로 몰아넣었지만 무라드의 후임자가 볶은 커피는 석탄이 아니라고 선언한 후에야 비로소 그 습관이 다시 대중화되었다.

그러나 무라드 4세 Murad IV (1623~1650년 재위)의 통치하에서, 왕국이 특히 혁명이 우려되는 전쟁에 휘말렸을 때, 커피와 커피하우스는 또 다른 금지의 대상이 되었다.[20] 커피하우스는 다시 한번 반란을 일으킬 소굴로 여겨졌고, 무라드의 비지어 vizier(오스만 제국에서 술탄을 보좌하는 장관급 고위관료 _옮긴이) 마호메트 콜필리 Mahomet Kolpili 는 커피하우스의 폐쇄를 명령했다. 1633년 그는 커피하우스가 손님들에게 은밀하게 계속 문을 열어주고 있다는 사실을 알고 담배와 아편과 함께 커피를 전면 금지하고 화재 위험을 구실로 기존의 업소들을 폐쇄시켰다. 도시의 와인 주점도 폐쇄토록 명령했다. 급기야 커피, 담배 및 와인 사용을 사형에 처하도록 하는 칙령에 따라(코란에서는 이미 담배와 와인은 금지되어 있었다) 콜필리는 커피하우스 고객들에 대해 채찍질을 명령했다. 상습 범법자들은 자루에 담겨 보스포루스 해협에 던져졌다.

이러한 유형의 금지 조치는 종종 도덕적 청렴성의 상징으로 부각될 수 있다. 1645년 샤흐 압바스 2세 Shah 'Abbas II의 비지어 칼리프 솔탄 Khalife Soltan (1645~1654년 집권)은 이란의 옛 수도 이스파한 Isfahan 에서 커피 반대 캠페인을 주도했다. 그는 도덕적으로 청렴한 종교계급의 일원이자 독실한 학자였다. 집권 직후 그는 사회 해악 요소들을 제거하기 위한 캠페인을 벌이고 먼저 와인 주점과 사창가를 폐쇄시켰다. 커피 자체에 대해서는 단속을 하지 않았지만 커피하우스에서 도덕적으로 해악적인 요소들은 제거되었다. 이러한 대중업소들이 그의 대표적인 단속 대상이었고 동시에 그는 이란의 유대인들을 이슬람교로 개종하도록 강요하는 조치를 도입했다.[21]

이러한 금지 조치들은 새로운 통치자가 권좌에 오른 후 나타나는 경향이 있으며, 종교적 열정을 보여줌으로써 통치자의 도덕적·신적 권위의 확립과 분명한 이념적 목적에 기여한다. 금지 조치는 새로운 통치자의 정통성을 강화하는 것 외에도 다른 부차적 목적에도 기여했다. 예컨대, 공공장소를 폐쇄하고 국가가 직면한 역경을 그곳에서 만연했던 것으로 추정되는 타락의 탓이라 비난함으로써 기존 사회질서에 대한 잠재적 도전을 억압했다.

커피 무역은 16세기 초 10년 동안 메카에서 카이로로 확대되었고, 그 후 순례 카라반caravan을 통해 시리아로 전파되었으며 마침내 1500년대 중반 이스탄불에 상륙했다. 그 후 커피는 1602년 설립되어 21년 동안 아시아 무역에서 독점권을 가졌던 강력한 특허 회사인 네덜란드 동인도회사의 상업 활동을 통해 인도와 인도네시아를 거쳐 유럽으로 퍼져나갔다. 동인도회사는 식민지를 건설하고, 자체 화폐를 발행하고, 조약을 체결하고, 죄인들을 투옥하고, 처형하고, 전쟁을 치를 수 있도록 하는 준국가적 권력을 가지고 있었다. 커피와 같은 새로운 작물을 이리저리 옮기는 것은 그 수중에 있었다. 커피가 예멘 수피족의 예배 의식을 넘어 확산되고 커피하우스와 같은 세속적 환경에서 인기를 끌면서 문제를 일으키는 양조 음료로서 커피의 명성이 높아졌다.

아마도 가장 중요한 것은 커피하우스가 세속적인 대화의 장으로서 모든 사회계층으로부터 사람들을 끌어들이는 역할을 했다는 것이고, 이런 점에서 진정한 문화적 혁신이었다. 기존의 주요 대중 시설로는 평판이 좋지 않은 와인 주점, 상류층을 위해 예약되고 오락이 부족한 목욕탕, 예배 전후에 제한된 교류만을 허용하는 회교사원(모스크) 등이 있었다. 당시 기존의 사회적 장소 중 어느 곳도 커피하우스에서 일어나는 광범위한 사회적 담론을 허용하지 않았다. 커피하우스의 고객들은 자유롭게 아이디어를 교환하고, 최신 뉴스를 듣고, 불만과 소문을 공유하고, 정치적 견해를 표명할 수 있었다. 커피하우스에서의 활동은 사회적 변혁의 길을 열었고 이는 종교와 민간 당국의 깊은 우려를 불러일으켰다. 메카, 이스파한, 카이로, 콘스탄티노플 및 기타 지역의 커피하우스는 분쟁과 루머의 근원지로 지목되었고 그 결과 커피하우스는 이들 도시에서 거의 200년간 억압을 받았다.


## 3. 유럽이 커피 냄새를 맡다

커피의 유럽 진출은 부정적인 사회적 반응을 보였는데, 이는 주로 와인, 맥주, 에일ale 및 다른 음료들을 보호하기 위한 지역적 이해관계자들에 의해 표출되었다. 예컨대, 이탈리아의 와인 상인들은 일찍이 대학 구내에서만 볼 수 있었던 음료인 커피의 확산에 경각심을 느꼈다. 16세기 이탈리아인 벨리기Belighi는 커피의 영향을 한탄했다.

> 다마스커스, 알레포, 위대한 카이로에서
> 사방 어디에서도 찾을 수 있네.
> 사랑하는 사람에게 음료를 주는 순한 과일,
> 승리를 위해 법정에 오기 전에
> 거기서 세상의 이 선동적인 방해물이
> 그 비할 데 없는 효능으로
> 이 축복의 날 모든 와인을 대신해 버렸네.[22]

커피 소비가 종교법을 위반했다고 주장하는 이탈리아 주교들과 성직자들의 노력은 무역업자들과 소비자들로부터 계속 외면당했다.

주교들이 교황에게 호소하는 것이 커피를 추방하는 마지막 방법이었다. 그러나 교황 클레멘스 8세Clement VIII는 1600년 커피를 파문하는 대신 이렇게 선언했다. "정말, 이 사탄의 음료가 너무 맛있습니다. …… 이교도들에게 커피를 독점적으로 사용하게 하는 것은 참으로 유감스러운 일이 될 것입니다.

우리는 커피에 세례를 주고 그것을 진정한 기독교 음료로 만들어 사탄을 바보로 만들 것입니다."[23] 기독교 세계에서 도덕적 권위가 큰 인물인 교황의 커피에 대한 축복은 서양에서 커피를 확산시키는 데 핵심적인 역할을 했을 가능성이 높았으며, 유럽은 수세기 동안 이슬람교 아래에서 지속적으로 반복되었던 종교적 싸움을 피할 수 있었다.

프랑스인들이 커피에 매료된 것은 1596년 이탈리아 식물학자 오노리오 벨리 Onorio Belli 가 내과 의사이자 식물학자 겸 여행가였던 샤를 드 레클뤼즈 Charles de l'Écluse 에게 보낸 서신으로 거슬러 올라간다. 벨리는 "이집트인들이 '카베 cave'라고 부르는 액체를 만들기 위해 사용하는 씨앗"에 대해 언급했다.[24] 1644년이 되어서야 비로소 피에르 드 라로크 Pierre de la Roque 가 콘스탄티노플과 레반트 Levant 지방을 여행한 후 마르세유 Marseilles 에 커피를 가져왔다. 콘스탄티노플 주재 프랑스 대사 일행과 함께한 이 여행에는 기술 습득의 전모가 고스란히 담겨 있었다. 그 수집품에는 터키에서 사용된 커피와 관련된 소도구들이 들어 있었으며 이 소도구들은 프랑스에서 매우 진기한 물품으로 여겨졌다.[25]

당시 프랑스의 경제와 문화의 상당 부분이 와인 생산과 관련되어 있었다. 마르세유 최초의 커피하우스는 1671년 설립되어 급속히 확산되었다. 와인 생산자들과 의사들은 인간의 건강에 대한 커피의 역할에 의문을 제기함으로써 커피 소비를 약화시키기 위해 동맹을 맺었다. 반면 대중들은 새로운 음료의 사용을 지지했다. 커피 애호가들은 의사들을 신뢰하지 않았고 의사들은 수많은 질병을 커피 탓으로 돌리자 결국 대중적 충돌이 이어졌다.

마르세유에서 포도주 양조업자와 대학이 커피 소비에 도전하기 위해 동맹을 맺었다. 엑스대학 University of Aix 의 두 명의 내과의사는 신입생인 콜롱브 Colomb 에게 「커피의 음용이 마르세유 주민들에게 유해한지 여부 Whether the Use of Coffee Is Harmful to the Inhabitants of Marseilles」라는 제목의 논문을 준비하도록 했다.

콜롱브의 학제 간 연구는 커피가 인간의 건강에 미치는 영향을 다루었을 뿐만 아니라 커피에 대한 지지가 아랍 커피 수출업자들의 자기 이익적 주장에 근거했다는 것을 보여주려 했다.

콜롱브는 커피에 함유된 연소된 다량의 입자들은 워낙 격렬한 에너지를 갖고 있어 혈액 속으로 들어가면 임파선을 끌어당겨 신장腎臟을 건조하게 한다고 주장했다. 그는 또 연소된 입자들은 뇌에 해로우며 신체의 모공을 열어서 수면 활력을 억제해 그 결과 전반적인 탈진, 마비 또는 발기부전을 일으킨다고 주장했다.[26]

콜롱브의 논문은 일반 대중에게 큰 영향을 미치지 못했고 이로 인해 의사들은 계속 그다지 높은 신뢰를 받지 못했다. 그러나 의사들은 환자들에게 커피에 대해 계속 경고하며 다양한 만성질환의 원인을 커피 탓으로 돌리면서 처방전에 의해서만 커피를 마셔야 한다고 제안했다. 의사들은 또한 환자들에게서 발견된 위궤양이 커피의 결과라는 소문을 퍼뜨리는 등 헛소문의 진원지가 되었다.[27] 그들은 또한 와인에 대한 대중의 선호도가 떨어졌다는 것에 주목했다.

그러나 커피가 퍼지면서 정부는 커피 판매를 국가 독점으로 하는 1692년 칙령을 통해 커피의 경제적 이익을 획득하려고 시도했다. 가격 상승과 암시장의 출현으로 이 전략이 역풍을 맞게 되자 정부는 이에 대응하여 세금을 쉽게 부과할 수 있는 항구도시 마르세유로 커피 수입을 제한하는 방향으로 전략을 바꾸었다.[28] 결국 이 경쟁 제품의 도입으로 어려움을 겪었던 특정한 경제적 이익집단을 달래기 위한 타협이 이루어졌다. 특히, '카페오레café au lait'는 1700년대에 프랑스에서 발명되었는데 이는 우유 생산자와 커피 공급자 사이의 대표적인 타협의 산물이다. 오늘날까지도 기술 혁신과 관련해 사회 내에서 이런 종류의 대화와 타협은 여전히 중요하다.

영국에서 커피 소비에 대한 최초의 기록은 옥스퍼드대학교에서였다.

1637년 커피를 마시는 너새니얼 코너피오스Nathaniel Conopios에 대한 목격자 증언이 기록되어 있다. 코너피오스는 그리스 정교회의 총대주교 키릴Cyrill의 '프리모레primore'(고위 보좌관 _옮긴이)로 복무한 후 옥스퍼드에 유학을 왔다. 그는 총대주교가 '비지어'에 의해 교살된 후 영국으로 왔던 것이다. 불행이 코너피오스를 따라다니는 것 같았다. 그는 1648년 정쟁에 이어 '의회 방문자 위원회'에 의해 대학에서 추방되었다.

영국에서 커피의 도입은 과도한 음주의 사회적 영향을 줄이기 위한 '금주 운동The Temperance Movement'의 일환으로 차의 소비를 촉진하려는 초기 노력과 동시에 이루어졌다. 차는 이미 맥주와 '치커리chicory' 같은 다른 현지 음료와의 갈등에서 비롯된 논쟁의 대상이 되어 있었다. 그러나 영국이 동인도회사를 통해 커피에 대한 상업적 이익을 강화함에 따라 커피의 경제적 영향은 분명해졌다.[29]

커피는 영국이 식민지 기업, 특히 인도에서 대규모 차 생산을 확대하고 있을 때 도입되었다. 1662년 찰스 2세King Charles II가 포르투갈 공주 캐서린 브라간사Catherine of Braganza와 결혼해 '금주의 전령'으로서 차 소비를 촉진하기 위한 왕실의 노력을 주도했다.[30] 이에 따라 차가 '에일ale', 와인 및 증류주를 대체했다. 가정에서 차의 도입은 가족 간의 유대를 강화하기 위한 새로운 사회제도 신설과 관련이 있었다. 이는 남성들이 집을 나와 밖에서 술을 마시는 선술집 문화에 대한 대응이었다.

터키인 상회에서 일하는 유태인 야곱으로 알려진 레바논인이 1650년 옥스퍼드에 최초의 커피하우스를 열었다.[31] 커피하우스와 함께 커피 관습이 퍼지자 비평가들은 이 음료가 학문적 담론의 저하를 가져온다고 평가했다. 옥스퍼드의 사회역사학자 앤서니 우드Anthony Wood는 대부분의 학자들이 은퇴해 하루의 대부분을 커피하우스에서 뉴스를 듣고 한담하며 윗사람들을 신랄하게 비판하는 데 보내기 때문에 커피하우스로 인한 연구의 퇴보, 나아가 학문의 타락을 한탄했다.[32] 이는 커피 소비를 줄이려는 당국의 노력으로 이어졌다. 커피하우스의 개점 시간을 제한하고 커피를 집에 가져가서 마시지 못하도록 '테이크아웃takeout' 커피 판매를 금지했다. 그 후 커피하우스가 케임브리지에 문을 열었는데 거기서도 비슷한 규제가 시행되었다. 1664년 케임브리지대학교는 교수의 허가 없이 커피하우스에 출입하는 모든 학생은 선술집과 맥주집 출입자에 관한 법령에 따라 처벌한다는 학칙을 발표했다.[33]

이 학칙은 교수들과 학생들이 자유로운 아이디어 교환과 학제 간 담론의 장으로 커피하우스를 이용하는 것을 막지 못했다. 1655년 학생들과 젊은 교수들은 지역 약제사 아서 틸라드Arthur Tillyard에게 옥스퍼드에 도전해 공개적으로 커피를 준비하고 판매할 것을 촉구했다. 그는 이 요구를 수용해 옥스퍼드 커피 클럽Oxford Coffee Club을 창설했다. 이 클럽은 그 후 1662년 찰스 2세의 인가를 받아 왕립 런던 자연과학 진흥협회Royal Society of London for the Improvement of Natural Knowledge로 발전했다.[34]

런던 최초의 커피하우스는 1652년 레바논 상인 파스콰 로제Pasqua Rosée에 의해 설립되었으며 커피콩을 '담백하고 무해한 것'이라고 광고했다.[35] 런던의 커피하우스들은 의견을 수집하고 교환하는 장소로서 선술집의 대안으로서 사업, 정치적 대화, 논쟁, 음료 마시기, 담배 피우기 등 다양한 행사를 개최했다. 영국에서 커피에 대한 도전은 1660년대 초반 커피에 비판적인 일련의 팸플릿으로 시작되었다. 선술집 주인들은 사업을 잃자 커피 그 자체뿐만 아니라 이 '새로운 사회 센터'에 대해 항의했다.[36]

비난자들은 커피를 묘사하는 데서도 그들의 비판만큼이나 다양했다. 1663년 한 '브로드사이드broadside'(내용이 한 쪽 지면에만 인쇄되는 일종의 언론 매체로서 포스터, 행사, 선언문, 또는 단순한 광고 게재를 위해 많이 사용됨 _옮긴이)에서는 "한 잔의 커피: 그 다양한 색깔의 커피A Cup of Coffee: or, Coffee on its Colours"라는 제목으로 커피를 마심으로 터키인으로 변해버린 사람들을 조롱했다.

그 기사는 "이러한 순진한 '영국 원숭이들'은 거미 먹는 법을 배울 지도 모른다"고 비난했다. 같은 해 발행된 「커피에 대한 처녀의 불평에 폭발한 커피 총각의 수류탄The Coffee Man's Grenado Discharged upon the Maiden's Complaint Against Coffee」이라는 제목의 팸플릿은 커피를 옹호했다. 이어서 1665년 발행된 「눈과 귀로 증언한 커피하우스의 특성The Character of a Coffee House, by an Eye and Ear Witness」이라는 제목의 10페이지 분량의 팸플릿은 이 새로운 제도에 대한 긍정적인 이미지를 제공했다. 1672년 「커피에 대한 비평: 터키인의 결혼A Broadside against Coffee: or The Marriage of the Turk」이란 제목의 풍자시는 커피에 대한 가장 신랄한 공격을 촉발시켰다. 커피를 '터키 죽Turkey gruel'으로 묘사한 이러한 공격은 대중들에게 커피가 위험한 음료임을 확신시키기 시작했다. 이 출판물은 로제Rosée를 커피의 편익에 대해 대중을 오도하는 무지하고도 교활한 외국인이라고 묘사했다.

커피에 반대하는 브로드사이드와 팸플릿의 기사 외에도 찰스 2세는 커피에 대한 자신의 우려를 숨기지 않았으며, 1672년 어떻게 합법적으로 커피하우스를 폐쇄할 수 있는지에 대한 법률 자문을 구했다. 하지만 법원은 커피하우스를 폐쇄하지 않았고 판사들은 소환돼 협의에 참가했다. 소환된 다섯 명의 판사는 어떤 조치를 취해야 할지에 대해 의견의 일치를 보지 못했다. 일부 판사들은 커피 거래의 경제적 이점을 개략적으로 설명하는 것 외에 불복종할 가능성이 있는 명령을 내리는 것은 현명하지 못하다고 주장했다. 결국 판사들은 다음과 같은 애매모호한 성명을 발표했다. 즉 "커피를 소매로 판매하는 것은 허용될 수 있는 무해한 거래일 수도 있다. 그러나 그것은 현재 공동 집회의 성격상 국가, 뉴스 및 중요 인사들의 문제에 대한 담론에 이용되고 있다. 커피하우스는 게으름과 쓸데없는 참견의 온상이며, 우리 고유의 미풍양속을 방해하므로 공동의 골칫거리로 여겨질 수 있다".37

1673년 찰스 2세는 「영국의 중대 우려 사항 해설The Grand Concern of England

explained」이라는 제목의 소책자quarto를 발간해 커피에 대한 여론에 영향을 미치려 했으나 거의 성공하지 못했다. 그는 다음과 같이 주장했다.

커피, 차, 초콜릿에 관해서라면 나는 그것이 가져다주는 유익이 없다는 것을 안다. 오직 그것이 팔리는 장소는 사람들이 만나서 반나절 동안 앉아서 국가의 제반 문제에 대해서 거기에 들어오는 모든 일행들과 담소를 나누며, 뉴스에 대해 이야기하고, 거짓말을 지어내고, 주지사들의 판단과 재량권을 규탄하고, 그들의 모든 행동을 감시하고, 주지사들에 대한 편견을 백성들의 귀에 은근히 심어주기에 편리한 곳이다. 또한 그들 자신들의 자질, 지식, 지혜 등을 뽐내고 과장하며, 위정자들을 비난하기 좋은 곳이다. 대중들이 이러한 부정적 행위들에 의해 너무 오래 동안 고통을 받게 되면 치명적이고 파괴적이 될 수 있다.[38]

1674년 문제가 들끓기 시작했다. 「커피라는 순수하고 건강에 좋은 음료의 뛰어난 효능과 인체에 대한 질병 예방과 치료에 있어 탁월한 효과에 대한 간략한 설명A Brief Description of the Excellent Virtues of that Sober and Wholesome Drink called Coffee, and the Incomparable Effects in Preventing and Curing Diseases Incident to Human Bodies」이라는 제목의 삽화 형식의 팸플릿이 로제Rosée에 의해 출판되었다. 이 팸플릿은 각종 질병을 치료할 수 있는 신속한 방법의 하나로 커피 마시기를 제안했다. 그는 커피가 위를 치유하고 지성을 예리하게 하고 기억을 되살리며 행복감을 회복시켜 준다고 주장했다. 이 팸플릿은 「커피에 대한 비평: 터키인의 결혼」에 대한 대응이었다. 커피의 유익에 대한 이러한 주장은 곧 더 많은 정부 개입을 불러왔으며 강력한 사회운동에 의해 빛을 잃게 되었다.

같은 해, 몸을 건조시키고 무기력하게 만드는 커피의 과도한 섭취로 인한 성생활의 커다란 불편함에 대한 대중적 관심을 대표하는 「여성들의 커피 반대 청원서The Women's Petition against Coffee」는 그 불행한 커피 열매를 자라게 한 것으로 알려진 사막처럼 남성을 불임 상태로 만든다고 비난했다.[39] 이 청원서는 발기부전의 공포를 불러일으키면서 커피는 그들의 '건장한 조상'의 후손을 유인원과 피그미족Pygmies의 외소한 후예로 전락하게 만들 것이라고 주장했다. 문제가 된 것은 단순히 국민들의 건강뿐만 아니라 그들의 문화적 정체성이었다.

그 청원서는 경제를 포함한 다양한 문제들을 다루었으며, "남성들은 약간 더럽고, 검고, 진하고, 역겹고, 쓰고, 고약한 냄새가 나고, 메스꺼운 웅덩이 물을 마시는 데 돈을 쓴다"고 주장했다. 그 청원서는 60세 미만의 사람들에게 커피 섭취를 금지하고 맥주와 다른 양주를 대신 섭취하도록 권고했다.[40]

그 청원서로 말미암아 야기된 커피에 대한 긴장은 찰스 2세에게 그의 오랜 목표를 실현할 기회를 주었다. 1675년 12월 19일 그는 커피하우스가 왕의 명예를 훼손하고 공공질서를 훼손하기 위해 고안된 악의적이고 추잡한 담론의 근원지라고 비난하면서 '커피하우스 억제를 위한 포고령'A Proclamation for the Suppression of Coffee Houses'을 발표했다. 그는 1676년 1월 10일까지 커피하우스를 폐쇄하고 커피, 초콜릿, 셔벗sherbet 및 차의 판매 중단을 명령했다. 그는 국가 안보 문제를 이용해 커피가 다른 음료에 미치는 경제적 영향에 대하여 우려하는 사람들과 지배적인 사회질서를 자신의 이해관계와 연계시켰다.[41]

포고령 발표에 대한 대중들의 항의는 매우 격렬했다. 경제사회적으로 중요한 유권자를 대표하는 커피하우스 주인들과 후원자들의 항의가 너무 커서 왕은 포고령이 발효되기 바로 이틀 전에 커피하우스의 폐쇄를 취소했다.[42] 이 포고령은 1676년 6월 24일까지 커피하우스의 문을 계속 열 수 있도록 허용하는 다른 선언으로 대체되었다. 그 칙령은 표면상으로는 안보상의 이유를 들었다. 왕실은 차 소비와 관련 문화 관행을 계속해 장려했다.

커피와 커피하우스는 1670년대에 독일에 등장했고 1721년에는 독일의 주요 도시들로 퍼져 나갔다. 18세기 말까지 이 뜨거운 음료는 사회계층 전체로 완전히 확산되었다. 커피가 등장하기 전 맥주는 독일의 지배적인 음료였다. 와인과 달리 맥주는 본질적으로 더 많은 영양소를 지닌 식품이었고 대부분 식사와 함께 맥주의 생산지역에서 소비되었다. 커피는 영양가가 없다고 무시당했다. 이러한 도전에 대응하기 위해 커피에 수프를 섞어 사용하려는 시도는 성공하지 못했다. 맥주 생산자들은 1660년대 맥주에 세금을 부과하려는 시도를 무산시킬 정도로 큰 정치적 영향력을 가지고 있었다.

커피의 등장에 대한 독일의 격렬한 반응을 형성하는 데 경제학이 핵심적인 역할을 했다. 커피 관련 법안이 증가함에 따라 이웃 국가들 특히 네덜란드에 상당한 금액을 지불하는 것이 포함되었기 때문에 중상주의는 논쟁에서 두드러진 역할을 했다.[43] 게다가 제조, 유통 및 판매를 포함한 토착적이고 잘 발달된 양조장 네트워크가 맥주의 기존 패권에 도전하는 새로운 경쟁자의 위협에 대응하고 일종의 '주류liquid 민족주의'를 과시하면서 보호주의가 상당한 역할을 했다.[44]

맥주는 함부르크와 같은 도시의 주요 수출 상품이었다.[45] 16세기 중반 커피가 오스만 제국에 막 도입되었을 때 함부르크산 맥주가 네덜란드, 유틀란트, 스웨덴 및 러시아를 공략하고 있었다. 이 수출품은 소금에 절인 청어와 잘 어울려서 맥주에 대한 갈증을 높였다. 배들이 항구에 도착할 때마다 맥주 마시기와 청어 먹기 분위기가 한층 고조되었다. 소금기로 텁텁해진 목을 풀어주는 데는 함부르크 맥주가 제격이었다.[46]

프로이센과 스웨덴도 비슷한 경험을 했다. 프로이센의 프리드리히 대왕은 나라의 전통적인 음료에 해악을 끼치는 커피의 인기에 주목하면서 1777년 경제적 영향을 분명히 언급한 성명서를 발표했다. "나의 신하들이 사용하는 커피의 양과 나라 밖으로 나가는 돈의 양을 보는 것은 역겨운 일이다. …… 우리 민족은 맥주를 마셔야 한다."[47] 그는 외국의 침략으로부터 나라를 지키는 일을 커피 마시는 사람들에게 맡길 수 없다고 덧붙였다. 4년 후 프리드리히 대왕이 커피 볶기roasting를 금지함에 따라 가난한 사람들은 커피 대용품이나 비밀 커피 볶기에 의지할 수밖에 없게 되었다. 그는 또한 커피 냄새 맡는 사람들을 고용해 길거리에서 커피 냄새가 나는 사람을 적발해 벌금을 부과했다. 커피 냄새 맡는 사람들은 수거한 커피 일부를 가졌다. 1784년 뮌스터(베스트팔렌 공국)의 주교 막시밀리안 프리드리히는 커피 볶는 장소와 커피 판매 장소의 폐쇄를 선포했다. 무게 50파운드(약 22킬로그램) 이하로 구입한 커피는 사적인 소비가 허용되었다.[48]

커피는 오스만 제국을 통해 스웨덴으로 건너갔으나 더 중요한 것은 프랑스 관습의 채택이었다. 스웨덴 최초의 커피하우스는 18세기 초 스톡홀름에 설립되었다. 이는 경제적 도전과 맞물리며 사회계층 간 충돌의 발판이 되었다. 1756년 격렬한 의회 회기 중 주류 중류권을 부인당한 농민들이 커피 수입 금지를 강행해 상류층에 복수를 가했다. 1760년대 유럽의 무역 위기는 스웨덴에 심각한 영향을 미쳤고 스웨덴은 이에 대응해 커피를 포함한 수입을 금지함으로써 대응했다.[49]

커피 소비에 대한 처벌로 컵과 접시가 몰수되었다. 구스타프 3세는 커피에 대한 주요 비평가였다. 그는 유죄 판결을 받은 살인범에게 정기적으로 커피를 제공하도록 해서 커피가 인체 건강에 해롭다는 증거를 제공하려고 했다. 그의 실험 통제 대상인 다른 살인자에게는 커피 대신 차가 제공되었다. 결과는 그의 가설을 뒷받침하지 못했다. 그 실험을 감독하도록 임명된 두 명의 의사는 피실험자들보다 먼저 사망했다. 왕은 연구 프로젝트가 완료되기 전에 살해되었고, 결국 커피를 마신 사람은 그 실험의 통제 대상자보다 더 오래 살았다.

1794년 8월 1일은 스웨덴의 국가 애도의 날이었다. 스톡홀름에서는 한 무리의 귀족들이 한 공적인 장례를 위해 모여 제사 용기를 부숴버렸는데 그것은 바로 커피 포트였다. 스웨덴 정부는 네 번째 커피 수입 금지 조치를 막 시행했다. 1756년과 1817년 사이에 스웨덴은 주로 당시의 중상주의 교리에 힘입어 5개의 다른 법령으로 커피 수입을 금지했다. 또한 1760년대 유럽의 전반적인 무역 위기는 스웨덴에 유리한 무역 조건을 뒤집는 데 기여했고 커피나 실크 같은 특정 사치품의 수입을 줄이고 다른 사치품에는 높은 세금을 부과하려는 새로운 자유주의 정부의 노력으로 이어졌다. 자유무역의 시대는 아직 밝아오지 않았다. 커피 수입 금지는 1822년 해제되었고 그 후 30년 동안 커피는 도시를 넘어 농촌으로, 행상인과 토지 조사관 그리고 이 도시 저 도시로 방랑하는 여행자들을 통해 많은 사람들에게 퍼져 나갔다. 유럽의 다른 나라들과는 달리 스웨덴에서는 커피가 가정에서 많이 소비되었다.

1855년 스웨덴 정부는 커피가 다른 각성제를 대신함에 따라 커피의 전반적인 확산을 촉진하기 위해 가정에서 알코올 증류를 완전히 금지시켰다. 알코올의 해악에 대항하는 캠페인을 전개하면서 19세기와 20세기의 스웨덴의 '금주운동teetol'은 커피와 알코올을 섞어 마시는 사람들의 습관 때문에 커피 반대운동으로도 빠르게 옮겨갔다.

1860년 스웨덴 국립보건원National Board of Health 마그누스 후스Magnus Huss 원장은 자신의 의학적 전문지식을 통해 커피의 재앙을 일소하려 했다. 그의 저서 『커피: 그 음용과 남용On Coffee: Its Use and Abuse』에서 그는 커피는 음식물이 아니며 영양가가 부족하기 때문에 소화, 뇌, 신경, 순환기에 위험한 자극제 기능을 한다고 말했다. 그는 커피를 하나의 사치품이라고 생각했고, 여성의 커피 음용과 남용은 두 가지 질병으로 이어진다고 주장했다. 첫째, 장기적으로는 위산이 증가해 체력과 근로 능력의 저하, 그리고 고통스러운 임신과 허약한 아기를 낳는다는 것이다. 둘째, 커피가 뇌에 미치는 자극적인 영향은 영구적이고 히스테리 상태를 만들어낸다는 것이다. 그는 이러한 이유를 들어 여성의 커피 소비로 인해 가족들이 고통을 받게 될 것이라고 주장했다.[50]

스웨덴 의회는 1870년부터 1914년까지 여러 차례 커피에 새로운 관세 부과를 고려했다. 이것은 중상주의 철학에 의해서가 아니라 주로 상류층에 여전히 혜택을 주는 사치품 과세를 통해 제한하려는 의도였다. 논쟁이 격렬해지면서 1870년부터 1914년까지 1870년대의 산업화와 스웨덴의 외국 상품 개방과 관련한 대외 무역 붐에 이어 소득 수준의 상승으로 커피 소비가 급속히 증가했다. 1917년 한 팸플릿은 만성 카페인 중독이 스웨덴에서 가장 만연한 질병이 되었으며 알코올 중독보다 더 심각하다고 주장했다. 제1차 세계대전 후 마침내 이러한 선동적 활동은 중단되었고 교육과 정보에 입각한 합리적 활동이 정착하게 되었다. 스웨덴의 오랜 커피 논쟁의 역사를 통해 사회 각계와 입법부는 다양한 경제적, 도덕적 그리고 건강상의 논의를 전개했다. 이것은 사회에서 커피의 역할에 대한 복잡한 특성을 보여주는 것이다.

## 4. 결론

공공 생활에서 커피의 생명력은 여전히 전설로 남아 있다. 그것의 대부분은 전통과 혁신 사이의 충돌을 반영하는 사회적 갈등과 관련이 있다. 에티오피아의 오로모Oromo 사람들은 커피의 전설을 알고 있었다. 관습에 따라 그들은 영향력 있는 마법사들의 무덤 위에 커피나무를 심곤 했다. 그들은 죽은 마법사를 애도하여 흘린 눈물에서 최초의 커피 덤불이 자라났다고 믿었다. 사실 많은 고뇌가 하나의 작물로서나 사회 혁신으로서 커피의 전 세계적인 확산과 관련이 있다. 커피의 역사는 현대 기술 논쟁에 대한 풍부한 교훈의 원천이며 그중 많은 것이 후속되는 장에서 상세히 설명될 것이지만 그중 다섯 개가 두드러진다.

커피의 사례에서 얻은 첫 번째 교훈은 시간과 관련이 있다. 발명은 상당한 매력을 불러일으킨다. 그러나 기술이 경제에 가시적인 영향을 미치기 시작한 이후에야 비로소 기술이 사회에 미치는 함의가 명확해진다. 많은 경우에 기술의 변혁적인 영향은 '새로움novelty'에 대한 것보다 새로운 경제적 조합 대한 것이 더 많다. 사실 20세기 기술의 역사는 낙타 카라반이나 당나귀 수레 또는 여전히 이보다 더 나은 마차horse power와 같이 일반적으로 시대에 뒤떨어져 지속되어 온 오래되고 어쩌면 쓸모없게까지 보였던 기술로부터 유용하게 시작된다.[51]

실제로 기술이 국가 간에 이동함에 따라 그러한 논쟁의 '시간 틀time frame'은 상당히 달라질 수 있다. 커피의 사회경제적 영향이 대륙 전체에 걸쳐 미치는 데는 수 세기가 걸렸으나 유전자 변형 작물에 대한 논쟁이 세계를 뒤덮는 데는 10년도 채 걸리지 않았다. 그러므로 신기술에 대한 대중적 논쟁은 불확실성에 비추어 볼 때 새로운 질서의 모색을 포함하는 사회적 실험이다. 실험의 불확실성과 대리적 속성은 새로운 질서 확립을 목표로 하는 아이디어의 지속적인 생성, 검토 및 적용을 포함한다. 이러한 상황에서 사회적 갈등을 줄이기 위해서는 의사 결정에 필요한 다양한 과학기술 및 혁신의 자문 지원이 필요하다.

이 논쟁에서 두 번째 교훈은 신제품의 반대자와 지지자들이 자신들의 입장에 대한 진정한 사회경제적 근거를 밝히지 않는 경향이 있다는 점이다. 하톡스Hattox가 아주 적나라하게 지적했듯이, 금지론자들이 처음에는 그 음료나 관련 시설에 대해 배우는 것에 대해 막연한 불안감으로 가득 차 있었던 것 같다. 나중에서야 그들은 공식적인 선언, 법률적 의견, 또는 단순한 도덕적 장광설로 이어지는 증거를 수집하려 했다.[52] 사실, "명시적으로 열거하거나 자세히 설명하지 않은 다른 이유들이 있다". 이는 금지 주도자의 초기 경고와 제품에 대한 후속 관심에 영향을 미친다.[53] 더욱이 "실제로 이러한 다른 이유들이 명시적으로 표명된 주장들보다 금지론자의 감정에 더 중요한 영향을 미치는 동인들이 될 수도 있다. 또한 이미 어떤 제품에 대해 단호한 입장을 견지한 반대자는 오랜 기간 조사나 약간의 창의적 보완과 조정을 통해 법적 대응 수단을 갖추게 된다".[54]

그러므로 정책 입안자들은 갈등의 근원을 이해하기 위해 대중의 우려나 편익에 대한 지나친 주장들의 배후를 살펴야 한다. 이러한 갈등의 대부분은 인간의 감정을 통해 해소된다.[55] 커피는 단순히 건강상의 위험을 내포하거나 의약적 유익을 주는 음료로 인식되었을 뿐만 아니라 기술 혁신, 경제적 이익, 그리고 사회제도의 복잡한 생태를 대표했다. 새로운 기술을 도입하려는 외견상 단순한 노력이 주요 사회경제적 변혁을 초래할 수 있으며 그 영향의 불확실한 성격은 토론과 논쟁으로 이어진다.

커피 사례의 세 번째 교훈은 위험과 편익의 균형이다. 커피는 경쟁관계에 있는 다른 각성제보다 편익이 월등히 뛰어나기 때문에 큰 성공을 거두었다. 예멘의 '카타 에둘리스Catha edulis'든 영국과 덴마크의 '치커리chicory'든 커피는 각성제로서 경쟁 음료들에 비해 우위에 있었다. 그것은 사회를 알코올로부터 벗어나게 하려는 금주운동에 대한 선물이었다. 커피는 경쟁 관계에 있는 많은 다른 각성제보다 유통기한이 더 길고 저장과 운송이 용이하다.

그러나 커피콩에서 카페인과 향미를 추출하는 데는 기술적인 노력과 전문적인 지식이 필요했다. 이러한 도전에 대한 기술공학적 대응은 두 가지 보완적 발전으로 이어졌다. 첫째, 기술 혁신은 커피 음료의 필수 부산물이 되었다. 이 새로운 기술들은 커피 볶는 장비의 초기 생산자들로부터 오늘날의 고급 커피기계 제조업체에 이르기까지 보조적인 지원 산업들을 창출했다. 둘째, 이러한 기술의 사용은 결과적으로 장비를 가정으로 보내기보다는 소비자들을 커피하우스로 끌어들이는 소비 패턴을 낳았다. 이러한 요소들과 다른 여러 요인들은 기존 사업뿐만 아니라 사회적 질서와 정치권력의 흐름에 도전하는 사회 재편으로 이어졌다.

커피 사례의 네 번째 교훈은 신상품과 관련된 위험의 인식을 증폭시키기 위해 악마화와 거짓 비유를 사용하는 것이다. 그러한 전술은 위험의 증거 유무에 대한 요구를 회피하고, 종종 다른 제품과의 거짓 비유에 의존하는 데 사용된다. 이러한 방법은 신기술과 관련된 위험의 불확실성과 부정적인 측면을 입증하는 논리적 불가능성 때문에 가능하다. 커피 논쟁에서 손실에 대한 인식은 논쟁의 중심 주제였다. 손실에 대한 두려움은 경제적 용어로 표현할 때 더욱 분명해진다. 하지만 경제적 손실에 대한 두려움이 신상품과 관련된 위험 인식을 증폭시키는 전술의 유일한 형태는 아니다.

현대 기술적 논란과 관련된 마지막 교훈은 비경제적 요소가 신제품을 둘러싼 갈등을 촉발시키는 데 핵심적 역할을 한다는 점이다. 커피 소비가 어떤 사람들에게는 영국인을 터키인으로 변모시키는 방법으로 비쳐지며 조롱을 받았다. 이 경우 음료와 신분은 분리될 수 없다. 중국 내 스타벅스 카페의 확산에 대한 새로운 논란의 중심에 정체성 상실에 대한 동일한 우려가 있다는 점은 주목할 만하다.[56]

커피 도입의 역사는 새로운 시장에서 하나의 단순한 음료의 도입 그 이상이었다. 그것은 광범위한 사회경제적·문화적 질서에 불확실성을 유발하는 세력들을 구체화했다. 혁신과 관련된 위험 인식은 공공 담론의 강도와 성격을 형성했다. 비록 논쟁의 추동력은 대부분 경제적이긴 했지만 공공 담론 자체가 국가 안보, 인간의 건강 및 문화적 정체성과 같은 더 넓은 사회적 위험의 관점에서 형성되었다. 오랜 논쟁의 역사는 우리에게 다른 기술적 논란에서 계속 재생산되는 광범위한 교훈을 남겼다. 이 책의 나머지 부분에서 이러한 주제들이 심도 있게 탐구될 것이다.

> *만일 또 다른 메시아가 탄생한다 해도*
> *인쇄기만큼 좋은 일을 할 수 없을 것이다.*
> _ 게오르그 리히텐베르그

전통과 혁신 사이의 장대한 충돌 중 어떤 것은 전투가 끝난 지 오랜 후에야 그 영향을 보여주는 변혁적 기술에 관한 것이다. 그러나 그 순간의 열기 속에는 대개 기술의 장기적 함의에 대한 평가는 거의 없다. 이는 '현 상태 status quo'가 종종 신기술이 평가되는 기준이 되기 때문이다. 회고적 연구는 비타협적이고 심지어 새로운 기술을 제때 채택하지 못한 것에 대해 어리석은 평가를 내린다.

오늘날의 이슬람 공동체는 인쇄된 종교 서적이 없는 것을 상상할 수 없을 것이다. 그러나 거의 400년 동안 오스만 제국은 종교 텍스트text를 인쇄하기 위한 기술의 사용을 제한했다. 1485년 술탄 바예지드 2세Bayezid II는 아랍문자로 책을 인쇄하지 못하도록 하는 칙령을 내렸다. 1508년 오스만 제국의 최고위 이슬람 학자 샤이칼-이슬람Shaykhal-Islam은 가동 활자 인쇄가 비이슬람 공동체에는 허용되지만 이슬람교도에게는 허용되지 않는다는 내용의 '파트와'를 발표했다.[1] 1515년 술탄 셀림 1세Selim I의 칙령은 이 금지 조치를 강화했다.[2] 그는 "인쇄 과학에 종사하는 자는 사형에 처해질 수 있다"고 공표했다.[3] 충분히 검증된 사실은 아니지만 이 칙령은 인쇄기의 보다 광범위한 사회적 함의에 대한 당국의 지배적인 분위기를 반영한다.

이 장에서는 오스만 제국에서 인쇄술에 대한 초기의 거부와 느린 채택의 사례를 사용해 혁신의 속도와 방향에 영향을 미치는 보다 광범위한 사회적 요인을 설명한다. 이 장은 지배적인 정보 전달 방식과 권위의 종교적 원천들이 종교 텍스트를 생산하기 위한 인쇄기 사용에 대한 태도에 얼마나 영향을 미쳤는지 조사한다. 또한 필경사에 의존하던 당시의 도서 제작 방식이 어떻게 추가적인 점진적 혁신의 원천을 제공했는지 살펴본다. 이후 인쇄기의 채택과 그 광범위한 사용은 사회의 주요 변화뿐만 아니라 특히 서예의 위상과 관련된 초창기의 일부 기술적 반대를 극복한 기술 진보와 연관되어 있었다.

## 1. 전체로서의 사회

영국의 역사학자 토머스 프랜시스 카터 Thomas Francis Carter 는 「인쇄 장벽으로서의 이슬람 Islam as a Barrier to Printing 」이라는 논문에서 명확한 설명을 통해 "인쇄술을 가졌던 극동과 인쇄술이 알려지지 않았던 유럽 사이에는 인쇄된 형태의 문학을 거부하는 이슬람 세계가 놓여 있다"는 사실을 주목했다.[4] 그가 보기에는 문학이 인쇄된 형태로 해외로 확산되고 있었던 극동과 고대의 필사본들이 고된 수작업으로 생산되고 있었던 유럽 사이에서[5] 이러한 이슬람의 지리적·문화적 장벽은 "목판 인쇄술 block printing 을 유럽으로 전파하는 가교라기보다는 장벽으로 작용했다".[6]

이슬람교도들은 중국과 광범위하게 교역했기 때문에 중국의 인쇄술에 대해 잘 알고 있었다. 사실 중국에는 많은 무슬림 인구가 있었다. 이슬람교도들 사이에서 인쇄술 채택이 400년 동안 지연된 이유를 서구 학자들은 이슬람교도들의 보수적 가치의 탓으로 돌린다. 카터에 따르면 "이슬람교도들은 인쇄판을 청소하는 데 사용하는 브러시에 돼지털이 들어있다고 의심했고 이 브러시로 '알라 Allah'의 이름에 접촉하는 것은 이슬람교도들에게는 신성모독의 극치로 보였다는 사실이 제기되어 왔다. 단순한 보수주의가 아마 이러한 편견의 배후였을 가능성이 더 높아 보인다".[7] 『지적 호기심과 과학혁명 Intelligent Curiosity and Scientific Revolution』의 저자 토비 허프Toby E. Huff도 동일한 견해를 보이고 있다. 당시 신기술에 반대하는 보수적 무슬림 전통은 오스만 제국과 인도 무굴 제국에서 인쇄기의 사용을 막았다.[8]

"종교적 혁신(즉, 'bid'ah'는 이슬람교에서 이단의 기독교적 개념에 가장 가까움_옮긴이)의 가능성에 염증을 느꼈던 정통 '울라마'(이슬람 학자들)가 인쇄기 도입에 대해 깊이 우려해 왔을 것이라는 견해가 보수적 비난에 내포되어 있다.[9] 보수주의에 대한 비난은 많은 경건한 이슬람교도들이 비이슬람 문명의 상품들과 함께 불신자kufr 와 연계되는 것에 대해 느꼈을 수도 있는 의심으로 확장된다.[10] 이러한 설명은 이슬람 세계가 군사기술, 지도 제작법, 기계식 시계, 담배, 전등, 휴대용 시계, 천문학, 의학 등 다른 서양 사상을 쉽게 도입했다는 사실과는 일치하지 않는다.[11] 일반적으로 외국 사상의 채택에는 세계를 이해하기 위한 기계적 은유metaphors 의 사용이 포함되기 때문이다.

일부 수입 기술들은 사회에서 적절한 용도를 찾기 위해 고군분투했으며 그 결과 제도화된 용도로 진화하기까지는 그 시작이 험난했다. 예를 들면 쌍안경의 초기 버전version 인 '갈릴레오의 안경'이 있다. 쌍안경 사용에 대한 최초의 기록은 베네치아 상인이 이것을 이용해 왕궁의 궁녀들harem 을 훔쳐보다 체포되었던 1630년대였다. 그 상인은 충동적인 술탄 무라드 4세Murad IV 에 의해 법 위반으로 교수형에 처해졌다. 무라드 4세는 다시 그 기술을 인근 프랑스 대사관을 정탐하기 위해 사용했다. 한편 무라드 4세는 수입품들 중에서 쌍안경을 검색해 이 기술을 가진 사람들을 투옥했다.[12] 이 기술은 왕족들이 뒷마당에서 시민들을 감시하기 위해 사용하는 것에서 오스만 해군이 사용하는 것으로 빠르게 퍼져 나갔다.

인쇄기 도입의 지연은 쌍안경보다 더 복잡하다. 인쇄기 도입이 지연된 이
유를 더 잘 이해하려면 중앙 조직 교리의 원천으로서 코란Koran과 관련된 제
도적 장치들뿐만 아니라 지식과 사고 체계에 관한 이슬람의 세계관에 대한
깊은 이해가 필요하다. 인쇄기 도입에 대한 저항은 대중의 지지를 모으기 위
한 수사적인 장치 또는 이야기narrative의 형태를 취했다. 그러나 그것만으로
는 다른 기술에 대한 채택의 지연이나 대립적 태도를 거의 설명하지 못한다.

이에 대한 주된 설명은 지식 전달의 구두 방식과 종교 당국과 연관된 보다
고착화된 사회적 가치에서 찾을 수 있다. 그와 관련된 이유에는 많은 필경사
를 고용한 필사본manuscript 경제와 초기 인쇄기로는 적절하게 표현할 수 없었
던 서예에 대한 존중이 포함되었다. 사실상 그 이유는 종교, 기술, 정치권력
그리고 사회제도의 공진화에 기인한다고 볼 수 있다. 인쇄기에 대한 반발을
불러일으킨 것은 보다 광범위한 사회적 시스템이며 어떤 특정한 반대의 원
천이 아니다.

영적 문서로서 코란에서 파생된 지식 체계는 기술 거부에 대한 특정한 주
장을 설명하는 데 도움이 된다. 그러나 그것은 또한 왜 처음에 저항에 부딪
혔던 기술이 나중에 긴박감을 가지고 채택되는지에 대한 문화적 통찰력을
제공한다. 실제로 "무슬림들이 어떤 형태의 식민 지배를 받고 있었을 때 그
리고 서방의 위협이 더 분명했을 때, 그에 대한 대응은 훨씬 더 빠르고 훨씬
더 절박했다. 예컨대 19세기 초기부터 20년 동안 제정 러시아의 이슬람교도
들은 17개의 인쇄소를 운용했다. 1820년대에 인도 아대륙의 무슬림 개혁파
지도자들은 종교·정치 관련 소책자tract를 인쇄하느라 분주했다".[13] 이러한
상황에서 인쇄술은 식민지 영향력에 대응하는 하나의 방법일 뿐만 아니라
지역적 가치와 전통을 확고히 하는 원천이 되었다.

인쇄와 관련해 아마도 가장 중요한 관심의 원천은 이슬람 세계에서 구전

전통의 위상일 것이다. 글을 통한 지식의 전달과 대비해 구술의 우월성에 대한 논쟁은 예언자 마호메트의 행적과 격언인 하디스Hadith 기록의 양면성에서 비롯될 수 있다. 우려의 일부는 그의 격언이나 행적을 잘못 표현할 가능성이었다. 후에 마호메트는 하디스가 문자로 기록될 수 있도록 허락했고, 이것은 사람들이 기억에 의존하지 않고도 마호메트의 언행의 내용에 접근할 수 있게 했다. 이슬람 학자들은 코란과 하디스를 이슬람 법학의 원천으로 삼을 수 있었으며, 이는 이슬람법이 이슬람 사회의 필수적인 부분이 될 수 있는 길을 열었다.

하디스를 문자로 기록하기로 한 결정에도 불구하고, 구술은 코란(낭송을 의미한다)에 포함된 마호메트의 말을 전달하는 가장 신뢰할 수 있는 방법이었다. 이것은 632년 '배교자 전쟁Apostate Wars'의 일환으로 시작된 '야마마 전투Battle of Yamamah'로 인해 바뀌었다(배교자 전쟁은 이슬람 예언자 마호메트가 죽은 직후인 632년과 633년에 반군 아라비아 부족에 맞서 마호메트 후계자 칼리프 아부 바크르Abu Bakr가 시작한 일련의 군사작전이고, 야마마 전투는 632년 현 사우디아라비아의 알-야마마 지역에서의 전투임 _옮긴이). 수많은 이슬람 지식의 전달자들이 사라졌다. 무슬림 공동체의 세 번째 칼리프caliph인 우트만 이븐아판 Uthman ibn'Affan 644~656년 집권의 통치하에서 이슬람 지식을 문자로 기록하도록 하는 법령이 선포되었다.

또한 하디스와 코란의 초기 글쓰기와 관련해 이슬람 문자 표현과 예술의 일부로서 '손의 언어'라는 서예가 강조되었다. 서예는 코란 독자들 사이에서 발음을 표준화하는 데 도움을 주었다. 이것은 글로 쓴 문서에 단모음을 추가하거나 정확한 발음을 보장하는 '점찍기 기법pointing'을 통해 이루어졌다. 부분적으로는 어린 시절부터 읽고 쓰기를 장려했기 때문에 서예가 이슬람에서 주요 위치를 차지했고, 서예가들은 국가의 지원을 받았다. 서예는 천재성과 창의성의 표현으로 간주되었고, 서예적 표현을 할 수 없는 인쇄술은 열등한 것으로 평가되었다.

무엇보다도 서예는 여성이 뛰어난 분야였다. 많은 술탄은 뛰어난 어머니로부터 기예를 배운 서예가였다. 실제로 서예와 코란을 암송하는 능력은 탁월함의 정점으로 높이 평가되었다. "남자든 여자든 상관없이 코란을 외워서 아는 서예가는 더 믿음직스럽다고 생각되었다."[14] 오스만 제국에서는 여성 서예가를 존경했다. 섬세한 서예 예술은 오스만 제국에서 시적인 여성 이미지를 불러일으켰다. 예컨대, "그녀의 잉크는 머리카락의 검은 빛 같고, 그녀의 종이는 햇볕에 그을린 얼굴 피부 같고, 그녀의 펜은 그녀의 섬세한 손가락 같고, 그녀의 작은 칼은 그녀의 아름다운 외모를 꿰뚫는 날선 도검 같았다".[15] 좋은 필체는 종종 아름다움과 동일시되었다. "운 좋은 여인은 몸과 얼굴의 아름다움과 인품과 필체의 아름다움이 결합된 사람"이라고 항상 회자되었다.[16] 이러한 연관성은 종교, 예술 및 아름다움 사이에 강한 유대감을 형성해 사회적·미적·영적 '양탄자'를 돌이킬 수 없을 정도로 찢어버리지 않고서는 그 어느 하나라도 떼어놓을 수 없도록 만들었다. 서예는 이에 뛰어난 기회를 가진 소수의 여성들에게 핵심적인 위치를 차지했으며, 그렇지 않으면 그들은 성 역할이 제한된 세상에서 살았다.

서예가들은 유럽의 필경사들과는 상당히 다른 역할을 했다. 그들은 영성이 깃든 창조적인 역할을 담당했다. 그들은 예술가이자 신앙의 수호자였으며, 의사소통 표준을 강화하는 데 중요한 역할을 했다. 여성 서예가들에게 부가된 역할이 서예에 대한 지지 기반을 확대했다. 반면 인쇄기는 더 중앙집중화되었고 광범위한 지원을 받지 못했다.

이러한 혁신들은 이슬람에서 구술의 중심적 역할과 복잡하게 연관되어 있다. 코란은 이슬람 세계에서 유대교나 기독교 전통에서 '토라 Torah'나 성경과는 다른 역할을 차지했다. 코란은 무슬림들의 생활 지침의 주요 원천이다. "이슬람교도들은 그것을 되도록 많이 암기하려고 노력한다. 매일 일상 활동,

기도시간, 연말연시, 특히 금식월Ramadan 등 삶의 모든 단계를 통해 끊임없이 코란을 암송한다."[17]

영국 선교사 콘스탄스 패드윅Constance Padwick이 아주 적절하게 표현했듯이 이슬람교도에게 코란의 말씀은 "신과 함께 타오르는 관목의 잔가지들"이다.[18] 코란의 말씀은 어릴 때부터 시작되는 학습 의례로 마음에 새겨진다. 이 학습법으로 아이들이 신에 대한 경외심으로 허공을 가득 채우는 성가와 함께 한 구절 한 구절 낭송해 나갈 때 무한한 영적 보상을 받는다. 운율 같은 암기를 돕는 교육도구들이 있다. 구술에 대한 이러한 강조는 지식을 전달하고 받는 사람들 사이에 신뢰감을 조성한다. 코란 본문의 의미에서 벗어나는 결과가 초래될 수 있기 때문에 전달자는 지적인 정직성과 암기의 엄격성을 약속한다.

이 접근법의 초점은 지식의 전달자가 그 정확성에 대해 책임을 지도록 하는 것이다. 이 접근법은 문자로 쓰인 말에 대한 어느 정도의 회의를 불러일으키게 한다. 사실상 문자로 쓰인 코란은 인간을 위한 도구 역할을 하는 것이지 알라의 말씀의 진정한 전달에 대해 책임을 물을 수 있는 대체물이 아니다. 다시 말해, 코란의 지식을 전달하는 자는 단순히 출처의 연장선 역할을 할 뿐, 책이 인식될 수 있는 방식의 대체물이 아니다. 따라서 코란의 지식 전달 방식은 사람에서 사람으로 이루어지도록 의도되었으며, 책과 같은 매체가 도입될 때 새로운 도전을 야기한다. 이 경우에 코란은 단순히 지식의 원천이 아니라 암송에 초점을 맞추는 학습 방법론이다. 하디스의 말씀에 따르면, "하나님께로 돌아갈 수 있는 방법은 하나님으로부터 온 그것, 즉 '낭송al-qur'ān' 보다 더 나은 것은 없다".[19]

이슬람 사상 초기에 발달한 지식에 대한 탐구는 특정한 회교 족장들sheikhs이나 권위자들을 방문해 그들의 지혜와 설명을 듣고 그들의 이름으로 전달하기 위해 그들의 허가 즉 '이자샤ijazah'(특정 텍스트 또는 주제를 전달할 수 있도록 권한을 부여하는 일종의 개인 인증서 _옮긴이)를 받아야만 했다. 제도적인 인증이 아닌 개인 인증인 이자샤 제도는 하디스뿐만 아니라 역사, 법률, 또는 언어학에서부터 문학, 신비주의 또는 신학에 이르기까지 모든 종류의 텍스트를 전달하는 데도 사용되었다.[20]

자료가 기억에서 텍스트로 전달될 때 동일한 지식 인증 시스템이 사용되었다. "저자는 기억에서나 자신의 글에서나 자신의 초고를 받아쓰게 하고, 그리고 나서 복사자는 그것을 저자에게 다시 읽어주곤 했다. 출판 형태는 보통 회교사원(모스크)과 같은 공공장소에서 복사자가 저자에게 원문을 읽어주는 방식으로 이루어졌다."[21] 필요한 수정을 거친 후 저자는 이자샤를 부여했다. 사실상 저작물을 서면으로 작성할 수도 있지만 저자에게는 구두로 전달되었다. 책의 어떤 사본도 저자에게 다시 읽어지기 전까지는 실질적인 권위를 갖지 못했다. 동일한 인증방식이 학습 과정에서도 이용되어 교사들이 기억하도록 요구한 사항을 학생들이 교사에게 다시 읽어주고 교사가 만족했을 때 이자샤가 부여되었다.

구두 전달에서 인쇄매체로 지식을 전달하는 것은 책을 끝없이 출판할 수 있는 기회를 창출하는 것으로 인식되었지만, 그 결과 전달되는 내용에 대한 통제력 상실이 동반된다. 종교 학자들은 사상을 책에 담는 것이, 미끄러운 비탈길 slippery slope'을 만들어 걷잡을 수 없는 책의 출판으로 이어질 것이라고 주장했다. 그 위협은 분명했다. "세속 학자들에게도 책의 엄청난 증가 …… 무지한 사람들이 자격을 갖춘 지식인들의 계급에 침투해 실제로 책의 질을 떨어뜨릴 수 있게 했다."[22] 또한 책을 출판할 수 있는 사람들이 자신들의 출판물을 가장 권위 있는 출처로 간주할 수도 있으며 그것이 잠재적으로 구전을 능가할 것이라는 두려움이 수반되었다. 구술은 책에 대한 일정 수준의 공정한 접근을 가능토록 했지만 책을 모으게 되면 책을 소유하거나 접할 수 있는 사람들에게 더 많은 권한이 부여될 것이라는 우려도 있었다. 또한 이러한 주장들은 지식의 구두 전달에 대한 의존도를 강화시켰다.

신학과 법학에서 영감을 얻은 사회질서는 사회적 안정성과 계속성을 보장하는 내적 힘을 가지고 있다. 이는 신기술 도입 과정을 차단하거나 지연시키는 것과 동일한 힘이기도 하다. 이자샤와 같은 관행의 존재는 본질적으로 사회를 문자로 쓰인 말의 권위에 대해 회의적으로 만든다. 이것은 보수주의로 생각할 수도 있지만 단순히 체제가 변화를 관리하는 방법이다. 그러므로 책이 문자로 쓰였을 때 쉽게 읽힐 수 있다는 피상적인 사실만을 보는 것은 충분하지 않다. 지식의 전달 방식과 그 정당성을 살펴보는 것이 훨씬 더 중요하다.

## 2. 변화를 위한 압력

종교개혁이 유럽에 끼친 극적인 영향은 인쇄기에 직면해 오스만 통치자들이 자기 보존 전략을 검토할 수 있는 중요한 배경을 제공한다. 인쇄기의 역사에서 가장 논란이 많은 이슈 중 하나는 기술이 대규모 사회변혁을 얼마나 유도했는가 하는 것이다. 인쇄기는 서방 세계에 진출하기 오래 전부터 아시아에서 알려져 있었고 널리 사용되었다.

인쇄기는 1450년경 독일 마인츠에서 요하네스 구텐베르크 Johannes Gutenberg 가 발명한 가동 활자를 사용했다. 구텐베르크가 인쇄에 대한 공헌은 기계식 가동 활자와 그 대량생산 공정의 발명, 도서 인쇄에 유성 잉크의 사용, 그리고 당시의 농업용 나선형 압착기 screw press 와 조절형 금형과 유사한 목재 인쇄기의 사용을 들 수 있다. 그의 첫 번째 주요 제품은 1455년 구텐베르크 성경의 출판이었다. 그 후 50년 동안 인쇄기는 일부 도시에서 제한적인 반대가 있었지만 유럽 대부분 지역으로 확산되었다.

1500년까지 "거의 800만 권의 서적이 인쇄되었으며, 대부분은 사실상 종교 서적이었으며, 라틴어로 인쇄되었다. 아마도 그 이전의 천 년 동안 필경사들이 생산한 것보다 더 많을 것으로 추정된다".[23] 1450년과 1500년 사이 책값은 3분의 2가 떨어지면서 "사상의 전파 방식과 지적인 작업 조건을 변화시켰다".[24] 인쇄기는 수많은 역사가와 학자들에 의해 현대의 가장 변혁적인 기술로 간주된다.[25]

인쇄기의 확산은 처음에는 아우크스부르크Augsburg, 쾰른Cologne, 라이프치히Leipzig, 뉘른베르크Nuremburg 및 스트라스부르Strasbourg와 같은 주요 도시에 집중되었다. 구텐베르크와 그의 조수들은 최초로 인쇄 공장을 설립했는데 1459년 스트라스부르에서 성경을 처음 인쇄하기 전까지 시장을 독점했다. 처음 몇십 년 동안 인쇄술은 독일인의 수중에 머물러 있었다. 1470년대에 이르러 "인쇄는 인쇄기의 운영과 편집 과정에서 중요한 역할을 하는 교육받은 소수의 평신도 인쇄학자 그룹에 의해 통제되었다".[26]

대부분 전직 사제나 교수 출신인 인쇄학자들은 그들의 서비스에 대한 수요가 있는 도시와 대학촌에서 이주민 생활을 했다. 책이나 인쇄기는 쉽게 옮길 수 없었기 때문에 인쇄기 중심지hub는 당대 신생 정보기술 산업의 중심이 되었다. 실제로 "인쇄기를 조기 채택한 도시들은 서점, 대학 및 학생들을 끌어들였다. 인쇄기의 도입은 또한 후방 연계 산업을 촉진시켰으며, 제지공장, 채식사illuminator 및 번역가를 끌어들였다".[27]

급속한 확산에도 불구하고 인쇄기는 거의 1세기 동안 필경사와 공존했다.[28] 인쇄기에 대한 몇 차례의 반대 기록이 있기는 하지만 필경사들이 인쇄기에 대해 이의를 제기한 주요 사례는 없다. 유럽에서 인쇄술의 도입이 사회 불안과 연결되지 않은 데는 여러 가지 이유가 있다. 네더마이어Neddermeyer가 지적한 바와 같이 "구텐베르크의 발명은 필경사의 생존에 실질적인 위협이 되지 않았다. 대부분 필경사들은 선교기관이나 관공서 또는 성직단체로부터 지원을 받았기 때문에 책 제작의 기계화로 인한 사회적 영향은 미미했다".[29] 인쇄기가 발명될 당시 "필사본의 대부분은 원고료가 지불되지 않았고, 종종 저자 스스로가 그 책을 필요로 했거나, 자신이 속한 종교 공동체의 장서를 확충하기 위한 것이었다".[30] 필경사들은 또한 회의록, 공문서, 물품 재고목록 및 기타 문서를 작성하는 일을 통해 계속적으로 급료를 받았다. 사실 필경사에게 법원 재판 문서 관리 기관은 그 당시 핵심 고용 부문이었다.

인쇄술의 도입을 유럽의 경제발전과 보다 광범위하게 연계하려는 시도가 있었다. 비록 인쇄술이 조판, 제지, 장비 유지보수 및 사업 관행과 관련된 수많은 기술이 집약된 기업가적 도가니로 기능했지만 이에 대한 증거는 불충분하다. 또한 무역을 촉진하고 보호하기 위해 길드guild와 같은 사회조직들이 생겨났다. 책을 통한 지식의 확산은 고려해야 할 또 다른 요소이다.

탐구해 볼 만한 가장 흥미로운 주제 중 하나는 인쇄술이 유럽에서 종교개혁의 확산에 어느 정도 기여했는가 하는 것이다. 이것은 종교개혁이 유럽 역사의 거대한 변혁을 상징하기 때문에 특히 관심을 끄는 대목이다. 그 결정적인 순간은 1517년 10월 31일 마르틴 루터가 독일 비텐베르크Wittenberg 올세인츠 성당All Saints Cathedral 출입문에 「면죄부의 권능과 효력에 관한 95개 논제 Ninety-Five Theses on the Power and Efficacy of Indulgences」를 붙였을 때였다. 루터는 교회 부정뿐만 아니라 사회에 대한 신학적 억압에도 관심이 있었다. 변화의 주된 촉발제로서 단일 요소를 지나치게 강조하는 것은 유혹적인 일이다. "종교개혁이 인쇄술의 산물이었다는 논제를 터무니없는 아이디어"라고 일축하는 것도 마찬가지로 불합리하다.[31] 정치적 사건을 형성한 것은 사회 변화와 기술 혁신 간의 공진화이다.

루터의 불만은 내부에서 교회를 개혁하는 데 초점이 맞춰져 있었지만, 북유럽의 많은 지역에 만연한 반反교황 정서와도 공감대를 형성했다. 그의 생각은 인쇄 형태로 빠르게 퍼졌다. 루터만이 개혁을 추진한 것이 아니었다.

그의 노력은 스위스의 울리히 츠빙글리 Ulrich Zwingli, 1484~1513 와 같은 다른 개혁 파들에 의해 보완되었다. 종교개혁은 소수 엘리트 그룹의 교육받고 깨어 있는 사제들과 학자들의 노력으로 도시 지역에 빠르게 뿌리내렸다.[32] 종교개혁은 1524년에서 1526년 사이 농촌 지역에서 일어난 일련의 농민반란을 포함한 광범위한 격동기에 일어났다.[33]

종교개혁은 급진적인 권력의 이전이었고, 많은 경우 교회 재산의 파괴를 수반했다. 일반적으로 한 도시가 종교개혁을 받아들인 후 "사제직과 계급의 오래된 특권과 지위가 박탈되었고, 교회의 재산은 몰수되거나 파괴되었다".[34] 종교개혁 운동은 유럽을 휩쓸었고 종종 지배 엘리트들로부터 격렬한 반발에 부딪혔다. 예컨대, 스페인 합스부르크 제국은 1523년과 1555년 사이에 거의 2000명의 청교도들을 불태워 죽였다. 종교개혁 운동은 네덜란드와 영국 같은 곳에서는 새로운 정치적 지도력 구조의 기초가 되었다. 이러한 변화는 인쇄 문자의 확산에 힘입었다.

개신교 자료의 전파를 위한 주된 인쇄 매체는 읽기 쉽고 운반하기 쉬운 8쪽짜리 팸플릿이었다. 팸플릿은 종교 사상을 전파하는 것 외에도 교회에 대한 반대 의견을 심을 수 있는 강력한 도구였다. 이것은 종종 풍자만화나 직접적인 모욕을 포함한 교회에 대한 부정적인 묘사를 통해 이루어졌다. 팸플릿은 숨기기 쉬웠지만 더 널리 배포할 수 있는 교통망이 없었다. 메시지를 전파하려면 팸플릿을 재인쇄해야 했고 이를 위해서는 인쇄기가 필요했다.

인쇄기는 또한 종교개혁 운동에 대항하기 위해 교회에서도 사용되고 있었다. 어떤 경우에는 그러한 노력이 역풍을 맞았다. 교회는 불태워야 할 서적들의 포스터를 발행하고 배포했다. 이것은 사람들이 외출해 책을 살 때 부지불식간에 광고 역할을 했다. 그것은 전면전 양상을 띠었다. "독일 전역에 불이 붙었다. 폭력의 광풍으로 가득 찬 팸플릿이 사방에서 쏟아져 나왔다. ······ 인쇄 예술뿐만 아니라 삽화와 심지어 풍자만화까지 모든 수단이 동원되었다."[35] 1520년에서 1530년 사이에 '플루그슈리프트 Flugschriften'로 불리는 무려 630개가 넘는 팸플릿이 발행되었다. 교황과 수도사들은 당나귀와 소로 불렸고 루터교도들은 미치광이로 묘사되었다.

인쇄기는 종교개혁에 중요한 역할을 했다. 루터는 그 힘을 충분히 이해하고 "그것은 하나님께서 주신 복음을 전하는 가장 높고 궁극적인 은총의 선물"이라고 말했다.[36] 루터는 그 자신이 다작의 작가였다. 그는 1517년에서 1520년 사이 13편의 논문을 썼고 30만 부 이상 팔렸다.[37] 논쟁이 격화되면서 출판된 책 수가 급격히 증가했다. 루터의 저서는 1518년에서 1525년 사이에 판매된 독일 서적의 거의 3분의 1을 차지한 것으로 추정된다. 그의 유명한 팸플릿 『독일 민족의 기독 귀족에게 To the Christian Nobility of the German Nation』는 1520년 8월 18일 출판되었다. 일주일 후에 다시 인쇄해야 했다. 3주 만에 4000부가 팔렸고, 2년 동안 13차례나 재인쇄되었다.[38]

인쇄술이 종교개혁에 영향을 미친 정도는 널리 문서화되어 있다. 그러나 인쇄기와 종교개혁 사이의 인과관계가 이제야 충분히 인정받고 있다. 재러드 루빈 Jared Rubin 의 통계 분석에 따르면, "최상위 인쇄 도시는 1530년까지 그리고 1600년까지 평균적으로 종교개혁을 채택할 가능성이 더 높았으며, 1470년대 최상위 인쇄 중심지의 평균 70퍼센트 그리고 1480년대와 1490년대 최상위 인쇄 중심지의 60퍼센트가 1530년까지 종교개혁을 채택한 반면, 독일어권 도시 중 32.6퍼센트만이 그때까지 종교개혁을 채택했다".[39]

실제로 "1500년 이전에 인쇄기의 존재만으로도 도시가 개신교가 될 확률은 1530년 52.1퍼센트포인트, 1560년 41.9퍼센트포인트, 그리고 1600년 29.0퍼센트포인트로 각각 더 높았다".[40] 교회 자체가 인쇄기의 주요 사용자였으며, 종교 및 반反터키 선전에도 동일한 기술을 적용한 것은 주목할 만하다. 인쇄술의 주요한 영향 중 하나는 지식 생산과 보존의 중심지를 대학으로 옮긴 것이었고, 이는 결국 사회에서 교회의 역할을 약화시켰다.

종교개혁 이후 인쇄기의 역할과 광범위한 경제 변혁은 여전히 상당한 지적 관심과 연구의 주제로 남아 있다. 결정론적 관점을 채택하는 것은 불가능하다. 인쇄기를 채택한 도시들은 이미 후속 변혁을 위한 기업가적 씨앗을 잉태하고 있었을지도 모른다. 인쇄술의 거시 경제적 영향에 대한 증거는 거의 없지만 도시 수준의 자료에 따르면, "1400년대에 인쇄기가 도입된 유럽의 도시들은 그렇지 않은 도시들보다 1500년대와 1600년대 기간 중 60퍼센트 더 빠르게 성장했다".[41]

종교개혁의 확산은 이미 그 이전의 발전 단계에서 설정된 궤적의 일부였을지도 모른다. 그러나 분명한 것은 인쇄술의 등장, 아이디어의 확산, 그리고 사회질서를 돌이킬 수 없이 변화시키는 보다 역동적이고 자유로운 시스템의 채택이다. 종교개혁의 대격변은 멀리 넓게 퍼져 나갔다. 종교개혁의 영향을 받은 지역들과 인접했던 오스만 제국은 인쇄술의 영향에 대해 알고 있었고, 그들 자신의 체제를 훼손할 수 있는 잠재력을 가진 기술 사상을 위험을 무릅쓰면서까지 채택할 이유가 없었을 것이다. 이러한 배경은 인쇄기에 대한 오스만 제국의 반응을 평가할 때 중요하다.


## 3. 시대에 뒤처지다

인쇄기의 채택은 유럽 사회에서 나타난 바와 같이 주요한 사회경제적 변혁과 관련되었다. 사회경제적 변화는 권력관계에 상당한 변화를 가져왔다. 이 과정에서 가장 큰 패자는 교회로부터 권위와 권력을 끌어낸 사람들이었다. 대학과 같은 새로운 행위자들은 지식의 창출과 보존의 중심지가 되면서 위상이 높아졌다. 이러한 변화들은 제국주의적 영향력을 강화하기 위해 서구 세계와 경쟁하고 있었던 오스만 제국에 분명하게 알려져 있었다. 이러한 불확실성과 변화의 배경에서 오스만 제국의 인쇄술에 대한 반대와 느린 도입을 이해할 필요가 있다. 오스만 제국의 인쇄기에 대한 칙령, 논쟁 및 사회적 반응은 채택된 신기술과 관련된 시스템 전반의 역학을 보여준다. 이 사례는 다른 많은 기술적 논쟁에서 종종 누락되는 명백한 종교적 요소를 가지고 있어 특히 흥미롭다.

인쇄기의 도입이 지연된 것은 부분적으로 기술에 대한 친숙함이 부족했기 때문이다. 인쇄술이 발명된 직후 소수 종교인들이 비非아랍문자로 책을 출판하기 위해 오스만 제국에서 인쇄소를 설립하는 것은 허용되었다. 1493년 포르투갈과 스페인에서 온 유대계 이민자들에게 이스탄불에서 히브리어로 종교와 세속적 작업을 위한 인쇄소 설립이 허용되었다. 1567년 한 아르메니아 사제가 수입 글꼴로 아르메니아 알파벳으로 책을 출판하기 시작했다. 1716년 오스만 제국에서 아랍어로 인쇄된 최초의 책이 시리아 알레포Aleppo에서 발간되었다. 그것은 아랍어 번역본 성경이었다. 1488년 두 명의 이탈리아 무역상이 인쇄된 서적을 오스만 제국으로 수입할 수 있는 허가를 받았으며, 그중 일부는 아랍어로 인쇄된 기독교 서적이었다.[42]

따라서 오스만 제국에서 인쇄기가 새로운 것은 아니었지만, 비非오스만인들에 의해 운영되었다. 이스탄불에 인쇄기를 도입하기 위해 가장 과감한 노력을 기울인 사례 중 하나를 든다면 이슬람교로 개종한 헝가리인 이브라힘 뮈테페리카İbrahim Müteferrika를 꼽을 수 있다. 뮈테페리카는 루마니아의 트란실바니아 콜로즈바Kolozsvar에서 태어났다. 다소 논란의 여지는 있으나 1692년 또는 1693년 테켈리Tekely 왕자의 합스부르크 왕가와의 전쟁에서 그가 터키인에게 붙잡혀 노예가 되었을 때 칼뱅주의 목사로 훈련받아 왔다는 주장이 있다. 그는 이슬람교로 개종한 후 다양한 정부 및 외교 업무를 수행했다. 그는 교황절대주의에 반대하는 논박을 펴고 삼위일체 교리에 이의를 제기했다. 뮈테페리카에 대한 초기의 기록은 그가 놀랄 만한 열정과 적극성을 지닌 사람임을 보여준다. 그의 출생지는 가톨릭주의 Catholicism, 칼뱅주의 Calvinism, 유니테리언주의 Unitarianism 의 삼중 투쟁의 중심지였다.[43] 그는 종교개혁 운동에 참여했고 특히 인쇄물을 권위에 도전하는 방법으로 사용하는 것에 있어서 종교개혁운동의 내막을 잘 알고 있었다.

1726년 뮈테페리카는 인쇄기를 설치하는 열 가지 이유를 열거한 『인쇄의 유용성 The Usefulness of Printing』이라는 팸플릿을 제작했다. 그는 인쇄가 "이슬람 민족들 사이에서 학문의 전파와 부흥에 도움을 줄 것이다. 인쇄된 책은 읽기 쉽고 내구성이 있기 때문에 인쇄는 읽기를 용이하게 하고, 책의 보존을 용이하게 할 것이며, 새로운 책 발간 비용을 줄여 누구든지 책을 살 수 있게 할 것이다"라고 말했다.[44] 그는 이어 "그것은 더 많은 도서관의 설립을 촉진하고, 오류와 추악한 서체로 가득 찬 유럽인들에 의한 이슬람 서적 인쇄를 종식시킬 것이며, 이는 터키인을 이슬람 세계에서 유일한 학문의 지도자이자 보호자로 만들 것"이라고 덧붙였다.[45]

그는 당시 '그랜드 비지어 Grand Vizier'(오스만 제국에서 술탄을 보좌하는 총리급 최고위관료 _옮긴이) 네브세히리 다마트 이브라힘 파사 Nevşehirli Damat İbrahim Paşa 와 대율법학자 Grand Mufti 샤키크 알이슬람 Shaykh al-Islam (인쇄기술 사용을 허가하는 파트와 해석 담당관)에게 인쇄기 설치 요청서를 제출한 후 술탄 아흐메드 3세 Ahmed III 에게도 같은 요청서를 보냈다. 그 요청서는 비종교적 서적에 관한 것이었다. 또한 출판된 서적에 오류가 없도록 하기 위해 그에게 이슬람 정통 교정원들이 배정되었다. 1727년 술탄은 이스탄불에 인쇄기를 설치할 수 있는 황제칙령 '페르만 ferman'을 공포했다. 샤키크 알이슬람도 파트와를 공포했다. 파트와에는 12명의 다른 종교 학자들의 동의서가 첨부되었다.[46] "황제칙령의 규정에는 코란, 하디스 선집, 신학, 법률 및 해석에 관한 종교 저작물의 인쇄에 관한 엄격한 금지사항이 포함되어 있었다. 이러한 이유 때문에 뮈테페리카의 인쇄 활동은 역사, 논리학, 천문학, 지리학 등 세속적인 주제에 관한 사전류와 서적에 집중되었다."[47]

황제칙령에 대한 주요 반대는 안전과 종교를 이유로 인쇄기 설치에 반대 시위를 벌인 필경사와 서예가들로부터 나왔다.[48] 서예가들은 잉크스탠드와 연필을 관에 넣고 중앙정부 회당Sublime Porte으로 행진하는 시위를 했다. 이러 한 반대는 서적 길드book guilds로부터 시작되었다. "그들은 하나님의 말씀을 생산하는 데 기계를 사용하는 것은 신성모독이며 돼지 강모로 만든 붓을 사 용해 인쇄기 압판에 잉크칠을 허용하는 것에 항의했다."[49] 당시의 신문기사 는 다음과 같이 보도하고 있다. "폭동과 시민 소요가 뒤따랐으며 …… 그리 고 술탄 아흐메드Ahmed는 어떠한 종교 서적들도 혁신가의 새로운 기술과 도 구에 의해 훼손되지 않는다는 합의에 도달할 때까지 인쇄업에 대한 허가를 연기해야만 했다."[50] 필경사들은 엄청난 세력이었다. "볼로냐의 학자 루이지 페르디난도 마르시글리Luigi Ferdinano Marsigli(1730년 사망)가 이스탄불을 방문했 을 때 …… 이 도시에 8만 명의 필경사들이 있었다고 했다."[51]

이 항의는 종교적 자료들이 인쇄에서 제외되었기 때문에 많은 지지를 받 지 못했다. 뮈테페리카 자신이 당초의 요청서에서 종교적인 자료를 배제함 으로써 특히 울라마로부터의 우려를 누그러뜨린 점이 주목할 만하다. 사실 그의 인쇄기 설치요청서에 종교 서적을 포함했다면 허락을 받지 못했을 것 이다. 인쇄에 대한 반대는 빠르게 사라졌는데, 아마도 세속적인 서적 인쇄 시장이 소규모에 지나지 않을 뿐더러 논란이 많은 내용들이 인쇄에 포함될 위험성은 인쇄 감독관들을 통해 통제될 것이라는 인식이 인쇄기 설치에 도 움이 되었을 것이다.

뮈테페리카는 인쇄기 설치 권한을 얻기 위해 전략적으로 두 가지 방식을 사용했다. 첫째, 그는 실제로 인쇄기를 작동시킬 수 있다는 것을 보여주었 다. 1719~1729년 목판인쇄를 사용해 총리Grand Vizier 다맛 이브라임 파사Damat İbrahim Paşa에게 선물할 마르마라해Sea of Marmara 지도를 만들었다. 뮈테페리카는 인쇄할 수 있는 도구와 역량을 가지고 있음을 보여주었다. 그러나 마찬가지로 중요한 것은 가치 있는 인쇄물을 제시하는 전략이었다. 해도 제작은 제국 통치자들의 지지를 받는 분야 중 하나였다. 그는 자신의 해도 샘플에 겉으로 보기에 기초 기술을 사용했는데, 이것은 동판을 포함한 더 정교한 재료에서 인쇄하는 그의 능력에 대한 우려를 줄이는 데 도움이 될 수 있었다. 그의 점진적인 접근은 그가 정치적 함의를 신중하게 관리할 필요성이 있는 논쟁적인 분야에 뛰어들고 있다는 것을 알고 있었음을 보여준다.

당국은 황제칙령에 다른 수혜자들을 포함시켰다. 그중 한 사람이 1721년 아버지 예르미세키브 메흐메드 셀레비 Yirmisekiv Mehmed Çelebi 와 함께 파리로 외교 여행을 마치고 돌아온 사이드 에펜디 Sa'id Efendi 였다. 셀레비는 파리의 루이 15세의 궁정에 오스만 제국의 특사였다. 1720~1721년 여행기간 동안 그는 많은 프랑스 기관을 방문했고, 프랑스의 과학기술 및 문화 발전에 대한 광범위한 정보를 수집했다. 그의 아들이 인쇄소 운영 허가를 받았다는 사실은 출판의 힘이 그에게 끼친 영향력을 암시한다.

결국 인쇄기의 도입은 혁명적인 변화로 이어지지 않았다. 사실 1745년 뮈테페리카가 사망할 때까지 출판된 책은 17권에 불과했다. 그의 후계자는 인쇄를 계속할 수 있는 권한을 부여받았지만 재정적인 압박으로 1797년 출판사가 문을 닫기 전까지 겨우 7권의 책을 출판했다. 인쇄 활자, 잉크 등 인쇄에 필요한 대부분의 물품은 유럽에서 수입해야 했기 때문에 인쇄된 서적 가격은 비교적 높았다. 이 사업은 일부 열악한 마케팅과 네트워크로 인해 교육기관에 서비스를 제공하지 못했으며, 많은 책들이 재고가 쌓이고 값싸게 팔렸다. 뮈테페리카는 광고를 위한 재원이 없었고 산업계와의 연계가 부족했다. 실제로 인쇄소는 술탄의 제재를 받는 공적 시설로 운영되었다.

뮈테페리카의 인쇄기의 실제 영향은 종교적·문화적·정치적 맥락과 구별해 평가하기 어렵다.[52] 판매된 책의 부수에 근거한 편협한 기준으로는 이러한 선구적인 노력이 거대한 문화적 관성에 대항하여 수행한 영감의 역할을 평가하기에는 부적절하다. 황제칙령에 명시된 술탄의 포고문의 예언이 실현되기까지는 수십 년이 걸렸다. 이 포고문에는 다음과 같이 적혀 있다. 즉 "이 서양 기술은 자랑스럽게 공개되어 다시는 숨겨지지 않을 것이다. 그것은 무슬림들이 당신을 위해 기도하고 당신을 영원히 찬양하는 이유가 될 것이다".[53]

## 4. 점진적 혁신

뮈테페리카의 노력은 오스만 제국에서 인쇄 문화의 느리고 점진적인 도입 과정의 일부였다. 이러한 채택 속도는 광범위한 사회적 요인에 의해 영향을 받았다. 첫째는 문자로 쓰인 저작물의 권위에 대한 일반적인 회의론을 촉발시킨 구술문화다. 로빈슨이 주장한 바와 같이 "문제는 인쇄술이 지식 전달을 위해 이슬람 체제의 심장부를 공격했다는 점이다. 그것은 지식을 신뢰할 수 있게 만드는 것으로 이해되었던 구술문화를 공격한 것이다. 즉 구술 문화의 가치와 권위를 공격한 것이다".[54]

구술의 우위성은 정보를 전달하기에 가장 믿을 만하고 정통적인 방법을 대표했기 때문에 쉽게 압도될 수 없었다. 인쇄와 그 오류 발생 가능성에 대한 회의론은 현실이었다. 사실, 특히 아랍어에 능숙하지 않거나 정보를 전달하는 가장 신뢰할 수 있는 방법인 구술의 중요성에 민감하지 않은 사람들에 의해 책이 인쇄될 때, 이러한 우려는 나중에 분명해질 것이다. 당시의 종교적 또는 제국주의적 경쟁을 고려할 때 그 도전은 훨씬 더 크다. 이런 상황에서 종교 텍스트의 심각한 오류는 이슬람에 대한 존중의 결여 또는 타인의 신앙을 폄하하려는 음모로 해석될 수 있다.

실제로 "유럽 인쇄업자들이 코란 텍스트에 무례를 범하는 불온한 태도(예컨대, 구텐베르크 성경을 인쇄할 때 기울였던 주의와 비교했을 때)는 처음 신기술을 접했을 때 무슬림들 사이에서 인쇄의 장점에 대한 의구심을 불러일으킬 수밖에 없었다".[55] 마흐디Mahdi 가 말했듯이, "1694년 함부르크에서 인쇄된 코란의 제목 페이지를 보라.…… 코란의 무슬림 독자들로 하여금 오직 악마만이 그토록 추악하고 잘못된 판의 경전을 만들 수 있다고 생각하게 만들 것이다".[56] 베니스에 있는 알레산드로 파가니노Alessandro Paganino 의 1530년대 판본과 같은 코란의 많은 인쇄물들은 아라비아 알파벳의 일부 글자들을 뒤섞어 놓았다. 이렇게 부실하게 제작된 책의 등장은 필경사들의 신뢰성을 강화시켰고 인쇄판에 대한 신뢰를 떨어뜨렸다.

이러한 도전에도 불구하고, 필사본에서 인쇄물로의 전환은 이슬람 세계에서 천천히 진행되었다. 그 전환의 일부는 품질관리를 위한 표준과 일상 규칙을 확립하는 것이었다. 필사본 제작에 이용되는 품질관리 대책이 인쇄의 영역으로 전환되는 경우도 있었다. 예를 들어 책의 올바른 버전을 제작하는 책임자인 '무사히musahhih'는 "필사본 시대의 필경사와 유사한 일을 수행했다. 즉, 그는 원고를 인쇄소에 보내기 전에 정정하고 때로는 수정했으며,[57] 교정이 제대로 되었는지 그리고 정오표가 인쇄된 책에 첨부되었는지를 확인했다".[58]

법적 논쟁의 근원이 되었던 코란 인쇄와 관련된 네 가지 특수한 쟁점이 있었다. 첫째는 코란을 인쇄하는 데 사용되는 재료의 순도에 관한 것이었다. 인쇄 과정에서 돼지와 개 같은 동물 몸체의 일부와 다른 불순한 재료들이 사용되지 않는다는 보장이 필요했다. 둘째는 코란 인쇄에 대한 압박이 경전을 무례하게 취급한 것이 아니냐는 점이었다. 셋째는 규정된 코란 제작 방식에서 벗어나는 경우 오류 발생 가능성에 대한 우려였다. 마지막으로, 코란 인쇄 과정에서 코란과의 접촉이 허용되지 않은 비非이슬람교도가 코란과 접촉할 가능성을 유발할 수 있을 것이라는 우려였다. 이 마지막 지적은 인쇄에 훈련된 이슬람교도들의 부족을 감안할 때 특히 적절한 것이었다. 이것은 이스탄불의 최초 인쇄기의 경우가 그러했는데, 다른 인쇄소의 유태인의 서비스를 고용하고 프랑스에서 식자공을 들여왔다.[59]

이러한 문제들은 특히 다른 이슬람 추종자들 사이에서 해석의 차이 때문에 해결하기가 어려웠다. 예를 들어 돼지는 가장 높은 범주의 불순물에 속한다. 그러나 그 분류가 뼈, 털, 피부, 땀, 또는 몸통의 다른 부분으로 확장되는지에 대해서는 서로 다른 해석이 있었다. 금을 포함한 장식품들이 코란에 추가될 수 있을지를 두고 이견이 있었다. 또한 코란의 제작에 관여하는 비이슬람교도들에 관한 해석에도 변화가 있었다. 이슬람 노동자들이 지속적으로 공급되지 않는 지역에 위치한 인쇄소는 좀처럼 살아남기 어려웠다. 뮈테페리카가 세상을 떠났을 때 이스탄불의 인쇄소가 이 같은 운명에 처했다. 그가 죽을 때까지 인쇄소를 운영하도록 훈련받은 이슬람교도들은 단 한 명도 없었다.[60]

뮈테페리카의 예를 보면 국가의 지원에도 불구하고 인쇄기 도입이 이슬람의 법적 문제에 대처해야 했다는 것은 분명하다. 인쇄기 자체의 법적 측면에 대한 해석은 이슬람 전통에 따라 다양했다. 이러한 조건에서 발생하는 불확실성은 기술 도입에 도움이 되지 않는다. 이것은 인쇄소를 운영하는 데 필요한 재정지출로 인해 더욱 복잡해졌다. 계속되는 논쟁과 예측 가능한 정치적 지지의 부재는 생존을 위한 훨씬 더 강력한 기반을 필요로 했다.

갈리Ghaly가 지적했듯이, "특히 종교 텍스트를 제작하는 데 인쇄기의 사용은 이슬람 사회에서 대중의 요구를 대표하지 못했다. 오히려 이슬람권에서는 필사본 문화가 장려되었다. 무슬림들은 인쇄본보다는 필사본 형태의 책을 사고 구하는 경향이 있었다".[61] 필사본 문화와 법률 해석의 상호작용으로 인쇄기를 도입하기 어려웠을 뿐만 아니라 이집트에서도 그랬듯이 인쇄 정책은 번복되기 쉬웠다. 예컨대, 1832년부터 이집트의 무프티mufti(이슬람법률 해설자이자 통역자 _옮긴이)의 인장이 찍힌 첫 인쇄된 코란이 판매되었다. 그러나 지도체제가 바뀌면서 1853년 "코란의 인쇄본을 몰수하고, 판매나 유통을 금지하고, 이를 준수하지 않는 사람들을 처벌하라"는 명령이 내려졌다.[62] 후속 인쇄본에서 오류를 수정할 수 없었던 것이 아니었지만 그 당시로서는 필사본 문화 쪽에 정치적 무게가 실렸다.

인쇄된 책들은 이슬람 당국에 딜레마를 안겨주었다. 그러나 그 책들은 경제적 기회를 증가시키는 데 도움이 될 수 있는 새로운 지식을 제공했다. 그 같은 지식의 확산은 또한 인쇄된 책의 수요를 통제하기 어렵게 만들었다. 이것은 인쇄된 책이 지식을 더 쉽게 얻을 수 있게 해 주었다는 사실과 그것 때문에 지식을 구술로 전달하는 종교 당국의 영향력을 약화시켰다는 사실이 복합적으로 얽혀 있었다. 이런 점에서 인쇄된 책은 파괴의 씨앗을 배태하고 있었다. "오스만 군주들과 종교계에서는 인쇄된 책이 초래할 창조적 파괴를 두려워했다. 그 해결책은 인쇄된 책을 금지하는 것이었다."[63]

그러나 결과적으로 오스만 제국은 인쇄기를 광범위하게 채택하게 되었다. 1802년 이슬람 국민들에게 내려진 금지가 해제되었고, 석판 인쇄술이 독일에서 발명된 직후 채택되었다. 정책 변화의 주된 동력은 통치자들의 정통성 원천의 변화였다. 코스겔 Coşgel 과 그의 동료들이 주장한 것처럼, "인쇄기가 종교 당국이 제공하는 정통성을 훼손함으로써 통치자의 순이익에 끼칠 손실을 막기 위해 오스만 제국은 인쇄기를 규제했다".[64] 시간이 지나면서 오스만 제국은 체제의 정통성의 원천으로서 종교 당국의 역할을 축소시키는 사회적 변화를 겪었다.

지배계급에게 합법성을 제공하는 데 있어 기술의 역할은 나중에 오스만 제국과 러시아의 영토 분쟁에서 영국과 프랑스가 오스만 제국의 편에 섰던 크림 전쟁(1853~1856년) 이후 전신 기술telegraphy 의 사례에서 볼 수 있다. 술탄은 전신 기술을 영국처럼 제국주의적 확장을 위한 도구가 아니라 자국민에 대한 통제력을 유지하기 위한 수단으로 보았다. 아이러니하게도 전신 기술은 청년 투르크 혁신주의자들에게 힘을 실어주어 술탄국의 통치를 저해할 수 있는 수단이 되었으며, 이는 결국 20세기 초 술탄국의 붕괴를 가져왔다. 메흐메트 탈라트 파샤Mehmet Talât Paşa, 1917~1918년는 "청년 투르크 혁명Young Turks Revolution의 대표적인 인물로서 전직 말단 전신국 서기였으며 그 후 내무 장관 겸 총리Grand Vizier, 1917~1918년 재직가 되었다".65 전신 기술은 "술탄의 첩자들의 감시에도 불구하고 그가 청년 투르크 혁명을 조직하고 확산시킬 수 있게 했다".66 실제로 "전신의 효과적인 사용은 또한 터키공화국의 창시자인 케말 아타튀르크Kemal Atatürk의 성공 비결이었다".67 1880년대 일본 메이지Meiji 사회 봉기의 경우와 마찬가지로 고립된 지역사회는 중앙 당국의 관심을 지역 불만에 끌어들이기 위해 통신선을 파손했다. 결국 원래 제국주의적 통제의 도구로 생각되었던 것이 정치적 붕괴의 매개체가 되었다.

사회의 자유화는 종교 당국에서 종교 서적의 인쇄로 인해 지위가 위협받지 않은 지역 지도자들에게로 권력을 이동시켰다. 지식 전달에 대한 통제를 수반하지 않는 정당성의 대체적 원천을 갖는다는 것은 종교 자료의 인쇄를 제한함으로써 얻는 종교 지도자들의 이익을 국가가 계속적으로 지지할 동기가 없다는 것을 의미했다. 또한 인쇄기의 도입은 국가가 세수를 창출하는 추가적인 기회를 제공했다. 사실 인쇄기 도입에 따른 비용과 편익의 균형은 시간이 지남에 따라 점진적으로 그러나 불가역적으로 바뀌었다.

오스만 제국에서 인쇄의 진화 과정에서 일익을 담당했을지도 모르는 관련 요인은 아랍문자 자체의 특성이었다. "아랍어로 인쇄하는 것은 명확한 블록block체를 가진 그리스어, 라틴어, 히브리어, 또는 아르메니아어로 인쇄하는 것보다 더 어려운 일이었다. 아랍어 문자script의 인쇄는 필사본의 서예미를 많이 상실한다. 그리고 인쇄 장비 비용은 노동 비용이 저렴했던 당시 필사본 비용보다 훨씬 더 높았다."68

하나의 새로운 기술 유형으로서 석판 인쇄의 발명은 필사본의 서예미와 심미적 속성을 그대로 유지하면서 여러 개의 작품을 복사할 수 있게 했다. 또한 석판 인쇄술은 작업 글꼴의 한계를 극복했다. 유럽어 글자 수는 약 275개인 반면, 아랍어는 600개 이상이었다. 아랍어는 글자 수가 많음에도 불구하고, 그 필기체적 특성은 '어두형 initial,' '어중형 medial,' '단독형 independent' 등의 다양한 형태를 취한다. 이로 인해 아랍어 인쇄가 더 비싸게 되었다. 석판 인쇄술은 이전 인쇄기술의 심미적 한계를 해결함으로써 인쇄에 대한 반대 주장을 훨씬 더 약화시켰다. 더 싸고 사용하기 쉬운 이 신기술은 아랍어 문자가 바로 기다려왔던 것이었으며, 석판 인쇄술과 함께 인도, 페르시아, 오스만 제국 그리고 북아프리카의 무슬림 세계에서 출판이 매우 빠르게 확산되었다.

## 5. 결론

이 사례에서 첫 번째 주요 교훈은 신기술의 채택을 평가할 때 장기적인 안목을 갖는 것이 중요하다는 것이다. 현대사회는 휴대전화, 태블릿 PC 등과 같은 기기의 급속한 채택에 익숙하다. 이러한 많은 기술들은 구축하는 데 수십 년 혹은 심지어 수 세기가 걸린 주요 기초 기술의 결과를 활용한다. 신기술들은 부분적으로 그 원천 하부구조가 그 채택을 위한 길을 닦아 놓았기 때문에 논란을 피할 수 있다. 변혁적 기술은 종종 그것이 위치한 사회의 다른 변화와 함께 보조를 맞추어 나가야 한다. 이는 주로 기술과 함께 수반되는 제도적 조정 때문이다. 오스만 제국의 세속화는 그런 변화 중의 하나였다. 그것이 없었다면 인쇄기는 아마도 오스만 제국의 대부분 지역에서 하나의 기술적인 호기심으로 남아 있었을 것이다.

이 사례에서 두 번째 교훈은 새로운 기술을 채택할 기회를 창출하는 데 있어 광범위한 사회적 변화의 중요성이다. 특히 그러한 변화가 신기술 채택과 관련된 위험과 편익의 균형을 바꾸는 경우에 그러하다. 이러한 변화는 직접적인 정책 개입이나 사회의 점진적인 변화에서 비롯된다. 그것은 또한 개혁가들과 사회운동가들의 노력에서 생길 수 있다. 어떤 경우에는 기술 자체가 변화의 계기가 될 수 있다. 한 가지 현대적 사례를 들자면 현대 정보통신 기술, 특히 소셜 미디어가 중동에서의 개혁을 촉진하는 데 해온 역할이다. 인쇄기처럼 소셜 미디어는 중동에서 상당한 제재의 대상이 되어왔다. 그러나 소셜 미디어는 또한 그들 자신의 홍보 노력을 통해 이를 지지하는 지배계급에 의해 채택되었다.

이런 점에서 집권층에 대한 정통성을 확보하는 기술은 그 정통성의 지지 기반을 위협하는 기술보다 더 빨리 채택될 가능성이 높다. 뮈테페리카의 인쇄기가 공식적인 국가 활동으로 설치된 것은 주목할 만하다. 만약 통치자들이 인쇄기로부터 이익을 얻을 수 없었더라면 이러한 일은 행해지지 않았을 것이다. 소셜 미디어의 역할은 2011~2014년 이집트에서의 '아랍의 봄 봉기 Arab Spring Uprising'에서 분명히 볼 수 있었다.[69] 반대 세력에 의한 소셜 미디어 사용을 막기 위해 정부는 인터넷의 폐쇄를 승인했다. 그러나 그 조치는 경제에 광범위한 영향을 미쳤고 5일 동안 거의 9000만 달러의 비용이 들었다. 이 폐쇄 조치는 정부의 수입을 감소시켰을 뿐만 아니라 그로 인해 영향을 받은 기업 총수들(그들 중 다수가 정부 지지자였다)을 국가로부터 멀어지게 했다.

이것은 우리에게 보수주의에 대한 폭넓은 주장과 관련된 네 번째 교훈을 가져다준다. 신기술에 대한 사회적 반응은 획일적이지 않다. 오스만 제국은 다양한 종류의 수입 기술을 쉽게 채택했다. 이것은 모순되는 것처럼 보일 수도 있지만 그것은 채택되는 기술의 위험과 편익에 대한 철저한 검토와 그것이 사회에 이익을 주거나 적어도 최소한의 위험을 가중시키지 않는 정도에 대한 면밀한 조사를 요구한다. 심지어 같은 기술을 산업 부문 간에 차등 채택하는 많은 현대적 사례가 있다. 그 대표적인 예가 유전공학인데 많은 나라에서 의학적인 목적으로는 쉽게 받아들이지만 농업적인 용도로는 빈축을 사게 한다. 이에 대한 설명은 비일관성이 아니라 위험과 편익의 분포를 반영하는 것이다. 겉으로 보이는 비일관성을 제기하는 것은 심각하게 받아들여지지 않는다.

오스만 제국에서의 인쇄기 사례에서 얻은 마지막 교훈은 기술 진보가 때로는 일부 기술 발전의 반대에 대한 근거를 제거하는 데 작용한다는 것이다. 초기 인쇄기는 아랍어 문자의 미적 측면과 서예적인 측면을 다루기에 적합하지 않았다. 인쇄기에 대한 반대가 다른 고려사항에 의해 영향을 받았을 지라도 인쇄기는 그 기술의 반대자들에 의해 사용되었다. 1796년 뮌헨의 알로이스 제네펠더Alois Senefelder에 의해 석판 인쇄술이 발명되면서 미적 고려사항을 훼손하지 않고 책을 인쇄할 수 있게 되었다.

그러한 경향의 현대적인 예로서 인간 배아에서 줄기세포를 얻는 것에 대해 우려하는 사람들의 반대 강도를 줄이는 데 도움을 준 줄기세포의 대체 원천을 밝혀낸 사례가 있다. 또 다른 잠재적인 예로는 유전자 편집 기술의 사용이나 종種들 간에 유전자가 이동하는 것에 대한 우려를 해결하기 위해 농작물 종들 내에서 정밀 번식 기술을 사용한 경우다. 신기술의 수용성을 높이는 현대 사회의 변화가 없다면 많은 경우에 기술적인 해결책만으로는 충분하지 않다. 그러한 변화 없이 반대자들은 항상 그들의 입장을 고수할 수 있는 대안적인 방법을 찾을 수 있다.

기술의 변화 이후에도 오랫동안 또는 신기술이 전혀 배치되지 않은 경우에도 반대 의견이 지속되는 것은 드문 일이 아니다. 예를 들어 기술이 전혀 전개되지 않았음에도 불구하고 불임 유전자를 포함하는 불임 씨앗의 존재에 대한 소문이 전 세계적으로 여전히 남아 있다. 그러한 소문의 지속성은 그것이 불러일으키는 도덕적 혐오감의 크기에 의해 크게 영향을 받는다. 코란이 돼지의 파생물을 이용해 인쇄되고 있다는 생각이나 새로운 작물에 돼지 유전자가 들어 있을지도 모른다는 생각은 이슬람교도들에게 냉담한 영향을 미친다. 혐오감이나 증오감의 발동은 뒷받침되는 증거와 상관없이 신기술에 대해 강력하고 부정적인 정서적 반응을 일으킨다.

소문을 일시적인 것으로 간주하는 경향이 있지만 오랫동안 지속될 수도 있다. 그것이 터무니없게 보일 수도 있고, 그래서 고려할 필요가 없는 수준들이 있다. 많은 경우에 그것은 간단히 기술 담론에서 거론되지 않는 하위 텍스트의 일부가 된다. 거론이 불필요해 보이는 경우에도 소문을 확인하고 바로잡는 것이 중요하다. 잘못된 정보의 지속성을 지적하는 것은 공교육과 정보의 핵심적 역할이다. 소문이 대중적인 이야기의 일부가 되고, 특히 그것이 암암리에 두려움이나 우려를 불러일으키는 경우에는 대체로 이에 대응하기가 어렵다.

이 사례에서 얻은 마지막 교훈은 지도력의 역할과 표면적으로 사소한 것처럼 보일지 모르지만 장기적으로 변혁적일 수 있는 개혁을 추진하는 능력에 관한 것이다. 오스만 제국 통치자들의 인쇄기 도입 노력은 초기 도전에도 불구하고 계속되었다. 술탄 셀림 3세 Selim III 1789~1807 재임는 1797년 이스탄불에 새로 설립된 군사학교 Mühendishane-i Berr-i Hümâyûn에서 사용될 인쇄기를 이전 소유주들로부터 구입했다. 이스탄불주 州는 또 다른 두 곳 위스퀴다르 Üsküdar에 다뤼트바 Darüttıbaa 및 탁빔하네이 Takvimhane-i에 아미레 Âmire 인쇄소를 설치했다. 이것은 인쇄에 필요한 계속성과 안정성을 제공했다.[70]

최초의 인쇄기 도입은 비록 세속적인 책에 대해서만 승인되었지만 당대 지도자들의 개혁주의적 태도를 엿볼 수 있게 해주었다. 그들이 속한 관성의 힘은 그들에게 몇 가지 분명한 이익을 주는 경우를 제외하고는 급진적인 변화의 여지를 거의 제공할 수 없었다. 이렇게 깊이 고착된 체제하에서 우리는 신기술의 장기적이고 점진적이며 불확실한 채택에 대한 논쟁을 해야 한다.

근시안적으로 보이는 것은 종종 더 복잡한 세계로 들어가는 창이다. 기술 혁신은 사회제도와 공진화하면서 복잡한 구조를 만든다. 기술을 사회적 맥락에서 분리하는 일은 그것이 내재된 더 넓은 사회적 맥락을 바꾸지 않고는 거의 불가능하다. 마찬가지로 이러한 사회적 환경에서 신기술의 도입은 새로운 질서를 대표하는 사회적 조정과 함께 이루어진다.

# 제4장 마가린 창조 버터의 흑색 공격

*가능한 모든 반대가 먼저 극복되어야 한다면,*

*아무것도 시도되지 않을 것이다.*

_ 사무엘 존슨

1979년 시카고대학교의 시어도어 윌리엄 슐츠Theodore William Schultz 교수는 개발도상국의 문제를 고려한 경제개발에 대한 선구적인 연구로 노벨경제학상을 받았다. 그는 아이오와 주립대학교에서 학자로서 경력을 쌓기 시작했다. 1943년 그가 이끌었던 경제학과는 「전시 편성으로서의 낙농업Putting Dairying on a Wartime Footing」이라는 소책자를 발간했다. 이 책자는 마가린이 "버터처럼 맛있고 영양가가 풍부하며, 인력을 덜 필요로 하기 때문에 전시 중에 사용하기에 더 적합하다"고 주장했다.[1] 낙농단체는 이 주장을 받아들이기 어려웠다. 낙농단체는 아이오와주 농업국을 통해 시카고대학교 총장에게 그 소책자의 발행을 중지할 것을 요구했다. 슐츠 교수는 사임하기로 결정하고 그 학과의 몇몇 동료 교수들도 함께 사임했다.[2]

아이오와 주립대학교를 사직한 슐츠와 그의 동료들의 사례는 마가린의 발명으로 촉발된 세계적인 논쟁의 한 예에 불과했다. 마가린에 대한 반격은 보호주의 입법을 초래했고, 오늘날에도 상당한 정치적·사회적 영향력을 지속하고 있는 강력한 로비 단체들의 창설에 힘을 실어 주었다.

이 장에서는 마가린을 사례연구로 사용해 신기술에 대한 저항이 입법 과정을 통해 어떻게 표출되는지 탐구한다. 이 장은 미국 의회가 마가린의 확산을 금지하고 신제품 시장을 제한하기 위해 어떻게 정치적 영향력의 중심지로 작용했는지 살펴본다. 또한 마가린에 대한 대중의 인식을 바꾸기 위해 허위 광고와 같은 전술이 어떻게 사용되었는지도 조사한다. 커피와 유사하게 마가린은 상당한 비난과 비방의 대상이 되었으며, 대부분의 논쟁은 마가린이 건강에 미치는 영향에 초점을 맞추었다. 이 장은 마가린 생산자들이 어떻게 탄력적이고 유연하게 기술을 개발하고 1900년대 중반까지 궁극적으로 버터 소비를 능가하는 마가린의 이점을 강조함으로써 부정적인 캠페인에 대항할 수 있었는지 살펴본다.

## 1. 땅의 지방(脂肪)

슘페터가 밝힌 혁신에 대한 저항의 원천 중 하나는 "새로운 일을 하고자 하는 사람을 반대하는 사회적 환경이다. 이러한 반응은 무엇보다도 법적·정치적 장애물이 존재할 때 나타날 수 있다".[3] 이러한 현상의 제도적 표징 중 하나가 마가린의 출현에 대한 미국 낙농단체의 부상이었다. 오늘날 존재하는 낙농단체는 항상 그렇게 강력하지는 않았다. 버터 또한 그렇게 널리 소비되지 않았다. 낙농업은 파편화되고 소규모 농민들에 의해 운영되었다. 시간이 흐르면서 상황이 바뀌었다. 마가린의 창조는 궁극적으로 낙농단체가 정치인들과 사회적 인식에 영향을 미칠 수 있는 능력을 갖춘 종합적이고 조직화된 그룹을 형성하는 데 필요한 부가적인 동력을 제공했다.

19세기 후반 낙농업은 약 500만 명의 개인 생산자로 구성된 완전히 분권화된 산업이었다. 다양한 기후에서 다양한 먹이로 번성할 수 있는 젖소의 생태적 내구력 덕분에 넓은 지역에 걸쳐 농민들이 성공적으로 젖소를 기를 수 있었다. 낙농 벨트는 뉴잉글랜드에서 서쪽으로, 오하이오, 일리노이, 아이오와, 미시간, 위스콘신 및 미네소타를 가로질러 뻗어 있었다.[4]

유제품은 종종 우유를 수확한 농장에서 소규모로 생산되었다. 대부분의 생산자들은 판매 목적이 아니라 가족들의 필요를 충족하기 위해 젖소를 소유했다. 따라서 그들이 시장에 진입할 수 있는 기간은 우유의 잉여 생산이 가능한 생산 절정기에 한정되었다. 유제품 생산의 소규모적 특성은 주로 우유를 시장에 내놓는 기술적 어려움 때문이었다. 냉장 또는 저온살균을 하지 않으면 우유는 빨리 시어지거나 오염될 수 있다. 더욱이 대부분 철도로 구성된 운송망은 유제품의 장거리 이동을 지원할 수 없었다. 이러한 이유로 유제품은 소비자와 가까운 곳에서 비교적 소규모 단위batch로 생산될 수밖에 없었다.[5]

주로 낙농인이었던 미국의 버터 생산자들은 20세기까지 가내 사업체를 운영했다. 여기에는 현지 시장이나 타 지역에서 재포장해 판매하는 판매상들dealers을 위한 소규모 가내 생산이 포함되었다. 다른 많은 식품과 마찬가지로 버터도 1840년대 초반까지 거슬러 올라가는 부도덕한 역사를 만회하기 위해 상당한 편견을 극복해야 했다.[6] 이러한 부도덕한 사건들로는 버터의 변조adulteration, 우유에 물타기, 산패한 버터의 맛과 모양을 개선하기 위한 불량 색소와 화학물질의 사용 등이 있었다. 예를 들어 생生 버터의 부패를 방지하기 위해 살리실산salicyl이 방부제로 사용되었고, 산패의 존재를 감추거나 진행을 늦추기 위해 붕산硼酸이 첨가되었다.[7] 당국으로부터 인간의 건강에 해롭다는 비난을 받고 있었음에도 불구하고 이러한 화학물질들은 "시큼하고 딱딱하고 느끼한 저급 버터를 재포장하고 가공하기 위해" 버터 판매상들에 의해 널리 사용되었다.[8]

비록 낙농인이 수백만 명에 달했지만, 1800년대 후반 개인 생산자들이 자신들의 제품을 통해 수익을 창출할 수 있고 경쟁으로부터 생계를 보호해야 한다는 사실을 깨닫기 전까지 낙농 부문은 오늘날과 같은 정치적으로 영향력 있는 통합된 낙농연합을 형성하지 못했다. 그 이유를 보면 첫째, 그때까지 단 한명의 생산자도 전국적인 낙농 이익집단을 조직하려는 중요한 임무를 맡을 동기를 갖지 못했다. 둘째, 19세기 후반 미국은 그러한 산업 로비 단체의 설립에 대한 선례가 거의 없었기 때문에 조직의 초기 비용이 더욱 중요해졌다. 셋째, 19세기 후반의 연방정부와 주정부는 농업 분야에 개입하지 않았다. 정부는 이 산업을 규제하지 않았고, 낙농장의 수익성을 보호하기 위한 사회적 프로그램도 제공하지 않았다. 따라서 농민들은 따라야 할 역할 모델도 없었고 또한 싸울 정치적 쟁점도 거의 없었다.

낙농단체를 형성하기 위한 동기는 버터와 치즈 생산의 산업화로 생겨났다. 남북전쟁 직후 크림 원심 분리기가 도입되면서 공장 규모에서 버터 생산 효율이 높아졌다. 공장에서 제조된 버터와 치즈는 농장에서 생산된 버터보다 품질이 우수했다. 품질이 향상되면서 가격이 상승하고 수요가 증가했다. 19세기 말엽 공장에서 생산된 버터는 총 버터 생산의 28퍼센트 이상을 차지했는데, 이는 남북전쟁이 끝날 무렵 거의 존재하지 않았던 산업으로서는 매우 이례적인 것이었다. 치즈 공장은 훨씬 더 빠른 속도로 성장했다. 1899년까지 미국에서 생산된 치즈의 94퍼센트 이상이 공장에서 생산되었다.[9]

새로운 버터 및 치즈 제조법이 자본집약적이고 특정 사업·조직 기술이 필요했지만 그때까지 전국적인 로비 단체는 여전히 형성되지 않았다. 그러나 그 징후는 공장 시스템의 다양한 부문에서 생겨난 공식·비공식 조직에서 찾아볼 수 있다. 공장주·생산자 협회, 무역·상품 거래 위원회, 생산 판매자 연합 등은 모두 전국 차원의 로비 단체가 형성되기 전 낙농 시장 확대를 촉진하기 위해 자체적으로 조직되었다.[10]

공장주들은 산업 전반의 로비 단체 창설을 이끈 촉매제 역할을 했다. 자급자족을 중시하고 투자를 다각화한 개별 농민과는 달리 공장주의 일차적 관심은 유제품의 수익성을 극대화하는 것이었다. 공장주들은 특히 시장의 역학을 잘 알고 있었기 때문에 마가린과 같은 비非유제품과의 경쟁을 피하고자 했다. 공장주들은 생산자일 뿐 아니라 국내외 도매시장에 참여한 기업의 지도자였다. 이들에게는 산업의 모든 측면에서 전문성과 이익을 저해할 수 있는 문제에 대응할 지식이 필요했다. 비교적 적은 수의 공장주들은 더 쉽게 자신들의 조직을 만들 수 있었다. 수백만 명의 개인 농민들과는 달리 공장주들은 전국의 산업 지도자들과 접촉을 유지하고 있었다. 따라서 공장주들은 산업 전반의 전략을 세우고 전국적 차원에서 마가린에 대처할 수 있는 강력한 로비 단체를 설립했다.

최초의 낙농협회는 남북전쟁이 끝나고 몇 년 후에 결성되었다. 회원으로는 공장 낙농인들과 관련 업계 지도자들이 포함되어 있었다. 그들의 초기 목표는 마가린에 도전하는 것이 아니라 회원들 간 유제품의 품질에 대한 평판을 확립하고 보호함으로써 유제품에 대한 수요를 증가시키는 것이었다. 당시 유제품 생산은 완전히 규제되지 않았고 저질 제품들로 넘쳐났다. 초기 지방 차원의 협회는 주 및 지역 차원으로 점차 확대되었다. 처음에는 이 협회들이 비정치적이었다. 그들은 낙농과학의 새로운 발전과 국내외 시장 상황에 대해 회원들을 교육하고, 새로운 관행의 이행을 장려하며, 회원들의 부정직이나 기회주의적 행동을 예방하는 데 집중했다.


## 2. 마가린이 미국을 침공하다

버터 제조사들이 자신들을 위해 만들어진 상업적 잠재력을 가진 산업공정을 개발하자마자 곧 시장에 더 저렴한 경쟁자를 소개한 또 다른 기술 혁신이 등장했다. 마가린 생산은 1870년대 초 네덜란드에서 시작되어 다른 유럽 국가, 미국 그리고 마침내 전 세계로 퍼져 나갔다. 1875년 세계 생산량은 10만 톤이었고, 1960년대 중반에는 480만 톤으로 증가했다. 미국에서 1인당 마가린 소비는 꾸준히 증가해 1950년대 중반 버터 소비를 추월하고 1970년대 중반에 정점을 찍었다. 그 후 1인당 마가린 소비는 급감한 반면 버터 소비는 2005년경 다시 증가해 마가린 소비를 능가했다. 이러한 변동은 안전 문제, 잘못된 정보 및 입법 개입에 대한 격렬한 대중적 논쟁을 불러왔다.

마가린은 사회적·정치적 필요에서 비롯되었다. 19세기 유럽의 급속한 산업화와 도시화는 영양 문제를 야기했다. 새로이 영향력을 얻은 중산층의 권력은 주로 노동자와 군대를 유지하는 데 달려 있었다. 주로 육류와 유제품에서 얻은 식이지방은 노동과 복지에 필요한 칼로리를 공급했지만 도시인구가 증가함에 따라 도시의 새 주민들은 이러한 선택이 너무 비싸다는 것을 알게 되었다.[11] 예를 들어 프랑스에서는 버터 가격이 물가상승률을 넘어 1850년에서 1870년 사이에 두 배로 올랐다. 이는 사회적 안정을 위협했기 때문에 프랑스 지도자들을 놀라게 했다.

마가린이 개발된 근본적인 이유 중 하나는 프랑스 지도자들이 당시 프로이센의 오토 폰 비스마르크Otto von Bismarck의 군국주의 강화와 산업노동과 군사 생산성에 미치는 영향에 대해 우려했기 때문이다. 노동자들 사이에서 식이지방이 부족하게 되고 프로이센과의 전쟁이 다가옴에 따라 프랑스의 산업기반과 안보가 위협받고 있었다. 따라서 프랑스의 생존은 주로 버터를 대체하는 더 저렴한 식이지방 공급원을 찾는 데 달려 있었다. 이러한 깨달음에 자극받아 1866년 파리 세계박람회 기간 중 황제 루이 나폴레옹 3세Louis Napoleon III가 버터의 저렴한 대체품 개발에 포상하기로 한 것이다.[12]

프랑스의 식품 화학자 이폴리트 메주-무리에Hippolyte Mège-Mouriès가 1869년 이 상을 받았다. 그는 1813년 미셸 셰브뢸Michael Chevreul이 분리한 지방산 성분인 마가린산을 사용했다. 그는 그리스어로 진주를 뜻하는 '마가리테스

margarites'라는 단어를 사용해 자신의 발명품을 '마가린margarine'이라고 명명했다. 이 특허권은 1871년 네덜란드, 1873년 영국과 미국 그리고 1874년 프로이센 기업에 매각되었다.[13]

마가린의 사례는 정부 관리들이 원하는 사회적·경제적 성과를 얻기 위해 기술정책을 사용하는 것이다. 프랑스는 버터 부족을 해결하기 위해 보조금이나 배급제 같은 시장정책에 의존할 수 있었지만, 대신 신제품 개발을 통해 문제를 해결하기 위한 도전을 시작했다.[14]


## 3. 반대운동의 확산

프랑스에서 버터 문제 해결에 효과가 있었던 것이 미국에서는 더 어려웠다. 마가린은 버터 가격 상승으로 인한 사회적 긴장을 줄이기 위해 프랑스에서 개발되었다. 그러나 1890년대 중반 미국에서 마가린의 재등장은 새로운 사회적 긴장을 야기했다. 생산과 소비가 빠르게 증가하고 있었음에도 불구하고 마가린의 미국 시장 진출은 많은 문제를 안고 있었다.

1873년 메주-무리에는 자신의 프랑스 마가린 공장과 미국에서 생산을 확대할 목적으로 미국 특허를 획득했으며, 1871년부터 1873년 사이에 '인공 버터'를 생산한 유나이티드데어리The United Dairy Company에 이 특허를 팔았다. 발명가들은 이 특허를 중심으로 뜻밖의 특별한 방법을 찾아내어 더 적은 원료로 동일한 양의 마가린을 생산하기 위해 원래 특허에는 명시되지 않았던 부차적인 성분들을 이용해 지방을 처리하는 새로운 공정을 고안했다. 추가적인 공정 혁신으로 이 기술이 널리 채택되었고, 곧 마가린 생산은 많은 주로 확대되어 전국적으로 거래되었다.

빠른 생산량 증가에도 불구하고 마가린의 미국 진출은 타이밍이 좋지 않았다. 그 진출 시기는 1873년 경제위기의 여파로 미국의 농업을 강타한 최초의 극심한 불황기 때였다.[15] 농민들은 종종 손해를 보고 버터를 팔면서 심각한 재정적인 문제에 직면했다.[16] 버터 생산자들에게 또 다른 문제는 가격 변동이었다. 버터는 우유 소비 수요에 우선 공급하고 남은 우유로 생산해야 했으며, 또한 저소득층 가정들이 불황기에는 우유 소비를 줄였기 때문에 버터 생산에 이용 가능한 우유 공급은 불황기에는 증가하고 호황기에는 감소했다. 따라서 버터 가격은 급격하게 요동쳤다. 가격 문제는 이미 낙농업계의 수익성에 영향을 미치기 시작했던 과잉 생산과 그 밖의 다른 변화들에 더해 발생했다.

저가 마가린과 유제품 생산자들의 재정적인 문제로 인한 긴장에서 출현한 것이 낙농협회였다. 낙농협회의 설립은 1860년대 뉴욕, 버몬트, 위스콘신 등에서 시작된 산업 변혁에 대한 가장 중요한 제도적 대응 중 하나였다. 낙농협회는 상당한 대중적 영향력을 행사하는 수많은 낙농 관련 신문을 발간했다. 낙농전문지 《호드의 위스콘신 낙농인 The Hoard's Dairyman of Wisconsin 》은 1870년에 700부로 시작해 1892년 1만 1000부, 1918년에는 약 7만 부로 급성장했다. 편집자인 윌리엄 호드 William D. Hoard 는 초기 반反마가린 캠페인에서 낙농업계의 유명한 대변인이자 지도자였으며, 그 후 위스콘신 주지사 1888~1891년 가 되었다.

1986년 한 소책자에 실린 「올레오마가린과 버터: 현대의 가장 거대한 사기극에 대한 간단한 소개 Oleomargarine and Butterine: A Plain Presentation of the Most Gigantic Swindle of Modern Times 」라는 제하의 호된 논평에서 뉴욕주 낙농위원회는 다음과 같이 말했다.

이 가짜 버터 사업만큼 고의적이고 터무니없는 사기는 없었고, 또 있을 수도 없다. 이 모든 계획은 죄악에서 착안되었고, 밀조꾼들에 의해 조장되었으며, 무고한 사람들이 부당하게 고통을 받지 않도록 우리 법이 범죄 혐의자들에 대해 슬기롭게 베푸는 법적 보호 장치를 필사적으로 악용하려는 사람들에 의해 자행되었다. 한편 그들은 주도면밀하게, 끈질기게, 그리고 고의적으로 법을 위반하고 국민들을 상대로 비열한 사기행각으로 이득을 취했다.

낙농업은 낙농협회의 도움으로 엄청난 정치적 영향력을 행사하기 시작했고, 곧 마가린의 가장 큰 적수가 되었다. 1870년대 농민들의 이익을 증진시키기 위해 가족 간의 단합을 장려했던 '그랜지 운동Grange Movement'과 1880년대와 1890년대의 '인민당Populist Party'(1891년에 결성돼 '포퓰리즘'의 어원이 된 미국의 정당 _옮긴이)과 관련하여 낙농인들은 농민들에게 영향을 미치는 모든 종류의 법률을 지지 또는 저항하는 데 적극적으로 참여하는 지역 및 주 협회로 조직되었다.[17] 불순물을 섞은 낙농제품에 반대하는 대중의 정서에 편승해 낙농협회는 사기 방지 캠페인의 일환으로 마가린을 직접 겨냥한 법안을 통과시키기 위해 영향력을 행사했다.

마가린은 술이나 마약과 같은 다른 물질들과 마찬가지로 시장 취향뿐만 아니라 공공 정책에도 영향을 미치는 강력한 사회적·문화적 함의를 지니고 있었다. 19세기 후반까지 사회적 지위는 수용 가능한 수준에서 경쟁적으로 소비하는 개인의 능력에 달려 있었다.[18] 이러한 '취향의 금전적 규범'이 가족 식사와 같은 가정생활 의식에 널리 퍼져 있었다.[19] 따라서 마가린을 제공하는 주부는 온 가족을 '저렴하게' 만들었고 부양자로서 남편의 능력에 의문을 던졌다. 마가린의 낮은 가격조차도 마가린을 버터보다 열등한 것처럼 보이게 만들었다.[20]

이와는 대조적으로 버터는 '목가적 장르'와 '좋은 옛날'에 대한 호소력을 표현하면서 사회적 정직성을 독차지했다.[21] 버터의 경쟁 식품으로서 마가린은 자연적인 '좋은 식품'을 타락시키는 새로운 위험과 인공성을 전달하는 사기

꾼으로 낙인찍혔다.[22] 마가린은 산업 실험실에서 생산된 새로운 가공식품으로 의심을 받았다. 마크 트웨인 같은 유명 인사들은 마가린을 현대생활의 인공성을 보여주는 또 다른 증표라고 비난했고, 미네소타 주지사 허버드Hubbard는 올레오마가린과 그러한 종류의 혐오 식품을 '타락한 천재적 인간의 영악성'으로 창조한 '기계적 혼합물'이라고 했다.[23] 그들에게 마가린은 '위조 버터'였고 그 제조자들은 사기꾼이었다. 실제로 반대론자들은 마가린을 위조지폐와 관련시켜 비슷한 제재를 가하도록 '위조 버터'라는 용어를 교묘하게 고안했다. 마가린은 비난을 받았고 그 생산자들은 나쁘고 건강에 해로운 가짜 버터를 모조한 자들로 낙농협회에 의해 악마화되었다. 낙농업계는 입법과 허위 광고 캠페인이라는 두 가지 측면에서 마가린과 투쟁했다.

## 4. 마가린 금지법

1977년 뉴욕주 의회는 뉴욕낙농협회의 로비 활동의 직접적인 결과로 최초의 마가린금지법을 제정했다. 뉴욕은 마가린의 저렴한 가격으로 가장 많은 혜택을 받았을 많은 노동자 계층과 이민자 가정을 포함한 독특한 주 특성 때문에 반마가린 입법의 진원지가 되었다. 입법 조치는 이듬해 캘리포니아, 코네티컷, 메릴랜드, 매사추세츠, 미주리, 오하이오, 펜실베이니아 등에서 빠르게 채택되었다. 초기의 입법은 기업의 위변조로부터 대중을 보호하기 위한 수단으로 그 내용이 구성되었다. 이 법은 제조업체, 상점, 호텔, 식당, 하숙집 등에서 마가린을 판매하거나 제공하는 경우 공고를 하도록 요구했다.[24] 낙농업계 지도자들은 마가린에 대한 모든 사실이 공지되면 소비자들이 마가린보다 버터를 더 선호할 것이라고 믿었기 때문에 입법을 지지했다. 낙농업계는 이러한 가정에 근거해 마가린 산업을 파괴하는 것을 목표로 했다.

주 의회는 마가린을 버터와 혼동되지 않도록 '올레오마가린oleomargarine' 또는 '버터린butterine'이라고 부르는 적절한 표지를 붙이도록 하는 법을 제정했다. 주의회는 또한 위반 사항에 대한 벌칙을 강화하고, 어떤 경우에는 마가린 제조업체 및 판매업체에 대해서는 면허를 요구하기도 했다.

표지부착법은 극히 다양했고 포장으로까지 확대되었다. 일부 변경된 내용에는 용기에 사용되는 글자의 위치, 크기 및 유형에 대한 요구 조건이 포함되었다. 일부 주에서는 내용물을 쉽게 알아볼 수 있도록 하는 것 외에도 포장을 외견상 좋지 않게 보이도록 의도된 표지부착법을 제정했다. 예를 들어, 어떤 주에서는 용기 주위에 3인치 폭의 검은 띠를 도장하도록 요구했고, 또 다른 주에서는 버터 대용품의 모든 용기에 흑색 물감과 기름으로 도장된 표지를 사용하도록 요구했다.[25]

1886년 미국 의회는 '올레오마가린법'을 통과시켰다. 그러나 1886년 법령과 그 후속 수정안과 법률은 마가린의 확산을 늦추지 못했다. 많은 소비자들은 마가린이 버터와 동일한 가치를 훨씬 더 저렴한 가격에 제공하는 것으로 인식했고, 이는 그 입법을 무력하게 만들었다. 마가린은 시장 지위를 유지했고 대부분 유권자들은 국민투표에서 마가린을 금지하는 입법을 거부했다.

1886년 '올레오마가린법'에 대해 일련의 소송이 제기되었다. 법원은 연방정부의 보편적인 조세권 내에서 이 법을 조세수단으로 유지시켰다. 표지 부착이나 인허가 요건을 무효화하려는 소송도 기각되었다. 유사한 판결들이 마가린 거래를 제한하는 주법을 지지했다. 1895년 대법원은 유색 마가린의 절대적 금지에 관한 매사추세츠 법을 지지했다. 또한 주 경계를 넘나드는 마가린이 원래의 포장 상태에서 금지될 수 있도록 보장하는 법률들이 통과되었다. 이 법들은 또한 국가의 경찰권을 표현한 것이기 때문에 대법원에 의해 받아들여졌다.

낙농업계는 주법이 그들의 기대에 미치지 못하고 마가린의 소비를 줄이지 못한다는 것을 깨달은 후 더욱 공격적으로 대처할 필요가 있었다. 낙농업계는 마가린을 반대하는 공격적이고 파괴적인 법안이 통과되도록 노력을 강화했다. 낙농업계의 권고에 따라 일부 주에서는 법을 더욱 엄격하게 만들었고 어떤 주에서는 마가린의 제조와 판매를 전면 금지했다. 5개 주는 버터를 모방해 제조된 모든 제품은 반드시 분홍색으로 염색해야 한다고 규정했다.

연방 마가린 입법은 1886년의 '올레오마가린법'으로 시작되었다. 이 법은 마가린에 파운드당 2센트의 세금을 부과했으며 마가린 제조업체, 도소매 업체에게 값비싼 면허를 요구했다. 뉴욕주의 금지령이 무효화되자 낙농 운동가들은 연방법을 제정하는 쪽으로 관심을 돌렸다. 1885년 2월 26개 주에서 온 낙농 이익단체들이 뉴욕에 모였고, 그 결과 낙농업을 "위험한 경쟁자들과 동등한 기반"에 놓기 위한 전국적인 캠페인이 시작되었다.[26]

이 캠페인은 1866년에 설립된 주로 뉴욕에 기반을 둔 치즈 제조업체의 미국낙농인협회의 후신인 미국농업낙농협회American Agricultural and Dairy Association가 주도했다. 그 결과 의회는 전국 각지에서 탄원서를 접수해 식품 변조 및 브랜드 오류에 관한 21건의 탄원서로 정점에 달했고 그중 16건은 특히 버터 대체품 즉 마가린을 표적으로 삼았다. 연방 마가린법안에는 마가린 산업을 파괴시키기 위한 세금, 표지 부착, 몰수 및 면허 조항이 포함되었다. 사실상 마가린을 억제하려는 노력이 연방정부의 조세권하에서 세입 징수의 수단으로 인식되어 보호주의 혐의와 관련 헌법상의 문제들로부터 지지자들을 보호했다.

'올레오마가린법안'에 대한 토론에서 낙농업계와 의회의 지지자들은 몇 가지 비판을 제기했는데, 대부분 증거에 입각하지 않고 보호주의적 충동에 근거했다. 첫째, 그들은 마가린이 건강에 좋지 않다고 주장했다. 마가린이 신장에 피해를 주는 '브라이트 병Bright's disease', 소화불량 및 기타 여러 가지 만성질환을 유발시킨다고 주장했다. 둘째, 그들은 마가린에 "병들거나 부패한 쇠고기, 죽은 말, 죽은 돼지, 죽은 개, 미친 개, 죽은 양"이 사용되었다고 주장했다.[27] 셋째, 비평가들은 마가린과 관련된 성분과 그 생산방법이 유해함을 보여주려 했다. 의회 토론에서 제시된 마가린 성분 목록에는 석탄산, 가성소다, 질산, 황산이 포함되었다. 이러한 성분들은 동물성 지방을 가공하는 데 사용되었지만 최종 제품을 만드는 데는 사용되지 않았다. 마가린 제조업체가 보유한 특허 건수는 이를 뒷받침하는 증거로 사용되었다. 이러한 특허들은 복잡한 방법과 실험실의 도움으로 올레오마가린을 생산하기 시작한 '괴짜들'의 부질없는 실험으로 보였지만 이러한 특허가 마가린 가공에 사용되었다는 증거는 없었다.[28]

토론회 도중 마가린 지지자들은 종종 이 법안을 "보호주의에 미친 법안"이라 불렀다.[29] 국회의원들은 마가린 산업을 약화시키고 낙농업을 강화하기 위해 보호주의적 주장을 폈다. 낙농업은 경쟁자들로부터 보호가 필요한 전략적 국가 산업으로 묘사되었다. 이 보호주의적 주장은 흡연과 음주의 도덕적 정직성이 문제가 된 담배와 술과 같은 제품에 대해 국회의원들이 취한 조치와 유사했다. 공격자들은 마가린의 도덕성 대신 소비자들에게 두려움을 심어주기 위한 용어를 사용했다. 비평가들은 마가린 산업을 '교활한 적', 그리고 '근절되어야 할 악덕 사업'으로 묘사했다. 위스콘신주 출신의 한 의원은 "나는 이 유해 화합물의 제조에 세금을 부과함으로써 이의 제조를 근절하려 한다"고 선언했다.[30] 논쟁이 매우 신랄했기 때문에 그로버 클리블랜드Grover Cleveland 대통령이 이 법안을 접수했을 때 그는 "더욱 편협한 지역적 또는 개인적 이익에 기초해 지지 또는 반대하는 문제의 양쪽 당사자들이 다른 모든 사람들을 압도했다"고 언급했다.[31]

1886년의 농업위원은 이 법안의 열렬한 지지자이자 올레오마가린의 불순함을 굳게 믿는 사람이었으며 하원에는 많은 지지자들이 있었다. 이 법안을 하원을 거쳐 통과시킨 농업위원회 위원장은 "모든 면에서 순수한 버터만큼 건강에 좋은 올레오마가린은 없다"고 말했다. 그는 이어 마가린이 "인간의

음식처럼 맛있고 건강에 좋은 것으로 만들어질 수 있다"는 데 동의하지 않는다고 말했다.[32]

결국 낙농 주㈜인 뉴욕 출신 클리블랜드 대통령은 이 법에 서명했다. 그는 그 법안에 서명하기로 한 자신의 결정을 정부 세입 증대를 위한 수단으로 정당화했다. 그 법률은 결국 낙농 로비 단체에 다소 역효과를 가져왔다. 그 법의 제정은 마가린을 금지하는 다른 모든 주법에 우선해 마가린을 합법적인 상거래 품목으로 인정했다.

마가린 금지법은 버터 산업에 다른 타격을 주었다. 1886년 11월 아이오와에서 한 내국세 징수원이 66파운드의 산패한 버터를 올레오마가린으로 착각해 압수했다. 그 후 그것이 식용으로는 적합하지 않지만 순수 버터로 판명되었기 때문에 그는 그 압수를 해제해야만 했다.[33] 대량의 노르웨이산 버터가 올레오마가린으로 압수되었을 당시 조지아주에서 가장 치명적인 사건이 발생했다. 주 화학자는 주 농업 당국의 명령에 따라 노르웨이산 버터를 분석하고 실험했다. 그 화학자는 그 압수된 물질을 의심할 여지없이 올레오마가린이라고 선언했다. 수입업자들은 워싱턴의 한 실험실에 호소해 제조업체와 배송업체의 진술서를 제출하고 이어서 그 압수 물질이 "우유통에서 직접 추출된 버터의 계보"임을 증명했다.[34]

정부는 마가린 생산을 통제하기 위해 추가적인 법률과 개정안을 제정했다. 1886년 연방법은 마가린의 착색을 규제하기 위해 두 번 개정되었다. 1902년 마가린에 인지세를 부과했다. 이는 "올레오마가린에 어떤 노란 색조의 버터처럼 보이게 하는 인위적인 색상을 넣지 못하도록 하는 것을 목표"로 했는데, 인공색소를 가미한 마가린은 파운드당 10센트를 부과한 반면, 그렇지 않은 것은 파운드당 4분의 1센트로 인하했다.[35] 노란색 마가린을 차별화하기 위해 유통업자들의 면허 수수료도 조정되었다. 착색에 관한 개정안의 목적은 마가린 산업을 고사시키는 것이었다. 의원들은 마가린이 버터처럼 보이지 않는다면 소비자들이 구매하지 않을 것이라고 믿었기 때문이다.

규제 당국은 마가린 산업계의 결의를 과소평가했다. 1909년경 인공 황색 착색에 대한 적대적인 규제 환경에 직면한 마가린 산업계는 마가린에서 자연적으로 황색을 띄게 하는 기름을 발견했다.[36] 그 결과 그들은 인공적으로 착색된 마가린에 대한 파운드 당 10센트의 세금 부과 폐지를 법원에 성공적으로 청원했다. 자연적으로 황색을 띈 마가린은 색소를 첨가하지 않았기 때문이다.

낙농업계는 마가린 산업에 해를 끼칠 더 포괄적인 법을 옹호할 수밖에 없었다. 규제 당국은 의회에 인공적으로 채색된 마가린과 자연적으로 채색된 마가린을 구별하는 법안을 명확히 해줄 것을 요청했다. 1931년 마가린 산업에 마지막 타격이 가해졌다. 황색 등급 1.6도를 넘는 모든 마가린 제품에 10센트의 세금이 부과되었다.[37] 1940년대 초까지 미국의 주 중 3분의 2는 황색 마가린의 판매를 금지했으며 20개 주는 주정부 기관에서 버터 대용품 사용을 금지했다.[38] 어떤 경우에는 예외적으로 형사처벌 규정까지 있었다. 1960년대 후반이 되어서야 마가린의 황색 착색에 대한 금지가 미국에서 사라졌다. 그러나 캐나다에서는 계속되었다.[39]


## 5. 전국낙농협의회의 출현

마가린 반대 캠페인의 대부분은 전국낙농협의회 National Dairy Council: NDC 에서 추진되었다. 낙농산업은 시간이 지남에 따라 더욱 정교해졌고 NDC가 등장해 마가린과의 싸움은 물론 유제품 소비 촉진을 주도했다. 마가린에 대한 압력을 지속하기 위해 낙농업계는 NDC를 통해 업계의 수익성에 대한 경쟁적 위협으로 여겨지는 것에 대해 허위 정보를 퍼뜨리는 광범위한 비방 캠페인을 벌였다. 이러한 마케팅 노력은 강력한 광고 그 이상이었다. 그것은 마가린의 내용물, 영양가 및 기타 측면에 대한 허위 정보를 유포해 일반 대중이 마가린을 소비하지 않도록 설득하려는 의도적인 노력이었다. 기존 산업의 시장 점유율을 위협할 수 있는 신기술에 대한 기존 산업의 부정적 반응은 기술적으로 진보된 응용 제품이 기존 산업에 침투하는 방식을 조명하는 데 많은 도움이 될 수 있다.

그 반응을 제대로 이해하려면 먼저 조직을 이해해야 한다. NDC는 1915년 미국 낙농업을 증진하고 발전시키기 위한 목적으로 설립되었다. 거의 1세기 동안 NDC는 그 목적을 위해 다양한 방법을 사용해 왔다. NDC는 낙농업계 내 많은 개별 이해 관계자들의 통합된 목소리 역할을 함으로써 우유와 버터 같은 유제품을 상표별로 특정하지 않고 유제품 일반을 홍보하는 방식으로 낙농업을 지원할 수 있다.

NDC는 처음부터 유제품에 대한 강력한 소비자 기반을 유지하려는 목표를 지원하기 위해 거짓 정보를 전파하는 전략을 채택했다. NDC는 이익집단으로서가 아니라 건강과 아동복지를 전문으로 하는 교육연구기관으로 그 위상을 정립했다. NDC는 창립 이래 미국 낙농업 진흥을 사명으로 해왔음에도 불구하고 낙농업의 옹호단체가 아니라 '영양연구와 교육의 지도자'로 자신을 설명한다.

NDC는 스스로를 교육연구 조직으로 규정함으로써 이익을 얻었다. NDC는 대중에게 로비를 하는 산업단체가 아닌 대학이나 정부기관과 유사한 영양과 교육 분야의 중립적인 행위자로서 자신을 홍보할 수 있었다. 그 결과 대중으로부터 신뢰를 얻었다. 또한 이러한 위상을 통해 NDC는 상업적으로 집중된 이익집단으로서 이용할 수 있었던 것보다 훨씬 더 광범위한 기반으로부터 지원을 모색하고 확보할 수 있었다. 또는 상업단체의 청탁을 거절했던 건강·교육·지역 단체들은 보다 이타적인 목적으로 보이는 단체들과 자신들을 기꺼이 연계하려 했다. 이로써 NDC는 학교에 접근할 수 있게 되었고 정부기관들로부터 특별 승인을 받았다. 실제로 오늘날 보건복지부의 웹페이지에는 NDC가 학생, 소비자 및 보건 전문가들을 위한 영양교육 프로그램과 자료를 생성하는 조직으로 등록되어 있다. NDC는 스스로를 낙농산업의 이익을 증진시키기 위한 공중 보건기구라고 선언한다.

그러나 1920년대 후반으로 거슬러 올라가면 NDC는 매우 다른 목적을 가지고 있는 것으로 보인다. 낙농업계는 마가린이 끼친 위협을 매우 잘 알고 있었고 NDC를 통해 마가린의 명성을 파괴하기 위한 조치를 취했다. NDC가 마가린에 반대하는 대부분의 주장은 마가린이 아이들에게 미치는 영양상의 해악에 관한 것이었다. 예를 들어 「건강을 위한 필수 식품인 버터」라는 보고서에서 NDC는 "식물성 및 동물성 지방 마가린은 성장 촉진을 위한 버터에 필적할 만한 것이 결코 아니다"라는 결정적인 증거를 발표했다.[40] 그 결정적 증거는 고아원에서 일어난 한 사건에서 수집되었는데, 단지 7명으로 구성된 한 그룹의 아이들을 몇 달 동안 버터를 먹인 후 마가린으로 바꾼 다음 다시 버터를 먹였다. 이 기간 동안 아이들의 키와 몸무게를 측정한 결과 버터 대신에 마가린을 먹었을 때 상대적으로 느린 속도로 성장한 것으로 나타났다.

뉴욕시 보건 당국은 이 보고서를 발표했고, 나중에 NDC의 조사결과는 그 소그룹의 아이들에게 우연히 버터와 마가린을 번갈아 먹인 후에 이루어진 사후 정량적 관찰에 불과했다는 것을 인정한 것으로 밝혀졌다. 이 실험은 의식적으로 결정해 실시된 것이 아니었고, 데이터의 타당성은 신뢰를 받지 못했다. 그러나 이러한 사실만으로 NDC가 상업광고와 기타 홍보자료를 통해 그 조사결과를 대중들에게 대대적으로 퍼뜨리는 것을 막지는 못했다.

NDC는 실험결과를 미화했을 뿐만 아니라 그것을 완전히 조작했다. 또 하나의 특정 사례에서 NDC의 기사는 신시내티의 한 대학에서 쥐를 대상으로 행해진 영양실험에 대한 문서를 특집으로 다루었다. 두 마리의 쥐에게 마가린과 버터를 먹인 것을 제외하고 동일한 식품을 먹였다. 조사 결과 전국낙농협의회의 설명대로 마가린을 먹인 쥐는 발육이 저조했다. 눈에 통증을 보였고, 털이 거칠고 부서지기 쉬웠으며, '골격이 약한 것'으로 나타났다. 반면 버터를 먹인 쥐는 몸집이 더 크고 '피부에 윤기'가 났다. 이 기사 끝부분에 첨부된 메시지에는 "만일 어머니들이 자녀를 보호하고자 한다면 자녀들이 대체품이 없는 자연의 진짜 산물인 버터를 충분히 제공받아야 한다"고 말했다.[41] 그 연구를 시행하고 발표한 것으로 알려진 대학은 이에 대한 질문을 받고 그런 실험이 수행된 적이 없었다고 부인했다. 그 주장이 허위였음에도 불구하고 NDC는 그 대학에 대한 언급은 삭제했지만 이 자료를 계속 발행했다.

또 다른 예로, 마가린은 비타민과 다른 영양소가 완전히 결핍되어 있다고 낙농업계로부터 비난받았다. NDC는 제1차 세계대전 중 덴마크 인구에서 부실한 식단과 관련된 질병인 안구건조증xerophthalmia 의 높은 발병률에 관한 연구를 이용했다. NDC는 간행물에서 덴마크 국민의 마가린 소비율이 높아진 것이 이 질환의 유일한 원인이라고 밝혔다. 이 기사는 전쟁이 끝난 후 버터의 정기적인 보급이 재개되자 이 질병의 비율이 감소했다고 주장했다. 그러나 이 기사는 안구건조증에 걸린 사람들이 매우 어렸고 버터와 마가린을 섭취하지 않았을 가능성이 높다는 사실은 언급하지 않았다. 게다가 그 기사는 증상의 증가율이나 명백한 치료에 기여했을 수도 있는 다른 식이요법들에 대해서는 언급하지 않았다. 덴마크 당국은 낙농업계의 주장을 부인했고, 코펜하겐 국립영양학 연구소 소장의 반응은 다음과 같이 기록되어 있다. 즉 "전쟁 중 한때 …… 아기들에게 탈지 우유만 주고 전지 우유는 전혀 주지 않는 어머니들이 있었다. 그들 중 소수는 안구건조증에 걸렸다. 아니, 덴마크인은 멍청하지 않다. 우리는 마가린을 먹고 영국인이 우리 버터 값의 세 배를 내게 한다".[42]

마가린에 반대하는 또 다른 캠페인은 마가린 제조에 고래 기름이 사용되고 있다고 주장했다. 1926년 미국 상공회의소의 저널인 《네이션스 비즈니스 Nation's Business》는 "악취 나는 비식용 고래 기름을 마가린으로 바꾸는 사업에 엄청난 양의 화학기술과 무역 전략이 도입되었다"고 보도했다.[43] 마가린을 가장 부자연스러운 용어로 묘사하기 위해 이 기사는 다음과 같이 표현하고 있다. 즉 "고래 기름은 탈취되고 지방으로 경화되고 산酸이 제거되어야 한다. 마가린 판매자들은 세수하고 옷을 단장하고 향수를 뿌린 후 어떤 의미에서는 보기에 좋고 품질이 잘 유지된, 그러나 기껏해야 최고의 유제품에 비하면 윤기가 없고 맛도 없는 버터 대체품에 지나지 않는 가짜 버터 simulacrum 를 제시한다".[44] 비록 다수의 정부기관들이 마가린 제조에 어떤 고래 제품도 사용되지 않았음을 확인했지만 대중의 의혹은 가시지 않았다.

## 6. 마가린과 버터의 혼합

마가린 규제 법안을 위한 반마가린 캠페인과 마가린에 대한 허위 광고에도 불구하고, 미국의 버터 소비량은 3분의 1로 감소했고 마가린 소비량은 1920년대 초와 1950년대 사이에 4배나 증가했다.[45] 마가린 산업은 혁신을 강요받았고, 그것이 마가린 성공에 기여했다.

1800년대 후반에 특히 마가린에 대한 소비자의 선호도를 높이고 버터 대체품에 대한 입법 조치의 효과를 제한하는 데 도움이 된 한 가지 기술 혁신이 일어났다. 화학자들이 수소화水素化 반응을 발견한 것이다. 수소화는 마가린 생산자들이 동물성 지방을 식물성 기름으로 대체할 수 있게 한 화학공정이다. 수소화는 마가린 산업에 새로운 기회를 열어주었다. 저렴하고 열등한 기름을 가열해 금속 촉매에 노출시킴으로써 기본적으로 상온에서 오래 두어도 상하지 않는 고체나 반고체 물질을 인공적으로 만들 수 있다. 수소화는 처음에는 두 가지 식물성 제품 즉 '쇼트닝 shortening'과 마가린의 개발을 가능하게 했고, 나중에는 동물성 제품인 '라드 lard'와 버터를 대체할 수 있게 했다. 버터가 점점 비싸지고 상대적으로 부족해지면서 마가린은 소비자들에게 매력적인 대체품이 되었다. 수소화 기술은 마가린의 가격을 현저히 낮추고 마가린과 관련된 오명을 줄였으며 훌륭한 영양 공급원을 제공했다.[46]

수소화는 반마가린 세력에 타격을 입혔지만 또한 새로운 전선을 열었다. 마가린은 생산자들이 코코넛 기름을 사용했고 그 기름은 전량 필리핀에서 수입했기 때문에 하룻밤 사이에 '비미국산'이 되어버렸다. 필리핀이 미국의 보호령이었지만 낙농단체는 이 혁신을 외국산 '코코넛 암소'의 침략이라고 낙인찍었다.[47]

수입된 기름은 낙농단체에 새로운 정치적 공격 수단이 되었고 새로운 보호주의 조치를 촉구할 수 있게 했다. 소위 국내산 '지방脂肪 법'이라고 불리는 새로운 연방 및 주 마가린 입법이 쇄도했다. 이전에 마가린을 지지해 왔던 대부분의 남부 및 서부 주에서 이러한 엄격한 법이 제정되었다. 마가린 산업은 코코넛 기름을 사용했기 때문에 중요한 고객층을 잃었고, 따라서 그 우수성이 입증되었음에도 불구하고 이 재료를 포기해야만 했다. 그러나 이것은 마가린 제조자들을 결코 단념시키지 못했다. 그들은 곧 '아주 미국적인' 면실유와 콩기름을 이용해 마가린 산업을 발전시켰다.

이러한 전환을 통해 마가린 산업은 면화와 콩 농사를 활성화시키고 낙농단체의 도전을 무너뜨린 강력한 정치적 동맹을 확보했다. 면실유와 콩기름은 1942년 미국의 마가린에 사용된 총 기름의 4분의 3을 차지했으며, 면실유와 콩기름 총생산량의 12퍼센트 및 17퍼센트가 마가린 생산에 사용되었다.[48] 대부분의 주에서 마가린에 대한 반대가 줄어들기 시작했고 이는 낙농단체에 정치적 균형추를 제공했다. 낙농단체가 낙농업을 보호하기 위해 면화와 콩 농가를 차별하는 것은 더 이상 정치적으로 용인될 수 없는 일이었다. 낙농인들은 이미 평균적인 면화 농가나 콩 농가보다 평균 2~4배 많은 소득을 얻고 있었고, 마가린은 이들 농가에 소득을 향상시킬 수 있는 기회를 확대했다.

1933~1935년 사이에 15개 주가 '외국' 원료로 만든 마가린에 대한 차별적 과세를 도입했다. 예를 들어 앨라배마주는 땅콩, 면화씨, 옥수수, 콩기름, 가축의 올레오 기름, 돼지의 중성 라드, 또는 우유 지방과 같은 국내산 원료로 만들어진 것을 제외한 모든 올레오마가린에 10센트의 소비세를 부과했다.[49]

다른 주들도 앨라배마주를 따라 새로운 법률을 제정했다. 마가린 생산에 새로운 원료를 도입한 것은 마가린에 대한 도전의 전환점이 되었다. 새로운 입법은 비낙농업 지역인 남부 및 서부 주까지 확대되었고, 이는 마가린 생산을 제한하기 위해 낙농단체에 새로운 공격수단을 제공했다. 남부 주들은 '자기 주 내'의 기름 작물 산업을 보호하기를 원했지만 이것은 유제품 생산자들에게 마가린과 싸울 구실을 주었다. 자동적으로 마가린 입법은 주간州間 교역에 대항하는 강력한 보호주의 도구가 되었다. 흥미롭게도 전통적인 낙농단체들은 이제 여러 강력한 반대자들과 마주했다.

마가린에 대한 지속적인 차별은 이 법안에 위협을 느낀 단체들 특히 면화 재배 농가와 축산농가들 사이에서 불쾌한 감정과 복수심을 불러일으켰다. 예를 들어, 1935년 위스콘신주가 마가린 1파운드당 15센트의 세금을 부과하는 법을 통과시킨 직후 일부 면화 재배 남부 주들은 바로 이에 항의하고 보복하겠다고 위협했다.[50] 주지사와 농업위원들의 공개 시위와 보복 위협 외에도 중남부면화재배자협회, 미시시피식료품도매상협회, 테네시노동연맹 및 기타 기관들이 거세게 반발했다.[51]

마가린 산업계는 다른 동맹군들도 있었다. 아이오와주 식료품상인협회는 아이오와 농업국과 낙농 로비 단체에 대항해 논쟁을 벌였고, 그 결과 황색 마가린의 판매를 요구하는 법안이 나왔다. 이 법안 통과를 위한 캠페인의 일환으로 황색 마가린 샘플이 국회의원들과 주 공무원들에게 제공되었다. 반대자들은 상원에서 마가린이 인간의 건강에 유해하다면서 마가린이 남성들의 탈모를 유발하고, 인간의 성장을 저해하며, 성▩ 건강에 악영향을 미친다고 주장했다. 이 법안을 지지하는 오말리George O'Malley 상원의원은 수년 동안 이 제품을 사용해 왔다며, 노란색으로 만들기 위해 마가린과 첨가제를 혼합하는 관행을 중단하라고 요구했다. 그는 자신의 건강이 아주 훌륭하다고 강조하고, 상원의원들에게 그의 풍성한 백발을 자랑하며 키가 6피트 3인치(190.5cm)라고 말했다. 그는 또한 열 명의 자녀를 두고 있다고 말하면서 하원에서 마가린이 발기부전을 일으킨다는 주장을 잠재웠다. 다음날 상원은 그 법안을 통과시켜 마가린 판매를 가로막는 장벽을 제거했다.

마가린의 확산을 줄이기 위해 도입된 법률의 잔재는 아직도 일부 미국 주에서 찾아볼 수 있다. 예컨대, 미주리주에서는 1895년으로 거슬러 올라가는 모조 버터를 제한하는 법이 아직도 법전에 남아 있다. 비록 그 법이 시행되지는 않고 있지만 모조 버터를 유통하는 자는 1개월 징역과 100달러의 벌금, 그리고 상습범은 징역 6개월과 벌금 500달러에 처할 수 있다.

제2차 세계대전이 끝나기 전 마가린은 미국의 정치 현장으로 돌아왔다. 미국 영부인 엘리너 루즈벨트Eleanor Roosevelt는 농업경제학자 시어도어 슐츠Theodore Schultz의 주장을 지지하기 위한 것으로 보이는 마가린의 상업광고에 출연했다. 마가린 논쟁은 6년 동안 계속되어 4번의 주요 청문회로 이어졌으며 그 결과 50여 개의 다른 법안들이 폐지되었다.[52] 1947년 버터 가격의 폭등은 마가린에 큰 도움이 되었다. 1902년 마가린 금지법은 1949년 하원에서, 그리고 1950년 상원에서 폐지되어 마가린은 식품의약품법의 적용을 받는 정상적인 식품이 되었다.[53] 그 후 마가린은 식이 지방의 주요 공급원으로서 버터를 꾸준히 앞질렀다.

마가린과 버터가 혼합된 제품은 오늘날 널리 판매되고 있다. 그러나 버터와 마가린의 논쟁은 끝나지 않았다. 두 제품의 건강상 위험에 대한 주장과 반론은 계속 논의되고 있다. 그러나 보건 당국은 우려의 원인에 관계없이 안전을 증진시키기 위해 증거 기반 의사 결정 방식을 사용하고 있다.

이 접근법을 통해 규제 당국은 최신 안전정보를 사용해 특정 산업을 보호하는 대신 소비자를 얼마나 잘 보호할 수 있는지 결정할 수 있다. 예를 들어 2015년 식품의약청은 가공식품의 수명을 연장하는 데 사용되는 '트랜스' 지방을 3년 내에 단계적으로 폐지하는 새로운 조치를 발표했다. 이러한 노력은 1999년 식품의약청이 제조사들에 자사 제품의 트랜스 지방의 양을 발표하도록 요구하면서 시작되었다. 기업들은 가공식품에 부분적으로 수소화된 기름을 계속 사용하고 있었음에도 이 요구 사항은 2006년에야 발효되었다.

트랜스 지방은 여전히 크래커, 쿠키, 케이크, 냉동 파이 및 기타 구운 식품에서 찾아볼 수 있다. 스낵 식품(예: 전자레인지 팝콘), 냉동 피자, 식물성 쇼트닝, 막대형 마가린, 커피 크림, 냉장 반죽 제품(예: 비스킷 및 시나몬롤), 그리고 즉석 '휘핑크림'에서 찾아볼 수 있다. 트랜스 지방의 사용 금지 조치는 연간 7000건의 심장질환 사망과 연간 2만 건의 심장마비를 예방할 것으로 예상된다. 트랜스 지방의 위험성에 대한 증거로 인해 식품의약청은 트랜스 지방이 더 이상 '일반적으로 안전하다고 간주되는' 물질의 법적 범주에 속하지 않는다고 규정했다. 이 조치는 인공 또는 천연 공급원에 관계없이 모든 트랜스 지방에 적용된다.

## 7. 결론

마가린은 신기술을 축소하거나 소멸시키기 위해 입법 기구를 사용하는 기존 산업의 가장 좋은 예 중 하나이다. 낙농업계는 허위 광고, 제품 폄하, 기타 건강에 대한 공포 조장 등 마가린을 금지하기 위해 광범위한 전술을 사용했다. 그들의 의도는 그 제품에 대한 법적 제한에 대한 대중의 지지를 유지하는 것이었다. 마가린의 사례에서 얻은 몇 가지 교훈은 신기술에 대한 현대의 정책 논쟁과 관련이 있다.

마가린 사례 연구에서 얻은 첫 번째 주요 교훈은 저항이 어떻게 로비 활동의 증가로 이어지고 신제품의 거래를 제한하는 주요 수단으로 법률을 사용하는지에 대한 것이다. 신기술에 대한 압력단체의 부상은 혁신의 정치 지배 구조 환경을 변화시키는 중요한 특징이다. 낙농 로비 활동의 대부분은 표지 부착, 생산 분리 및 주간州間 교역 제한에 중점을 두었다. 전반적인 전략은 연방법 제정을 추진하기 전에 제한적인 주법을 통과시키는 것이었다. 최근 유기농 식품 옹호자들이 이끄는 유전자 변형 작물의 표지 부착에도 유사한 전략이 채택되었다. 마가린을 위한 시장 공간의 창출은 마가린 관련법의 폐지와 함께 이루어졌다는 점은 주목할 만하다.

두 번째 교훈은 어떻게 신기술에 대한 기술 무역 장벽이 여전히 전 세계적으로 미묘한 형태로 존재하고 있는가 하는 것이다. 기본적으로 그러한 제한은 신제품을 시장에서 배제시킴으로써 기존 산업을 보호하기 위한 것이다. 이러한 조치들 중 가장 중요한 것은 표지 부착에 대한 요건이다. 이러한 요구 사항은 흔히 소비자 건강이나 환경복지와 같은 공공의 이익을 보호하기 위한 방법으로 간주된다. 일반적으로 인간의 건강을 보호하고자 하는 표지부착 요건과 기존 산업을 보호하려는 근본적인 동기를 구별하기는 어렵다. 공중 보건 및 환경복지가 보호되고 있다는 것을 확실히 해야 할 필요성은 진정한 관심사다. 그러나 많은 경우 표지 부착을 지지하는 모든 사람들이 이러한 이유로 그것을 원하는 것은 아니다. 마가린의 경우에서 알 수 있듯이 일부 입법 규제 찬성론자들은 시장에서 해당 제품의 제거를 모색하는 데 분명히 관심이 있다. 그러나 제한을 요구하는 다른 사람들은 그들의 중심 목표만큼 급격한 결과를 얻지 못할 수도 있다. 대부분의 경우 업계에서 표지 부착을 꺼린 것은 사실 그 의도된 결과에 대한 명확성이 부족하기 때문일 수 있다.

세 번째 교훈은 신제품의 기술 기반에 대한 질문과 관련이 있다. 이것은 일반적으로 기본 특허에 대한 도덕적 우려를 제기함으로써 기술 플랫폼에 도전하는 데 사용된다. 반대론자들은 마가린 생산에 사용된 특허가 사악하고 공공질서에 위협이 된다고 주장했다. 많은 현대 논쟁에서 특허 행위는 지속적으로 상당한 논쟁의 원천이 되고 있다. 생명공학 산업의 중심축인 살아 있는 유기체에 대한 특허권의 경우 확실히 그렇다.

지적재산권에 대한 유사한 논쟁이 소프트웨어 분야에서도 격화되어 '오픈 소스 소프트웨어 운동open-source software movement'(일부 또는 모든 소프트웨어에 대해 오픈 소스 라이선스의 사용을 지원하는 운동 _옮긴이)의 계기가 되었다. 그러나 이 경우 문제는 발명의 도덕성보다는 포용성에 대한 관심이 더 많았다. 발명가에게 배타적 권리를 부여하는 도구로서 지적재산권의 특성을 고려할 때 특허 논쟁은 종종 기술적 배제에 대한 우려를 나타낸다. 지적재산권은 소유주에게 새로운 사업이나 사업 모델을 통해 혜택의 흐름을 변경할 수 있는 능력을 부여한다. 이런 점에서 지적재산권과 관련된 사회적 불안은 대개 정당한 것이다. 그러나 지적재산권 보호를 제한하려는 것은 기술적 포용을 촉진하는 최선의 방법이 아닐 수도 있다.

네 번째 교훈은 기술 논쟁에서 공교육의 이중적 역할과 관련이 있다. 첫 번째 사례에서 낙농업계는 대중에게 다가가기 위해 허위 광고를 포함한 광범위한 도구를 사용했다. 그것은 마가린의 잠재적인 위험성을 보여주려고 했다. 일부 정보는 마가린에 대한 부정적인 견해를 보여주기 위해 고안된 연구에서 파생되었다. 정책 입안자들은 특정한 정치적 목적을 달성하기 위해 고안된 연구에 기초해 정책결정 과정에서 여론과 로비에 의해 쉽게 영향을 받을 수 있다.

반면에, 마가린 옹호자들은 공교육과 광고를 통해 부정적인 정보에 대응하려 했다. 대중과 소통하고 메시지를 형성하는 능력은 토론의 중요한 측면이 되었다. 이러한 의사소통은 종종 경제 문제에 대한 대중의 정서를 이용해 정부의 최고위층으로까지 확대될 수 있다. 마가린을 저가 식품으로 묘사하는 것은 정치적 호소력을 강화하는 데 도움이 되었다. 양측을 지지하는 메시지는 여러 형태를 취했는데 가장 흥미로운 것은 대중의 상상력을 사로잡기 위한 만화의 사용이다. 이 토론에서 정책 입안자들에게 주는 중요한 메시지는 공공 언론에 대한 감시의 중요성이었다. 오늘날 정책 입안자들은 미디어의 다양성과 특정 입장을 공유하고 옹호하는 다양한 지식 공동체의 존재 때문에 훨씬 더 어려운 과제를 안고 있다.

이 토론에서 얻은 다섯 번째 중요한 교훈은 기술 혁신과 제도적 변화 사이의 공진화이다. 낙농업을 위한 압력단체의 창설은 마가린보다 앞서 있었다. 그러나 마가린이 시장에 진입하면서 낙농단체들의 의제와 대중의 태도가 형성되었다. 기존 조직들은 종종 새로운 기술 발전에 비추어 그 임무를 재조정한다. 반면 마가린 산업은 주와 국가 차원에서 자체적인 지원 메커니즘을 만들어야 했다. 이러한 조직들은 공교육과 로비를 통해 신생 부문을 옹호하는 장소가 되었다. 낙농업과 마가린 산업 간의 갈등은 이들 조직의 임무를 통해 표출되었다.

토론에서 얻은 마지막 정책적 교훈은 과학적 불확실성이다. 정책 입안자들은 새로운 정보에 비추어 조정이 가능한 규제 메커니즘을 만들 필요가 있다. 한동안 일부 소비자들은 마가린이 버터보다 건강에 더 좋다고 믿었다. 그러나 트랜스 지방의 건강 영향에 대한 새로운 정보가 등장함에 따라 규제 당국은 그들의 안전성 평가방법을 조정했다. 규제 당국이 과학적 불확실성을 다루는 방식은 공공기관의 신뢰의 중요한 측면이다. 버터와 마가린 사이의 논쟁은 여전히 남아 있지만 식품안전의 초점은 전체 제품이 아닌 트랜스 지방과 같은 특정 관심 성분으로 옮겨졌다.

# 제5장 트랙터 혁신 영농 기계화

*아무 위험도 감수하지 않으면 모든 위험을 감수해야 한다.*

_ 지나 데이비스

앞 장에서 살펴보았듯이 마가린을 둘러싼 갈등은 시장에서 마가린 생산을 축소시키거나 제거하려는 노력으로 나타났다. 부정적인 캠페인의 대부분은 특정 제품을 분리하고 소비자가 그 제품을 식별하고 거부할 수 있도록 돕는 독특한 정체성을 부여하는 데 초점을 맞췄다. 트랙터의 도입을 통한 미국 농업의 기계화는 다른 형태를 취했다. 이 장에서는 기존 축력의 원천들이 새로운 기계화 혁명과 공존할 길을 찾기 위해 어떻게 노력했는지 보여준다.

미국 농촌의 기계화 이야기는 진정한 의미에서 변혁적이었다. 미국 인구의 거의 절반이 20세기 초 농촌지역에 살았다. 미국의 농촌은 미국 노동력의 절반 정도를 고용하고 거의 2200만 마리의 사역동물을 보유한 다양한 소규모 농장이 주류를 이루었다. 오늘날 미국의 농업 부문은 인구밀도가 낮은 농촌지역에 집중되어 있다. "대규모로 전문화되고 …… 매우 생산적이며 기계화된 농장은 미국 근로자들 중 극히 일부만을 고용하고 있으며 지난 시대의 말과 노새 대신 500만 대의 트랙터를 사용한다."[1]

앨런 옴스테드Alan L. Olmstead와 폴 로드Paul W. Rhode의 고전적 연구에 따르면 이러한 변혁은 "고착된 방법의 옹호자들이 대중의 정서에 호소하고 창조적 파괴 과정을 저지하기 위해 법적·정치적 제도를 포획하려 했다는 점에서 이는 거대한 슘페터적 대결이었다".[2] 그러나 그들은 시대에 역행하고 있음을 감지하고 타협과 공존을 추구했다. 이 장은 두 힘의 원천인 두 주인공이 자신들의 입장을 어떻게 옹호했는지를 고찰한다. 본질적으로 개선 잠재력이 큰 신기술은 생물학적 능력의 한계에 도달한 기존 농장 축력의 원천에 맞서 경쟁했다. 초기에는 말과 트랙터가 서로 다른 기능을 수행했기 때문에 둘 사이의 경쟁은 상당한 불확실성으로 특징지어졌다. 이는 신기술을 배제하기보다는 공존에 초점을 맞춘 논쟁으로 이어졌다. 기술 개선, 공학기술 및 트랙터 기능의 다양화는 결국 말을 불필요하게 만들었다.

## 1. 농장기계화의 배경

미국의 농장기계화, 특히 트랙터의 도입은 정확히 말하자면 슘페터가 철도가 교통에 미친 영향에 대한 특징을 묘사한 것과 유사한 방식의 진정한 변혁이었다. 기계화 이전에는 소규모 농장을 가진 대부분의 농민들이 상업적으로 농사를 지을 만한 자본과 자원이 없었기 때문에 농업은 주로 생계를 위한 것이었다. 남북전쟁 이전 농민들은 전형적으로 소와 당나귀가 끄는 쟁기나 도끼와 같은 기본적인 도구를 사용했다. 말이 끄는 바퀴 달린 갈퀴와 같은 간단한 농법에도 새로운 영농기술의 도입은 더디었다.[3] 인간 노동은 농업에너지의 주요 원천이었기 때문에 가계 경제의 유형에 맞게 기술이 만들어졌다. 일반적으로 사용되었던 도구 중 하나는 주철 쟁기였다. 쟁기는 말이나 당나귀가 끄는 금속과 목재의 혼합체였다. 초기의 낙후된 모델에 비해 훨씬 개선된 것이었지만 나무로 만든 발토판發土版 은 일부 두터운 토양으로 인해 약해지고 부서지는 경우가 많았다. 주철 쟁기로 농민 한 사람이 하루에 대략

1에이커(약 0.4헥타르)의 땅을 갈 수 있었다.[4] 게다가 주로 대초원 지대의 빽빽한 토양을 깎아내기 위한 대초원 파쇄기라는 쟁기가 인기를 끌었다. 다른 쟁기에 비해 무거운 이 대초원 파쇄기는 단단한 토양을 뚫고 나갈 수 있었지만 격렬한 육체적 노력을 필요로 했으며, 생산성 증가는 하루 2에이커에 불과했다.

힘든 쟁기질, 경작 및 식재 기술의 효율성을 높이기 위해 여러 혁신가들이 대체 도구를 개발하기 시작했다. 1837년 존 디어 John Deere 는 일리노이의 또 다른 대장장이 존 레인 John Lane 의 공작품을 발전시켜 고도로 세련된 연철 발토판과 강철 보습을 활용해 쟁기를 만들었다. 강철 쟁기는 더 강했고 더 다양한 토양을 갈아엎을 수 있었다. 디어의 강철 쟁기는 초기에는 그 채택 속도가 느렸으며, 농민들이 이 새로운 도구를 대량으로 구입하기 시작한 것은 1850년대 후반이 되어서였다. 강철은 비쌌기 때문에 전형적으로 보다 부유한 농민들만이 디어 쟁기를 살 수 있었다. 디어의 강철 쟁기가 중서부의 많은 지역에 보급된 것은 남북전쟁 무렵이었다. 1957년까지 디어는 연간 1만 개의 쟁기를 생산하고 있었다.[5]

농업의 생산성을 높이고 농장 축력의 사용을 도입한 농업 혁신가는 디어뿐만이 아니었다. 사이러스 맥코믹 Cyrus McComick 의 '수확기 reaper'와 같은 추가적인 농기구의 개발로 농민들은 하루에 12에이커 이상의 면적에서 곡식을 수확할 수 있었다. 그러나 수확기와 같은 혁신은 대부분 미국 중서부 지역에 적합했으며 비非곡물 재배 농가에게는 거의 쓸모가 없었다. 대부분의 경우 이 기간 동안 농기구의 발전은 지역적으로 독점적이었고, 농민들은 농기구 개발에 따른 혜택을 거의 받지 못했다.

남북전쟁의 발발과 그에 따른 정치·사회적 격변으로 미국의 농업은 상당한 변화를 겪었다. 남북전쟁은 '육체노동'에서 '동물 노동'으로 전환하는 제1차 농업혁명을 촉발시켰다.[6] 농산물에 대한 수요 급증과 징집으로 인한 노동력 부족으로 농민들은 생산성을 높일 수 있는 방안을 강구하지 않을 수 없었다. 디어의 강철 쟁기와 맥코믹의 수확기는 가축 사용을 촉진했고 농민들이 짧은 시간에 더 많은 생산을 할 수 있게 했다.

전쟁 기간 중 곡물, 옥수수 및 기타 농산물의 가격은 치솟았고, 기술의 발전은 북부 농민들이 국가의 수요를 충족시키는 데 도움을 주었다. 전쟁이 끝날 무렵 남부의 경제는 황폐해졌고 북부는 다각화된 농작물 시스템을 최적화했다. 여러 가지 면에서 전쟁과 그에 따른 노예 노동력의 손실은 혁신적인 농법과 농장기계화를 촉진시켰다.

19세기 후반부터 20세기 초반까지 종종 농업에서 주목할 만한 변화를 가져왔지만 이는 혁명이라기보다는 공진화의 시기로 간주된다. 새로운 발전을 이끌어낸 것은 남북전쟁 시기였지만 전후 수년간은 기술 진보가 느린 속도로 진행되었다. 남북전쟁 이후 주목할 만한 발전 중 하나는 증기 엔진이었다. 증기 엔진은 생산력을 향상시키고 일부 농민들의 작업 부담을 완화시켜주었지만 흔하지 않았다. 성수기에 이르렀을 때에도 대부분의 농민들은 그것을 살 형편이 못 되었다. 증기 엔진의 경우 그 새로운 기술은 전통적인 농법보다 편리하지 않았다.

증기 엔진의 주요 의의는 사회가 농장기계화를 수용하는 조건을 촉진한 방식이라는 데 있다. 증기 엔진은 농업의 상업화를 가능하게 하는 데 도움을 주었고 "농민들을 기계와 기업의 세계로 유도했다".[7] 증기 엔진은 또한 휘발유 트랙터를 위한 길을 열었다. 증기 엔진의 생산과 채택은 비록 미미했지만 미래의 기술과 공학 발전을 고무시키는 데 도움을 주었다.

## 2. 신기술의 활용

발명가 존 프뢸리히John Froelich는 1892년 최초의 휘발유 트랙터를 만들었다. 새로운 세기의 첫 10년 동안 많은 회사들이 자사의 트랙터 버전을 홍보하기 위해 등장했다. 경쟁은 더 큰 혁신을 촉진했다. 1906년까지 11개의 주요 회사가 트랙터를 생산하고 있었다. 하트파Hart-Parr는 세기가 바뀌면서 상업용 트랙터 생산을 위한 주요 발걸음을 내디딘 최초의 회사였다. 그 뒤를 이어 인터내셔널 하베스터International Harvester는 휘발유 트랙터 시장이 수익성이 높다는 사실을 인식했고 1911년 미국의 주요 트랙터 생산자가 되었다.

트랙터 제조업체의 수는 증가했지만 트랙터를 구입한 농민의 비율은 여전히 낮았다. 판매된 트랙터 수는 농장 수의 극히 일부에 지나지 않았다. 제조업체들은 축력에 의존하고 있었던 주류 농민들이 트랙터를 구매하도록 부추기지 않았다. 트랙터 시장은 곧 포화되었고 20세기 초의 트랙터 산업의 호황은 끝이 났다.

휘발유 트랙터가 말보다 우월했음에도 그 사용이 빠르게 증가하지 않았다는 점은 주목할 만하다. 당시 미국 서부지역에는 미개척의 대초원이 광활하게 펼쳐져 있었고 개척에 필요한 충분한 수의 말이 없었다. 그러나 기업들은 트랙터를 수익성이 좋은 투자 대상으로 생각하지 않았다. 트랙터는 말만큼 원활하게 작동하지 않았으며, 유지보수비는 종종 구매 가격보다 더 비쌌고, 그 크기와 무게로 인해 소규모 농장에서는 실용적이지 못했다. 일각에서는 제조회사들의 트랙터 출시가 시기상조라고 생각했다.

휘발유 트랙터의 도입에 불안감을 느꼈던 사람들이 많았지만 한편에서는 이에 고무된 언론사들도 있었다. 유력 기자들과 신문사들은 트랙터 개발을 지지하고 트랙터의 대중화를 위해 더 많은 기술 개발을 촉구했다. 언론은 휘발유 트랙터를 농업과 경제 전반에 걸쳐 하나의 자산으로 보았다. 기자들은 트랙터를 필연적인 농장기계화의 다음 단계로 보고 일반 대중들이 기술 개발의 이점을 인식하도록 촉구했다.

트랙터 붐이 일어난 이후 몇 년 동안 언론의 긍정적인 보도는 새로운 휘발유 트랙터의 디자인과 버전을 자극하는 데 도움을 주었다. 주로 인터내셔널 하베스터와 같은 회사들은 더 작고, 더 가볍고, 더 저렴한 기계를 생산하기를 원했다. 제1차 세계대전 몇 년 전부터 전쟁 기간 동안 기업들은 더 작고 효율적인 트랙터를 개발했다. 전쟁으로 인해 지속되는 노동력과 가축의 손실로 트랙터는 대량 생산의 첫 단계에 진입했다.

트랙터 사용에 대한 일부 최종 장애 요인들은 트랙터가 더 안정적이고 다재다능해지면서 해소되었지만, 회사의 부정행위는 소비자들의 신뢰를 회복할 수 없을 정도로 훼손할 조짐을 보였다. 1917년에 이르러 휘발유 트랙터는 상당히 개선되어 크고 번거로운 기계에서 보다 다루기 편리하게 바뀌었다. 트랙터 수는 1925년과 1928년 사이 54만 9000대에서 78만 2000대로 증가했으며, 1932년 무렵 농장에 100만 대 이상의 트랙터가 있었다.[8] 트랙터 생산이 상당히 급증했음에도 농민들은 트랙터 구입비용과 편익을 계속 저울질했다. 1925년 호황기 이전에는 트랙터 산업에 대한 불신이 고조되었다. 전쟁 기간 동안 트랙터 회사들은 결함이 있는 트랙터를 홍보하고 판매함으로써 농민들을 이용했다.

19세기 중엽 농업은 혼란스러워졌다. 물가가 폭락하고 수요가 감소했으며, 수많은 소규모 영세 제조회사들이 파산했다. "1920년까지 표준화된 모델의 부족, 트랙터 회사들의 부정행위, 그 결과 대리점과 수리공의 증발, 농업경기 침체, 그리고 헨리 포드의 저가 포드 트랙터 Fordson 10만 대 덤핑 사건은 트랙터 산업이 그동안 쌓아왔던 신뢰도를 엄청나게 떨어뜨렸다."[9] 휘발유 트랙터는 1892년 처음 출시된 이후로 성공과 실패의 시기를 맞았다. 트랙터 회사들은 일반 농민들의 요구를 충족시키려 계속 노력했지만 종종 불안감에 휩싸였다.

## 3. 토론의 힘

보다 다양한 기능을 가진 트랙터의 도입은 축력과의 충돌 과정을 거치면서 기계화를 촉진했다. 1924년 인터내셔널 하베스터는 "최초로 다목적이며, 신뢰성이 높은 잘 설계된 트랙터" 팜올Farmall 을 출시했다.[10] 팜올은 쟁기질만할 수 있는 것이 아니라 재배와 식재 작업에도 농민들에게 도움을 주었다. 말의 다재다능한 기능이 새로운 트랙터 설계에 점진적이지만 종합적으로 반영되고 있었다. 진화를 통해 구축된 생물학적 다양성은 엔지니어와 혁신가를 통해 기술적 다양성으로 구현된다.

팜올의 도입은 새로운 트랙터 디자인의 점진적인 도입 과정의 일환이었다. "더불The Bull(1913년)은 최초의 작고 민첩한 트랙터였고, 인기 많았던 헨리포드의 포드슨Fordson(1917년)은 최초의 대량 생산품이었으며, 혁명적인 맥코믹-디어링 팜올McComick-Deering Farmall(1924년)은 '줄뿌림 작물row crop'을 재배할 수 있는 최초의 범용 트랙터였다. 팜올은 동력 인출 장치를 통합한 최초의 트랙터 중 하나였으며, 이를 통해 견인 중인 기계에 직접 동력을 전달할수 있었다."[11] 이 특수한 트랙터의 기술적 다양성, 공학 기술, 그리고 내부 개량은 수익의 극대화는 물론 트랙터의 빠른 채택을 촉진하는 데 중요한 역할을 했다. 따라서 트랙터의 채택은 농업 부문의 공진화적 변화의 결과였다.[12]

팜올이 도입된 시기는 트랙터 지지자와 말 옹호자 간의 큰 논쟁이 시작된 해였다. 양측은 서로 다른 사회경제적 세계관을 대표하는 관점에서 논쟁을 벌였다. 기술낙관주의에 휩싸인 트랙터 옹호자들은 말의 대대적인 교체를 장려하는 주장을 폈다. 그러나 말 옹호자들은 다른 접근법을 취했다. 그들을 대표한 사람은 미국마사협회Horse Association of America: HAA 사무총장 웨인 딘스모어Wayne Dinsmore였다. 그는 "농장 운영의 복잡성, 신뢰할 수 있는 비교 정보의 부족, 그리고 많은 기술자들 사이에서 말의 인기"에 호소했다.[13] HAA는 사역 동물이 트랙터보다 우월하다는 것을 알리는 전단지를 발행했다. 예를 들어, 한 전단지는 "노새는 지금까지 만들어진 오작동을 하지 않는 근원적으로 안전한 유일한 트랙터"라고 주장했다.[14]

HAA는 회원들의 트랙터 채택을 저지하기 위해 '미끄러운 비탈길' 논증을 이용했다. HAA의 한 뉴스레터는 "우리는 모든 트랙터가 불량하고, 특히 일부 트랙터는 다른 트랙터보다 더 불량하다고 믿는다. 실제 경제적 측면에서 볼 때 말을 처분하고 트랙터로 모든 농장일을 하려는 농민들은 결국 어려움에 봉착할 것이다. 결과적으로 단지 트랙터 판매자를 위해서 일하고 있는 것이나 다름없다고 우리는 믿는다. 왜냐하면 농민들은 트랙터 값을 지불하기 위한 충분한 밀이나 다른 농산물을 생산하자마자 또 다른 트랙터 구입이 필요하게 될 것이기 때문이다"라고 주장했다.[15] 실제로 새로운 트랙터가 빠른 속도로 개발되고 있음을 감안할 때 이 주장에는 일부 진실된 면이 있었다.

1920년대 초반까지 트랙터는 일리노이, 인디애나, 오하이오 등에서 쟁기질의 거의 85퍼센트를 차지했다. 그러나 트랙터는 아직 많은 다른 농장 일을 수행할 수 없었다. 1921년 일리노이주의 한 농업 회보는 트랙터의 몰락을 강조하면서 트랙터가 기타 작업 중에서 "건초 베기, 옥수수 심기 및 껍질 벗기기, 거름주기, 탈곡, 운반, 갈퀴질, 흩트려 말리기tedding, 건초 쌓기, 옥수수 이삭줍기 등의 작업"을 감당할 수 없다고 주장했다.[16]

HAA는 1919년 미국의 초기 저명한 로비 단체의 하나로 설립되었다. 그 임무는 "말과 노새의 번식·사육·사용을 돕고 장려하는 것"이었다.[17] 보다 광범위하게는 "가축 거래상, 안장 제조업자, 편자공, 마차 제조업자, 건초·곡물 거래상, 가축 운송업자, 농민, 사육업자 및 말과 노새에 대한 재정적·정서적

관심을 가진 기타 이익집단의 목적을 옹호하기 위해" 설립되었다.[18]

1900년대 초 말은 농장에서 우위를 차지했고 말 경제 산업을 촉진시켰다. 미국 농경지의 4분의 1은 농장에서 일하는 가축의 사료를 재배하는 데 사용되었다.[19] 말은 농장을 넘어 확장된 경제시스템의 일부였다. 사역동물은 대략 "미국 내 귀리 수확량의 68퍼센트, 건초 수확량의 45퍼센트, 호밀 수확량의 25퍼센트, 그리고 옥수수 수확량의 24퍼센트를 소비했다. 사역동물이 사라지면, 수의사, 마구 제작자, 편자공 그리고 광대한 지원 네트워크의 다른 부분들도 영향을 받는다. 만일 트랙터가 독보적으로 확산되어 간다면 전통, 직업, 심지어 지식에 대한 거대한 복합 영역이 쇠퇴하고 사라진다는 것을 의미한다".[20] 전형적인 슘페터적 관점에서 본다면, "오래된 것은 새로운 것으로 대체될 것이다. …… 그러나 말 옹호자들에게 석유 기반 농업시스템을 지원하는 새로운 구조는 덜 인간적일 것이며, 특히 그 혜택은 지역 수준에서 훨씬 적은 수의 사람들에게만 돌아갈 것이다".[21]

따라서 HAA는 트랙터의 채택을 지연시키기 위한 투쟁을 벌이고 있었을 뿐만 아니라 삶의 방식을 보존하기 위한 도덕적 명분을 옹호하고 있었다. 트랙터를 도입하면 농민들이 전문지식, 예비부품, 연료 그리고 이전에 농장에서 사용 가능했던 기타 투입물을 도시 공급에 의존하게 될 것이라는 심각한 우려가 있었다. 말은 스스로 번식할 수 있었던 반면 트랙터는 감가상각 되었다. 이것은 트랙터 기술에 대항하는 강력한 논점이었다.[22]

트랙터 산업의 위협이 명백해진 1919년 '시카고 팜파워 컨퍼런스The 1919 Farm Power Conference in Chicago'에서 전국 단위 로비 단체의 설립목표가 강화되었다.[23] HAA 회장 프레드 윌리엄스Fred M. Williams는 트랙터 기술에 대해 경종을 울리면서 "이 나라에서 자동차 운송의 사치스러운 사용은 건전함의 수준을 훨씬 넘어섰으며 이 불필요한 낭비를 줄이기 위한 조치가 취해지지 않는 한 궁극적으로 국가의 미래 복지에 재앙이 될 수밖에 없다"고 말했다.[24]

처음부터 HAA는 반격에 직면했다. 《칠턴 트랙터 저널 Chilton Tractor Journal》은 창간 직후 "반트랙터 선전을 위한 전국적인 캠페인에도 불구하고 …… 트랙터 사업의 상승세를 조금도 막을 수 없을 것"이라고 지적했다.[25] 이 저널은 "말과 노새, 건초 및 마구를 거래하는 사람들에게 트랙터 사업이 아직 초창기이고 기회가 많을 때 이 사업에 뛰어들 것"을 촉구했다.[26]

말 산업 관련자들의 경제적 이익을 대표해 HAA는 미국경제에서 말을 보존하기 위해 광범위한 풀뿌리 캠페인을 조직했다. 다른 단체와 달리 HAA는 자동차와 트랙터를 완전히 포기할 것을 요구하지 않고 오히려 말과 기술의 건강하고 공정한 공존을 모색했다.

HAA는 공존을 촉구하기 위해 다양한 주장을 내놓았는데, 트랙터 옹호자들은 이 주장을 신기술 채택을 지연시키기 위한 전술로 보았다. HAA는 "트럭이나 트랙터는 닳아 없어지기 때문에 농민들에게 대신 말과 노새를 이용하도록 강요한" 미국 농무부의 '무능함'을 개탄했다.[27] 미국 농무부의 조치는 사역동물 시장을 보장하고, 트랙터의 기계적인 고장에 대해 보험과 같은 대책을 제공했어야 했다. 그러나 농무부의 조치는 트랙터가 개발 초기 단계에 있었고, 따라서 트랙터는 말보다 개선 가능성이 더 컸다는 사실을 무시한 처사였다.

그러나 트랙터가 근절되기를 바라는 더 급진적인 목소리가 나왔다. 예를 들어 텍사스의 한 의사는 프랭클린 루즈벨트 대통령에게 모든 트랙터와 트럭을 파괴할 것을 요구하는 편지를 보냈다. 네브래스카의 한 농민은 불황의 해결책은 트랙터 제조를 폐지하는 것이라고 주장했다. 오하이오의 또 다른 농민은 트랙터에 대해 징벌적 세금을 부과해 사람들이 트랙터 구매를 포기하도록 제안했다.[28]

그러나 HAA는 다소 침착한 자세로 이 문제에 대응하면서 말이 이미 트랙터가 할 것으로 예상했던 일을 하고 있기 때문에 말을 교체할 필요가 없다고 주장했다. 또한 마사협회는 트랙터의 동력은 엔진에 고정되어 있어 유연성이 부족해 농민들은 수행 중인 작업 규모에 맞게 동력의 크기를 조정할 수 없다고 주장했다. 한편 말은 모듈화modular 되어 있어 필요에 따라 그 수를 증감할 수 있었고, 성능이 떨어지는 말은 쉽게 교체할 수 있었다.

말은 잘 검증된 반면 트랙터는 신뢰할 수 없고 농민들이 쉽게 감당할 수 없는 유지보수를 필요로 했다. 이러한 수리 및 유지보수 능력의 부족은 말에 대한 더 큰 지지로 이어졌다. 한 농민은 "트랙터를 사용해 보았지만…… 진흙 구덩이에서 기계 동력을 끌어내는 데 시간을 10배나 더 허비했다"고 말했다.[29] HAA는 또한 말이 운송 트럭으로 교체되지 않도록 사업주들을 설득하기 위해 단거리의 무거운 짐을 운송하는 데 말이 더 적합하다는 것을 보여주는 연구와 실험자금을 지원했다. 반면, 트랙터 지지자들은 말이 단시간 무거운 짐을 운반하는 데 더 적합할 수 있을지 모르나 트랙터는 말보다 더 오랜 시간 더 빠른 속도로 작업할 수 있다고 주장했다.[30]

미국마사협회HAA 는 사역동물이 쓸모없어지고 있다는 인식에 대응해 말에 유리한 여론을 형성하기 위한 캠페인을 벌였다. HAA는 단편영화 시리즈, 라디오 방송, 직접 우편물, 영화 광고 및 사무총장의 전국순회 강연과 같은 수단을 사용해 세 방향에서 로비 운동에 접근했고, 군대, 도시 및 농촌 환경에서 말의 장점을 다루었다.

군 당국도 말의 수와 훈련된 기병의 감소에 대해 우려했다. 존 퍼싱John Pershing 장군과 조지 패튼George Patton 소장 모두 기병대를 유지할 필요성을 주장했다. 1930년 패튼은 장갑차가 결코 말을 대체할 수 없을 것이라고 강력하게 주장했다.[31] HAA는 군지도자들의 목소리를 바탕으로 말의 감소를 국가안보상의 위협으로 규정하면서 현대전에서 수송, 포병 및 정찰을 위해 사역동물의 필요성을 주장했다.[32]

도시지역의 경우 HAA는 말의 사용을 둘러싼 경제적·법적 문제에 초점을 맞췄다. HAA는 지방정부와 주정부 관리들이 제시한 말반대법 제정에 반대했다. 예컨대, 자동차, 말 그리고 전차가 모두 도로에서 공간을 놓고 다투는 이른바 '거리의 전투'가 발생하는 경우이다. HAA는 자동차의 주차 제한을 하기 위해 투쟁하는 대신 도심에서 말의 자유로운 이동을 금지하는 어떤 조치도 단호히 반대했다. 자동차 업계는 말이 도시 거리의 교통정체 주요 원인이라고 주장한 반면 HAA는 주차된 자동차가 혼잡의 주요 원인이라고 주장했다. 결국 해결책은 도심에서 말을 없애는 것이 아니라 특정 지역에 주차하는 것을 금지해 차선을 자유롭게 하는 것이었다.

자동차 주차 제한을 시행한 피츠버그, 보스턴 및 로스앤젤레스에서 HAA는 성공을 거두었다.[33] HAA는 또한 자동차 사용 증가에 따른 환경과 건강상의 위험을 입증하는 자료를 발간했다. 과학적 연구에 기초해 말 분뇨가 자동차 배출량과 비교할 때 환경과 인간의 건강에 거의 위협이 되지 않는다고 주장했다. 이와 같은 연구 결과를 대대적으로 발표하는 동시에 전국적인 순회 강연을 실시함으로써 HAA 대표자들은 미국 대중들에게 성공적으로 정보를 전파했다.

농업에서 말의 역할을 홍보하기 위해 HAA는 농민, 사육업자, 은행가 및 연구원을 대상으로 삼았다. HAA는 트랙터 사용 증가와 과잉생산의 현실 사이의 관계에 초점을 맞췄다. 만약 농민들이 아직 트랙터를 소유하지 않았다면 말을 계속 사용하는 것이 농민들에게는 최선의 재정적 이익이라고 주장했다. HAA는 사육사들이 말을 계속 증식하고 트랙터와 경쟁할 수 있도록 더 큰 말을 사육하도록 권장했다. 실제로 말 한 마리의 평균 체중은 1917년부터 1943년 사이 1203파운드에서 1304파운드로 증가했다. HAA는 개별 또는 팀 단위의 말의 성능을 극대화하기 위해 더 많은 연구를 추진했다. 심지어 학술 연구에 영향을 미칠 수 있도록 미국농업기술자협회 American Society for Agricultural Engineers 에 동물자동차위원회 Animal Motors Committee 를 설치하기도 했다. 마지막으로 트랙터에 비한 말의 비효율성에 대한 비판에 대응하기 위해 HAA는 농민들에게 말을 더 잘 돌볼 수 있는 방법을 가르치는 철저한 교육 패키지와 강좌를 많이 마련했다.

1921년 노스다코타주 파고Fargo에서 열린 홍보대회에서 전국차량기구협회National Implement and Vehicle Association의 트랙터 본부가 경진대회를 개최했다. 말과 트랙터는 10에이커의 묘상苗床을 마련하기 위한 경쟁을 벌여 그 속도와 품질로 평가되었다.[34] HAA는 결과에 대한 불확실성 때문에 일부 참여를 거부했다. 말은 좋은 성적을 내지 못한 채 대회가 끝났다. 그해 6월 파고에서는 기온이 화씨 100도(섭씨 37.8도)까지 올라갔고 대회 결과 말 다섯 마리가 죽었다.[35]

각 진영은 기회 있을 때 마다 상대의 약점을 부각시켰지만 이러한 경쟁은 결국 양 진영 모두 자신들의 약점을 개선하는 계기가 되었다. HAA는 트랙터와 관련된 기계적 문제를 지적했고 이것은 후에 더 많은 공학 작업에 영감을 주었다. 트랙터 로비 단체는 말의 한계를 과장시키기 위해 말들 사이에서 발생하는 질병을 이용했다. 예를 들어 1980년대 후반 말들 사이에서 수면병(뇌척수염)이 발생하자 트랙터 옹호자들은 최대 40퍼센트의 말이 죽었다는 거짓 주장을 폈다. HAA는 직접 우편물, 라디오 및 보도 자료로 그 주장에 대응했고, 그것은 회원들이 동물 보호와 영양에 더 많은 관심을 기울이도록 권장하는 계기가 되었다.[36]

HAA는 소위 토지출연대학Land-Grant University: LGU(미국 연방 토지를 각 주에 출연해 각 주가 이 토지를 기반으로 설립한 미국의 고등교육기관 _옮긴이)이 가족농장에서 말의 편익을 연구하는 데 자원과 노력을 할당하도록 압력을 가했다.[37] 20세기 초 대부분의 미국 농민들은 트랙터를 소유하지 않았기 때문에 HAA는 농업연구소가 말에 대한 연구를 관리해야 한다고 생각했다. 한동안 HAA는 토지출연대학LGU의 농업연구소의 일부 연구과제들을 성공적으로 좌

지우지했다.

자동차 및 트랙터 산업의 이익단체들은 처음에는 HAA의 활동에 냉소와 자만심으로 반응했다. 저명한 트랙터 관련 잡지들은 HAA의 캠페인을 곧 소멸될 일시적이고 후진적인 사고 운동에 비유했다. 경제적 측면에서 말의 위상을 유지하려는 어떤 조직도 그들의 입장에서 보면 애초부터 소멸하게 되어 있었다.

1945년에 이르러 HAA조차 패배를 인정하고 있었다. HAA의 출판물은 사례연구에서 말의 레크리에이션 사용에 관한 기사들로 서서히 옮겨갔다. 내연기관은 결국 보편적인 적용성과 강력한 지원제도의 출현으로 말과의 경쟁에서 승리했다. 그러나 HAA가 미국 경제에서 말의 위상을 보호하지 못한 것은 어떤 경쟁적 로비 단체의 움직임의 결과도 아니었다. 도시, 농장 및 군대에서 기술과 공학의 발전이 진전되면서 동물 노동의 필요성이 감소되었다는 인식이 있었기 때문이었다. 이들 부문에서 말의 수가 줄어들면서 더 많은 미국인들이 레크리에이션을 위해 말을 사용하기 시작했다.[38] 전술한 바와 같이 HAA는 말에 대한 기득권을 가진 사람들을 대신해 감동적 대중 옹호 캠페인을 전개했다. 비록 그 목표가 실현되지는 않았지만 HAA의 활동은 운동가들이 어떻게 기존 산업이나 기술을 대신해 지지를 이끌어내는지를 보여주는 하나의 사례다.

HAA의 경험과 유사한 사례로 캘리포니아 농업행동사업단California Agrarian Action Project: CAAP과 캘리포니아대학교 평의회The Regents of the University of California 간의 소송사건이 있다. 1979년 캘리포니아 1심법원에 제출된 이 소송은 수십 년 전 HAA의 사례와 동일한 특성을 많이 보여준다. 이 소송은 그 목적에서는 비슷하지만 전술의 사용에서는 다르다. HAA는 옹호운동과 풀뿌리 운동을 벌였고 풀뿌리 운동에서 각 개인들은 그들의 목표를 달성하기 위해 사법제도를 이용했다. 미국에서 정책적 우위를 달성하기 위한 수단으로서 사법제도 외부에서의 로비 활동에서 법원을 직접 활용하는 로비 활동으로의 전환은 반대운동의 성패와 일반적인 법원의 역할에 대해 중요한 문제를 제기한다.

캘리포니아 농촌법률지원단The California Rural Legal Assistance: CRLA은 19명의 개별 농민들과 비영리 단체인 CAAP를 대표해 캘리포니아대학교를 상대로 소송을 제기했다. CRLA는 이 학교의 농업연구 프로그램이 소규모 농민들에게 피해를 입혔으며 대학이 '해치법Hatch Act'(미국 연방법으로 1887년 처음으로 제정되어 미국 연방정부의 자금지원을 받는 토지출연대학의 농업연구소 설립·지원을 위한 법적 근거를 마련하였고, 그 후 1939년과 1940년 2차례 걸쳐 미국연방정부 공무원의 정치활동을 제한하는 내용의 법안이 추가로 제정됨_옮긴이)의 정신을 침해했다고 주장했다. 1987년 1심법원은 CRLA의 손을 들어주는 판결을 내렸고 이후 항소법원은 1989년 이 판결을 뒤집었다.

1887년에 통과된 해치법에 의해 연방정부의 자금지원을 받는 대학들을 기반으로 농업연구소가 설립되었다. 이 법을 제안하고 통과시킨 목적은 우수한 제품을 생산하고 효율성을 높이기 위해 농업발전에 대한 교육과 인식을 높이는 것이었다. 비영리 단체인 CAAP는 CRLA의 후원하에 캘리포니아대학교의 자금과 노력의 대부분이 이 법의 당초 제정 목적에 어긋난다고 주장했다. CRLA는 캘리포니아대학교가 기계화와 농업기술에 대한 연구를 지나치게 강조해 가족 농장과 소비자를 희생시키면서 농업 기업들을 돕고 있다고 주장했다. 특히 이 단체는 캘리포니아대학교의 연구가 농장 근로자들을 대체시키고, 소규모 농장을 없애고, 소비자들에게 피해를 입히며, 농촌 생활의 질을 떨어뜨리고, 단체 교섭을 방해했다고 밝혔다.[39] 또한 이 단체는 이러한 불만에 대응해 캘리포니아의 소규모 농민들의 삶의 질을 높이기 위해 더 많은 자원이 지원되어야 한다고 주장했다.

이 사례는 기계화의 민감성은 물론 당사자들이 자신들의 이익을 보호하기 위해 어떻게 활동하는지를 명확히 밝혀주고 있다. CRLA가 취한 법적 조치는 연구기관의 학문적 자유와 법 해석의 차이와 관련해 의미 있는 문제를 제기한다. 기계화가 농업생산의 모든 분야에 영향을 미쳤지만, 이 경우는 주로 캘리포니아대학교 연구자들에 의해 개발된 토마토 수확기의 기계화에 초점을 맞추고 있다. 토마토 수확기가 개발되기 전에는 토마토 수확 부문에 4만 4000명의 근로자가 종사했다. 이 근로자들의 대다수는 불법 이민자들이었다. 1984년까지 토마토 수확에 종사한 노동자는 8000명에 불과했고, 그들의 주된 임무는 수확 기계를 운전하는 것이었다.[40] 이 숫치를 살펴보면 기계식 수확기의 도입 결과로서 노동 대체가 분명한 것으로 나타난다. 연구에 따르면 토마토 산업에서 일자리가 없어졌지만 캘리포니아의 다른 노동 집약적인 생산물에 대한 수요가 증가했다는 것을 보여준다. 이러한 의미에서 한 지역의 고용 손실은 다른 지역의 수요에 의해 상쇄되었는데, 이는 기계화가 대부분의 농민들의 생계를 위태롭게 한다는 CRLA의 주장에 반대하는 논거가 되었다. 마찬가지로 관개灌漑와 공장 작업에서도 추가 일자리가 창출되었다.

기계식 토마토 수확기에 대한 논쟁은 자신들의 직업을 보존하고자 하는 농민들과 시간과 노동력을 절약하는 기계를 만들고자 하는 연구원들 사이의 갈등을 보여주는 한 사례이다. 1989년의 1심 법원판결은 원고CAAP의 손을 들어주었고 캘리포니아대학교가 특정 금액의 연방자금을 가족농장과 관련된 문제에 확실히 할당하는 조치를 취하도록 요구했다.

그러나 1989년 5월 캘리포니아대학교는 해치법의 규정을 위반하지 않았다고 법원이 판시함에 따라 항소심에서 승소했다. 해치법은 연방자금의 혜택을 어느 농업 지구가 받아야 하는지를 명확하게 열거하지 않았다. 그 목표는 "농업과 관련된 주제에 대한 유용하고 실용적인 정보를 습득하고 미국 국민들 사이에 확산시키는 데 도움을 주고, 농업 과학의 원리와 응용에 대한 과학적 조사와 실험을 촉진하는 데 도움을 주는 것이었다". 법원은 이 법안에 대한 입법 해석과 판례를 바탕으로 결정을 내렸다. 어떤 이들은 이 반전을 농촌 노동자에 대한 타격으로 보았고, 다른 이들은 이 반전이 학문의 자유를 옹호하고 지속적인 기술 및 공학 발전을 촉진할 것이라고 생각했다.

여러 가지 측면에서 CRLA의 소송은 이전의 HAA 운동의 연장선상으로 볼 수 있다. 둘 다 말과 소규모 농민들을 위한 보다 공정한 정책을 주장했고, 둘 다 신흥 기술과 제도화된 기술의 존재에 직면할 수밖에 없었다. 기술적 불확실성은 또한 기계력에 직면해 마력馬力을 보호하려는 캠페인에서 보듯이 기존 산업의 탄력성과도 관련이 있다.[41] 도로와 농장에서 기계력의 도입은 생계를 위해 말에 의존하는 사람들을 위협했다. 더욱이 그것은 농민들이 농장에서 사용할 수 있는 그들 자신의 힘을 기를 수 있어야 한다는 전통적인 관점에 대한 도전이었다.


## 4. 새로운 땅을 갈다

농장기계화에 대한 열띤 논쟁과 말의 틈새시장 확보를 위한 시도를 감안한다면 이러한 현상이 결국 사회 내에서 어떻게 제도화되었는지에 대한 논의가 필요하다. 대부분의 기술 혁신과 마찬가지로 기술이 수용되거나 거부되는 과정이 있다. 1892년 휘발유 엔진의 발명과 20세기 초 트랙터가 상업적으로 생산되면서 농업의 새로운 시대가 시작되었다. 여론과 농업에 영향을 미치려는 농장 입법 및 로비 활동의 새로운 시대도 시작되었다.

해치법이 통과됨에 따라 대학들은 농민들이 활용할 수 있는 농업연구에 집중할 수 있게 되었다. 농업 관련 잡지와 신문이 발간되었고 농민들은 이러한 간행물을 통해 토지출연대학LGU의 발전에 대한 정보를 얻었다. 또한 일부 대학들은 농민들에게 지식과 과학교육을 제공하는 농업연구소를 설립했다.

농민들이 새로운 관행을 즉시 수용했는지의 여부와 상관없이 이러한 출판물과 연구소들은 농업기술 및 관련 공학기술의 발전을 위한 제도적 틀을 제공했다.

1914년의 스미스-레버법 Smith-Lever Act (토지출연대학과 연결된 협력 확장 서비스 관련 시스템 확립을 규정한 미국 연방법 _옮긴이)과 1917년의 스미스-휴즈법 Smith-Hughes Act (직업교육 특히 농업 분야 직업교육 관련 지원을 규정한 미국 연방법 _옮긴이)이라는 두 개의 추가 입법은 농업기술과 혁신적 사고를 정상화하는 데 도움을 주었다. 해치법은 대학의 실험실 설치를 규정했고, 스미스-리버법과 스미스-휴즈법은 모두 토지출연대학의 업무를 가족농장과 지역사회로 확대토록 했다. 이러한 조치들은 대개 출판 매체를 통해 새로 취득한 지식을 미국의 농촌 지역에 전파하는 데 중점을 두었다.[42]

스미스-휴즈법은 신생 농업 및 공학 기술교육을 촉진하기 위해 고등학교 프로그램을 통해 학생들에게 연방기금을 제공토록 했다. 이러한 입법 조치들은 트랙터의 진화와 더불어 추진되었으며 미국인들이 기계화에 대한 이해를 증진시키는 데 도움을 주었다. 연구와 교육에 기여한 농업입법 및 제도들은 기술 및 공학 기법의 중요성을 강화하는 데 도움이 되었고 이후 혁신의 토대가 되었다.

트랙터가 널리 채택됨에 따라 농업 입법은 가격과 과잉생산을 통제하는 쪽으로 그 초점을 바꾸었다. 토지출연대학과 농업연구소는 계속해서 새로운 농법을 실험하고 탐구했지만 주요 관심사는 많은 농민들을 가난에 빠뜨리고 있는 점증하는 잉여생산에 어떻게 대처할 것인가 하는 것이었다. 프랭클린 루스벨트 대통령의 1933년 농업지원법을 통해 가격 하락과 과잉생산으로 농부들이 직면하고 있는 어려움을 완화하기 위한 방안이 모색되었고, 법률제정이 뒤따랐다.

농민과 농업단체들이 미국 농촌을 대표해 로비를 벌일 때 주류 대중의 반응은 비교적 냉담했다. 일부에서는 이러한 공감 부족이 정책 입안자들이 기계화 속도를 규제하는 법안을 결코 통과시키지 못한 이유의 일부라는 주장도 있다. 더욱이 민심의 결집 없이는 농민의 요구와 자본주의의 현실과 균형을 맞추는 일관성 있는 정책을 만들기가 어려웠다. 연방 차원에서 중요한 반기계화 정책은 결코 실현되지 않았다.

연방정부 특히 미국 농무부의 역할은 여전히 논쟁의 가장 혼란스러운 측면 중 하나로 남아 있다. 미국 농무부는 토지출연제도가 도입된 해에 창설되었기 때문에 기술 혁신을 촉진하려는 연방정부의 결의에 많은 유산을 빚지고 있다. 그러나 농무부 직원들은 자신들이 태어난 사회만큼이나 다양한 견해를 가지고 있었다. 공정성을 유지하기 위해 농무부는 일반적으로 이 논쟁에 대해 편드는 것을 피했는데, 그 주된 이유는 논쟁의 양측이 일부 지지를 얻기 위해 로비 활동을 벌이고, 많은 경우 농무부 관리들의 발언이 당파적 이해관계에 휩쓸려 대중적 의사소통 과정에서 왜곡되거나 오도될 수 있었기 때문이다.

시간이 흐르면서 미국 농무부는 잘못 전달될 수 있는 어떤 진술도 하지 않으려고 했다. 전 농무부 장관이었던 헨리 월리스Henry Wallace는 미국마사협회 사무총장 웨인 딘스모어에게 보낸 비밀서한에서 "만일 내가 이 자리에 더 오래 있게 된다면 나는 모든 사람과 모든 것을 의심하게 될 것이다. 나는 정부의 많은 사람들이 왜 입을 여는 것을 두려워하는지 이해하기 시작했다"고 말했다.[43] 월리스는 트랙터와 말 논쟁에서 어느 편도 선택하지 않기로 했다. 그는 "열성적인 사람들, 때로는 지나치게 열성적인 사람들 중 어느 쪽의 사람들이 무슨 말을 하거나 무슨 일을 하든 마력과 기계력 모두 농장에 자리를 잡고 있으며 각각 그 역할을 찾을 것이다"라고 말했다.[44]

논쟁에 개입하는 것을 피하려는 월리스의 선택으로 미국 농무부의 독립적인 역할이 확립되었다. 농무부는 공언된 임무에도 불구하고 편을 들기보다는 논쟁을 알리기 위한 연구를 시작했다. 동향을 모니터링하고 상황 보고서를 제공해야 할 필요성이 윌리스가 당시 농업경제 국장이었던 테일러H.C. Taylor에게 보낸 편지에 다음과 같이 통렬하게 언급되어 있었다. "20년 전 농장의 동력은 말과 풍차에 의해 공급되었다. 말은 농장에서 자란 재료를 먹었고 이것은 현금 지출을 필요로 하지 않았다. 바람은 공짜였다. 우리가 해야 할 일은 공중에 풍차바퀴를 세워 추수하는 것뿐이었다. 이제 동력의 더 큰 부분은 엔진을 통해 공급된다. 우리는 휘발유와 수리비를 현금으로 지불해야 한다. 이전에 말이 먹었던 곡물이 지금 판매되고 있다. 우리는 이 변화의 효과를 측정할 어떤 방법을 가지고 있는가?"[45]

윌리스가 증거를 구하고자 했던 변화는 최신 트랙터 디자인과 경쟁할 수 있는 '대형 말편대'를 만드는 데 필요한 말의 수를 단순 계산하는 방식(이 방식은 비교적 결정하기 쉽다)으로는 가져올 수 없었다.[46] 윌리스의 질문은 농업에 있어서 장기적인 기술경제적 변혁의 영향에 대한 시스템 전반의 검토를 통해서만 접근할 수 있는 것이었다.[47] 윌리스는 자신이 찾고 있던 해답을 실제로 얻지 못했지만, 사역동물에 대한 트랙터의 승리로 반사실적 분석counterfactual analysis을 이용한 연구가 기술의 영향에 대한 설득력 있는 수치를 제공할 수 있게 되었다.[48] 돌이켜 보면 트랙터의 광범위한 채택은 변화하는 시대와 혁신의 슘페터적 압승의 표현이었다. 트랙터의 채택은 그 영향력이 기존의 사회경제 질서를 변혁시켰음에도 불구하고 경제적 이익을 가져왔다.

농장기계화에 대한 논의는 오늘날에도 계속되고 있으며 하나의 지리적 위치에만 국한되지 않는다. 전 세계의 각 국가들은 기계화의 경제적 편익과 부정적인 사회적 귀결의 균형을 맞추려는 과제에 직면해 있다. 세계경제가 성장하고 있는 상황에서 각 국가들은 경쟁력을 유지하려고 노력한다. 대부분의 경우 이러한 우위는 혁신과 변화의 수용에서 비롯된다. 미국 농무부 경제조사국에 따르면 1900년 미국 노동인구의 41퍼센트가 농업 부문에 종사했다. 1945년에는 농업이 국내총생산GDP의 6.8퍼센트를 차지하면서 농업 부문 종사자는 인구의 16퍼센트로 감소했다. 2000년에는 미국 노동인구의 1.9퍼센트만이 농업에 종사했고, 2002년에는 농업이 전체 GDP의 0.7퍼센트에 불과했다.[49]

이러한 통계는 미국 경제에서 노동자의 수와 그 위상 측면에서 농업에서 느끼는 변화를 말해준다. 노동 절약 기술의 발달과 함께 노동자의 변위는 아주 분명하게 이해할 수 있다. 기계화는 수천 명의 농부들을 추방했고 영구적으로 미국 농촌을 변화시켰다. 동시에 그것은 세계경제에서 미국의 경쟁력을 증가시켰다. 세계적 경쟁력의 혜택이 지역적 영향을 완화하는 데 도움이 되었는지는 여전히 의문이다. 신기술에 대한 대중의 우려를 불러일으키는 것은 바로 편익의 광범위한 분배에 대한 불확실성이다.

## 5. 결론

농장기계화에 대한 갈등은 신기술을 둘러싼 가장 오랜 싸움 중 하나이다. 커피의 경우처럼 농장기계화 논쟁은 세계적인 이슈다. 그것은 현대 기술 논쟁에 반영되어 있는 다양한 교훈을 제공한다. 경제적 요인들이 논쟁에서 중요한 역할을 했지만 그 뿌리는 더 깊었다. 오늘날 세계 다른 지역에서도 반향을 불러일으키는 이 논란은 주로 널리 퍼져 있는 지리적·문화적 변혁에 관한 것이었다.[50] 농업생산은 공동체의 정체성을 형성하는 광범위한 생활 기술을 포함한다. 농업은 단순한 경제활동이 아니라 삶의 방식이기도 하다.[51] 이는 농업체제의 변혁을 추구하는 신기술에 대한 논쟁의 강도를 더한다.

농업 생산기술의 변화는 경제적 함의를 가질 뿐만 아니라 식품을 생산하는 방식을 변화시킴으로써 사람들의 정체성을 변화시킨다. 식품의 생산과 소비와 관련된 사회적 일상은 가장 보수적인 문화 관행 중 하나다. 농장기계화 반대 투쟁은 지난 세기 동안 계속하여 사회운동의 주요 특징이었다. 대규모 기술 변혁에 대한 논쟁은 단순히 경제적 이익과 위험의 분배의 변화에 관한 것뿐만 아니라 문화적 정체성의 상실에 관한 것이다. 이런 논란에 대한 해법을 찾으려는 정책 입안자들은 전통적인 경제 분석 범위를 넘어서야 한다.

두 번째 교훈은 기술 개선이 논쟁에 미친 압도적 영향과 관련된 것이다. 초기 트랙터는 서투르고 말에 비해 기술적으로 열등해 보였지만 기술 개선의 여지가 더 컸다. 처음에 마력의 지지자들은 트랙터로부터 어떤 도전도 예상할 수 없었다. 신생 기술의 급속한 개선을 예상하지 못하는 것은 정책 입안자들 사이에서 현실적인 의사 결정에 중요한 장애물이다. 일반적인 가설은 기술 혁신은 느리고 위험하며 그 영향은 불확실하다는 것이다. 이는 기존 기술에 대한 지지로 이어지는 경향이 있다.

정책 입안자들은 일반적으로 신생 기술에 대해 회의적이다. 여기에는 그럴 만한 이유가 있다. 대부분의 신기술은 시제품prototype 단계를 넘어서지 못하며, 일부 기술들은 개발 초기 단계에서 소멸한다. 때때로 정책 입안자들은 기술적 논란이 불거질 때 놀라움을 금치 못한다. 이것은 주로 그들이 신기술 분야에서 급격하고 기하급수적 기술 진보가 가져올 영향을 예측하지 못하기 때문이다. 트랙터 개선의 결과 중 하나는 반대자들이 노골적인 금지를 추구하는 것에서 말의 틈새시장에서의 기회를 탐색하는 것으로의 전환이었다. 결국 트랙터의 다기능성과 광범위한 제도적·교육적 지원 시스템의 출현으로 인해 트랙터가 널리 채택되었다.

세 번째 교훈은 정부의 역할과 관련이 있다. 미국 농무부는 논쟁 당시 신생 조직이었고 편을 드는 것을 피하면서 상당한 시간을 보냈다. 하지만 기술 진보를 모니터링하고 성과 데이터를 제공하는 데 중요한 역할을 했다. 이러한 역할은 농무부가 경쟁적인 농법 중 하나를 지원해야 한다는 지속적인 압력을 받았음에도, 조정자로서의 농무부의 위상을 확고히 해 주었다. 정부는 적어도 공개적인 선언에서 트랙터가 주요 동력원이 될 때까지 그 시기를 기다렸다. 이것은 논쟁의 정치적 성격과 지역·주·연방 정치에 미치는 농업 공동체의 영향력을 고려할 때 필요했다.

농업의 현대화에 대한 약속과 같은 농업기계화의 정착을 돕기 위해 정부가 수행한 많은 기능들이 있다. 이것은 부분적으로 광범위한 교육 프로그램을 통해 이루어졌다. 그러나 아마도 가장 큰 영향은 농장기계화를 발전시키려는 새로운 정예 집단의 농민과 농업기업가를 양성하는 토지출연대학LGU의 설립에서 비롯되었을 것이다. 토지출연대학이 농장기계화의 산실이었다는 주장이 제기되어 왔다. 토지출연대학은 핵심 농업 인재들과 농장기계화를 발전시켜 나가는 농업기업가들을 교육시키고 새로운 기술적 기회를 모색하는 데 있어서 정부·산업·학계·농민 간의 상호작용을 위한 핵심 거점이었다. 그러나 많은 경우에 이와 같은 대학들이 새로운 농법의 영향에 의문을 제기하는 공론장이 되기도 했다. 실제로 두 농업 체계 사이의 긴장이 대중적 공간으로 스며들었던 만큼이나 교육현장에서도 나타났다. 그들이 공적 공간으로 스며든 것만큼이나 교실로 들어가 길을 모색한 것이다.

네 번째 교훈은 두 가지 기술 플랫폼이 경제에 미치는 보다 광범위한 영향에 관한 것이다. 말 산업은 단지 말 자체의 공급망과 연결되어 있었다. 그러나 이는 부품, 영업 담당자, 유지보수 서비스 및 연료 공급 활동을 포함하는 트랙터의 공급망만큼 광범위하지 않았다. 처음에는 이러한 연결망이 자체 번식이 가능한 말에 만족하던 농민들에게 부담으로 보였을 수도 있었다. 그러나 트랙터와 관련된 광범위한 공급망은 새로운 기술에 대한 대규모 지원 네트워크를 제공할 수 있다. 그것은 자동차 및 기타 복잡기술 시스템의 승리를 이끈 바로 그 논리다.

농장기계화에 대한 초기의 우려는 신기술에 도전하는 데 중요한 수사적 수단들을 제공했지만 신기술에 도전하는 많은 주요 행위자들은 또한 초기의 투쟁에 그 뿌리를 두고 있다.[52] 주제는 바뀌었을지 몰라도 전술은 달라지지 않았다. 전 세계 농민단체들은 지속적으로 전 세계적인 공감대를 형성하고 있으며 새로운 농업기술에 대한 우려를 수렴하는 데 중요한 역할을 하고 있다. 그들은 또한 생태적 고려사항들과 관련한 우려를 조정하고 이를 통한 영향력을 효과적으로 확대했다. 농장기계화의 사례는 이미 산업 분야에서 다양한 시기에 다양한 형태로 전개되었다. 그 주요 특징과 위에서 설명한 교훈은 앞으로 다가올 많은 기술 시스템에 대한 담론의 일부가 될 것이다. 말은 트랙터에 양보했을지 모르지만 다른 분야에서의 초기 기술적 연속성은 계속될 것이며 사회가 혁신과 현직 간에서 새로운 안정성의 척도를 모색함에 따라 이에 대한 동일한 논쟁들이 계속 반복될 것이다.[53]

*교류로 장난치는 것은 시간 낭비일 뿐이다.*

*아무도 그것을 사용하지 않을 것이다.*

_ 토머스 에디슨

 

 

기술 공존에 대한 생각은 적어도 두 가지 차원을 가지고 있다. 앞 장에서
는 근본적으로 다른 두 기술 체제(말과 트랙터) 간의 경쟁을 설명했는데, 신기
술의 전개력으로 인해 기존 기술의 지지자들은 새로운 시장 진입자들에 의
해 대체되는 것을 지연시켜야만 했다. 이 장에서는 두 번째 차원, 즉 토머스
에디슨Thomas Edison의 직류DC 지지자들과 이와 경쟁관계에 있었던 조지 웨스
팅하우스George Westinghouse의 교류AC 옹호자들 사이의 갈등을 설명한다.[1] 이
것은 직류와 교류의 공학적 논쟁에서 펼쳐진 미국과 세계의 전기화電氣化를
누가 통제할 것인가에 대한 투쟁에 관한 이야기이다. 본 사례에서 에디슨은
새로운 기술에 의해 인수될 가능성이 있는 전기시장의 일부 부문에서 자신
의 투자를 회수할 수 있을 때까지 직류의 광범위한 도입을 지연시키려 했다.
그의 전략은 교류 기술의 확산을 막으려 하기보다는 다른 활동으로 투자처
를 옮기는 것이었다.

토머스 에디슨은 서구 세계를 전기화했다. 그는 직류를 사용해 수 시간
에 걸쳐 지속적으로 빛을 발할 수 있는 백열전구를 개량했다. 백열전구는
지난 세기 최고의 발명품 중 하나이다.[2] 그것이 너무 참신해서 그는 거리의

조명 파티를 주최해 기차로 방문객을 끌어들였다. 그가 처음 만든 전구는 근대화와 혁신의 상징이었지만, 그것 또한 결국 종말을 맞았다. 세계적으로 백열전구의 단계적 퇴출과 '발광 다이오드LEDs' 같은 새로운 조명 시스템으로의 교체는 기술 변화의 또 다른 신호이다. 하지만 백열전구의 종말은 인간의 창의성, 공학 능력 그리고 혁신에 대한 세계적인 인식의 중요한 단계를 보여준다.

이 장에서는 에디슨과 그의 지지자들이 교류의 도입을 늦추기 위해 사용했던 전술을 검토한다. 보다 구체적으로 에디슨과 그의 지지자들이 교류에 대한 대중의 반감을 불러일으키고 직류 관련 기술에 대한 자신들의 투자와 특허를 보호하기 위해 교류에 대한 낙인찍기 전략을 어떻게 전개했는지 분석한다. '전류 싸움'을 탐구하는 것은 기술 혁신과 관련 제도적 대응을 억제하기 위해 낙인찍기 전략이 어떻게 사용되는지에 대해 보다 깊이 이해할 수 있는 방법이다.[3]


## 1. 새로운 빛

기업가 정신은 종종 참신함과 관련된 새로운 경제적 특성의 출현으로 인한 기술적 불연속성과 관련이 있다.[4] 특히 새로운 기업가가 주도하는 불연속성은 기존 산업에 큰 도전 과제로 작용한다. 에디슨은 기술의 선구자였다. 그는 1830년대까지 거슬러 올라가는 기존의 직류 기술을 활용해 전구와 조명 시스템을 만들어 도시 전체에 전력을 공급했다. 그의 전구는 최초는 아니지만 그 당시 최고였다. 최초의 상업용 조명 시스템은 1860년 이전이며, 최초의 발전기는 1830년대까지 거슬러 올라간다.[5] 에디슨의 탁월함은 직류 시스템을 사용하는 기존의 제품보다 더 나은 제품을 개발하기 위해 기존 기술을 활용하는 능력에 있었다. 그러나 그의 혁신도 결국 더 나은 기술에 의해 추월당했다.

조지 웨스팅하우스는 엔지니어이자 연쇄連鎖 창업가였다. 그는 전기화에 교류 사용을 주도한 공로를 인정받고 있는데, 이것은 그가 에디슨과 겨루게 된 계기였다. 1800년대 후반 웨스팅하우스에 의해 상용화된 우수한 교류 기술에 직면해 에디슨은 경쟁의 속도를 늦추고 전기화 부문의 일부 사업에서 벗어날 수 있는 놀라운 능력을 발휘했다.

에디슨의 직류와 웨스팅하우스의 교류 사이의 대립은 "경쟁은 타인과의 가시적인 관계에 의해 행위자들 사이에 생성된 치열하고, 친밀하며, 일시적이고, 보이지 않는 관계"라고 하는 진정한 자본주의적 환경에서 발생했다.[6] 이 정의가 여러 측면에서 반영된 것이 토머스 에디슨과 조지 웨스팅하우스의 관계였다. 그들의 관계는 격렬한 경쟁과 어떤 면에서는 개인적 적대감으로까지 치달았다. 직류와 교류 간의 치열한 경쟁은 에디슨과 웨스팅하우스 그리고 전기회사들 사이, 그리고 공공장소에서 자주 벌어졌다. 이 논쟁의 절정은 1888년에서 1895년 사이에 일어났으며, 일련의 공개적인 비방, 인신공격, 그리고 선정주의적 선전으로 이루어졌다.

조명의 역사는 석유의 사용에서 가스로 그리고 마지막으로 전기로의 일련의 기술적 전환으로 특징지어진다. 발명의 새로움에 대한 경쟁적인 경제적 이익과 대중의 관심은 항상 기술 변화를 동반했다. 각 단계마다 독특한 기술적·제도적 장치들이 있었다. "초창기 뉴욕과 브루클린에서는 어두운 밤거리를 돌아다니는 시민들은 자신의 등불을 들고 다녔다."[7] 1697년 "달빛이 없는 밤에는 매 일곱 번째 집의 창문 밖 장대에 매단 등에 촛불을 켜야 하고 그 비용은 일곱 가구가 공동으로 부담해야 한다"[8]는 규정에 따라 거리의 조명 공급은 시민의 의무가 되었다.

공적 자금이 지원되는 석유 가로등은 1762년 뉴욕에 도입되어 1823년 가스등이 도입될 때까지 계속되었다. 석유에서 가스로의 전환은 특정 지역에 조명 독점권을 가진 새로운 기업의 출현과 관련이 있다. 뉴욕가스조명회사 New York Gas Light Company는 1823년 초기 자본금 10만 달러로 설립되었으며 그 랜드 스트리트 남쪽 지역에 30년간 가스 배관을 독점 설치할 권한을 부여받 았다. 1830년 맨해튼가스조명회사 Manhattan Gas Light Company는 그랜드 스트리트 북쪽 지역의 조명을 담당하기 위해 초기 자본금 50만 달러로 설립되었다. 가 스 관련 기업의 수는 수요 증가에 따라 증가했고 나중에 몇 개의 회사로 통합 되었다. 이로 인해 가스와 조명 가격이 낮아졌다.

그러나 처음에는 많은 가구주와 집주인들이 가스 폭발을 두려워해 항의하 고 석유램프와 양초를 선호해 계속 사용했기 때문에 가정에서 가스 조명의 채택이 더디게 이루어졌다.[9] 시간이 지남에 따라 가스는 중앙 집중식 조명의 주요 원천이 되었다. 가스의 지배력 상승은 에디슨에게 중요한 교훈을 제공 했던 가스 산업 자체의 긴장감과 관련이 있었다.

거리 조명은 유럽에서 일찍부터 반대에 부딪혔다. 1819년 독일의 한 신문 은 "하나님은 어둠이 빛을 따라야 한다고 선언하셨고, 인간은 밤을 낮으로 바꿀 권리가 없었다"[10]는 기사를 실었다. 이 기사는 인공조명은 사람들에게 불필요한 세금을 부과했고, 건강상의 문제를 야기했으며, 사람들이 밤늦게 까지 밖에 머물게 해 감기에 걸리게 했고, 어둠에 대한 두려움을 제거해 범죄 로 이어지게 했으며, 강도들을 대담하게 만들었으며, 게다가 야간 공공축제 가 공공 기능의 가치를 떨어뜨려 애국심을 훼손시켰다고 주장했다. 반대론 자들은 인공조명이 말을 겁먹게 만들고 전투에서 말의 가치를 현저히 떨어 뜨렸다고 주장했다.

가스 산업계가 가스 부피를 늘리기 위해 가스와 공기를 혼합하고 주배관 을 통해 공기를 주입해 가스 미터기를 작동시키고 미터기 수치를 조작했다 는 주장이 표면화된 이후 미국에서도 일반 국민들은 가스 산업에 대한 불신을 드러냈다. 대형 가스관의 사용은 가스 소비량을 늘리기 위한 책략으로 보였고, 가스회사들은 미터기를 더 빨리 돌게 하기 위해 밤에 압력을 증가시켰다는 비난을 받았다. 일부 대중들은 대형 버너 burner 판매를 더 많은 가스를 팔기 위한 방법이지, 더 밝은 조명을 제공하는 방법으로는 보지 않았다. 일부 사람들은 가스회사들이 청구서에 적힌 수치를 단순히 조작함으로써 소비자들을 속였다고 믿었다. 또 다른 사람들은 가스가 계량기에 등록된 후 배관으로 역류해 이중 청구로 이어질 것이라고 생각했다. 사람들은 또한 배관이 클수록 가스 압력이 높아져서 불필요한 소비가 증가한다고 믿었다.[11] 이밖에도 더 큰 대중의 관심의 대상이 된 가스 조명의 안전과 관련된 합리적 우려들이 많았다. 하지만 결국 가스는 석유를 이겼지만 그 후 전기와 경쟁하는 문제에 직면하게 되었다.

가스등에서 전기로의 전환은 또한 상당한 논쟁과 대중의 관심의 대상이 되었다. 전기는 더 밝은 조명에 대한 논쟁을 부채질했다. 1878년 『가스등을 위한 탄원 A Plea for Gas Lamps』에서 로버트 스티븐슨 Robert Louis Stevenson 은 조명의 이점을 인정했다. 그는 "도시가 있다면 문제는 도시를 조명하는 것"이라고 말했다. 그는 이어 파리에서 전기에 대한 고발을 진행하면서 "도시의 별은 이제 밤마다 끔직하고, 소름끼치며, 사람들의 눈에 아주 불쾌하게 비치고 있다. 악몽의 등불이다! 이런 빛은 살인과 공공 범죄, 또는 정신병동의 복도를 따라 두려움을 고조시키는 공포의 유령들만을 비춰야 한다. …… 단 한 번만 보아도 식사하기에 적합한 따뜻한 가정의 빛을 주는 가스등과 사랑에 빠진다"고 말했다.

낙관주의자들은 뉴욕에 전기가 들어오는 것을 환영했다. "에디슨의 경이로운 최신 업적: 전기에 의한 저렴한 빛, 열 및 동력 전송"은 1878년 9월 16일자 《뉴욕선 New York Sun》의 헤드라인 이다.[12] 호평을 받은 발명가 토머스 에디슨은 효율적인 전기 조명 시스템의 구축이라는 또 다른 여정을 시작했다. 에디슨이 맨 먼저 전깃불을 발명하지는 않았을지라도 그는 지속가능한 빛이 발전기에서 미국의 가정과 산업으로 전달될 수 있는 시스템을 구축하기 위해 노력했다. 그의 백열등은 여러 가지 장애물에 부딪혔는데, 특히 강력한 가스 조명 산업의 존재와 직면했다. 에디슨은 그의 재능 있는 조수들과 투자자들의 재정적인 지원, 그리고 뉴저지 멘로 파크Menlo Park에 있는 그의 연구소의 도움으로 가스 조명에 대한 실행 가능한 대안을 만들려고 했다.

19세기 초 영국에서 윌리엄 머독William Murdoch에 의해 발명된 가스 조명은 사업의 본질과 지식에 대한 접근방법을 변혁시켰다. 한 가스 조명 역사학자의 말에 따르면 "그것은 많은 사람들의 가정에서 어두움을, 그리고 밤의 어두움뿐만 아니라 무지의 어두움을 추방했다".[13] 기업은 밤늦게까지 더 오래 영업함으로써 생산성을 높일 수 있었고 사람들은 소설과 신문을 읽고 지적 지평을 넓힐 수 있는 기회를 더 많이 가지게 되었다.

촛불과 석유램프에 대한 대안을 제공하면서 가스 조명의 발명과 대중화는 유럽에서 미국으로 확산되었다. 최초의 가스등 회사는 1816년 메릴랜드주 볼티모어에 설립되었고, 1820년대에는 많은 미국 도시가 가스로 거리를 밝히고 있었다. 가스 산업은 곧 문화적으로 그리고 정치적으로 사회에 정착하게 되었다. 에디슨이 후에 그의 첫 번째 전기 조명 시스템을 시험했던 뉴욕에서 가스 산업은 태머니 홀Tammany Hall(뉴욕시를 기반으로 활동했던 민주당 정치단체 _옮긴이)의 정치체제에 특히 중요했다. 태머니 홀은 뉴욕의 도시 생활의 대부분을 통제하면서 가스 조명의 지속적인 성공에 대한 기득권을 가지고 있었다. 태머니 홀은 가스회사들에 재정적인 지원을 하는 반면, 세수와 기타 리베이트를 받았다. 태머니 홀은 행위자 네트워크의 일원이었으며, 이들은 각자 자신의 이익에 따라 행동하면서 가스 조명의 중요성에 만장일치로 동의했다. 가스 조명은 사회에 표준화되고 내재되어 있었으며, 이러한 이해를 바탕으로 에디슨은 자신의 전기 조명의 개념을 도입하기 시작했다.[14]

능숙한 혁신가인 에디슨은 기존의 가스 시스템을 능가하는 조명 시스템을 만들 수 있다고 확신했다. 그는 윌리엄 월리스William Wallace 라는 사람과 만나면서 본격적으로 백열전구에 관한 작업을 시작했다. 1878년 월리스가 에디슨에게 자신의 전기 동력 발전기를 공개한 이 만남은 에디슨에게 자신의 뛰어난 빛의 발전기를 개발하도록 영감을 주었다. 빛을 세분화하지 못하는 월리스 발전기의 결함을 파악한 에디슨은 개선된 시스템을 위한 아이디어를 구상하기 시작했다.[15]

일주일 만에 에디슨은 맑고 밝은 빛을 내는 백열전구를 만들었다. 자신감을 얻은 그는 자신의 전깃불을 보여주기 위해 멘로 파크Menlo Park 에 있는 자신의 공작실에 방문객들을 초대했다. 그는 또한 이 시간을 이용해 법률 자문을 구하고 자신의 실험자금을 지원한 모건J. P. Morgan 을 포함한 부유층 투자자들을 확보했다. 에디슨의 초기 전구는 대부분의 램프가 제한된 시간 동안만 작동한다는 실용성의 문제가 있었다. 에디슨의 초기 백열전구는 불과 1~2시간 동안만 켜져 있었다.

이 문제를 해결하기 위해 에디슨은 얇은 구리 전선을 통해 저전류를 흐르게 함으로써 고저항 전구를 만들려고 시도했다. 그의 멘로 파크 팀은 또한 유리 전구 안에서 타지 않는 내구성이 있는 필라멘트를 개발하는 것이 중요하다는 것을 깨달았다. 에디슨은 이러한 기술적 문제를 극복할 수 있다면 그의 전기 조명은 성공할 것이라고 확신했다.

앞에서 언급한 바와 같이 가스 조명은 사회 내에 자리 잡고 있었고, 에디슨은 월가Wall Street 의 사무실을 밝히려는 그의 목표를 달성하려 시도했을 때 뉴욕의 정경유착 체제political machinery (권위 있는 보스 정치인 또는 보스 정치인들을 중심으로 지지자와 사업체들이 유착한 정치구조 _옮긴이)와 맞서야 했다. 가스 산업의 배관 시스템을 모방해 배전 시스템을 설계한 후 에디슨은 전선을 지하에 묻기 위해 시 당국의 허가를 받아야 했다. 에디슨과 그의 변호사는 시

당국자들을 설득하기 위해 멘로 파크에서 모임을 주최했는데, 그의 계획에 무관심했거나 회의적이었던 사람들은 이 모임에서 에디슨의 위협적으로 보이는 혁신을 목격할 수 있었다.

에디슨이나 뉴욕 시의회 의원들 모두 이 회의 전망에 대해 크게 기대하지 않았다. 이 회의에 대한 설명에 따르면 시의원들은 에디슨이 뉴욕시 경계 내에서 지하에 묻는 전선 1마일 당 1000달러의 세금을 내도록 제안했다고 한다. 가스 회사들에 이런 이상한 세금이 부과된 적이 없었기 때문에 에디슨은 결국 더 낮은 요율로 협상할 수 있었다. 이 사건을 근거로 전면적으로 일반화는 할 수 없지만 이는 가스 조명에 대한 기득권 정치인들의 관심 수준을 말해준다. 에디슨이 백열등이 켜진 그의 방에서 뉴욕 시의원들에게 푸짐한 식사를 제공했기 때문에 회의가 끝날 무렵에는 분위기가 상당히 가벼워졌다.

에디슨과 그의 팀은 그의 혁신이 미칠 정치적·경제적 환경을 평가하는 것 외에도 자신들의 제품 디자인을 계속 연구했다. 그의 팀은 백열전구를 만드는 데 성공했고, 발전기, 정류자 발전기dynamo 및 배전 방식을 계속해 개발했다. 1881년 2월 에디슨은 자신의 뉴저지 실험실을 떠나 뉴욕으로 가서 거기서 월가를 조명하겠다는 1878년의 약속을 이행할 준비를 했다. 에디슨은 그 어느 때보다도 자신감에 넘쳐 "여기서 내 작업은 완료되었고, 내 빛은 완벽하다. 이제 실제 제작에 들어갈 것이다"라고 말했다.[16]

1882년 9월 펄 스트리트Pearl Street 발전소에서 작업이 완료되어 '에디슨의 빛'이 발생되었고 모건J. P. Morgan의 집에 전깃불이 들어왔다. 이 초기의 전깃불에는 결함이 없는 것은 아니었다. 발전기의 소음, 우발적 감전사, 화재 등이 문제였는데, 이 모든 것들이 전기에 대한 회의적인 시각을 불러일으켰다. 하지만 에디슨의 직류 시스템은 백열등을 실용화하기 위한 최초의 시도였다.

에디슨은 전등을 창안하고 정교화하는 데 깊이 몰두하면서 자신의 시스템을 대중들에게 소개하는 방법에 대해서도 심사숙고했다. 자신의 신기술이 대중들 사이에서 야기될 잠재적인 우려를 의식하고 그는 전등의 디자인 양식을 기존 기술에 바탕을 두려고 노력했다. 그는 자신의 발명품에 대한 사회적 지지를 높이기 위해 가스 시스템과 유사한 점들을 보여주면서 전기 조명 시스템의 새로운 장점을 제시했다. 불안감을 좀 더 완화시키기 위해 "성냥으로 불을 밝히려 하지 마세요. 문 옆 벽에 있는 손잡이를 돌리기만 하면 됩니다"라고 각 가정에 공지문을 보냈다. 이어 "조명에 전기를 사용하는 것은 결코 건강에 해롭지 않으며 수면 건강에도 영향을 주지 않는다"고 덧붙였다. 초기에는 전기 조명이 가스 조명보다 비쌌지만 더 안전했고 주변 열을 덜 발생시켰고, 오염물질 발생도 적었으며 사용하기에 더 편리했다.

가스업계는 '역백열등'과 인공 압력을 포함한 자체 기술 개량을 통해 에디슨의 전등에 대응해 가스 투자자들에게 일시적인 안도감을 주었다. 이러한 노력과 기술 개량에 고무되어 발명가 찰스 윌리엄 지멘스Charles William Siemens는 "나는 가스 조명이 가난한 사람의 친구로서 그 정체성을 유지할 것이라고 생각하며, 부자와 가난한 사람 모두가 가장 편리하고 깨끗하며 가장 저렴한 연료로 가스에 크게 의존할 때가 멀지 않았다"고 과감한 예측을 했다.[17] 이러한 예측은 난방용 가스 사용의 다양화에 따른 것이었다.

에디슨의 전기 조명의 개발은 탄탄한 디자인에 있었다. 그의 혁신은 가스 조명에 대한 개선이었으며 향후 확장 및 적응을 위한 여지를 남겨놓았다. 대신에 "에디슨의 전략과 그의 성공은 혁신가들이 변화시키고자 하는 기존 사회 시스템과 그들이 구체화한 것을 구별하기보다는 기존의 사회 시스템 안에 내재시키기 위한 구체적인 세부 사항을 설계함으로써 자신들의 아이디어의 채택을 촉진하고 탄탄한 디자인을 만들 수 있음을 시사한다".[18]

에디슨은 가스의 생산, 유통 및 관련 사회·경제적 요인에 대한 메커니즘을 연구하는 데 오랜 시간을 보냈다. 그는 또한 전기 조명과 가스 조명을 비교하는 광범위한 비용 분석을 통해 전기 조명이 경제적으로 합리적인 선택이라고 결론지었다. 윌러스를 만나고 백열전등을 만들어야겠다는 영감을 받은 후 수 주일 동안 "가스공장과 그 배송 시스템, 가스 본관과 가스 지관, 그리고 많은 주택으로 이어지는 가스관의 이미지가 그의 뇌리를 스쳐갔다".[19]

비록 에디슨은 기존 가스 산업을 대체하려는 의도를 분명히 가지고 있었지만, 전기 조명의 도입에 대한 사회적 측면과 그 체화된 제도의 연장선상에서 전등이 출현해야 할 필요성을 알고 있었다. 에디슨 이전의 많은 우수한 사람들이 전기를 연구하였지만, 에디슨은 자신의 조명의 개념을 투자자와 소비자 모두가 인정할 수 있는 실질적인 혁신으로 바꿀 수 있었다. 1880년대 중·후반에는 기업에서 전등 사용이 증가했지만 에디슨의 전기 시스템의 유용성에 의문을 제기하는 수많은 경쟁자가 등장했다.

## 2. 불꽃 튀는 갈등

이웃한 피츠버그에서는 관찰력이 뛰어난 엔지니어가 에디슨의 작업을 바짝 뒤쫓고 있었다. 웨스팅하우스는 전기 분야에 진출하기로 결정했다. 웨스팅하우스는 혁신의 세계에 낯설지 않았다. 그는 국가산업 중심지에 거주하면서 철도 산업에 발명가로서 데뷔를 했다. 그는 특허의 중요성과 아이디어의 보호 필요성을 일찍 간파했다. 냉혹한 피츠버그 철도 산업과의 관계는 그를 빈틈없는 사업가이자 협상가로 만드는 데 도움을 주었다.

웨스팅하우스는 최초로 철도차량용 공기 브레이크와 철도용 전기신호 장치를 개발했다. 이러한 초기의 발명품들은 철도 여행을 더 안전하게 하는 데 도움을 주었다. 일부 학자들은 웨스팅하우스가 그의 발명품의 효용성과 경제적 성공에 초점을 맞추는 것은 에디슨의 '새로운 것 novelties'의 창조와 대조된다고 주장한다.[20] 에디슨은 분명히 자신의 수입 잠재력에 대해 걱정을 하고 성공적인 발명품을 만들고자 하는 열망을 가지고 있었지만, 그는 또한 새로운 상품을 개발하는 데 시간을 할애했다.

에디슨과 웨스팅하우스는 특허에 관해서도 달랐다. 웨스팅하우스는 다른 발명가의 특허가 자신의 작업을 향상시킬 것이라고 생각되면 기꺼이 구매했다. 반면 에디슨은 그러한 거래를 하지 않았고 오직 자신의 디자인만을 위한 특허를 원했다. 두 사람 모두 서로 구별되는 독특한 특성을 지니고 있었고 앞으로 다가올 '전류 싸움'이 잉태되었다.

철도 신호 장치를 통해 전기에 접근하게 되었던 웨스팅하우스는 전기의 잠재력과 그 보편적인 채택이 사회에 미칠 수 있는 영향을 인식했다. 그는 에디슨이 신봉한 대형 중앙 발전소와는 달리 "미래에는 1제곱마일 규모의 지역과 원거리의 개별 공장에 서비스를 제공하는 소규모 직류 중앙 발전소에 대한 끊임없는 수요가 있을 것을 예견"하고 시장에 뛰어들었다.[21] 흥미롭게도 에디슨이 백열등을 개발할 때 가스 산업의 특정 측면을 반영했던 것처럼 웨스팅하우스는 이미 확립된 직류 시스템을 반영했다. 1884년 그는 탄화 실크 필라멘트 전구와 직류 발전기 DC dynamo에 대한 특허를 보유한 거장 윌리엄 스탠리 William Stanley를 고용했다.

웨스팅하우스는 1885년 영국의 한 전기잡지에서 교류AC에 관한 기사를 읽으면서 '전기의 출현 electrical epiphany'을 예견했다. 그 직후 그는 직원 중 한 명을 교류 시스템 발명가들과 만나게 하여 교류 시스템의 작동방식을 더 잘 이해하게 했다. 영국 런던에서 루시엔 골라드 Lucien Gaullard와 존 깁스 John Gibbs는 수년 동안 교류 시스템을 연구해 왔는데, 웨스팅하우스의 요청에 따라 그 기계(변압기) 모델을 피츠버그로 보냈다. 이때는 골라드-깁스 변압기와 유사한 미국제 변압기는 없었다. 웨스팅하우스는 그 기계를 수입하고 그것이 어떻게 작동하는지 살펴본 후, 미국에서 교류 발전 시스템을 사용하기 위해 특허를 구입하기로 결정했다. 그는 그 특허에 5만 달러를 지불했다. 웨스팅하우스는 교류 시스템을 위한 대규모 시장을 구상했다.

직류 시스템에 대한 크고 값비싼 문제 중 하나는 장거리 송전을 할 수 없다는 것이었다. 예를 들어 1882년 모건의 집에 조명을 밝혔던 크고 거추장스러운 발전기는 그의 집 가까운 곳에 위치한 발전 시스템에 의해 작동되었다. 직류는 에디슨이 선호하는 저전압으로 작동하는 반면 교류는 고전압, 저전압 어느 쪽이든 작동했다. 골라드-깁스 변압기는 높은 전압에서 더 먼 거리까지 전기를 전송할 수 있었으며, 가정이나 사업장으로 보내기 전에 낮은 전압으로 변환했다. 그러나 직류는 1마일 미만의 단거리에서만 송전할 수 있었기 때문에 발전소는 인구 중심지에 위치해야 했고, 소비자와 발전소를 연결하려면 값비싼 구리 전선이 필요했다.

교류는 미국에서 전기에 대한 접근성을 높이는 데 도움이 되었고 일반인들의 가정에 전기를 공급할 수 있는 기회를 주었다. 교류는 더 먼 거리를 고전압으로 송전할 수 있기 때문에 유연성은 더 컸고 제약은 더 작았다. 교류의 이러한 특성은 물류 면에서나 경제적으로도 유익했으며, "공공 조명과 관련해 소규모 도시를 대규모 도시와 실질적으로 동등한 기반 위에 두게 하는데 필요한 비용을 줄임으로써 전기 조명에 혁명을 일으킬 것으로 전망"되었다.[22] 교류에 대한 아이디어는 웨스팅하우스를 매료시켰다. 컨버터 converter(전류 변환 장치 _옮긴이)를 구입 후 웨스팅하우스와 그의 기술진들은 피츠버그에서 교류를 실험하기 시작했고 교류 발전기와 부수된 변압기 및 수백 개의 전등을 시험했다.

이듬해 가을 그들은 전기 시스템을 실험하고 전등과 컨버터를 다른 장소로 이동시킨 후 교류 발전기를 가동시켰다. 실험은 성공적이었고 웨스팅하우스 전기회사에 있는 교류 발전기 AC dynamo는 수마일 떨어진 전등에 전력을 공급했다. 그 발전기는 "처음 1000볼트로 시작해서 그 후 2000볼트로 작동했다. 이 전류를 공급받은 전등은 2주 동안 계속 켜져 있었다".[23]

한편 웨스팅하우스는 더 많은 교류 변압기를 제작하기 위해 레지널드 벨필드Reginald Belfield와 윌리엄 스탠리William Stanley를 매사추세츠 그레이트 배링턴Great Barrington의 작은 마을로 보냈다. 웨스팅하우스는 변압기를 병렬 방식으로 배열함으로써 더 높은 전압을 발생시킨다는 것을 발견했다. 그는 벨필드와 스탠리에게 매사추세츠 시골 마을의 거리 조명을 위해 변압기를 병렬로 건설하는 일을 맡겼다.

매우 안타깝게도 웨스팅하우스 전기회사의 스탠리와 벨필드가 새로운 교류 발전기를 가동하기 전에 에디슨은 그레이트 배링턴에서 자신의 직류 발전 시스템으로 전기 조명을 선보였다. 그레이트 배링턴 주민들은 에디슨의 전기 조명에 감명을 받았다. 일주일 후인 1886년 3월 스탠리는 발전기와 변압기에 전원을 공급하고 교류를 이용하여 상점의 내외부를 성공적으로 조명했다.

그 후 몇 주 동안 웨스팅하우스는 그레이트 배링턴 마을의 주요 거리에 있는 여러 건물들을 전선으로 연결했다. 피츠버그에서 전력 전송의 성공은 그레이트 배링턴에서 열린 소규모 전시회와 함께 웨스팅하우스가 상업적으로 교류를 생산하기 시작할 수 있는 발판이 되었다. 그는 뉴욕 버펄로Buffalo에 그의 시스템을 도입하기로 결정했다. 그 첫 번째 고객은 이 도시의 해안가에 있는 애덤, 멜드럼 앤드 앤더슨Adam, Meldrum & Anderson 시장이었다.

대중들은 감명을 받았다. 당시의 보도들은 "옷을 잘 차려 입은 군중들이 4층 아래 위를 줄지어 오르내리면서 불빛 위로 감탄을 자아내면서 그것이 얼마나 자연 햇빛과 비슷한지, 인도 숄Indian Shawl의 색깔과 휘장의 짜임새를 얼마나 잘 볼 수 있었는지를 외치는 장면"을 묘사하고 있다.[24] 웨스팅하우스의 첫 상업적 조명은 추수 감사절 전날에 이루어 졌으며, 그에 대한 긍정적인 반응으로 웨스팅하우스가 대담하게 본격적인 생산에 돌입하게 되었다.

에디슨과 직류 옹호자들은 웨스팅하우스의 교류 시스템의 개발과 도입에 점점 더 경각심을 갖게 되었다. 그러나 처음에는 에디슨은 교류가 위험하고 결코 완전히 결실을 맺을 수 없을 거라고 확신했기 때문에 웨스팅하우스에 대한 위협을 느끼지 않았다. 에디슨은 한 동료에게 이렇게 말했다. "웨스팅하우스의 계획 중 어느 것도 나를 조금도 걱정시키지 않는다. 나를 불안하게 하는 것은 웨스팅하우스가 이 나라에 대리점과 외판원들로 넘쳐나게 하기에 충분한 위인이라는 것뿐이다. 그는 어디에나 나타나서 그것(교류)에 관해 잘 알지도 못하면서 수많은 회사를 설립할 것이다."[25]

일부 비평가들은 에디슨이 공격적이고 복수심에 찬 성격을 지니고 있다고 주장했지만 다른 이들은 전기 개발에 대한 에디슨의 진심 어린 우려가 교류에 대한 그의 도전에 불을 지폈다고 주장했다.[26] 그는 교류가 전기와 관련된 사람들에게 다루기 힘든 문제를 일으킬 것이라고 생각했다. 교류는 사회를 놀라게 할 뿐만 아니라 그 고전압의 위험은 여론을 변화시킬 수 있는 사고뿐만 아니라 전기 개발에 반대하는 주 및 연방 입법을 초래할 수 있다고 생각했다. 이러한 우려는 정당했다.

흥미롭게도 에디슨은 1880년대 초 교류를 처음 접했고 골라드-깁스 변압기에 대해 잘 알고 있었다. 그는 심지어 교류 시스템을 연구하기 위해 자기 직원들까지 유럽으로 보냈지만 나중에 그들의 보고에 흔들리지 않았다. 에디슨은 저전압이 전기전송에 더 적합하다는 의견을 견지했다. 그러나 교류가 인기를 얻자 에디슨은 웨스팅하우스에 대한 개인적인 경쟁심이 커지고 있음을 느꼈다.

웨스팅하우스 전기회사는 19세기 후반 기록적인 성장을 경험했으며 전국의 기업들 사이에서 교류에 대한 수요는 계속 증가했다. 교류 밸브와 계량기 분야의 주요 발전으로 직류 생산자들은 자신들이 엄청난 경쟁자와 직면했다는 사실을 깨달았다. 여론을 움직이는 것이 직류 옹호자들이 자신들의 이익을 보호할 수 있는 일차적인 방법이었다. 교류를 둘러싼 여론은 요동쳤고 많은 사람들이 교류의 높은 전압과 잠재적 위험에 대해 불안감을 느꼈다.

웨스팅하우스와 교류를 둘러싼 부정적인 여론은 교류가 성공해서는 안 된다고 결심한 에디슨과 다른 직류 생산자들에 의해 악화되었다. 대중들은 에디슨을 우상화하고 선의의 '마법사'로 보았다. 언론은 또한 에디슨이 항상 공개성명을 발표할 태세를 갖추고 있었고, 종종 그의 재치와 솔직함으로 대중들을 즐겁게 했기 때문에 그를 존경했다. 웨스팅하우스는 오히려 언론의 주목을 받는 것을 꺼렸으며 종종 여론에 다소 민감하지 못하다고 여겨졌다. 신문, 잡지 및 저널은 이 시기에 의사소통의 주요한 수단이었다. 전류 싸움은 주로 편지와 기사를 통해 벌어졌고 유력 신문들이 참여했다.

전류 싸움은 계속 확대되었고, 세간의 주목을 받았다. 에디슨은 막후에서 그의 최대의 경쟁자인 웨스팅하우스와 그의 교류 시스템에 대항해 다소 성공적인 대중 캠페인을 벌였다. 경쟁이 치열해짐에 따라 에디슨은 교류 도입의 위험성을 대중들에게 경고하는 팸플릿을 발행할 수밖에 없었다. 그는 웨스팅하우스가 자신의 아이디어를 도용하고, 자신을 발명가로서의 신뢰를 떨어뜨리려 했다고 주장하기 위해 기고의 상당 부분을 할애했다. 에디슨과 웨스팅하우스 사이의 첫 번째 싸움은 특허 청구에 관한 것이었다.

웨스팅하우스는 교류의 우월성을 지적하며 대응했다.《북아메리카 리뷰 The North American Review》에 발표된 기고에서 그는 에디슨의 중앙 집중식 발전소를 "대다수의 유능한 전기 기술자들이 여러 측면에서 근본적으로 매우 심대한 결함이 있는 것으로 보고 있다. 사실, 교류 사용을 금지할 수 없다면 에디슨의 발전소는 더 과학적이고 모든 면에서(건물 사용자 또는 입주자 등) 훨씬 더 안전한 교류 시스템으로 완전히 대체될 운명인 것처럼 보인다"라고 말했다.[27]

웨스팅하우스는 또한 에디슨의 측근들조차 직류 방식에 대해 이견을 드러내고 있다고 주장했다. 그는 디트로이트 에디슨 발전소 Detroit Edison Station 소장이 에디슨 조명회사 연례회의에서 성공적으로 채택한 결의안을 지적했다. 그 결의안은 모회사가 "고전압과 삼상 전류 방식을 도입해 결과적으로 구리선의 비용을 줄여 지역 조명회사들이 수익을 남길 수 있도록 유연한 사업영역 확장 방법을 제공할 것"을 촉구했다.[28]

그즈음 에디슨과 많은 직류 옹호자들은 교류 전류가 빠른 속도로 채택되고 있음을 깨닫기 시작했다. "에디슨은 경쟁력 있는 전기 공급 기술(교류 기술을 말함 _옮긴이)의 향후 발전을 차단하고 그의 직류 시스템 분야의 독점권 유지를 추구하려는 것은 오히려 부질없는 짓이며 …… 자신이 예상하지 못했던 빠른 속도로 자기의 직접적인 경제적 이익을 압박하는 경쟁적 기술 체제(교류 기술 체제를 말함 _옮긴이)의 불가항력적 파괴력을 목도한다."[29] 교류의 막대한 경제적·실질적 이점으로 인해 에디슨과 그의 지지자들은 교류 기술의 채택 속도를 늦추고 이를 통해 투자금을 회수할 여지를 확보하기 위해 교류 기술의 악마화를 위한 극단적인 방법을 채택했다. 그들의 접근방식은 다소 섬뜩한 양상을 띠었다.


## 3. 악마는 디테일에 있다

마케팅 캠페인은 대중이 위험하거나 건강상의 위험을 내포하는 것으로 보이는 기술, 장소 또는 제품에 낙인을 찍고 회피하는 경향이 있음을 보여왔다. 낙인찍기는 종종 무의식적이고 개인의 통제력을 넘어서는 상황에서 두려움과 잠재적인 사망과 연관된다.[30] 기술적 낙인찍기의 핵심은 부정적인 이미지, 설명어 또는 단어 연관성에서 비롯된 소비자 행동의 해로운 변화와 제품을 연관시키는 것이다. 직류와 교류 진영의 싸움에서 각 진영은 자신들의 입장을 대신해 사회적 공포심을 이용했다.

19세기 마지막 수십 년 동안의 전류 싸움은 사형에 직면한 유죄 판결을 받은 범죄자들에게 불길한 영향을 미쳤다. 이 전류 싸움과 웨스팅하우스와 에디슨 사이의 경쟁의 결과로 전기는 곧 형법에서 가장 엄격한 처형 메커니즘 중 하나인 전기의자와 관련이 있었다. 직류 시스템에 대한 기득권을 가진 사람들은 대중들 사이에서 교류에 대한 분노와 공포를 이끌어내기 위해 노력했다. 그들은 "전기의자에 의한 사형집행에 교류 전류와 죽음을 연관시켜 이를 대중들 마음속에 확고히 각인시킬 목적으로" 반反교류 입법 로비를 벌렸다.[31] 그리하여 직류와 교류의 경쟁의 이야기에서 가장 어두운 국면이 시작되었다.

반교류 운동을 주도한 사람은 해롤드 브라운Harold P. Brown이었다. 무명의 전기 기술자인 브라운은 저명한 《뉴욕 이브닝포스트The New York Evening Post》 편집자에게 보낸 편지를 공개하면서 공공 문제에 등장했다. 1888년 6월 5일 그의 서한은 교류의 생산자들이 공공 안전보다 그들의 재정에 더 신경을 쓰고 있다고 비난하고 교류를 '가증스러운 것'라 폄하했다.[32] 그는 교류를 사용하는 유일한 이유는 구리선 비용을 절약하기 위해서라고 말하면서, "회사가 조금 더 많은 배당금을 지불하기 위해 대중은 갑작스러운 죽음이라는 끊임없는 위험에 굴복해야 한다"고 주장했다.[33] 그는 교류를 사용하는 것은 "화약 공장에서 불타는 촛불만큼이나 위험하다"고 경고하고, "에디슨 회사에서 백열등에 사용하는 직류는 완벽하고 안전하다"고 말했다.[34]

웨스팅하우스 지지자들은 교류에 대한 공격은 공중보건을 보호하기보다는 교류 지지자들에게 상처를 주기 위한 것이라고 대응했다. 동일한 전압의 직류가 실제로 교류보다 더 위험하다는 반론도 나왔다. 한 전기 기술자는 교류가 생명을 구할 수 있다고 제안하기도 했다. 그는 치명적인 직류 쇼크로 사람이 쓰러졌을 때 "몸을 통해 흐르는 교류는 생명 회복에 매우 효험이 있다"고 주장했으나 이러한 미신 같은 주장에 대한 아무런 증거도 제시하지 않았다.[35] 한편 브라운은 인체의 손상은 지속적이고 연속적인 충격에 의해 야기된다고 지적했다.

그의 편지에 따르면 그 치명적인 교류는 직류로 막을 수도 있었을 수많은 우발적 죽음과 상해를 초래했다. 그는 교류 전압을 300볼트 이하로 낮추도록 규제할 것을 요구했다. 그러면 교류 시스템이 비교 우위를 잃게 되고 다시 한 번 직류 시스템이 시장을 지배할 수 있게 된다. 브라운의 편지는 저명한 전기 기술자, 사업가, 그리고 과학자들로부터 열렬한 반응을 불러일으켰다. 이 편지는 그에 대한 반응과 함께 지금까지 가장 치열한 전류 간의 싸움을 촉발시켰다.

1888년 7월 16일 브라운의 입장에 반대하는 사람들이 모여 그의 주장에 가장 잘 대응할 수 있는 방법을 논의했다. 그들은 브라운의 실력에서부터 그의 진실성에 이르기까지 모든 것에 의문을 제기했고, 적절한 절연체와 변압기가 있으면 교류는 매우 안전하다고 주장했다. 브라운은 자신의 이미지와 명성을 지키기 위해 그리고 이러한 비판에 대한 대중의 반응에 대비하기 위해 교류 시스템과 직류 시스템 모두에 대한 일련의 실험을 수행했다. 그는 에디슨과 뉴저지에 있는 그의 넓은 실험실의 도움으로 이러한 실험을 수행했다.

브라운은 그의 비평가들이 《이브닝포스트》 기사에 대응하기 위해 모인 지 약 2주 후 교류의 위험성을 보여주는 실험을 통해 그의 주장을 입증할 준비를 했다. 브라운은 개의 척수와 뇌에 전극을 연결시켰다. 그는 직류를 사용해 300, 400, 500, 700, 그리고 마침내 1000볼트를 개에 관통시켰다.[36] 이 고통스러운 과정을 거친 후에도 그리고 개의 경련하는 몸과 울부짖는 소리가 홀 전체에 퍼져 불안감을 불러일으켰을 때도 개는 죽지 않았다. 그래서 브라운은 개의 몸에 300볼트의 교류를 통과시키자 즉시 개가 죽었다.

비록 브라운은 그의 첫 번째 공개 실험이 성공적이라고 느꼈지만 많은 청중들은 그 소름끼치는 특성 때문에 매우 혼란스러워했다. 다른 이들은 연속적인 직류 전압이 이미 개를 심각하게 약화시켰기 때문에 교류가 더 위험하다는 것을 증명하지 못했다고 생각했다. 이러한 우려를 완화시키기 위해 브라운은 그 이후 수일에 걸쳐 교류만을 사용해 몇 가지 실험을 추가로 했다. 이러한 실험들은 성공적이었지만 브라운은 그의 승리에 기뻐하면서도 그것이 뉴욕의 사형제도에 미칠 심각한 함의를 알지 못했다.

그 당시 미국 사법제도에서는 교수형은 가장 일반적인 처형 방법이었다. 어떤 경우에는 교수형 집행을 공개적으로 했는데 이를 보기 위해 가족들이 먼 거리를 여행하기도 했다. 비록 공개적 교수형 집행이 어느 정도 수용할 수 있는 오락적 요소는 있었지만 많은 사람들은 그것을 야만적인 처벌로 여겼다. 이론적으로 교수형은 사람의 목을 부러뜨리기 위한 것이었다. 그러나 실제로 이 방법은 목이 부러지기보다는 목을 조르는 결과를 낳았는데 종종 몇 분 동안 계속되어 교수형이 잔인하고 기괴한 형벌이라고 믿게 되었다. 보다 인간적이고 윤리적인 처벌에 대한 탐색은 전류 싸움이 한창일 때 시작되었고 뉴욕주가 가장 먼저 새로운 방법을 채택했다.

적극적 사형 옹호자인 뉴욕주 상원의원 대니얼 맥밀런 Daniel H. MacMillan 은 사형제도에 대한 대안적인 방법을 조사하기 위한 독립위원회 구성을 요구하는 조치를 입법부에 제안했다. 일부 사람들에 따르면 맥밀런의 제안은 사형 제도를 폐지하고 싶어 하는 사람들에게 대항하기 위한 것이었다. 만약 그것이 좀 더 인간적이 된다면 그것을 금지할 필요가 줄어들 것이다. 뉴욕 주지사 데이비드 힐 David Hill 은 이 조치를 승인했고 맥밀런은 새로 설립된 사형 위원회 위원들을 선출했다. 그는 그의 오랜 친구이자 브라운의 동물실험을 관찰한 전기 옹호자인 사우스윅 Southwick 박사, 변호사 매튜 헤일 Matthew Hale , 그리고 인도주의자 엘브리지 게리 Elbridge Gerry 를 선임했다.[37]

사형위원회는 고문과 사형제도에 대한 역사적 분석과 더불어 저명한 법률 및 의료계 인사를 대상으로 감전사 문제에 대한 의견을 구했다. 위원회가 심의하는 동안 많은 사람들이 전기의 모든 문제에 대해 전문가라고 여겼던 에디슨에게 의견을 요청했다. 에디슨은 사형을 지지하지 않는다며 사우스윅이 처음 요청한 기술적 조언을 거절했다. 그러나 사우스윅은 다시 에디슨에게 요청을 했는데 에디슨은 편지에서 "이와 관련해 가장 좋은 기기는 가장 짧은 시간 내에 시행될 수 있고, 희생자에게 최소한의 고통을 가하는 것으로서 이 것은 전기를 사용함으로써 성취되 수 있으며 그 목적에 가장 적합한 기구는 간헐적인 전류를 사용하는 교류 발전기와 같은 종류의 기계로 생각한다"고 답변했다.[38]

웨스팅하우스와 경쟁하는 또 다른 전기회사 톰슨휴스턴 Tomson-Houston 의 일리후 톰슨 Elihu Thomson 도 교류를 가장 인간적인 감전사 방법으로 추천했다.[39] 위원회는 40퍼센트가 교수형을 유지하는 데 찬성하고 43퍼센트가 전기에 의한 방법에 찬성한 조사 결과뿐만 아니라 개인 취향에 따라 권고안을 제시하면서 전기가 새로운 처형 방식이 될 것을 제안했다. "전기의자 제작 법안이 법률로 통과되었는데 이것은 사우스윅이나 게리 위원회의 노력 때문이 아니라 미국의 기술 역사상 가장 큰 경쟁자들, 즉 토머스 에디슨과 조지 웨스팅하우스 중 한 사람의 노력의 부산물로서 법이 만들어졌다."[40]

뉴욕 의회에 대한 위원회의 권고에 따라 뉴욕 의학법률학회 Medico-Legal Society 는 전기의자 설계를 결정하는 임무를 맡았다. 동 협회는 전기적 측면과 의료적 측면을 평가하기 위해 프레데릭 피터슨 Frederick Petersen 박사와 함께 브라운을 고용했다. 에디슨의 실험실과 자원을 이용해 두 사람은 빠르고 고통 없이 생명을 끝내는 데 필요한 적절한 전압을 결정하기 위해 말이나 송아지 같은 더 큰 동물들을 실험했다. 1888년 12월 12일 그들은 의학법률협회에 보고서를 제출했고 협회는 최소한의 반대로 그것을 채택했다.[41] 그 보고서는 특히 교류가 가장 치명적인 것으로 결정되었기 때문에 교류의 사용을 요청했다.

이 시점에서 웨스팅하우스는 교류에 대한 심각한 캠페인에 대한 대중의 반응을 전했다.《뉴욕타임스》에 실린 서한에서 웨스팅하우스는 브라운의 주장이 근거가 없으며, 에디슨 전기회사의 재정적인 우려에 의해 촉발된 것이라고 주장했다. 그는 이어서 교류 시스템의 이점은 반박할 수 없으며 열등한 직류 시스템의 지지자들이 사형 사건을 다소 섬뜩한 홍보 수단으로 이용하고 있다는 점을 지적했다.《뉴욕타임스》에 실린 웨스팅하우스의 주장에 대응해 브라운은 웨스팅하우스를 '전기 결투'에 초대했는데, 각자의 몸에 전류를 통과시키고 먼저 고통스럽게 소리치는 사람이 지는 것이다. 웨스팅하우스는 이례적인 초청을 거절하고 교류의 실용성과 이점을 계속 주장했다.

한편 뉴욕의회는 감전사 법안을 통과시켰다. 이 법은 1890년 8월에 도끼로 애인을 살해하여 유죄판결을 받은 윌리엄 켐러 William Kemmler 에게 처음으로 적용되었다. 그의 항소가 기각된 후 교도소는 켐러의 성명서를 발표했다. "나는 전기로 죽을 준비가 되어 있다. 나는 죄를 지었고 벌을 받아야 한다. 내가 교수형에 처하지 않게 된 것이 다행이다. 목 매달리는 것보다 전기로 죽는 것이 훨씬 낫다고 생각한다. 그것은 나에게 고통을 주지 않을 것이다. 강하고 힘이 센 더스턴 씨가 스위치를 돌리게 되어 기쁘다. 약한 사람이 스위치를 돌린다면 난 두려울지도 모른다. …… 여기까지의 내 인생에서 이렇게 행복했던 적은 없었다"고 말했다.[42]

브라운은 전기의자 개발을 담당하게 되었고 그의 주요 과제 중 하나는 웨스팅하우스 교류 발전기를 확보하는 것이었다. 웨스팅하우스는 이것을 막기 위해 많은 노력을 기울였다. 마감일이 다가오면서 브라운은 딜레마에 직면했고 평소처럼 친구 에디슨에게 도움을 청했다. 그는 또 다른 웨스팅하우스의 경쟁자인 엘리후 톰슨에게도 도움을 청하기도 했다. 톰슨은 보스턴의 한 동료와의 협상 끝에 웨스팅하우스 발전기를 확보할 수 있었고 브라운은 켐러가 처형될 메커니즘을 계속 개발했다.

이 단계에서 브라운과 에디슨은 교류 시스템을 사형제도와 결부시킴으로써 교류에 대한 신뢰를 떨어뜨리려는 노력에 큰 진전을 보이고 있었던 것 같았다. 그러나 켐러가 수감된 지 몇 주 만에 그의 변호사 코크란W. Bourke Cockran은 구속적부심사를 위한 출정영장을 발부받아 그 죄수의 사형 선고에 이의를 제기했다.[43] 웨스팅하우스가 이 유명한 변호사의 수임료를 지불했는지에 대해서는 의견이 엇갈리지만 만약 코크란이 그의 항소심에서 승소했더라면 웨스팅하우스 전기회사가 직접적인 이득을 보았을 것이라는 점은 분명하다.

코크란은 감전사가 잔인하고 비정상적인 처벌이며 따라서 헌법에 위배된다는 데 기초해 감전사를 옹호하는 사람들이 그것이 고통스럽지 않다는 것을 확인하는 데 필요한 기술 역량이 부족하다는 것을 보여주려 했다.[44] 그는 브라운이 전기 기술자로서의 자격증뿐만 아니라 감전사가 인간에게 적합한지 여부를 결정할 때 브라운이 동물을 대상으로 한 실험의 적실성에 의문을 제기했다. 에디슨이 증언하기 전까지 그 사건은 코크란에게 유리하게 진행되고 있는 것처럼 보였다. 에디슨이 그 지역사회에서 존경을 받고 있었기 때문에 그의 증언은 그 재판의 결과에 영향력을 발휘했다.

《알바니 저널Albany Journal》에 보도된 바와 같이 "전기 전문가 에디슨은 아마도 전류와 그 파괴력에 대해 세계적으로는 아니더라도 미국에서 가장 정통한 사람일 것이다".[45] 비록 에디슨의 증언이 켐러의 사형선고를 지지하는 결정에 기여한 유일한 요소는 아니었지만 그것은 교류와 죽음의 연관성을 더욱 높이는 데 도움을 주었다.

이러한 법적 패배 후 웨스팅하우스는 사건을 상급법원으로 회부하기 위한 조치를 취했지만 그의 노력은 소용이 없었다. 켐러는 1890년 8월 6일에 처형되었다.[46] 그의 처형에 대한 설명은 다양하다. 목격자들은 첫 번째의 전류가 그의 몸에 흐르고 나서 그가 죽었다고 추측했고, 사형 위원회의 일원인 사우스윈 박사는 "10년간의 작업과 연구의 절정이다. 우리는 오늘부터 더 높은 문명 속에 살고 있다!"고 외쳤다.[47] 얼마 지나지 않아 목격자는 켐러가 아직 살아 있다는 것을 깨달았고 다시 한 번 전류가 공급되었다. 불에 탄 살과 머리카락 냄새가 방안으로 스며들자 관찰자들은 경악한 채 서 있었다. 첫 번째 법적 전기사형 집행 사건은 전국적인 화제를 불러일으켰고, 그 여파는 공공 생활에서 전기의 역할에 대한 열띤 논쟁을 불러일으켰다.

교류를 낙인찍으려는 에디슨의 노력은 뉴욕의 가공架空 전선의 안전에 대한 큰 공황 상태에 빠졌을 때 나타났다. 대중 언론은 교류의 위험에 대한 그의 경고를 크게 반영했다. 예를 들어 《트리뷴The Tribune》은 "에디슨이 문손잡이, 난간, 가스 조절장치, 생활에 가장 흔하고 필요한 기구 등 모든 금속물체가 어느 순간에 죽음의 매개체가 될 수 있다고 경고했다"고 보도했다.[48]

에디슨은 전선을 땅에 묻으면 그 위험이 줄어들 것이라고 확신하지 못했다. 그는 "전선을 땅에 묻는 것은 통신회사, 저전압 장치 및 고압전류 장치를 통해 죽음을 맨홀, 상점, 사무실로 이전하는 결과를 낳을 뿐"이라고 믿었다.[49] 그의 경고에도 불구하고 에디슨은 "나는 아무런 의도를 가지고 있지 않으며 아무도 나를 민심 소란자라고 비난하지 않을 것"이라고 말했다.[50] 그러나 그의 동기는 분명했다. 그는 "나의 개인적인 소망은 교류 사용을 완전히 금지하는 것이다. 교류는 위험하므로 불필요하다"고 말했다.[51]

교류에 대한 낙인찍기를 강화하기 위해 에디슨의 변호사는 《아메리칸 노츠 앤드 퀴어리스American Notes and Queries》의 편집자에게 다음과 같이 제안했다. 즉 "웨스팅하우스의 교류 발전기AC dynamo는 범죄자들을 처형하는 목적으로 사용될 것이기 때문에 대중들에게 이 사실을 알려주고, 이제부터 범죄자를 '웨스팅하우스화된 사람westinghoused' 또는 '웨스팅하우스에 의해 처벌된 사람'이라고 하면 어떨까? 또한 그냥 명사로 사용한다면, 우리는 그런 사람을 '웨스팅하우스'로 비난할 수 있을 것이다. 그것은 이 뛰어난 위인(웨스팅하우스)의 공공의 업적에 대한 미묘한 찬사가 될 것이다".[52] 한편 《더 월드The World》는 1889년 'electro전기'와 'execution실행'을 결합해 'electrocution감전사'라는 단어를 세상에 내놓았다.

전기저널이 공포를 일축하려는 시도는 정규보도, 사고, 그리고 끊임없이 시야에 보이는 가공전선에 의해 흔들리는 여론에 거의 영향을 미치지 못했다. 전선 배선의 증가는 우발적인 감전사의 증가와 관련이 있었다. 절연재 결함 사례도 많았고 전력회사가 상황을 개선하도록 강제하려는 시도는 거의 진전을 보지 못했다. 뉴욕시 당국이 전력회사와 전신회사로 하여금 가공전선을 도관으로 이전시키려고 했던 수많은 시도는 실패했다. "이러한 부주의로 인해 전기사고는 극적으로 증가했다. 1887년 5월부터 1889년 9월 사이에 17명의 뉴욕 시민들이 전기에 의해 목숨을 잃었다."[53]

1889년 10월 존 피크John E. H. Feek 라는 웨스턴 유니온Western Union 의 한 전기공이 뉴욕에서 끔직한 사고로 감전사했을 때 대중들의 우려가 고조되었다. "그의 몸이 전선에 엉겨 붙어 연기가 나고 불꽃이 튀며 동료 전기공들이 그를 떨어뜨릴 때까지 45분 동안 매달려 있었다."[54] 거리는 구경꾼들로 가득 찼고 수백 명의 사람들이 그의 몸이 떨어지는 것을 창문으로 지켜보았다. 임신한 그의 부인을 위해 그 전신주에 매단 양철통에 며칠 동안 뉴욕 시민들이 줄을 이어 약 2000달러 정도를 기부했다.

이 사건을 계기로 건물주들은 집 위에 걸려 있는 전선을 절단하면서 이 문제를 직접 챙겼다. 《더 월드》의 보도에 따르면 겁에 질린 사람들은 "마치 전화기를 연결하는 작은 전선들이 그들을 죽음의 강으로 몰고 가거나 하는 것처럼" 전화기를 내던졌다.[55] 언론들은 인간의 생명보다 수익에 더 신경을 쓴다는 이유로 전기회사를 비난하는 강력한 사설을 실었다. 하워드 크로스비Howard Crosby 는 《뉴욕 트리뷴》에 기고한 글에서 "전선은 끔찍한 사망 원인이며 우리 동료시민들의 생명에 지속적인 위협이 되고 있다. 우리가 가스등으로 돌아가는 것이 귀중한 생명을 거는 것보다 훨씬 더 나을 것이다. 전등으로 재산을 모으는 회사들은 지갑 외에는 전혀 신경 쓰지 않는 것 같다고"고 말했다.[56]

법적 투쟁과 폭력은 두 달 동안 도시를 마비시켰고 그 후 공공사업부는 안전하지 않은 전선을 절단하기 시작했다. 100만 피트 이상의 전선이 절단되었는데 "총가공전선 약 4분의 1이 제거되었다. 그 결과 '아크arc' 전기 조명 회사들은 전기를 차단하고 56마일의 거리를 어둠 속으로 몰아넣었다."[57] 가스등이 천천히 되돌아오면서 야간 안전에 대한 우려 등 또 다른 문제가 발생했다.

《뉴욕 트리뷴》은 "밤에 이 도시의 조명에 관한 현재의 상황은 큰 손실과 불편과 불만 없이 오래 유지될 수 없다. 이미 상인들은 아마도 현재의 모순과 함께 그들이 사업을 하지 않을 수 없는 어려운 조건들에 대해 불평하고 있으며 확실히 거리는 안전하지도 않으며 암울하다"고 불평했다.[58] 시 당국은 강도 사건을 다루기 위해 일부 지역에서 경찰력을 늘려야 했다.

에디슨의 전기회사가 가로 조명을 제공하지 않았지만 가공전선의 제거는 모든 전선이 지하에 깔려 있었던 에디슨의 전기회사에 유리하게 작용했다. 아이러니하게도 에디슨은 대체하고자 했던 낡은 기술의 일시적 복귀에 맞서 싸워야 했다. 그러나 여론은 전기에 대한 안전한 접근과 기업 활동에 대한 강력한 규제를 계속 요구했다. 예컨대, 《뉴욕타임스》는 다음과 같이 보도했다. "단순히 기업들이 이기적이며 공무원들이 무지하고 비효율적이거나 부패했다고 해서 우리는 가스와 석유의 열등한 빛에 무한정 인내하지 않을 것이다. 뉴욕 시민들은 새로운 전기 기술을 두려워하지만 그것을 포기할 수는 없다. 놀랍게도 그들은 도시생활이 전깃불에 의존하게 되었다는 사실을 깨달았다."[59]

서서히 민간 기업들은 결함 있는 전선을 교체하고 지하 배선에 필요한 규정을 준수하기 시작했다. 어떤 면에서 이러한 공황으로 에디슨의 경쟁자들은 에디슨이 가스관을 모방해 사용했던 것과 같은 전략을 채택해야만 했다. 차이점이라면 이번에는 에디슨의 경쟁자들이 법률과 에디슨 자신이 기여했던 공황에 의해 강제되고 있었다는 점이다. 전선에 대한 공황은 뉴욕 정치와 기업 활동에 대한 더 많은 시 당국의 통제 강화 요구에 중요한 역할을 했다.

## 4. 새로운 길을 밝히다

전기의 발전은 기술 혁신의 시대로 이어졌고 거기서 영감을 받은 발명가, 사업가, 그리고 기업들이 우위를 차지하기 위해 경쟁했다. 토머스 에디슨과 조지 웨스팅하우스 사이의 경쟁은 시대정신을 구현하며 변화에 대한 제도적·개인적 반응에 대한 논의와 관련이 있다.

흥미롭게도, 에디슨, 웨스팅하우스 그리고 많은 다른 지지자들의 지칠 줄 모르는 노력에도 불구하고 20세기까지 전기가 가스 산업을 완전히 대체하지 못했다. 어떤 학자가 지적했듯이 "사실 제1차 세계대전 이후까지 대부분의 미국인들에게 가스등이 주된 조명의 원천으로 남아 있었다."[60] 많은 경제사 학자들이 19세기 후반 전기의 출현과 발전에 초점을 맞추고 있지만 가스 산업도 발전했다. 일부에서는 전기의 궁극적 지배가 불가피한 것은 아니었다고 주장한다. 즉 투자자와 기술 전문가들 사이에서 대중적 의견이 가스 조명을 찬성했다면 그 결과는 달라졌을 수도 있었다.

그럼에도 불구하고 전기의 도입은 미국 역사에서 중요한 사건을 보여준다. 전류 싸움은 변화에 도전하거나 변화를 포용하는 사람들의 동기와 행동을 통찰할 수 있기 때문에 기술적 발전을 둘러싼 사회적 갈등의 논의에 기여한다. 에디슨은 그의 백열등에 대한 사회적 수용의 중요성에 민감하게 대응했다. 이를 위해 그는 가스 조명과 비슷한 방식으로 자신의 전기 조명을 설계했다. 결국 기존 가스 산업을 대체하기 위해 노력하면서 에디슨은 실용적인 접근방법을 취했다. 그는 우선 가스와의 유사성에 주목하면서 그의 조명 시스템의 이점을 강조하려고 했다.

위대한 기업가 정신을 가진 발명가 에디슨은 이윤을 극대화하고 그의 백열조명 시스템에 대한 대중의 수용을 증진하기 위해 가스 산업의 특정 측면과 전략적으로 제휴할 필요가 있음을 깨달았다. 에디슨은 외견상으로는 혁신과 기술 발전을 수용했지만 자신의 발명을 대체하려는 사람들에게서 깊은 위협을 느꼈다. 전류 싸움과 절정에 이른 감전사 논쟁에서 증명되었듯이 에디슨은 기술 발전이 그의 개인적 명성과 경제적 운명에 영향을 미치자 기술 발전에 도전했다. 교류AC 기술의 채택을 중단하려는 의도는 아니었다. 그는 당시의 수요를 감안할 때 교류 시스템이 자신의 접근방식보다 우월하다는 것을 알고 있었다. 그의 전략은 일부 전력 부문의 투자를 회수하고 대체 사업기회를 모색할 수 있도록 시간을 벌려는 것이었다.


## 5. 결론

기술 혁신에 대한 긴장의 상당 부분은 동일한 전력공급체제 내의 기술 경쟁과 관련이 있다. 기술 경쟁은 기술 혁신의 한 지도자를 경쟁 시스템의 채택을 늦추기 위한 극단적인 전술의 교활한 사용자로 전락시켰다. 에디슨이 새로운 기술에 도전한 주된 이유는 그가 전력 시장에서 빠져나갈 수 있는 시간을 벌기 위해서였다. 그는 이 목표를 달성하고 "영화와 음반 제작, 철광석 제련과 시멘트 제조, 전기 자동차용 알칼리성 저장 배터리 개발" 등 다른 기술 마케팅으로 옮겨갔다.[61] 그의 재정 지원자들은 그의 사업의 일부를 장악해 1892년 교류에 기반을 둔 회사인 톰슨 휴스턴 Thomson-Huston 과 합병해 제너럴 일렉트릭 General Electric Corporation: GE 을 설립했다.[62]

에디슨의 초기 업적은 자신의 혁신 기술을 기존의 제도적 장치들과 결부시키는 데 대단히 뛰어난 능력을 보여주었다. 그러나 기술 경쟁에 직면했을 때 그는 그 새로운 기술을 흉악범의 처형과 연관시켜 낙인을 찍으려는 극단적인 방법에 의지했다. 전기 사고에 대한 대중의 공포는 교류의 위험에 대한 인식을 형성하고 에디슨에게 유리한 정보를 제공하는 데 중요한 역할을 했다. 이 논쟁에는 기술 경쟁에 대한 현대의 논쟁에 영향을 미칠 수 있는 몇 가지 교훈이 있다.

첫 번째 교훈은 기술과 제도가 어떻게 통합 시스템을 형성해 진화할 수 있는지에 대한 에디슨의 깊은 이해에서 비롯된다. 그는 가스 조명이 지배하는 시장에서 직류 전류 도입을 통해 이 교훈을 얻었다. 그는 자신이 경쟁하고 있었던 가스 산업과 비슷해 보이는 새로운 시스템을 설계했다. 그렇게 함으로써 그는 전기 조명이 가스 조명과 경쟁적인 조명의 원천이 된다는 사실에도 불구하고 자신의 시스템에 투자하도록 가스 이익단체들을 끌어들일 수 있었다. 이러한 접근 방식으로 에디슨은 자신의 혁신에 의해 대체될 가능성이 있는 사람들을 끌어들이는 전략을 채택할 수 있었다. 이러한 접근방식은 기존 행위자들을 수용하기보다는 기존 행위자들을 교체하는 데 더 중점을 두는 기술적 파괴에 대한 현대의 주장과는 뚜렷한 대조를 이룬다. '파괴적 혁신'이라는 용어는 크리스텐슨 Christensen 에 의해 형성된 본래의 기술적 의미를 상실했고, 지금은 일반적으로 기존 산업의 파괴를 지칭하고 있다. 이것은 혁신자들에게 어느 정도의 자부심을 가져다줄 수도 있지만 사회적 긴장을 고조시킬 수도 있다.

에디슨의 모방 전략 즉 '에뮬레이션 emulation' 접근방식은 그의 혁신과 기존 행위자들 간의 갈등을 줄이는 데 도움이 되었다. 에디슨은 자신의 목표를

"가스에 의해 수행된 모든 것을 정확하게 모방해 가스 조명을 전기 조명으로 대체하는 것"이라고 설명했다.[63] 그는 자신의 기술을 지배적인 문화에 적응시키려 했고 그렇게 함으로써 반발의 가능성을 줄였다. 그러나 바로 가스등의 경우처럼 그 시스템의 나머지 부분에 영향을 미치지 않고 개별적으로 조명을 차단할 수 있는 기술 역량을 포함한 문화적 결정을 함으로써 에디슨의 혁신은 현실 세계의 기술적 요인들에 의해 강요되었다. 실제로 "전기 공학자들은 자신들이 만든 장치들을 현실 세계에서 작동시키려면 저항, 전압, 전류 및 전력 그리고 현실 세계의 절대적 법칙인 '옴의 법칙 Ohm's Law'과 '줄의 법칙 Jule's Law'에 대한 개념을 채택해야 한다".[64] 에디슨의 시장 진입 전략과 기존 행위자들을 포용하려는 그의 주도면밀한 노력은 사회적 힘이 새로운 기술의 진화와 채택을 형성한다는 사실에 대한 그의 인식을 보여주었다.[65]

그의 접근 방식에서 핵심 메시지는 기존의 문화적 맥락에서 새로운 기술을 통합하는 것이 중요하다는 것이다. 신기술이 기존 시스템을 강화시킬수록 그 수용 가능성이 높아진다. 기술적 모방은 단순히 소비자를 혼란시키는 계략이 아니라 친숙함에서 이익을 얻는 필수적인 전략이다. 때때로 그러한 모방에는 전통의 계속성에 대한 인식을 강화하는 노력이 수반된다. 따라서 에디슨은 시스템을 대체하기보다는 시스템을 함께 사용하는 것을 선택했다. 그가 웨스팅하우스와의 싸움에서 막강한 힘을 발휘하게 된 것은 이와 같은 기술적 연속성의 정치적 역학 관계에 대한 깊은 지식이다.

두 번째 중요한 교훈은 에디슨이 교류에 도전하기 위해 사용했던 극단적인 방법이다. 에디슨이 추구한 전략의 가장 중요한 측면은 전기 공급시장 부문에서 벗어나기 위해 시간을 벌려는 그의 욕구였다. 그는 처음에 웨스팅하우스의 확장을 저지하기 위해 특허권을 사용함으로써 대응했다. 에디슨은 웨스팅하우스와 그의 사업 모델을 모두 폄하하려고 했다. 그는 웨스팅하우사가 추진하고 있었던 산업에 대해 기술적 지식이 부족하다고 비난했다. 그러한 전술은 현대의 기술 논쟁에서 흔한 일이다. 실제로 기업들은 때로 파트너에게 비방금지 계약 서명을 요청하기도 한다. 이러한 방법들이 통하지 않는다는 것이 확실해 지자 에디슨은 전기에 관한 대중의 안전 불안감을 이용해 교류에 대해 가장 비열한 악마화 전략을 강화했다. 사형 집행자들로 하여금 교류를 사용하도록 하고 그 행위를 '웨스팅하우징 westinghousing'으로 명명하게 하기 위한 에디슨 측의 노력은 교류 기술을 사형집행과 동일한 명칭으로 낙인을 찍을 수 있는 방법이었다. 에디슨은 전기 분야의 정치적 지형에 정통했고 대중의 마음속에 교류에 대한 두려움을 심어줄 수 있는 볼거리를 어떻게 연출해야 하는지 알고 있었다. 이런 극단으로 치닫는 기술 논쟁이 많지는 않다.

이러한 충돌에서 발생하는 세 번째 교훈은 기술적 우위가 종종 최종 결정권자가 된다는 점이다. 이번 사례에서 교류는 여러 면에서 직류보다 우월했다. 초기에는 두 시스템이 서로 다른 지리적 위치에 적용되어 서로 다른 틈새시장에서 공존할 수 있었다. 에디슨은 결국 자신의 시스템이 교류와 경쟁할 수 없다는 것을 알고 있었기 때문에 단계적인 퇴출을 선택했다. 정책 입안자들에게 주는 핵심적인 메시지는 그들이 더 많은 융통성을 제공하는 기술적 대안을 선택할 수 있는 방안을 탐구하는 것이다. 이는 소비자 선호도를 통해 달성할 수 있다. 그러나 '기술 잠금 현상 technological lock-in'은 우수한 기술을 시장에서 쉽게 배제시킬 수 있다.

네 번째 정책적 교훈은 신제품 시장을 창출하는 표준의 역할과 관련이 있다.[66] 두 시스템 간의 경쟁은 본질적으로 전력 시스템의 요건 또는 규범으로 광범위하게 정의된 두 가지 경쟁 기술표준 간의 충돌이었다.[67] 이러한 갈등은 전력 시스템의 적절한 기능과 관련된 기술 또는 통일된 공학 기준, 방법, 과정 및 관행을 확립할 수 있는 표준제정기관의 심의를 통해 방지할 수 있다. 표준은 단순히 공학 시스템의 기술적 기준뿐만이 아니라 참여 당사자들의 더 깊은 사회경제적 이해관계를 구체화한다. 사실 표준은 대개 산업이 시장에서 지배적인 역할을 획득하고 경로의존성을 정의하는 기반이다. 정책 입안자들은 기술적 타당성, 사업 이익 및 소비자 보호와 더 넓은 윤리적 고려 사이에서 균형을 이루도록 이러한 표준을 정의하는 데 중요한 역할을 한다.[68]

기술적 우위가 토론의 결과를 결정하는 데 중요한 역할을 했다. 이 논쟁에서 나온 마지막 정책 교훈은 기술 혁신과 정치 지배 구조 사이의 상호작용이다. 이 경우 전력 공급자와 정치 대표들 간의 정치적 연계는 안전 규정을 시행하기 어렵게 만든다. 전력 공급자들은 너무 지배적이어서 규제할 수 없게 되었고 그 결과 법은 제대로 시행되지 못하고 있었다. 이 논쟁의 성과 중 하나는 안전 문제에 대응함에 있어서 독점 기업의 역할에 대해 더 철저한 검토가 있어야 한다는 점이었다. 이는 기업 활동에 대한 시 당국의 통제에 더 많은 시민이 참여하는 새로운 사고방식을 촉진했다. 그러한 개혁은 위험과 이익의 분배 불균형 때문에 필요했다. 감전 사고는 혁신의 위험을 증가시켰다. 소수의 회사들이 대부분의 이익을 챙기는 반면 위험은 더 널리 분산되어 있다는 사실이 상황을 더 복잡하게 만들었다. 이러한 점에서 기술 혁신은 정치 영역에서 보완적 조정을 촉진시켰다.

주요 생태적 도전을 겪고 있는 세계 에너지 시장에서 오늘날 이 논쟁의 메아리를 들을 수 있다. 에너지 절약을 촉진하기 위해 신재생에너지와 에너지 보존을 위한 강화 운동은 지능형 전력망smart grid을 도입하려는 시도에서 알 수 있듯이 전기화에 대한 긴장감의 일부 측면을 반영하는 논쟁을 불러일으켰다. 긴장감은 사생활, 보안, 가격, 에너지 접근 등과 같은 쟁점에 초점이 맞춰져 있다.[69] 이 논쟁의 대부분은 비이온화 전자기 복사가 건강에 미치는 영향에 관한 것이며, 휴대전화 통신탑과 관련된 초기 논쟁과 유사하다.

예를 들어, 'Stop Smart Meters(스마트 계량기 금지 단체)'의 옹호자들은 스마트 계량기 설치로 인해 "요금이 급증하고 있고 건강에 대한 영향과 안전

위반이 보고되고 있으며 개인의 사생활이 침해되고 있다"고 말한다. 이 단체는 "어린이, 임산부, 노인, 면역 결핍증 환자, 다중 질환을 가진 사람, 인공심장박동기를 장착한 사람, 장기조직을 이식한 사람 등이 특히 위험하다"고 경고했다. 이 단체에 따르면 위험은 동식물에까지 미친다. 스마트 계량기가 건강에 미치는 영향에 대한 신문의 보도들을 보면 두통, 수면방해, 현기증, 불안감, 피로감, 피부 발진, 이명, 다리 경련, 건망증 등을 포함한다. 그러나 이러한 우려의 근저에는 공익사업의 통제에 대한 대중의 참여와 관련된 더 큰 문제들이 있다.[70]

직류-교류 논쟁은 해결된 것으로 보인다. 그러나 태양광 발전과 같은 새로운 전력 공급 시스템과 더욱 효율적인 가전제품은 점증하는 직류 시장의 틈새를 만들어내고 있다. 직류가 교류의 심각한 경쟁자가 될 가능성은 낮지만 새로운 추세로 인해 다양한 전원 공급 시스템에 대한 관심이 높아지고 있다. 분산형 직류 공급 시스템에 대한 매력은 전 세계적으로 확립된 교류 전원 체제를 계속 둔화시킬 것이다.

제7장 냉동기 혁신 **냉담한 환영: 기계식 냉동**

*빨리 테스트하고, 빨리 실패하고, 빨리 적응하라.*

_ 톰 피터스

세계 대부분의 지역에서 현대적인 도시생활은 기계식 냉동 없이는 상상할 수 없을 것이다. 사실, 도시생활과 관련된 많은 일상은 다양한 제품을 차갑게 유지하는 능력과 얽혀 있다. 기계식 냉동이 개발되기 전에는 많은 사람들이 음식과 음료를 냉각하는 주된 원천으로 천연 얼음에 의존했다. 기계식 냉동은 얼음 산업에 큰 영향을 미쳤으며 식품과 기계식 냉장고 자체의 안전에 대한 오랜 논쟁을 불러일으켰다. 이러한 우려는 근본적인 사회경제적 우려를 무색하게 만들었고 정밀 조사의 대상이 되었다.

한 세기 전 일련의 화재가 뉴욕시 냉동 창고를 휩쓸었다. 이에 대응해 뉴욕화재보험위원회 New York Board of Fire Underwriters 는 뉴욕시 소방국에 냉동 창고와 얼음공장에 대한 새로운 안전 규정을 제정하도록 압력을 가했다. 이러한 사건들은 뉴욕에 미국냉동기술자협회 American Society of Refrigerating Engineers 가 결성된 지 약 10년이 지난 시점에서 펼쳐졌다. 뉴욕시는 냉동산업의 진화 과정에서 기술 진보, 안전 의식, 그리고 사회 전반의 관계에 전환점이 된 새로운 규정을 채택했다.[1]

지난 장에서는 산업계와 정부 간의 관계가 신생 기술의 안전 개선을 저해할 수 있는 정도를 보여주었다. 이 장에서는 기계식 냉동이 천연 얼음 산업계의 반대를 극복할 수 있게 한 기술 개선을 촉진하기 위해 전문가의 조언을 어떻게 활용했는지 살펴보고, 신생 기술을 발전시키기 위한 새로운 기관 설립의 중요성을 강조한다. 이러한 공진화적 접근 방식은 전문지식을 이용해 새로운 문제에 대응하는 데 필요한 기술적 기반과 공공 담론을 제공하는 데 도움을 준다. 신기술의 개발은 또한 사회가 위험을 관리하는 데 필요한 전문지식을 갖추게 한다. 이는 신기술의 위험이 주로 기존 제품을 유지하려 하고 일반적인 사회 요구를 충족시키지 못하는 사람들의 이익에 따라 정의될 수 있는 상황에서 특히 중요하다.

## 1. 새로운 시장의 개척

냉동 이야기는 슘페터의 혁신 분류 체계에 나타난 제품 자체와는 달리 생산 방식의 변화와 관련된 논쟁을 보여준다. 얼음은 한때 사치품이었다. 1830년 이전 미국 엘리트들은 음료를 식히고 냉동 진미를 만들기 위해 얼음을 사용했고, 식품은 주로 염장, 양념, 절임, 훈제 및 일광건조법을 통해 보존되었다. 많은 미국인들은 추운 환경이 식품의 수명을 연장하고 부패를 방지한다는 사실을 이해하고 있었으며, 어부들은 잡은 고기가 겨울에 더 오래 보존된다는 것을 알았다. 하지만 일반 대중들은 냉동기술이 실용화가 된 19세기가 되어서야 비로소 냉동을 주방의 일상 습관으로 받아들였다.

1830년 이전에는 냉동 사용이 제한적이었다. 농민들은 더 시원한 기온을 이용해 야간에 제품을 운송했고, 얼음으로 채워진 생선은 가끔 가정으로 운송되었다.[2] 어민들과 농민들은 드물게 그날의 상품을 얼음 위에 진열하곤 했지만 정육점은 대부분 보존이 필요하기 전인 새벽 시간에 판매가 이루어졌고, 생선은 팔릴 때까지 살아 있었다. 1830년경 선술집, 호텔, 식당 등에서는 음식을 보존하기 위해 제한적으로 얼음집과 냉장고를 사용하기 시작했다. 토머스 무어 Thomas Moore 는 삼나무 통, 주석 용기, 얼음 및 토끼 모피를 이용하여 타원형 냉장고를 발명했다(무어의 냉장고는 삼나무로 된 타원형 외부 용기와 주석으로 만든 내부 용기를 결합하고 내부 및 외부 용기 사이에 얼음을 채우고 외부 용기 옆면과 통 뚜껑은 토끼 모피로 단열한 일종의 아이스박스임 _옮긴이) 무어의 냉장고와 대형 얼음집을 채우는 데 필요한 얼음은 엄청나게 비쌌다.

얼음 거래는 19세기에 수익성이 좋은 산업이었고 많은 사람들이 얼음 거래를 통해 믿을 수 없을 정도로 엄청난 부자가 되었다. 얼음 거래 산업에 처음으로 진출한 사람 중 한 명인 프레데릭 튜더 Frederic Tudor 는 해리슨 그레이 오티스 Harris Gray Otis 상원의원에게 보낸 편지에서 혹독한 여름 무더위와 미지근한 물 때문에 얼음은 중요한 사치품이라고 설명했다.[3] 튜더는 부자가 되려는 어린 시절의 꿈을 반드시 이루기를 원했고 얼음 거래를 자신의 열망을 실현하기 위한 수단으로 생각했다.[4]

이 기회는 또 다른 보스턴 상인 새뮤얼 오스틴 Samuel Austin 이 사업 제안서를 가지고 튜더에게 접근했을 때 찾아왔다. 인도에서 온 선박들은 보스턴에서 상품을 하역하고 돌아가는 길에 '바닥짐 ballast'을 싣고 가야 했다. 이 아이디어는 봄베이, 마드라스 및 캘커타에 살고 있는 영국인들에게 판매할 얼음으로 배 밑바닥을 채우는 것이었다. 1833년 9월 13일 튜더는 영국 동인도회사의 본사가 있는 캘커타로 운송하기 위해 투스카니호 The Tuscany 에 천연 얼음 100톤을 실었다. 얼음이 해외로 선적된 것은 이것이 처음이었다. 이 배는 5월에 출항해 수송 중 55톤의 얼음이 녹아 없어진 후 캘커타에 도착했다. 얼음이 도착하자 지역 주민들의 호기심이 들끓었고, 그들은 얼음은 어떤 나무 위에서 자라는지, 어떻게 재배되는지, 그것이 원산지에서 자란 것인지, 아니면 다른 곳에서 환적되었는지 물었다. 그 항해를 계기로 영국은 동인도 얼음

회사를 설립했다. 얼음의 '새로움'에도 불구하고 1836년《미케닉스 매거진 Mechanics Magazine》의 한 기사는 "얼음 판매가 예상만큼 그렇게 빠르지 않았다"고 말했다.

당시 인도에서 튜더의 얼음과 경쟁한 유일한 것은 휴글리평원강 Hughli Plain River 에서 채취한 으깨진 탁한 얼음 '슬러리 slurry'인 '휴글리 얼음'이었다. 튜더는 휴글리 얼음 가격을 절반으로 낮추고, 얼음을 깨끗한 얼음 덩어리(2 × 3피트)로 깔끔하게 잘라서 판매했다. 이 얼음 덩어리는 강에서 흘러내린 더러운 '슬러시 slush' 얼음과는 극명한 대조를 이루었다. 한 캘커타의 역사학자는 "나는 꽃꿀이나 낙원 Elysium 이라고까지는 말하지 않겠지만, 만약 여기에 사치가 있다면 바로 이것, 즉 2몬드 maund (약 74킬로그램) 무게의 순수한 얼음 덩어리다"라고 말했다.[5] 마침내 영국 해군은 포탑을 냉각시키기 위해 얼음을 사용하기 시작했다.

19세기 초반에는 얼음 수확 방법이 초기 단계였기 때문에 얼음 가격이 터무니없이 비쌌다. 농민들은 각자 도끼나 톱으로 불규칙한 모양으로 얼음을 잘라냈다. 그래서 그 얼음은 음식을 보관할 때 불편하고 비효율적으로 녹았다. 갑작스러운 해빙으로 수확한 얼음 전체를 잃을 우려가 있어 얼음 채취는 종종 신속하고 불규칙적으로 이루어졌다. 얼음 채취를 위한 노동력은 비수기 노동력으로 채워졌다.

얼음 무역이 미국 남부와 일부 외국 항구로 확대됨에 따라 산업계는 보다 정교한 수확 방법을 개발했다. 1850년경 너새니얼 와이어스 Nathaniel J. Wyeth 는 균일한 얼음 덩어리를 수확하기 위해 말이 끄는 얼음 절단기를 개발했다. 얼음 덩어리는 증기 동력 연쇄 체인을 사용해 저장소로 운반되었다. 톱밥 층이 겹겹이 쌓여 있어서 얼음 덩어리들이 서로 얼어붙지 않았다. 이 방법으로 시간당 600톤의 얼음을 수확할 수 있었다.[6]

얼음은 화씨 약 35도(섭씨 1.7도)의 온도를 생성할 수 있으며 더 낮은 온도를 얻기 위해 소금과 혼합되었다. 얼음과 소금이 섞여 용액이 되는 과정에서 일정량의 열이 발생하고, 그 잠열이 혼합물 자체에서 제거되어 온도가 더 낮아진다. 이 발견은 냉장고, 냉장창고 및 냉동철도차량을 포함한 천연 얼음 냉각에 적용되었다. 적절한 공기 순환의 개념은 이 산업의 발전에도 중요했다.

천연 얼음 보관법이 개선됨에 따라 식품 산업에서 가공과 운송 방법이 발전했다. 그러나 무염 육류와 신선 농산물을 포함한 다양한 식단에 대한 수요가 증가함에 따라 더 효율적인 냉동이 필요해졌다. 와이어스의 개선된 수확과 운송 방법에도 불구하고 부피가 크고 녹기 쉬운 천연 얼음은 미국 남부로 운송하기에는 비용이 너무 많이 들었다. 종종 북부의 따뜻한 겨울로 인해 얼음 수확량이 줄어들면서 문제가 더욱 악화되었다. 북부의 추운 겨울에도 천연 얼음은 여러 산업에 걸쳐 도전 과제를 제기했다.

얼음은 부피가 크고 공기 중에 습기를 유발하기 때문에 많은 산업의 냉동 수요에 대한 완전한 해결책이 되지 못했다. 맥주 양조업자들은 저장된 맥주 위에 엄청난 양의 얼음을 쌓아놓아야 했고, 이를 위해 육중하고 값비싼 시설 건축이 필요했다. 또한 천연 얼음이 생성한 공기는 너무 습해 발효 과정에서 곰팡이가 번식해 맥주를 오염시키는 경우가 많았다.[7]

육류 업계는 대규모 수요를 충족시키기에 충분한 천연 얼음을 확보하기 위해 할증 가격을 지불했다. 천연 얼음은 종종 육류 포장 공장에서 공간의 절반을 차지하곤 했다.[8] 양조업계에서와 마찬가지로 얼음은 공기를 너무 습하게 만들었다. 낙농업계는 이와 동일한 문제를 많이 경험했다. 더욱이 낙농업자들은 청결을 중시했지만 천연 얼음에는 흙과 식물 찌꺼기들이 섞여 있는 경우가 많았다.[9] 기계식 냉동의 도입이 상업용 식음료 생산 문제에 대한 해결책으로 떠오르고 있었다.

## 2. 냉동산업의 냉전시대

특히 1850년 이후 보다 신뢰할 수 있고 저렴한 냉동 방법에 대한 세계적인 수요로 인해 과학자들은 냉매의 유용성을 발전시키는 데 박차를 가했다. 영국은 해상운송 중 육류를 보존하기 위해 더 나은 저온 저장 능력을 발전시키는 데 앞장섰다. 영국은 도시 인구가 증가했고 새로운 도시 주민들의 요구를 충족시키기 위해 부패하기 쉬운 더 많은 양의 식품을 운송하고 저장해야 했다. 또 다른 큰 압박을 받은 분야는 주로 남부에 기반을 둔 미국의 양조 산업이었다. 양조업계는 많은 양의 얼음이 필요했지만, 얼음은 북부에서 공급되었는데 이는 수송 시스템 측면에서 지속가능하지 않았다.

기계식 냉동을 향한 첫 번째 주요 단계는 1755년에 시작되었다. 스코틀랜드의 의사이며 화학자, 농업가이자 에든버러 의과대학의 저명한 교수인 윌리엄 컬렌William Cullen은 얼음을 만들 수 있을 만큼 낮은 온도를 인공적으로 만드는 방법을 발견했다. 그는 공기펌프를 사용해 밀폐된 용기에 담긴 물의 압력을 낮출 수 있다는 것을 발견했다. 매우 낮은 온도에서 물은 심하게 증발하거나 낮은 온도에서 꾸준히 끓었다. 물을 액체 상태에서 증기로 변화시키는 데 필요한 열은 물 자체에서 나왔다. 상당한 열이 흡수되어 남은 물의 일부가 얼음으로 변했다.[10]

더 많은 과학자들이 냉동 방법을 찾는 연구에 참여했고 곧 얼음을 만들 수 있는 두 가지 화학물질을 발견했다. 과학자들은 물에 제2의 물질, 특히 황산과 같은 수증기에 친화력이 높은 물질을 첨가하면 동결 과정이 가속화된다는 사실을 발견했다. 다른 실험은 인도산 고무를 사용해 휘발성 액체의 영구 기화 및 응축 상태를 시험했다.[11] 마침내 연구원들은 암모니아와 이산화탄소가 모두 액화될 수 있다는 것을 발견했다. 암모니아 압축기는 냉동용으로 미국에서 더 널리 채택되었으며 유럽은 이산화탄소를 선호했다.

화학 냉동의 발전으로 기계식 냉동 창고가 출현했다. 농업 중심지에서 몰려든 수많은 사람들을 수용한 광대한 도시 지역은 냉동기술 수요를 부채질했다. 넓은 공간에서의 냉장 보관을 위해 창고 안에 있는 배관을 통해 냉각 소금물을 순환시켰다. 또 다른 방법으로는 암모니아와 같은 냉매 자체가 배관 안에서 증발되도록 했다.

상업용과 가정용 냉동의 광범위한 수용과 통합으로 가는 길은 험난했다. 효율적인 얼음 수확 방법이 발전하기 전인 19세기 초 얼음은 특히 가정에서 광범위한 냉각 용도로 사용하기에는 너무 비쌌다. 훨씬 나중에 더 저렴한 방법이 개발되었지만, 대중들은 냉동장치를 적절히 냉각시키는 공기 순환의 역학을 잘 이해하지 못했다. 그 결과 많은 사람들은 먼지가 많이 쌓이고 곰팡이가 피고 음식 맛이 섞여 냄새가 나는 냉장고를 갖고 있었다. 대중들이 이러한 부적절한 모델을 현실로 받아들였기 때문에 냉동산업은 빠르게 발전하지 못했으며, 많은 경우 얼음 덩어리를 계속 사용했다. 존 고리John Gorrie 박사는 1851년 공랭식 냉장고에 대한 미국 특허를 획득해 이 발명품을 뉴올리언스에서 시판하려 했으나 성공하지 못했다.[12]

전쟁은 결국 변화의 촉매제가 되었다. 남북전쟁은 노예제도와 주의 권리 문제로 미국을 남과 북으로 분열시켰을지 모르지만 링컨의 남부 항구에 대한 '선박의 입출항 봉쇄' 선언 또한 보스턴의 얼음이 남부연합Confederacy으로 들어오는 것을 막았다.[13] 연방 봉쇄 조치Union blockade로 남부 항구에 입항하는 선박 수가 3분의 2가 줄었다. 이 같은 혼란은 얼음 시장의 상당 부분을 잃은 공급자와 얼음을 사용하는 데 익숙해진 소비자들 모두에게 나쁜 소식이었다. 남부 사람들은 어쩔 수 없이 대안을 받아들일 수밖에 없었다. 페르디낭 카레Ferdinand Carré의 암모니아수 냉동기가 이윽고 텍사스주와 루이지애나주로 은밀히 퍼져 나갔다. 남부의 많은 가정에서 이 기계를 사용하기 시작함에 따라 제조업체는 점진적으로 기술을 향상시켰다. 그러나 뉴잉글랜드의 풍부한 얼음 공급이 계속되었던 미국의 나머지 지역에서는 제빙 산업과 인공 냉동산업이 천연 얼음 산업과 경쟁할 수 없었다.[14]

남북전쟁이 격화되면서 남부의 제빙 산업은 호황을 누렸다. 1889년 텍사스에는 53개의 제빙 공장이 있었다.[15] 사실 미국에 기반을 둔 거의 모든 성공적인 얼음 제조업체는 연방 봉쇄 조치로 차단된 지역에서 나왔다.

텍사스 지역을 제외한 미국의 나머지 지역에서는 한동안 계속해서 천연 얼음을 선호했다. 새로 개발된 제빙 장치는 가스와 기름 누출 및 폭발에 취약했으며, 이러한 결함 때문에 인공 얼음 산업은 텍사스 이외의 지역에서 천연 얼음 산업 시장에 침투할 수 없었다. 게다가 천연 얼음은 새로운 기술로 만든 인공 얼음보다 더 저렴했다. 실제로 천연 얼음 산업은 인공 제빙 산업에 비해 가격대가 매우 낮았기 때문에 더 오래 살아남았다.

겨울이 따뜻해지고 수질 오염이 공중보건과 안전에 대한 우려를 불러일으키자 천연 얼음 제조업체들의 상황이 바뀌기 시작했다. 필라델피아에 본사를 둔 회사들은 스쿨킬강 Schuylkill River과 그 지류에서 채취한 천연 얼음을 팔았는데, 이 얼음은 도축장과 양조장에서 버린 쓰레기로 점점 더 오염이 되었다. 그 당시 많은 사람들은 "얼음에 갇힌 세균은 얼어 죽기 때문에 오염된 물을 얼리는 것이 안전하다"고 생각했다.[16] 심지어 보건부조차 얼음이 채취될 때 모든 '불순물'이 빠져나간다고 주장했다. 식료품점이나 주점 같은 산업 소비자들은 가장 더러운 얼음을 사용한, 반면에 다른 민간 소비자들은 연못과 개울에서 나오는 보다 깨끗한 얼음에 대해 더 많은 돈을 지불할 용의가 있었다.

결국 1880년대 발생한 장티푸스 열병은 연구자들이 "장티푸스균은 얼어도 살아남을 수 있고 …… (그리고) 일부 박테리아는 특히 더 짧아진 저온 유통 체계와 겨울철 얼음 시장의 발달로 사람들을 감염시킬 수 있을 만큼 충분히 오랫동안 살아남을 수 있다"는 것을 입증한 후 천연 얼음에 대한 대중의

인식이 바뀌었다.[17]

오염은 천연 얼음이 완전히 '순수하다'라는 주장에 이의를 불러일으켰다. 예를 들어 매사추세츠 '월든 연못Walden Pond'의 얼음과 '스쿨킬강'의 얼음은 한 컵의 물에 남아 있는 침전물의 색, 맛, 양 등에서 눈에 띄게 차이가 났다. 그런데도 상인들은 소비자들에게 배포한 팸플릿을 통해 "천연 얼음은 소비되기 3주에서 12주, 심지어 20주 전부터 얼음 창고에 저장되며 12주 동안 보관하면 얼음이 사실상 무균 상태가 된다"고 주장했다.

이 팸플릿은 "천연 얼음은 원료가 되는 물보다 항상 90퍼센트 이상 더 순수하며, 화학자들이 이를 증명했다"고 주장했다. 순수성에 대한 이러한 '과학적' 주장은 천연 얼음 산업계가 과거부터 사용했고 또 이후로도 캠페인에서 사용할 주장들의 전형이지만 이러한 방어적인 브로슈어가 존재한다는 사실은 천연 얼음 산업의 종말이 시작되었음을 나타낸다. 실제로 이 팸플릿은 "제조된 얼음과 기계식 냉동으로 인해 20년 전 아니 15년 전 천연 얼음 산업이 독점한 것으로 착각했던 분야에서 거대한 잠식이 일어났다"는 사실을 공공연히 인정하고 있는 것이다. 비록 천연 얼음을 수확하는 것이 그 당시 어떤 기계적인 또는 인공적인 형태의 냉동보다 더 저렴했기 때문에 천연 얼음 산업계가 계속 사업을 유지했지만, 소비자들이 천연 얼음의 품질과 청결에 대한 통제가 부족하다는 사실을 깨닫고 더 나은 얼음을 찾게 되었다.

제조된 얼음과의 경쟁에 맞서 천연 얼음 공급자들은 반격을 가했다. 그들은 휘발유 엔진으로 구동되는 개량된 기계톱field and basin saw을 사용해 더 효율적으로 얼음을 채취했다. 그들은 얼음 창고에 더 정교한 승강기를 설치했다.

얼음 산업계는 또한 그들의 '옛날 방식'을 옹호하는 광고 캠페인도 벌렸다. 광고 캠페인은 기계식 인공 냉동과 관련된 주요 문제를 이용했다. 즉 일반 소비자에 대한 안전과 사용 편리성과 관련된 주요 문제를 천연 얼음의 자연스러움과 대비시켰다. "간단하고, 저렴하고, 순수하고, 차갑고/ 나는 아무 말

없이 일한다"는 「얼음에게! To Ice!」라는 제목의 시 한 구절을 광고에 이용했다.[18] 가정냉동국 국장 메리 E. 페닝턴 Mary E. Pennington은 「얼음의 로맨스 The Romance of Ice」에서 「얼음과 소금으로 얼린 디저트 Desserts Frozen with Ice and Salt」에 이르기까지 13편의 팸플릿을 제작했는데, 얼음에 대한 많은 찬사들 가운데 특히 얼음을 아이들을 위한 신선한 우유의 '보호자이자 관리자'로 광고했다. 얼음 산업계는 또한 암모니아라는 위험한 화학적 속성과 대비하여 얼음의 순수성을 강조하면서 "눈이 내려 공기를 정화하는 것처럼 얼음이 녹으면 냉장고 안의 공기가 정화된다"고 주장했다.[19]

인공 냉동업계와 천연 얼음업계는 모두 여론을 주도하기 위한 캠페인에서 주부를 겨냥했다. 천연 얼음 지지자들은 얼음의 '촉촉하고 찬 공기'가 기계식 냉장고의 건조한 공기보다 신선 식품에 대한 더 좋은 방부제일 뿐 아니라 '위험할 수도 있는 음식 냄새'를 제거하는 잠재적 필터라고 말했다.[20] 이러한 시각은 특히 아이들의 식단에 신선한 우유, 과일, 채소 등을 포함시키려는 주부들에게 새로운 불안감을 불러일으켰다.

인공 얼음업계는 자신들의 제품이 양심적인 주부들에게 가장 실용적이라고 주장했다. 인공 얼음업계는 실내 장식 관련 잡지인 《하우스 뷰티풀 House Beautiful》로부터 큰 호응을 받았다. 이 잡지는 "우리 시대에는 얼음을 구매하지만 …… 우리 아이들 시대에는 얼음을 사지 않고 기계적인 방법으로 냉동해 확보할 것이다"고 예견했다. 이 잡지 기사에서는 전기냉장고의 장점을 다음과 같이 열거했다. "이것은 주부가 매년 얼음 구입과 음식물 부패로 지불하는 비용보다 더 저렴하다. 주부에게 가장 힘든 의무(얼음 장수로부터 얼음을 주문하는 것) 중 하나를 덜어준다. 전기냉장고에 의해 생성된 건조한 공기로 인해 박테리아의 활동은 일반적인 얼음 냉장고에서 화씨 38~44도(섭씨 3~7도)에서 시작되는 것이 아니라 온도가 그 지점 이상으로 상승한 후에야 시작된다."[21]

인공냉동이 긍정적인 언론의 지지를 얻고 있었음에도 불구하고 여러 면에서 여전히 불안전했다. 시카고에서 열린 1893년 컬럼비아 박람회에서 발생한 냉동 건물 화재로 17명이 사망하고 19명이 부상하였다. 시카고의 역사학자 조사이아 세이모어 커레이 Josiah Seymour Currey 는 "겁에 질린 수천 명의 관중들이 지켜보는 가운데 소방관들이 어떻게 들끓는 불덩어리에 휩싸였는지" 회상했다.[22]

1894년 발행된《얼음과 냉동 Ice and Refrigeration 》은 제빙공장과 냉동공장의 증가와 함께 폭발 횟수가 증가할 것이라고 경고했다. 이 잡지에는 물속으로 누출되는 암모니아, 응축기에서의 암모니아 누출, 암모니아 가스 실린더의 오작동 등에 대해 묻는 냉장고 소유자들의 편지가 여러 통 실려 있었다. 시카고에서 1894년 1년 동안 냉장고에서 새어 나온 가스로 인한 10명의 사망자와 30건의 사고가 발생했다.[23]

냉동업계는 기계식 냉장고가 안전하며 폭발에 대한 책임이 없다고 계속 주장했지만 미국 국민들은 동의하지 않았다.《얼음과 냉동》의 또 다른 기사는 "얼음공장에서 사고가 발생할 때마다 신문들은 즉시 암모니아 폭발로 돌린다[24]"고 언급하면서, 암모니아와 연관된 당시 세간의 이목을 끌었던 위험에 대한 대중의 불신을 부각시켰다.

냉동업계에서는 암모니아 압축으로 인한 폭발 위험을 수반하지 않는 대안적 설비 디자인을 고려하지 않았다. 실제로 업계는 그러한 위험에 대해 부인하면서 필요한 기술적 조정을 피하기 위해 '보험 풀 insurance pool'과 같은 다양한 방법을 사용했다. 특히 소비자들은 제조업체가 수익을 챙기는 동안 그들은 치명적인 위험에 노출되고 있다고 인식하면서 시간이 지날수록 우려가 증가했다. 그러나 업계의 많은 사람들은 암모니아가 폭발할 수 있다는 사실을 계속 부인했다. 1890년 한 회사의 팸플릿은 암모니아의 '탁월한 안정성, 비인화성 및 비폭발성'을 극구 선전했다.[25]

냉동업계는 암모니아가 아니라 애초에 사고를 일으킨 원인에 초점을 맞춰야 한다고 주장했다. 대부분의 사용자들은 노출된 위험수준을 판단할 충분한 기술적 전문지식이 없었다. 그러나 냉동에 대한 기술적 지식이 증가함에 따라 안전 의식도 증가했다. 1914년 매사추세츠주는 냉장고에 대한 안전 규정을 채택했다. 1915년 뉴욕 화재로 인해 다른 주에서도 이를 모방한 엄격한 규정들이 채택되었다. 이 규정에는 기계실에 암모니아 축적을 방지하기 위한 비상 배관 설치가 포함됐다. 또한 암모니아 냉동설비가 있는 모든 구역에서 보일러실에 화기엄금 및 '아크arc 등'의 직접 노출 금지, 그리고 보일러실의 개방 금지 조치를 규정했다. 결국 다른 30개 대도시와 여러 주에서도 이와 비슷한 조치를 취했다.[26]

시카고 화재사고의 결과 중 하나는 윌리엄 헨리 메릴William Henry Merill 이 1894년 미국 최초의 제품 안전인증 기관인 보험업자 안전시험소Underwriters Laboratories: UL를 창설한 것이다. 보험회사 소속의 보스턴 출신 25세의 전기 기술자 메릴은 화재 조사를 위해 시카고에 갔다. 그는 위험을 식별하기 위한 설계안전 장비뿐만 아니라 안전표준 시험방법들을 개발할 수 있는 가능성을 보았다. 1903년 보험업자 안전시험소UL는 '주석 피복 방화문'에 관한 첫 번째 안전기준을 발표했다. 이 안전시험소의 'UL' 마크는 1905년 소화기에 도입되었다.[27]

기계식 얼음 산업이 안전 문제와 씨름하는 동안 천연 얼음 산업은 다른 형태의 경쟁에 직면했다. 이미 포화 상태인 시장에 너무 많은 판매상들이 진입했다. 냉동 기계를 가진 판매상들은 저렴한 운영비를 내세우면서 종종 다른 판매상이 없는 지역에 제빙소製氷所를 들여왔다. 자유 판매상들도 마찬가지였다. 양조장과 아이스크림 제조업체와 같은 일부 산업체는 얼음을 부산물로 판매했고 정규 제조업체보다 쉽게 싼 값으로 팔 수 있었다.[28] 그 결과 가격 인하가 만연했고, 그 후 천연 얼음 산업은 난관에 부딪혔다.

여러 지역에서 이 문제를 해결하기 위한 조치를 강구했다. 무역협회는 업계 회원들을 모아 아이디어를 논의했다. 뉴욕, 버펄로, 시카고 등 일부 지역에서 가격 규제의 문제를 해결하기 위해 얼음 거래소가 생겨났다. 얼음채취 회사들은 통합되었다. 뉴욕의 아메리칸 아이스American Ice의 경우처럼 일부 합병은 역효과를 낳았다. 이 회사는 곧 독점권을 확보하고 결국 뉴욕시의 얼음 공급을 통제하고 1900년 5월에는 얼음 가격을 두 배로 올렸다.

이것이 아메리칸 아이스의 변칙적인 행동으로 드러나긴 했지만 일반 국민들은 대부분 이 회사가 손해를 보고 있다고 생각했다. 언론보도는 가격인하 상황을 바로잡기 위한 업계의 다양한 노력을 설명하기 위해 '얼음 신뢰ice trust'와 같은 문구를 사용했다. 대중은 당시 상황의 경제적 측면을 이해하지 못했다. 따뜻한 겨울, 높은 유통비용, 그리고 소규모 기업들의 시장 포화와 같은 요인들이 가격을 현실화시켰다. 그럼에도 불구하고 천연 얼음 산업에 대한 불신이 확산되면서 대체 냉매 시장이 형성되었다.

양측의 얼음 논쟁에 대한 불신은 또한 새로운 형태의 규제와 통제로 이어졌다. 냉동 산업의 초기에는 냉장 보관이 건강을 위협하는 것으로 보였다.[29] 냉동업계 지도자들은 냉동식품에 대한 부정적인 태도가 증가하는 것을 우려했다. "신문의 선동에 이끌린 국민들은 대체로 냉동시설이 시장을 인위적으로 통제하고 가격을 올리기 위해 이용되고, 식품이 장기간 저장되고, 그리고 냉동 공정이 공중보건에 해롭다는 생각에 공감했다."[30] 한 가지 대응 방안은 식품을 냉동 창고에 보관하는 기간을 단축토록 하는 법률을 제정하는 것이었다. 이 법은 또한 판매업자들에게 냉동 보관이 시작된 날짜와 함께 식품에 표지를 붙이도록 했다.[31]

하지만 도시가 성장하고 천연 얼음이 점차 비실용적이고 건강에 좋지 않게 되면서 부패하기 쉬운 제품을 더 잘 보관할 수 있는 방법에 대한 필요성이 더 커졌다. 그러나 비평가들은 식품이 아주 오랜 기간 냉동으로 보관되어 있으면 건강에 해롭고 맛이 없게 된다고 주장했다.[32] 또 냉장보관창고의 초기에는 식품을 제대로 보관하는 방법에 대한 정보가 부족해 식품 품질이 저하되었다. 예를 들어 달걀을 보관하기 전에 달걀에 이상이 없는지 확인하기 위해 촛불에 비춰 조사하지 않았다. 또한 산업계는 식품을 해동시킨 후 그것을 다시 냉장 보관하는 실수를 범해 식품의 불안전성과 품질 저하를 초래했다.

더욱이 소비자들이 비수기에도 신선한 식품을 요구하기 때문에 판매상들은 더 나은 등급의 냉동 저장 식품을 해동해 신선한 것으로 판매함으로써 소비자들을 속이는 경우가 많았다. 낮은 등급의 '보존식품preserved food'과 일부 낮은 등급의 신선 식품이 '저장 상품storage goods'으로 판매되었다. 따라서 냉장에 대해 격렬하게 의문을 제기했던 소비자들은 이 식품들이 신선하다고 믿으면서 정기적으로 먹었다. 냉동식품은 '방부처리 식품'이라는 소름끼치는 무서운 딱지가 붙었다. 국제 무역에서 국내 생산물을 보호하려는 국가들은 수입 냉동 쇠고기에 관세를 부과했다.

냉동 저장 문제를 조사하기 위한 매사추세츠 위원회가 발표한 1912년 보고서는 주니우스 아우어바흐Junius T. Auerbach의 증언을 인용했다. 그는 냉동이 사실상 식품의 질을 향상시킬 수 있다는 증언을 강요당했다고 주장했다. 그 자신도 특수 전문가들이 냉동 창고에서 나온 닭고기에서 추적한 '프토마인 중독ptomaine poisoning'의 피해자였다. 아이러니하게도 그는 또한 "세계의 모든 전문가들이 식품이 냉동된 후 섬유질에 약간의 변화가 없음을 믿게 할 수는 없었다"고 선언했다.[33] 아우어바흐가 냉동 산업계와 벌인 주된 논쟁은 "계란이 짧은 기간 동안 보관되었는지 아니면 오랜 기간 보관되었는지를 대중들이 알아야 한다"는 것이었다. 즉 식품의 유효성(따라서 식품 가격에 영향을 준다)은 물론 신선도에 대한 속임수를 예방할 수 있어야 한다는 것이었다.

그러나 방법이 개선되면서 냉동 저장이 공중보건 위험을 초래한다는 주장을 뒷받침할 증거가 거의 없다는 것이 분명해졌다. 냉동 창고는 전형적인 '정육점의 아이스박스'나 심지어 가정용 냉장고보다 훨씬 더 위생적인 환경을 제공했다. 매사추세츠 공과대학의 윌리엄 세드윅 William Sedgwick 이 같은 보고서에서 증언했듯이, 냉동 저장은 "식품을 더 쉽게 접할 수 있고 더 풍성하게 만들어 사람들이 체력을 유지하고 괴혈병과 같은 질병을 피할 수 있게 해준다"는 점에서 공중보건에 가장 큰 도움이 되었다.[34] 대부분 냉동 창고는 보존 식품을 위한 안전하고 위생적인 환경을 제공했다. 결국 미국 농무부와 다른 정부 기관들은 기계적인 방법에 의한 냉동 저장 창고의 무해하고 유익한 특성을 고객들에게 알리는 데 큰 역할을 했다.

냉동 저장에 대한 두 번째의 비난은 1909년 절정에 달한 생활비 상승에 대한 일반 국민들의 불안감에서 비롯되었다. 비평가들은 이것이 식품 가격의 상승을 야기했다고 주장했는데 이는 부분적으로 보존식품의 투기적 성격, 즉 부패하기 쉬운 식품을 잉여 시에 구입하고 공급이 부족한 시기에 판매한다는 것에 근거한 것이었다. 매사추세츠 위원회 보고서에서 아우어바흐는 냉동 저장 산업계가 "가격이 그들의 목표치를 충족하거나 공급이 너무 적어서 더 높은 가격을 받을 수 있을 때에만" 저장고에서 식료품을 출하했다고 비난했다.[35] 경제적 압력도 냉동 창고 투기를 견제하는 데 일조했다. 저장, 보험, 이자, 식품 가치의 감가상각 등에 대한 위험은 모두 냉동 창고업자들에게 불안감을 안겨주었다.

냉동 저장에 대한 또 다른 비난은 냉동 저장이 가격 하락을 유발한다고 주장한 창고업자들로부터 나왔다. 비록 그것이 유일한 작용 요인은 아니었지만 냉동 저장은 식품 가격의 균일성을 높였다. 전반적으로 냉동의 도입은 버터의 경우에서 증명된 바와 같이, "계절적 가격 변동을 현저히 감소시키고 공간적 가격 연계를 강화시켰다".[36] 더욱이 "19세기 후반 냉동의 도입으로 미국에서 유제품 소비는 연간 1.7퍼센트, 1890년대 이후 전반적인 단백질 섭취량은 연간 1.25퍼센트 증가했다".[37] 그러나 대중들에게는 왜 식료품 가격이 상승하고 있는지에 대한 설명이 필요했다. 냉동이 경제의 새로운 요소가 됨에 따라 냉동은 식품 가격 상승에 대한 분노의 표적이 되었고, 정치인들은 이를 교묘히 조종했다.

1912년 매사추세츠 식품냉동저장 조사위원회는 냉동 저장 식품이 소비자에게 안전하고 비용·편익의 측면에서 모두 유익하다고 판단했다. 그 직후 미국 공중보건협회는 일 년 내내 다양하고 건강에 좋은 물품을 공급하는 냉동 산업계에 찬사를 보내는 성명을 발표했다. 이것은 개별 상품의 경제적 단계에 대한 지식을 대중에게 제공한 미국 창고업자들의 자발적 보고서 제도와 함께 냉동 저장에 대한 대중의 편견을 개선하는 데 도움이 되었다.[38] 앤더슨이 지적한 바와 같이 대중의 편견이 조사, 입법 및 냉동 저장과 관련된 교육에 자극을 줌으로써 궁극적으로 업계의 광범위한 수용을 이끌어낸 것은 흥미로운 현상이다.[39]

냉동 저장이 인기를 끌자 천연 얼음 업계가 인공 냉동 산업과 경쟁하기 위한 광고 캠페인을 시작했다. 그 내용은 "얼음 산업에 대한 존중과 신뢰를 창출하고, 새로운 얼음 사업을 구축하며, 현재 소비자들의 얼음 소비를 늘리고, 작은 냉동 기계와 경쟁하는 냉각제로서 얼음의 가치를 보여주기 위한 과학적이고 실용적인 연구를 수행한다"는 것이었다.[40]

그러나 당시 얼음 산업계는 방어적이었는데, "얼음은 음식을 식히는 자연적인 방법이며, 얼음이 식품의 건조를 지연시킬 만큼 충분한 습기가 있기 때문에 우월하다"고 주장했다. 여전히 또 다른 광고는 얼음으로 차갑게 식힌 음식을 먹는 것은 천연 얼음으로 신선하게 유지된 상추, 올리브, 셀러리 같은 맛있는 식단을 제공함으로써 여성들이 건강미를 증진하는 데 도움이 될 것이라고 주장했다. 산업계는 촉촉한 얼음은 건조한 냉장고가 보존할 수 없는 방식으로 음식의 필요한 수분을 보존할 수 있다는 주장을 되풀이했다.

시카고에 기반을 둔 육류 포장 산업계는 냉동철도차량의 이점을 보았다.[41]

1880년 당시 냉동육을 운송하는 데 많은 현저한 이점이 있었다. 농민들은 일 년 중 가장 수익성이 좋은 시기에 시장에 육류를 팔 수 있는 능력을 확보했 다. 즉 육류 수요의 절정기에 도축할 수 있게 되었고, 도축된 동물의 유용한 부위만 운송하여 화물 운송비용을 절약할 수 있었다. 그 부산물은 좀 더 저 렴한 가격으로 별도로 운송할 수 있었다.

그러나 철도업계는 처음에는 냉동차량 기술에 회의적이었고 더욱이 '철도 연결docking' 및 급식소에 투자해 살아 있는 돼지와 소를 운송하는 데 기득권 을 가지고 있었다. 타협이 이루어질 때까지 철도업계는 살아 있는 동물을 운 송하는 것과 동일한 수익을 내기 위해 도축육에 대해 살아 있는 동물 운송 요 금과 동일한 요금을 부과했다.

동부에서는 자본 손실을 두려워하는 국제 도축 산업계도 냉동차량에 회의 적이었고 멀리서 선적된 도축육에 대한 대중의 편견과 공포심을 조장하기 위해 온갖 수단을 동원했다. 육류 거래상들은 물론 정육점으로 생계를 유지 하는 많은 사람들은 시카고산 육류의 유통을 거부했다. 그들은 도축육의 운 송에 대한 주 정부와 시의 조치를 촉구하기 위해 광범한 로비를 벌였다.[42] 정 육업계 종사자들은 동부에 지점을 개설하거나, 그 지역 도축업자들과 협업 을 했다. 그 후 10년 동안 살아 있는 가축의 운송보다 도축된 육류 운송이 비 용 면에서 더 유리해지면서 적대감은 사라졌다.


## 3. 전문가에게 맡기기

인공 얼음의 생산은 공학적 원리에 대한 상당한 이해가 필요했다. 이는 진보 에 대한 논의의 상당 부분이 기술 분야로 제한되었음을 의미한다. 사실 엔지니 어들은 특히 1890~1917년 사이에 이 분야의 발전에 핵심적인 역할을 했다.

엔지니어들은 암모니아와 이산화탄소를 냉각제로 사용하는 것 외에도 냉장고의 소형화에 초점을 맞췄다. 더 작은 냉장고를 만들려는 초기 시도는 실패했지만, 1917년까지 "4분의 1톤에서 3, 4톤에 이르는 용량의 냉장고가 널리 사용되었다. 고도로 숙련된 주의를 요하지 않았지만 자동은 아니었다".[43] 이 작은 냉장고들은 유지 관리 비용이 높았기 때문에 비용 절감을 위한 새로운 개선 방안들이 강구되었다. 예를 들어 냉매를 저장하기 위해 소금물을 사용하고 값싼 증기를 사용할 수 없는 곳에서는 내연기관을 사용했다.

이러한 개선은 상당한 기술적 다양성과 관련이 있었다. 예를 들어, 1916년에는 24개가 넘는 다양한 가정용 냉동기계 제조사들이 생겨났다. 일부 유럽의 설계 개념이 미국 시장에 진출하기 시작했다. 예를 들어, 압축에 아황산가스를 사용한 '아우디프렌Audiffren'은 프랑스에서 설계됐지만 제너럴 일렉트릭GE에 의해 미국에서 제조되었다. 모델의 다양성과 그에 따른 개선은 광범위한 사회적 요인에 의해 형성되었다.[44]

새로운 설계 개념의 출현과 관련된 기술적 문제는 기술 정보의 더 많은 교환을 요구하는 다양한 시장의 요구를 충족시켜야 했다. 1891년 냉동업계 최초의 정기 간행물인 《얼음과 냉동》이 시카고에서 창간되었다. "엔지니어, 냉동보관업자, 양조업자, 포장업자 등이 이용할 수 있는 기술 자료를 제공하는 책들이 등장했다. 이 분야의 최초의 정기 간행물뿐만 아니라 최초의 전문 서적도 미국에서 나왔다."[45]

정보 수집과 보급의 필요성은 무역 및 산업 협회 설립으로 이어졌다. 1904년 "냉동 공학 관련 과학기술을 촉진하기 위해" 미국냉동기술자협회가 뉴욕에서 설립되었다.[46] 루이스 블록Louis Block 서부 지부장은 첫 회의에서 다음과 같이 말했다. "우리는 더 이상 유아기에 있지 않다. 우리는 이제 원기 왕성한 성인으로 성장했고 보다 보수적인 나이에 도달했다. 여전히 우리는 착실히 발전하고, 개선하고, 확산해 나가고 있으며, 냉동산업에 뒤쳐지지 않고자 하는 사람은 누구든 빨리 달려야 한다. 우리는 결코 멈출 수 없으며 우리의 목표는 미래에 있으며, 과거에 그랬던 것처럼 기계와 장치를 개량하고 단순화하는 것뿐만 아니라 냉동 및 제빙공장의 비용을 절감하고 개선해 나갈 것이다."[47] 무역협회와 간행물은 냉동산업에 대한 대중의 우려를 해결하는 동시에 보다 큰 표준화를 촉진하는 데 필요한 투명성을 업계에 제공하는 데 도움을 주었다.

과학기술 및 공학은 전 세계적으로 냉동기술 발전에 훨씬 더 중요한 역할을 했다. 냉동기술이 국제 무역에 대한 미치는 영향은 분명해졌다. 예를 들어, 유럽 국가들은 냉동기술을 식민지와의 무역을 확대하기 위한 실질적인 방법으로 보았다. 이 분야를 발전시키기 위해 수많은 전국 대회가 열렸다. 1908년 파리에서 제1차 국제냉동회의가 열렸다. 이 회의의 주요한 목표는 냉동 분야의 발전을 지원하는 중앙집권적 기관을 만드는 것이었다. 1909년 파리에 본부를 둔 국제냉동협회 International Association of Refrigeration: IAR 의 창설로 이러한 목표가 달성되었다.

국제냉동협회는 1920년 재구성되어 국제냉동기구 International Institute of Refrigeration 로 개칭되었다.[48] 이 기구는 냉동의 과학기술 및 공학적인 측면을 다루는 유일한 정부 간 독립 기구이다. 이 기구는 극저온학에서부터 공기 조절에 이르기까지 가스 액화, 냉장유통체제 cold chain , 냉동 공정 및 장비, 냉매, 열펌프 등 모든 냉동 분야에 대한 지식을 증진하고, 에너지 효율과 절약, 건강, 식품 안전, 지구 온난화, 오존층 파괴와 같은 주요 문제들을 다룬다.

창립총회는 기념비적인 행사였다. "전 세계 42개국에서 온 5000여 명의 대표들이 파리 소르본에 모여 인공 냉동 분야의 획기적인 발전에 관한 문제들을 논의했다."[49] 회의는 국가위원회가 주도했지만, 토론은 "① 저온 및 그 일반적 효과, ② 냉동 재료, ③ 영양의 냉동 적용, ④ 타 산업에 냉동 응용, ⑤ 냉동운송과 상업적 적용, ⑥ 법률제정 사항 등" 세부 주제별로 나누어 진행되었다. 근본적으로 이 회의는 과학기술 및 공학 회의였다. "과학기술적 문제는 본질적으로 전술한 모든 영역, 특히 측정과 표준의 정의, 냉동 산업에서 사용되는 단위 및 명칭과 관련되어 있었다."[50]

창립총회와 그에 따른 국제냉동협회 IAR 의 창설은 네덜란드의 헤이커 카메를링 오네스 Heike Kamerlingh Onnes 와 스위스의 샤를에두아르 기욤 Charles-Édouard Guillaume 이라는 두 명의 저명한 과학자들이 지적 지도력을 발휘한 결과라는 점이 주목할 만하다. 두 사람은 후에 노벨물리학상(1913년과 1920년)을 받았다. 냉동의 중요성 증가와 지도자들의 지적 힘이 결합되어 "인공 냉동의 개발 영역에서 발생하는 긴급한 문제의 해결을 위해 과학자, 엔지니어, 생산업자 및 사업가"를 소집할 수 있게 되었다.[51]

정치 지도자들은 회의 준비에 똑같이 중요한 역할을 했다. 조직위원회는 후에 프랑스 국제냉동협회 회장이 된 앙드레 르봉 André Lebon 이 이끌었다. "그는 성공한 사업가였고, 상공부장관 겸 식민지장관을 역임했고, 매우 자유주의적인 자유정치대학원 Ecole Libre des Sciences Politiques 의 교수였으며, 후에 프랑스 경제의 일부 주력 분야에서 요직을 맡았다."[52] 다른 주요 지도자로는 농업에서 냉동의 역할을 연구한 저명한 파리 출신 엔지니어 장 드 로베르도 Jean de Loverdo 가 있었다.

이들은 이 회의와 그 목적을 뒷받침하는 프랑스의 대표적인 학술, 행정, 입법 기관들을 결집할 수 있었다. 그들은 상당한 영향력을 행사했고 국제냉동협회의 분권화를 지지하는 독일과 오스트리아가 중앙집권적 기구의 창설에 도전하는 것을 막았다. 실제로 최종 결과는 냉동 지원 기구의 창설에 초점을 맞춘 원래의 취지에서 벗어나지 않고 두 가지 접근법을 수용했다.

국제냉동협회는 국가 활동을 방해하지 않는 방식으로 설계되었다. 그것은 모든 관련 정보를 중앙 집중화하고, 산업 발전을 장려하고, 과학기술 및 산업 발전에 대한 최선의 해결책을 찾고, 부패하기 쉬운 농산물의 운송에 관한 최선의 행정 조치를 찾고, 입법 개발에 관한 정보를 수집하고, 냉동 과학을 대중화하고, 다른 국가 그룹들 간의 협력을 촉진하고, 그리고 회원들의 활동을 조정하는 것을 목표로 했다.[53]

국제냉동협회 창설 초기에 국내 및 국제 활동을 둘러싸고 예상된 긴장감이 나타났다. 정보 보급의 중앙 집중화는 또한 번역에 대한 더 많은 투자를 요구했다. 예를 들어 이것은 독일 기술자들에게 주요 관심사였다. 마찬가지로 협회가 연구비 지원의 원천으로서 더 큰 역할을 할 것으로 기대했던 카메를링 오네스와 같은 사람은 점점 더 좌절감을 느끼게 되었다. 이러한 도전에도 불구하고 국제냉동협회는 국가협회들과 회원들에게 사회적 우려를 남겼지만 기술적 해법을 제공함으로써 냉동산업계의 문제 해결을 위한 중요한 제도적 혁신을 이루었다. 냉동업계는 천연 얼음 산업의 도전을 받지 않았던 유럽에서 제도적으로 정착되었다. 그러나 미국에서는 적어도 얼마 동안 두 산업(천연 얼음 산업과 인공 얼음 산업)과 협회들이 공존해야 했다.[54]

## 4. 긴장을 식히다

인공냉장의 편리함이 그 위험성을 능가하기 시작했다. 얼음 산업은 아이들에게 신선한 우유와 음식을 추천함으로써 어머니들의 지지를 얻었다. 동시에 인공 냉장고가 아닌 아이스박스를 사용하는 불편함은 그 지저분함, 냄새 및 디자인에 의해 증폭되었다. 물론 장벽들이 많았는데, 초기 인공 냉동 시스템은 크기, 소음, 비용 등으로 전형적인 미국 가정에서 인기를 얻지 못했다.[55]

그러나 기술이 향상되고 공학 기술이 발전됨에 따라 기계식 냉동 보관은 수많은 산업에 혁명을 일으켰다. 1920년경부터 육류 포장업자들은 도축 즉시 생육에서 열을 제거하는 것이 고기를 보존하는 중요한 요소라는 것을 알게 되었다. 소금물 분사장치를 갖춘 개량된 창고가 만들어졌고, 도축은 더욱 복잡한 과정이 되었다. 생육은 도살 직후 냉각실로 옮겨졌다. 냉각실은 고기가 출하를 기다리거나 숙성 과정을 거치는 동안 습도를 조절하는 데 도움이 되었다. 필요할 경우 고기는 나중에 냉동하게 된다. 이것은 육류 부산물에도 적용되었다. 다단계 가공 시스템은 육류 포장업자들이 시장 변동에 대응해 나가는 데 도움이 되었다.

공기조절장치가 개발되어 저장 중의 습도를 조절하여 탈수와 곰팡이를 방지했다. 냉동산업은 냉동철도차량에 크게 의존했으며, 이는 중서부의 대형 기업이 도축부터 출하까지 냉동의 모든 단계를 장악하면서 독과점이 발생했다. 이후 냉동트럭이 등장하면서 산업은 분권화되기 시작했다. 육류를 가공하고 플라스틱으로 포장하는 새로운 방법으로 소형 포장 사업이 대형 포장 사업만큼 효율적이 되었다.

한편, 과일과 채소 생산은 20세기 초에 급증했다. 물체의 표면을 얇게 결빙시키는 '보디 아이싱 body-icing' 기술은 농산물 운송에 있어서 주요한 혁신이었다. 1930년 신축성 있는 호스를 이용해 냉동 차량의 모든 부분에 눈처럼 부서진 얼음을 증착시키는 '분무기 crusher-slinger'가 개발되었다. 미국 농무부는 개별 과일과 채소에 대한 최적의 운송조건을 결정하기 위해 엄격한 일련의 제품별 테스트를 시작했고, 농산물의 지역 특화가 확산되었다.

냉동차량 기술은 이 10년 동안 전반적으로 향상되었다. 농산물의 경우 사전 냉각이 자동차 안에서 일어나기 시작했는데, 열차의 빠른 속도로 인해 자연 공기 순환이 이루어질 때까지 농산물 위로 공기를 순환시키기 위해 개별 차량에 선풍기를 설치했다. 또한 분쇄된 얼음 위에 채소를 올려놓고 호스를 통해 냉각된 물로 채소를 적시는 매우 효율적인 자동화 방법이 사용되었다. 냉동 선박은 파나마 운하를 통해 국내 교역을 위한 농산물을 운반했다. 많은 사람들은 또한 냉동산업을 합리화하고 새로운 주요 비용을 절감할 수 있는 항공 운송을 예상했으며, 당분간 항공운송이 잠재적으로 열대 및 아열대성 농산물을 확보하는 데 유용할 것이라고 생각했다.

1923년 이후 냉동 창고는 농촌(농산물 생산) 지역으로 확산되었다. 앤더슨이 지적한 바와 같이 다음과 같은 두 가지 혁신이 이를 가능하게 했다. 즉 소형 상업용 냉동기계의 완벽함과 농촌지역으로의 전력 설비의 확장이 이를 가능케 했다.[56] 이러한 혁신들은 산업에 많은 이점을 가져다주었다. 즉, 건설 비용과 토지가격은 농촌 지역에서 더 저렴했고 농민들은 언제 어디서 수확물을 시장에 내놓아야 할지를 결정하는 데 더 많은 주도권을 확보했다.

농산물 거래상들은 1907년경 냉동 실험을 시작했다. 1931년 농무부는 양질의 냉동식품을 만드는 단계를 조사하기 위해 시애틀에 냉동포장 연구소를 설립했다. 1945년경 오렌지 주스를 얼리는 매우 성공적인 방법이 개발되었고 대중들의 큰 호응을 얻었다. 농축기술은 레몬, 오렌지 및 포도 주스로 확대되었다. 통조림 제품들은 상온 보관의 이점을 여전히 지니고 있었기 때문에 농축 상태에서 품질이 그대로 유지되었다.

냉동보관의 등장으로 창고 소유주들로 구성된 위원회에서부터 정부 기관과 정치인에 이르기까지 많은 기관들이 냉동 보관에 대한 대중적 인식을 재고시키려고 목소리를 높였다. 미국 농무부는 대중에게 정보를 전파하고 냉동 보관의 위험성에 대한 두려움을 없애는 데 큰 역할을 했다. 20세기 초 "육류, 가금류, 버터, 생선, 달걀 등을 현저한 맛의 손실 없이 9~12개월 동안 냉동 보관할 수 있다"는 사실이 연구 결과 밝혀졌다.[57] 냉동 보관은 영양 가치를 잃지 않고 훨씬 더 오랜 기간 동안 보관될 수 있는 것이다.

위에서 언급했듯이 미국 농무부의 연구에 따르면 냉동 보관이 일반적으로 가격 균일화에 기여했다는 것을 확인했다. 높은 관세를 유지하기 위해 생계비(임금 결정의 주요 요인이 됨 _옮긴이)를 인상하는 수단으로 공화당이 냉동 보관을 장려했다는 창고업자협회의 냉동보관위원회의 주장에 대해 상원은 생계비 조사위원회를 설치했다. 위원회는 결국 각 품목마다 냉동 보관에 시간제한을 두어야 한다고 결정했으며, 이것이 가격을 안정시키는 데 도움이 될 것이라고 위원회는 판단했다.

비록 전국적인 규모로 입법이 이루어진 적은 없지만 주에서는 냉동 보관에 관한 법률들을 통과시켰다. 대부분의 지역에서 정기적인 위생 검사가 이루어졌으며, 대부분의 주에서는 식품에 냉동 보관 날짜를 표시하도록 요구했다. 법률들은 서서히 수정되었고 일부 품목에 대한 효과적인 냉동 보관의 목적을 훼손할 정도의 짧은 제한시간에 관한 법률이나 적절한 창고 간 이동을 제한하는 상품의 냉동 재진입에 관한 법률 등 과거의 법률이 뒤집혔다.

미국 농무부는 냉동 수송의 성공에 중요한 역할을 했다. 앤더슨이 지적한 바와 같이 1930년 이후 농무부는 냉동 철도 운송 기술을 개선하기 위한 끊임없는 노력을 기울였다.[58] 이러한 개선의 결과로 지역적 전문화는 농산물의 특징적 양상으로 나타났다. 철도운송의 초창기에는 농민들과 시장이 서로 멀리 떨어져 있는 것이 불안의 원인이었는데, 이로 인해 "품질에 대한 혼란과 오해가 불가피했다".[59] 포화된 시장에서도 상황은 마찬가지였다.

그러나 1913년 농무부가 설립한 시장뉴스 네트워크와 협동판매협회의 등장으로 이러한 긴장감이 해소되었다. 농민들은 더 이상 구매자를 직접 만나지 않고도 효과적으로 거래할 수 있게 되었다. 또한 농무부는 시장 표준을 권고하는 데 중요한 역할을 했으며 수수료를 받고 연방검사 서비스를 제공했다. 1943년 전국냉동창고협회는 농산물을 보존하기 위한 새로운 방법과 다양한 응용을 모색하기 위해 냉동연구위원회를 설립하고 기금을 출연했다. 같은 시기에 농무부는 메릴랜드 벨츠빌에 미국원예연구소US Horticultural Station에 많은 투자를 했는데, 그 곳에서 냉동 보관 사용에 대한 끝없는 원예 실험이 이루어졌다.

# 5. 결론

천연 얼음 산업 분야에 대한 사회경제적 우려는 기계식 냉동에 대한 일부 초기 논쟁을 주도했다. 그러나 업계의 주요 관심사는 보다 기술적인 것이었다. 이러한 우려를 해소함으로써 인공 얼음 산업은 다양한 시장 요구를 충족시키면서 도전에 대응할 수 있었다. 따라서 냉동의 세계적인 확산은 기술 및 공학 문제를 해결하는 데 있어 산업계의 대응력에 크게 기인할 수 있다. 이 토론에서 많은 현대 기술 논쟁을 특징지을 수 있는 몇 가지 교훈이 있다.

냉동의 사례에서 얻은 첫 번째 주요 교훈은 얼음 산업에 대한 기술적 대응을 형성하는 데 있어 안전 규제의 역할이다. 예를 들어 암모니아 폭발과 관련된 위험을 해결하기 위해 1930년대 산업계는 염화불화탄소CFCs로 알려진 안정적이고 불연성 화학물질 계열인 프레온Freon 가스로 옮겨갔다. 일부 산업에서는 암모니아 폭발에 대한 공포를 환기시켜 프레온 가스의 사용을 촉진시켰다. 프레온 가스는 후에 오존층 고갈의 주요 원인으로 밝혀졌다. 이것은 '1987년 오존층 물질에 관한 몬트리올 협약The 1987 Montreal Protocol on Substances that Deplete the Ozone Layer'에 따라 많은 CFC 물질이 금지되거나 엄격하게 제한되었기 때문에 또 다른 대체 물질의 개발로 이어졌다. 환경이나 인간의 안전을 도모하기 위한 방안으로 기술 혁신에 초점을 맞춘 국제조약은 거의 없다는 점에서 이 협약은 주목할 만하다.

규제의 초점은 산업을 억압하는 것이 아니라 안전성을 증진시키기 위한 것이었다. 이 점에서 안전은 기술적 개선의 기반이 되는 기준이 되었다. 효율성 및 편의성과 같은 다른 기술 기준도 똑같이 중요했지만 안전성을 고려한 경우처럼 입법에 의해 추진되지 않았다. 이러한 공학적인 노력은 공학적 설계를 향상시키기 위해 새로운 지식이 사용된 만큼 과학적 발전에도 기여했다. 더 나은 기술 관행의 채택은 간행물, 컨퍼런스 및 세미나를 이용하여

정보를 공유하는 산업협회의 창설을 통해 이루어졌다. 《얼음과 냉동》과 같은 출판물은 공교육과 기술 발전을 위한 수단으로서 중요한 역할을 했다.

냉동의 사례는 일반적인 믿음과는 달리 규제가 혁신의 자극제가 될 수 있음을 보여준다. 이 경우 소비자들이 안전하고 지역적인 기계식 냉동에 접근할 수 있게 한 많은 발전은 규제와 새로운 표준에서 비롯되었다.[60] 그러나 산업 규제는 기술 진보와 안전 증진 사이에서 균형을 맞출 필요가 있다는 것을 알게 되었다. 이러한 접근법은 정부, 산업 및 학계 간의 지속적인 상호작용을 필요로 한다. 그것은 또한 기술의 이점과 위험에 대한 공청회를 통해 이루어진 일부 과학적 조언을 포함한다.

두 번째 교훈은 산업을 지원하기 위한 무역협회와 같은 새로운 기관의 창설이었다. 가장 중요한 발전은 국제냉동협회의 창설이다. 협회 설립 이전에는 미국, 영국, 독일, 프랑스 및 네덜란드와 같은 국가에는 냉동기술 발전을 전담하는 지역 및 국가 조직이 많았다. 그러나 이러한 노력들이 조정되어야 한다는 것이 명백해짐에 따라 국제냉동협회가 만들어졌다.

국제냉동협회 IAR 의 창설은 기술 개발을 위한 중요한 거점이었다. 그것은 과학계와 공학계가 기술 정보를 공유할 수 있는 비정치적 플랫폼을 제공했다. 그것은 또한 산업적 이익과 별도로 과학 연구 분야를 발전시키는 데 도움을 주었다. 국제냉동협회 산하 국제냉동연구소는 냉동 촉진 운동 업무를 관장하는 중요한 사무국이었다. 이 연구소의 창설은 선견지명적인 조치였고 냉동 분야의 발전에 많은 전문적인 기여를 보여주었다. 오늘날에는 그러한 기구로부터 혜택을 받을 수 있는 많은 신흥 분야들이 있다.

이러한 교훈은 합성생물학, 인공지능, 로봇공학 및 드론과 같은 새로운 기술을 다루는 것과도 관련이 있을 수 있다. 특히 모든 신생 기술을 위한 제도를 만들 필요는 없다. 그러나 관료적 효율성 때문에 이러한 선택지를 포기하지 않는 것이 중요하다. 기존의 많은 기관들은 새로운 기술을 다루기 적절치 않거나 새로운 기술의 요구를 수용하는 데 장기간 내부 조정이 필요할 수 있다. 일반적인 경향은 기존 규제 관행에 맞도록 신생 기술을 정의하는 것이다. 예를 들어, 유전자 변형 작물의 연장선상에서 합성생물학을 발전시키고 규제하려는 노력이 있다. 이것은 합성생물학 역시 유전자 변형 작물에 대한 연구 및 규제 시스템의 창설을 초래했던 여러 가지 종류의 불확실성을 통제하려는 공학의 원칙에 기초하고 있다는 사실을 무시한 것이다(가능한 한 불확실한 요소를 최소화하려는 것이 공학의 원칙임. 합성생물학은 생물학적 속성과 함께 공학적 속성을 가지기 때문에 공학적 측면의 불확실성도 고려해야 함 _옮긴이). 일부 합성생물학 제품은 생물학적보다는 공학적 특성의 위험을 가질 수 있다. 이러한 규제 불확실성을 감안할 때 적어도 합성생물학이 냉동과 공통 속성을 가지고 있어 별도의 취급이 필요할 가능성을 고려해야 할 수도 있다. 인공지능과 로봇공학에도 마찬가지다.

세 번째 교훈은 손실에 대한 두려움이라는 친숙한 주제에 관한 것이다. 천연 얼음 산업은 외견상 현지(미국) 제품이 멀리 떨어진 인도 시장으로 진출하는 것을 목격한 남다른 기업가적 노력에서 성장했다. 천연 얼음은 계절적 변화에 크게 의존하고 비수기에 이용할 수 있는 잉여 농업 노동력의 혜택을 받은 상품이었다. 이것이 사업 모델로서의 강점이기도 했지만 그 이후의 실패의 요인이기도 했다. 기계식 냉동이 산업계를 계절적 변화에 의존하는 것에서 해방시켰다. 그것은 기업과 가정을 위한 분산형 냉동 보관을 가능케 했다. 손실에 대한 인식의 일부는 냉동제품의 건전성에 대한 논쟁으로 확대되었다. 하지만 천연 얼음의 오염과 관련된 질병의 발생은 제품의 이미지와 순도에 대한 매력을 뒤흔들었다. 정책 입안자들은 신기술의 기술적 측면을 다루어야 할 뿐만 아니라 대중들이 새로운 제품을 어떻게 인식하는지에 대한 더 철학적인 우려에 대응해야 한다.

네 번째 교훈은 새로운 산업을 발전시킬 수 있는 기술 개선의 전망에 관한 것이다. 기계식 냉동의 초기 단계에는 광범위한 기술적 어려움이 있었다. 기계식 냉동산업은 농업기계화의 발달과 유사한 방식으로 기술 향상에 초점을 맞췄다. 산업 발전에 관한 지식 공유를 촉진하는 협회뿐만 아니라 과학 및 공학 공동체를 구축하기 위해 상당한 노력이 투입되었다. 정책 입안자들은 정보를 공유하고 기술표준을 설정하는 메커니즘을 만드는 데 더 적극적인 역할을 할 수 있다. 마찬가지로 연구 지향적인 기관도 신생 기술에 대한 지식을 발전시킬 수 있다.

초기 틈새 응용을 통해 새로운 산업의 경쟁력 제고를 위한 기술 발전의 중요성을 보여주는 현대적 사례로는 태양광 발전을 들 수 있다. 가장 중요한 태양광 발전은 박막전지의 사용과 관련이 있는데 이는 최근 몇 년간의 전반적인 다른 시장 성장률을 35~40퍼센트로 끌어올리는 데 기여했다.[61] 산업의 성장은 제품과 공정 혁신과 연관되어 있다. 또 세계 각국 정부는 기존 전력 공급원으로 시장을 확대하고 경쟁력을 높이기 위한 광범위한 인센티브를 제공했다. 이러한 세계적 성장의 대부분은 중국과 같은 새로운 진입자들로부터 비롯되었다.[62] 중국이 태양광 산업을 활성화하기 위해 사용한 방법에는 미국이 반덤핑 규정 위반이라 간주한 시장 보조금이 포함되었다.[63]

마지막으로, 정부의 역할에 대한 일반적 논쟁이 있다. 농장기계화의 경우처럼 정부는 다른 규제 기관뿐만 아니라 산업협회들이 그들의 의사 결정의 기초로 할 수 있는 기술 정보의 원천으로서 중요한 역할을 했다. 이러한 측면에서 정부는 주로 미국 농무부를 통해 산업협회에서 생성된 정보를 보완했다. 정부가 정보를 제공하는 다른 방법으로는 기술 위험을 조사하기 위해 주 및 연방 입법기관에 의해 소집된 공청회가 있었다. 이것은 일반 대중이 이용할 수 없었던 기술 자료 제출의 기회를 제공했다.

# 제8장 음악 산업 혁신 욕을 먹더라도 : 녹음 음악

*너무 멀리 갈 위험을 감수하는 사람만이*
*얼마나 멀리 갈 수 있는지 알 수 있다.*

_ T.S. 엘리엇

애플Apple의 공동 창업자인 스티브 잡스는 2003년《롤링스톤Rolling Stone》과의 인터뷰에서 "음악을 구매하는 구독 모델은 파산했다. 구독 모델의 '제2의 부흥'이 가능할 수 있지만 성공적이지 못할 수도 있다"고 말했다. 2015년 그의 예언은 애플뮤직Apple Music과 미국의 유명한 세계적 가수 겸 작곡가이자 여배우 테일러 스위프트Taylor Swift 간의 세기적 대결에서 시험을 받았다.

고객을 유치하기 위해 애플은 예술가들에게 사용료가 지급되지 않는 기간 동안 3개월 무료 가입을 제공했다. 스위프트는 자신의 인기 앨범 1989를 '스트리밍streaming' 서비스에서 보류하는 이유를 설명하는 공개서한에서 "3개월은 무급으로 가기에는 긴 시간이다. 누구에게도 공짜로 일하라고 요구하는 것은 부당하다. 우리는 공짜 아이폰을 요구하지 않는다. 제발 우리에게 무보수로 음악을 제공해 달라고 요구하지 말라"고 말했다. 애플뮤직은 한 예술가가 세계에서 가장 부유한 회사를 상대로 대승을 거두면서 물러났다.

이와 같은 우려가 녹음 음악의 초기 역사에서도 표출되어 음악 산업계와 음악가들 사이의 오랜 대립의 역사로 이어졌다. 이 장에서는 1942년 미국음악가연맹 American Federation of Musicians: AFM이 새로운 음악 녹음기술이 가져다준 사회적 긴장의 결과로 미국에서 녹음 음악을 금지한 사례를 살펴본다. 이 금지 조치는 음악 녹음의 발달로 생계를 위협받고 있다고 믿는 음악가와 엔지니어 회원들을 보호하기 위한 노조 지도자들의 노력의 결과였다. 이 장에서는 음악 녹음 금지를 둘러싼 역학 관계를 개괄적으로 설명함과 아울러 음반산업의 확장뿐만 아니라 새로운 음악 장르의 창출을 포함하는 보다 광범위한 시사점을 검토한다. 음반 산업이 순회 음악가들의 기회를 잠식한 것은 사실이지만, 또한 음악 산업의 다변화를 가져왔다.


## 1. 음악을 공짜로

슘페터는 혁신으로 인한 경제적 이득에 상당한 중점을 두었다. 그러나 그는 창조적 파괴의 과정이 피해자들에게 상당한 고통을 안겨준다는 점도 알았다. 그는 사회의 많은 부분이 '새로움'의 수레바퀴에 의해 무너지는 것을 생생하게 보여주었다.[1] 새로운 기술이 도입될 때 사람들이 느끼는 가장 큰 두려움 중 하나는 실업자가 되는 것이다. 이것은 때때로 진정한 관심사이다. 신기술은 더 효율적이기 때문에 수작업이 덜 필요하다. 또한 신기술은 새로운 소수의 사람에게로 부를 이전하는 사업 모델을 이끌어 들인다. 이러한 변화는 산업과 세대에 걸쳐 상당한 사회적 갈등의 원천이며, 때때로 노동단체들의 특정 기술의 금지 요구로 이어지기도 한다.

지난 세기 동안 음악 산업은 광범위한 기술적 계승하에 발전했다. 신기술의 슘페터적 '창조적 파괴의 돌풍 gales of creative destruction'은 대부분의 경우 새로운 경제적 기회의 원천이었다. 그러나 또한 기술 혁신의 물결은 복지 비용도 수반했다. 앞 장에서는 신기술이 개인의 생계에 미치는 잠재적 영향 때문에 어떻게 상당한 사회적 불안감을 촉발시킬 수 있는지를 보여주었다.

예술가와 기술자들은 음악 녹음 기술의 변화가 그들의 경제적 생계의 종말을 알리는 신호라고 우려했다. 노조가 그들을 구하러 나섰다. 1942년 음악 산업에서 가장 강력한 연합인 미국음악가연맹AFM은 녹음 음악에 대한 금지 조치로 음악 녹음을 중단시켰고 제작자들에게 심각한 경제적 손실을 입혔다. 모든 음악 녹음이 중단되었고, 전 세계의 예술가들은 미국의 제작자들과의 교류를 거부했다. 노조는 1942년 금지 조치로 막강한 권력을 휘두르며 기술 혁신에 따른 사회적 긴장을 부채질하고 산업변화에 직면했던 현직자들이 느끼는 공포의 상징이 되었다. 1942년 금지 조치와 같은 투쟁에서 노조에 부여된 권력은 조직적인 노동력과 기술 혁신이 충돌한 최초의 사례 중 하나인 영국의 러다이트 반란으로 거슬러 올라갈 수 있다. 러다이트 시위는 19세기 초 섬유 노동자들이 역직기power loom, 방적기spinning frame 및 양말틀stocking frame 의 도입에 반대하면서 일어났다. 그 변화는 고용을 위협했다. 잘 알려진 민담과는 달리 러다이트 운동가들은 기술 개선에 반대한 것이 아니라 그들의 생계를 방어하고 있었다. 러다이트 반란은 노조와 산업이 역사와 혁신을 통해 겪게 되는 수많은 대결 중 첫 번째 사건 중 하나였다. 1940년대 음악가들과 그들의 후원자들 사이에서도 이와 동일한 반대와 공포의 실타래가 펼쳐졌다.

　러다이트 시대의 유산 중 하나는 구성원의 이익을 지키고 경영과 생산방식의 변화로 인한 손실로부터 구성원을 보호하기 위해 조직화된 노동력의 창출이었다. 그 이후 노조는 다양한 접근방식을 사용하여 고용주와 광범위하게 협상해 왔다. 많은 경우에 그들은 특정 기술에 대해 직접적인 반대를 했다. 기술 개발과 혁신은 지역의 사회적 구조와 경제적 구조를 모두 변화시킨다. 전통적인 운영 방식은 도전을 받고 사람들에게는 다른 생활방식이 제공된다. 기술 혁신의 분배, 이익 및 위험은 주로 분배적 불확실성과 보충 속도가 느린 인적 자본과 같은 자산의 침식 가능성 때문에 종종 치열한 논쟁을 가져온다.

20세기 초중반 미국의 음악 산업은 기술과 공학 발전에 의해 만들어진 위협들이 산업에 종사하는 사람들의 삶에 어떤 영향을 미쳤는지를 보여주는 완벽한 사례이다. 녹음 음악의 시작과 녹음 및 라디오 산업의 출현으로 음악 연주자의 삶이 크게 변했다.[2] 역사적으로 라이브live 음악은 장인정신과 직업 사이의 어떤 실체로 간주되었다. 음악적 기량을 습득하는 데는 오랜 시간이 걸리며 학습의 상당 부분이 어린 시절부터 이루어진다. 성장 후에 음악적 기량을 쌓는 것은 더 어려워지기 때문에 직업 보호를 추구하는 경향이 상당히 높다. 또한 많은 음악적 기량은 매우 특유하며 다른 기구나 경제 부문으로 쉽게 이전할 수 없다.

오늘날의 음악가들은 존경과 찬사를 받지만 항상 그렇지는 않았다. 한때 음악가들은 대중을 즐겁게 하기 위해 존재했다. 음악가들은 결혼식, 장례식, 파티, 그리고 다른 사회적 행사에서 연주하기 위해 고용되었다. 그들은 사회적 우상이나 역할 모델은 아니었다. 많은 음악가들은 부수입을 얻기 위해 다른 직업을 가지곤 했는데, 주로 목수, 판매원 또는 이와 유사한 직업들이었다. 음악가들은 고용주들이 음악가들을 고용하는 계약자들을 고용하는 시스템에 의해 고용되었다. 그 결과 일반 음악가들은 그들의 활동에 대한 경제적 이익을 충분히 얻지 못했다. "고용주와의 고용계약을 확보하기 위한 계약자들 간의 경쟁으로 인해 계약자가 음악가들에게 분배할 돈이 줄어들기 때문에 음악가의 보수가 더 줄어드는 경향이 있었다."[3] 그 시대 음악가들의 생계는 치열한 경쟁과 경제적 불확실성으로 특징지어졌다. 노조는 곧 투쟁하는 음악가들의 옹호자가 되었고 경쟁을 통제하고 고용을 촉진하기 위해 노력했다.

음악가들은 그들의 공동체 안에서 조직하기 시작했고 지역조합은 미국 전역의 도시에서 생겨났다. 예를 들어 뉴욕, 시카고 및 신시내티는 회원들의 삶의 질을 높이기 위해 작업 표준을 수립하고 규정을 제정했다. 1886년 지역 노조 지도자들이 신시내티에 모여 전국음악가연맹 National League of Musicians: NLM 을 창설했다. 이는 음악가들을 위한 최고의 노동조직 역할을 했다.[4]

세월이 흐르면서 NLM은 회원 수와 권위 모두 성장했다. 1886년 직종별 노동조합의 동맹으로 창설된 미국노동연맹 American Federation of Labor: AFL 의 지도자는 한때 NLM을 AFL에 가입토록 초청했다. NLM의 지도자들은 AFL의 노동자들과의 연대에 반대했으며, AFL의 지휘하에 조직을 운영하는 데 동의한다면 자신의 권한을 잃을 수 있다고 우려했다. 결국 AFL의 지도자인 사무엘 곰퍼스 Samuel Gompers 의 조직과의 관계 설정 여부를 둘러싼 분쟁이 NLM을 분열시켰고, 1896년 10월 AFM이 설립되었다.[5] 이 노조는 AFL과의 제휴를 받아들였고, 설립 초기부터 조합원들의 경제적 지위를 높이기 위해 끊임없이 투쟁했다.

AFM의 지도자들은 처음에 노동조합 영역 밖에서 경쟁을 통제하는 데 관심을 두었다. 노조는 조합원들의 경제력을 향상시키는 비결은 고용시장을 확보하는 것이라고 생각했다. 노조에 따르면 두 가지 주요 위협은 군악대와 외국 음악가였다. 전반적으로 그들은 값싼 노동력을 대표했고 그 결과 미국 음악가들의 실업에 기여했다. 인종차별주의와 출생주의의 요소는 둘 다 외국 음악가들에 대한 반대에 불을 지폈다. 노조원들은 심지어 외국인 계약 노동법을 발동하려 했으나 결국 거절당했다.[6] AFM은 또한 음악가들이 군대로부터 보수를 받고 더 적은 비용으로 일했던 군악대와 오케스트라에 강력하게 반대했다. 노조 지도자들은 군 관리들과 협상했고 결국 군 음악가들이 민간 공연자들과 경쟁하는 것을 금지하는 법을 제정하기 위해 로비를 벌였다. 음악가들과 노동조합은 승리와 패배를 동시에 겪었다. 그러나 기술 발전으로 직업의 성격이 바뀌고 상업화와 권력 기반이라는 새로운 요소가 도입되기 시작하면서 음악 산업의 떠들썩한 성격은 더욱 혼란스러워졌다.

## 2. 주도권 다툼

녹음 음악의 등장은 음악의 지형을 크게 바꾸어 놓았다. 녹음은 음악을 민주화하고 청취를 더욱 편리하게 만들었다. 그러나 그것은 미국에서 라이브 음악가들의 고용을 위협했다. 녹음의 획기적인 발전은 1877년 토머스 에디슨이 축음기phonograph를 만들면서 시작되었다. 그의 축음기는 1856년 발명된 프랑스인 레온 스콧Leon Scott의 '포노토그래프phonautograph'를 기반으로 만들어졌다.7 포노토그래프는 소리를 기록할 수는 있지만 기록된 내용은 소리로 재현할 수 없었다. 처음에는 전화 메시지를 기록하기 위한 것이었지만 에디슨과 다른 발명가들은 소리를 다른 형태로 녹음할 수 있는 가능성을 보았다. 19세기 후반 많은 발명가들이 상업적으로 실행 가능한 축음기를 만들기 위해 노력했다. 1900년에 이르러 축음기가 복제되어 미국 가정에 판매되면서 세계 주요 음악 산업이 등장할 수 있는 발판이 마련되었다.8

기계가 음악 자체에 미치는 영향은 업계에서 상당한 논쟁거리가 되었다. 미국 전위 작곡가 조지 안테일George Anteil의 〈발레 메카니크Ballet Mechanique〉가 뉴욕 카네기 홀에서 초연되었을 때 한 신문 헤드라인에는 "안테일의 소음의 산"과 "위대한 안테일의 기계 발레단 관람"이라는 제하의 풍자 기사가 실렸다. 안테일의 작품은 "10대의 피아노, 피아놀라pianola, 실로폰, 전기 벨, 경보기, 비행기 프로펠러 및 타악기"를 대표적으로 선보였다.9 이탈리아의 미래파 화가이자 작곡가인 루이지 루솔로Luigi Russolo가 새로 발명된 악기로 완전한 오케스트라를 만들려던 초기의 시도는 순조롭게 진전되지 못했다. 1914년 그가 이 악기들을 무대에 올리자 많은 군중들이 "공연이 시작되기도 전에 몰려들어 휘파람을 불고 조롱하고 물건을 던지고 공연 내내 큰 소동을 일으켰다."10

초기의 녹음기는 많은 결함이 있었고 미국음악가연맹은 새로운 기술의 초기 문제들을 이용하려고 시도했다. 이러한 기술의 한계로 인해 라이브 공연이 지속적으로 인기를 누릴 수 있었다. 미국음악가연맹의 조셉 웨버 회장은 축음기가 음악에 대한 대중의 인식을 제고시켰고 이는 다시 일자리를 창출할 수 있는 잠재력이 있기 때문에 음악가들에게 도움이 되었다고 언급했다. 1926년 미국음악가연맹 총회에서 웨버는 음악가들을 안심시키려고 애썼다. 그는 "라디오에서 두려워할 것은 전혀 없다. …… 라디오는 축음기와 같은 결과를 가져올 것이다. 그것은 궁극적으로 음악가들의 고용을 증가시킬 것이다"라고 말했다.[11]

뮤지컬 공연자들과 노조는 초기의 녹음이 대부분 질이 좋지 않았기 때문에 녹음이 그들의 생계에 위협이 될 것으로는 생각하지 않았다. 그러나 얼마 지나지 않아 음악가들은 "대중 예술가들의 녹음이나 노래가 라이브 음악에 대한 수요를 약화시킬 수 있지 않을까 하는 의구심을 품게 되었다. 하지만 한동안 녹음 음악은 상업적인 장소에서 연주되었고 몇몇 연주자들이 부수입을 얻을 수 있는 기회가 되었지만 너무 잡음이 심해서 라이브 음악에 대한 심각한 위협은 되지 않았다."[12]

게다가 녹음 초창기에는 라디오 방송국들이 자신들의 프로그램에 라이브 음악가들을 사용하는 것을 선호했다. 라이브 공연에서 나오는 소리는 품질이 더 좋았고, 당시 방송국들은 녹음 음악을 거의 사용하지 않았다. 방송사들은 녹음 음악의 대체 사용은 훨씬 덜 매력적이었기 때문에 고용과 적절한 임금에 대한 노조의 요구를 존중했다. 그들은 라디오 프로그램에서 연주하기 위한 오케스트라, 밴드 및 성악가를 고용하려고 노력했다. 초기 혁신 단계에서는 라이브 음악과 기술 간의 상대적 균형이 있었다. 그러나 전기 녹음이 발전되면서 이 균형은 곧 깨어졌다.

연결방송chain broadcasting의 등장은 라디오에서 음악가와 노조의 흐름을 바꾸었다. 협력 방송국들은 네트워크 방송 사이의 시간을 메꾸기 위해 음반과 녹음 방송transcriptions 을 사용하기 시작했다. 전적으로 음반에만 의존하는 소규모 라디오 방송국들이 생겨나기 시작했다. 음악가들은 우려했다. 1930년 미국음악가연맹은 연방 라디오 위원회에 방송 음반을 통제하거나 제거하기 위해 이이를 제기했으나 허사였다. 1932년경 주크박스jukebox 가 발명되면서 우려가 커졌다. 주크박스가 대중화되면서 실직자가 속출했다. 1930년대 내내 대부분의 호텔, 레스토랑, 술집 매니저들이 라이브 음악가들의 연주를 코인 작동식 레코드 기계로 대체했다. 왜냐하면 그것이 더 저렴했고 또한 까다로운 노조 음악가들과 협상할 필요가 없었기 때문이다.[13]

녹음 음악의 도입은 그 시작이 비록 순탄하지 않았지만 영화 산업에도 침투했다. 기술 및 엔지니어링 문제로 인해 초기에 영화에서 녹음을 사용하는 데 어려움을 겪었다. 워너브라더스Warner Brothers 는 녹음 음악의 초기 수용자early adopter 였다. 녹음된 음향을 사용하여 경쟁력을 강화했으며, 소규모 동네 영화관을 성장시켜 "호화로운 도심 영화관"과 경쟁할 수 있기를 희망했다.[14]

녹음 음악의 출현은 음악가와 음반 산업의 상업적 지형을 변화시켰을 뿐만 아니라 미국 대중들의 여가 및 음악 감상에 대한 성격을 변화시켰다. 녹음이 있기 전에는 사람들이 음악을 듣기 위해 외출하곤 했다. 그들은 보통 단체로 라이브 음악 공연에 참석했다. 녹음 음악은 대중들의 음악 감상 경험을 변화시켰고 사람들이 개별 활동으로 음악을 찾고 더 다양한 소리를 탐색할 수 있게 해주었다.

녹음은 음악에 실체감과 휴대성을 동시에 부여했다.[15] 왜냐하면 음악은 녹음되어 디스크disk 에 저장되었고, 나중에 카세트cassette 와 콤팩트디스크CD에 저장되었기 때문에 그것은 하나의 물체가 되었다. 사람들은 음악을 공유하고 빌릴 수 있었고 후세를 위해 음악을 수집할 수도 있었다. 음악 또한 이동할 수 있었다. 특정 지역에서 소수의 사람들이 듣는 라이브 공연과는 달리, 녹음 음악은 더 많은 사람들에게 전달되고 전파될 수 있는 능력을 가졌다.

녹음 음악의 실체감과 휴대성은 또한 음악을 과감히 상품화할 수 있었다. 일단 음악이 거래될 수 있게 되자 음악에 상업적인 측면이 부가되었으며, 이 것은 19세기 초중반에 음악가들과 음악가 노조 안에서 주요한 논쟁거리가 되었다. 음악가들은 노래와 듣는 사람과의 관계에서 소외되는 것을 두려워 했다.

일부 사람들은 녹음된 소리가 라이브 음악이 제공하는 인간의 상호작용을 감소시키기 때문에 대량 생산된 음악의 질과 도덕성에 의문을 제기하기도 했다. 비평가들은 이동 가능한 음악이 음악의 본질적인 특성을 위태롭게 한 다고 지적했다. 비평가들은 재즈의 이면에 있는 많은 생각과 감정은 아프리 카계 미국인 도시 지역에서 비롯되었다고 주장했다. 그들은 재즈의 녹음이 재즈의 근원에서 음악을 제거했고 그 결과 그 진정성과 의미를 잃었다고 말 했다.

녹음 음악은 라이브 공연에서는 존재하지 않았던 또 다른 요소를 도입했 다. 녹음 음악은 마음대로 반복해서 재생할 수 있다. 음악학자 마크 카츠Mark Katz는 반복해서 노래를 재생할 수 있는 능력이 "아마도 라이브 음악과 녹음 음악의 가장 큰 차이일 것이다"라고 말했다.[16] 밴드는 공연 때마다 같은 곡을 연주할 수 있지만 매번 똑같은 방식으로 연주할 수는 없다. 반복성의 특성은 음악가와 청취자 모두의 음악적 경험을 변화시켰다. 청취자들은 라이브 공 연에 대한 특정한 기대치를 키웠고 이러한 공연 작품의 녹음이 그러한 기준 을 충족시킬 것으로 기대했다. 반복할 수 있는 능력은 음향 기술자의 역할을 증가시켰고 음악가를 기술에 의존하게 했으며 나아가 음향 제작을 통제하는 사람들에게 종속되게 만들었다.

1945년 《인터내셔널 뮤지션International Musician》의 사설은 음악의 이 독특한 특징을 생생하게 포착했다. "이 특이한 상황, 즉 녹음의 재현성은 다른 어떤 공예품이나 산업에서 얻을 수 없다. 술잔은 스스로 증식하여 다른 술잔을 쓸모없게 만들지 않는다. 집은 마을이 되지 않는다. 석탄 덩어리는 다른 석탄 덩어리를 낳지 않는다. 일반적으로 노동은 그 노동 상품의 제조자와 기술자들을 모두를 파멸시킬 위험이 없다. 왜냐하면 추가적으로 생산되는 물품은 각각 추가 노동을 수반하며, 그 임금은 정확히 산정되어 그 노동자에게 직접 지급될 수 있다. 오직 음악가만이 자신의 풍부한 창작물로 고통 받는다."17

시간이 지남에 따라 라이브 공연은 녹음된 공연과 비교하여 평가되었다. 이것은 종종 라이브 쇼에 참석한 사람들이 더 적기 때문에 음악가들에게 불리했다. 음악가들은 노래가 양산되고 반복적으로 재생된다는 것을 알고 있기 때문에 완벽한 버전의 노래를 녹음해야 한다는 부담감을 자주 느꼈다. 음악가들은 무대보다 녹음실에서 더 부자유함을 경험하기 시작했다.

기술은 역사적으로 음악이 생산되는 방식을 구별해 왔다. 라이브 재즈 콘서트에서 베이스 연주자는 청중들에게 10분짜리 즉흥 재즈 연주 세션session을 제공할 수 있지만 레코드를 만들 경우에는 그렇게 할 수 없다. 초기 음반의 공간 및 시간의 제한으로 재즈의 자유로운 공연 스타일이 허용되지 않았다. 종종 작품들이 여러 음반으로 분리되어 연속성이 부족했다. 음악가들은 길이 외에도 기계가 어떻게 소리를 녹음하고 흡수하는지 고려해야 했다. 특히 녹음 초기에는 악기뿐만 아니라 사람의 목소리도 일단 녹음되면 왜곡되는 경우가 많았다.

이러한 왜곡을 방지하기 위해서 초창기 녹음 기술에 맞게 소리를 변경하는 것은 음악가의 몫이었다. 이것은 모든 음악 장르에 걸쳐 있었고 오케스트라는 물론 재즈 음악가들은 거의 녹음 매개변수parameter를 중심으로 작품을 만들었다. 많은 음악가들이 기술의 한계와 이점을 수용하고 그에 따라 음반을 제작했다. 녹음의 제한은 무대공연으로도 스며들기 시작했다. 음악가들은 녹음실에서 3분짜리 노래로 제한되었고, 곧 무대에서도 그 길이로 노래를 했다.

## 3. 보조자로 전락한 음악가

기술 실업은 혁신 저항의 가장 강력한 원인 중 하나이다. 경제사학자 조엘 모키르Joel Mokyr는 "새로운 지식은 기존 기술을 대체하고 지대rent를 위협한다. 기술 변화는 기존 기술에 전유된 특정 자산을 소유한 사람들에게 상당한 손실을 초래한다"고 말한다.[18] 이 말을 음악에 적용하다면 녹음 기술의 급속한 발전으로 라이브 음악가들의 실직이 초래된 것은 분명하다. 미국음악가연맹의 음악가들과 지도자들은 주로 기계에 의해 추월당한 결과로 잃는 수익을 우려했다.

음악 녹음과 보급에 대한 4대 음반회사의 영향력이 커지면서 음악가들의 두려움도 커졌다. 컬럼비아Columbia, RCA 빅터RCA Victor, 데카Decca, 그리고 캐피톨 레코드Capitol Records가 음악 산업을 장악했으며 비판적인 관점에서 보면 음악을 예술적인 것에서 수익을 창출하는 기업으로 변모시켰다. 이 회사들은 음반 판매로 큰 수익을 얻었고 음악가들은 서서히 그들의 창작물에 대한 통제력을 잃었다. 기존의 저작권법과 관행은 오랜 진화와 적응의 역사에도 불구하고 음악 창작자들을 보호하지 못했다.[19]

음반 산업의 기술 발전에 따른 고용 상실은 '기술 실업'이라는 신조어를 만들어냈다. 실제로 미국음악가연맹은 음반의 제한 없는 상업적 이용이 음악가들의 고용을 해친다고 주장한다. 이 점에서 미국음악가연맹은 음반의 일방적인 재현성과 그것을 통해 만들어질 수 있는 광범위한 사용을 지적하면서 기술 실업의 문제를 종종 언급해 왔다.[20] 음반의 대량 생산과 음반의 라이브 공연 대체로 인해 음악가들은 더러 해고되고 실업자 신세가 되었다. 미국음악가연맹은 녹음 과정에 더 큰 통제와 참여를 모색했고 녹음의 상업적 사용 범위를 제한하고자 했다.

제임스 시저 페트릴로James Caesar Petrillo는 음반 산업을 규제하려는 가장 목소리가 큰 노조 지도자 중 한 사람이었다. 그의 관점에서 보면 음악가들이 음반 제작에 동의했을 때 그들은 그 일에서 영향력을 잃어가고 있었던 것이다. 시카고에 기반을 둔 지역노조 지도자 페트릴로는 라디오 방송국이 음반을 재생할 수 있는 횟수를 제한하려 했다. 1935년 그는 "모든 녹음은 일단 방송이 된 후 파괴되어야 한다는 합의를 얻는 데 성공했다. 이후 녹음 재생은 라디오 방송국이 녹음하는 사람과 동일한 수의 라이브 음악가로 구성된 '대기stand-by'오케스트라를 고용한 경우에만 허용되었다."[21]

페트릴로는 시카고에서 한 번을 제외하고 거의 모든 노조 투쟁에서 승리를 거두었다. 그는 교회 오르간 연주자들을 노조화하는 데는 실패했다. 그의 노조화 실패가 그의 아내 탓이 되었지만 가장 의지가 굳은 노조원들이라도 교회 오르간 연주자를 노조에 가입시키는 것은 힘든 일이었을지도 모른다.[22] 금주령으로 수천 개의 술집이 폐쇄되었다. 경기 불황은 상황을 더 악화시켰고 영화관에서 녹음된 음향을 채택함으로써 음악가들의 실업은 가중되었다. 페트릴로는 회원들의 이익을 증진하기 위해 끈질기게 노력했고 그 결과 많은 적을 얻게 되었다. 그는 시카고 공원이사회에서 이렇게 말한 적이 있다. "여러분은 원숭이에게 먹이를 주지만 음악가들에게는 돈을 지불하지 않을 것이다."[23]

미국음악가연맹AFM에서 페트릴로는 라디오 방송국에서 음악가의 고용을 늘리는 데 노력을 기울였고 초기에 성공을 거두었다. 1938년 AFM은 주요 라디오 방송국마다 고정된 수의 노조 음악가를 고용할 것을 요구했다. 이를 준수하는 방송국은 서로 파일 및 프로그램을 전송할 수 있었지만 노조 음악가를 고용하지 않는 방송국과의 협업은 허용되지 않았다. 열띤 협상 끝에 주요 방송국들은 음악가의 급여 지불 총액을 200만 달러 인상하기로 합의했다.[24]

노조의 승리는 오래가지 못했다. 미국 법무부는 이러한 거래를 불법으로 간주했고 그 결과 할당량 계약은 1940년에 종료되었다. AFM이 취한 후속 조치에는 가정에서 음반 사용을 제한하려는 시도가 있었다. 결국 이것은 상품이 일단 시장에 진입하면 완전히 규제하는 것이 사실상 불가능했기 때문에 효과가 없었던 것으로 드러났다. 시간이 흐르면서 음악가의 실업률은 꾸준히 증가했고 AFM 지도자들은 음악에 대한 녹음 라디오 독점에 맞서기 위해 과감한 조치가 필요하다는 것을 깨달았다. 페트릴로의 전략은 "또 다른 미국 노동연맹AFL 연합인 미국 음악예술가길드American Guild of Musical Artists: AGMA 의 솔리스트와 지휘자 포섭, 보스턴 심포니 오케스트라의 노조화, 그리고 모든 녹음 금지 조치"를 포함했다.[25]

페트릴로는 수많은 인터뷰를 통해 기술이 음악가들에게 미치는 영향에 대한 생생한 이미지를 제공했다. 그는 다음과 같이 주장했다. "기계 시대에는 어느 곳에서도 노동자가 자신을 파괴하는 기계를 만들지 않지만 음악가가 녹음을 위해 연주할 때는 그런 일이 벌어진다. 얼음 장수는 냉장고를 만들지 않았고, 마부는 자동차를 만들지 않았다. 하지만 음악가가 그의 음악을 녹음기에 녹음하면 잠시 후 방송국 매니저는 이렇게 말한다. '죄송합니다, 조Joe! 당신의 모든 곡이 녹음되었습니다. 우리는 더 이상 당신이 필요하지 않습니다.' 그리고 조는 직장에서 해고된다."[26]

1942년 6월 페트릴로는 "8월 1일 이후 AFM 회원들은 음반, 녹음 또는 기타 유형의 기계적인 음악 재생을 위해 연주하거나 계약을 하지 않을 것"이라고 발표했다.[27] AFM의 지휘하에 영국과 미국 자치령 푸에르토리코 양 지역의 음악 노조는 녹음 금지를 선언하고 미국으로의 음반 출하를 중단했다. 음악가들은 자신들의 요구가 무시되고 있으며 대기업과 첨단 기술에 의해 생계가 위협받고 있다고 생각했다.

이 금지 조치는 일반 대중은 물론 녹음 및 방송 산업 전반에 큰 충격파를 던졌다. 라디오는 뉴스와 음악의 측면에서 사회에 내재되어 있었다. 음악이 해외 분쟁의 와중에 사기를 북돋아 주었기 때문에 많은 사람들은 전쟁 중에 노조가 녹음 금지 조치를 취할 것이라는 사실에 분노했다. 미국 전쟁정보부는 "녹음 금지 조치가 결국 소규모 라디오 방송국에 피해를 주고(그 결과 중요 정보의 흐름을 해치게 된다) 식당과 카페에서 주크박스가 제공하는 오락을 필요로 하는 국방요원과 군장병들에게 과도한 고통을 초래함으로써 전쟁 수행에 피해를 끼쳤다"고 주장했다.[28] 녹음 금지 조치 직후 실시된 여론조사에서 미국인의 73퍼센트가 AFM에 대한 법적 조치를 요구했고 페트릴로는 음악 독재자로 묘사되었다.[29]

일반 국민들은 노조의 요구가 지나쳤다고 생각했다. 예를 들어 노조가 방송사들에게 시간 단위의 임금으로 음반을 회전시키고 뒤집는 '음반 터너'를 고용하도록 요구했다. 정치인들은 의회 청문회에서 라디오 방송국에서 왜 음악가가 필요한지에 대해 페트릴로에게 질문했다. 이에 대해 그는 "음반은 음악으로 만들어지기 때문이다".[30] "음반 위에 음악이 있다면 그 음반을 기계에 올리는 사람은 AFM의 회원이어야 한다"고 주장했다.[31] 음악 산업계는 대중의 정서를 이용함과 더불어 언론의 도움으로 페트릴로와 AFM 전체를 맹렬히 비난했다. 언론은 지배적인 정치적 분위기를 바탕으로 페트릴로를 '미국 음악의 보스', '음악 황제', '폭군', '음악의 무솔리니', '뮤지컬 히틀러' 등으로 비난하고 '작은 시저'라 부르며 그의 중간 이름을 조롱했다.[32] 그는 수많은 혐오스러운 만화의 주인공이 되었다. 한때 뉴욕의 AFM 본부는 1942년에서 1949년 사이에 페트릴로와 AFM에 비호의적으로 출판된 300편 이상의 만화를 전시했다.[33]

페트릴로는 자신이 믿는 바를 위해 싸웠고 그가 대표하는 고통 받는 음악가들을 위해 싸웠다는 이유로 비난을 받았다. 그는 자신의 캠페인에 대해 언론이나 대중의 지지를 얻는 데 실패했다. "어떤 사설에서도 기계화가 음악가들의 고용 기회에 미치는 영향에 대해 논의하지 않았고, 심지어 페트릴로가 녹음 금지를 지지했던 513개의 노조지부에 의해 민주적으로 선출된 노조대표라는 것을 인정하지 않았다."[34]

연방정부가 1942년 녹음 금지조치에 개입했다. 1943년 정부는 페트릴로에게 상원 주간통상위원회에서 증언을 요청했다. 페트릴로는 이 청문회를 녹음 금지 조치에 대한 자신의 우려와 그 이유를 전달할 수 있는 토론장으로 활용했다. 위원회의 질문에 대해 페트릴로는 이번 금지 조치는 방송사와 음반사의 음악 산업 통제와 착취의 결과라고 강조했다. 그는 이러한 사업들은 상업적이고 기술적 진보와 경쟁할 수 없었던 근면한 음악가들을 희생시키면서 수익을 올리고 있다고 지적했다. 페트릴로는 위원회에서 열렬히 자신의 주장을 펼쳤지만, 청문회가 끝날 무렵 녹음 금지 조치를 끝내기 위한 계획을 세우기로 합의했다.

녹음 금지 조치가 음반 산업을 완전히 해체하지는 않았지만 성장을 저해했다. 기업들은 과격한 노조 활동을 예상하여 생산량을 늘리고 금지 조치에 대비하여 사용할 수 있는 녹음 재고량을 준비했다. 그 결과 최대 6개월의 금지기간 동안 생산을 유지할 수 있는 충분한 녹음이 확보되었다. 또한 라디오 방송국들은 그들의 프로그램 운영을 위해 AFM 조합원 외의 음악가들을 고용했다. AFM은 분쟁 해결을 위해 음반회사들에게 노조 음악가들이 만든 음반마다 AFM에 사용료를 지불할 것을 제안했다. 즉 가격은 각 녹음 비용에 따라 책정되고 노조는 이 저작권 사용료를 미취업 음악가들을 지원하기 위한 '음반·녹음방송기금'을 설치하는 것이었다.

이 기금은 AFM의 중요한 부분이었다. 합의 이후 처음 3년 동안 이 기금은 450만 달러가 넘게 적립되었다. 그리고 금지 조치가 종료된 지 2년 후 AFM은 기금의 지원을 받을 자격이 있는 사람을 규정하는 세부 규칙과 자금 배분 방법을 보여주는 표본 차트가 포함된 "제1차 음반·녹음방송기금의 지출 계획"을 발표했다. 이 기금은 음악가들을 지원하는 데 사용되었고 또한 학교, 공원 및 기타 공공장소에서 1만 9000건의 무료 음악 콘서트를 지원했다.[35]

그러나 모든 주요 기업체가 이 기금의 합의 조건에 동의하거나 기여한 것은 아니다. 데카 레코드는 다른 많은 소규모 회사들과 함께 노조의 제안 조건에 동의한 최초의 주요 회사였다. 컬럼비아, RCA 빅터 및 NBC의 녹음 부서는 계속 반대했다. 그 결과 연방 전쟁노동국과 루즈벨트 대통령의 직접 개입에도 불구하고 파업은 계속되었다. 어느 쪽도 항복할 의사가 없었다. 1944년 10월 4일 루즈벨트 대통령은 페트릴로에게 다음과 같은 서한을 보냈다. "민주 정부를 사랑하고 게임의 규칙 아래 치열한 경쟁을 하는 나라에서는 분쟁의 당사자들 중 한 쪽이 국가 전쟁노동위원회의 결정이 잘못되었다고 생각할지라도 그 결정을 따라야 한다. 그러므로 질서 있는 정부를 위해 그리고 전쟁노동위원회에서 심의된 결정을 존중하기 위해, 나는 귀하의 노조가 동 위원회의 지시 명령을 수락할 것을 요청한다. 귀하의 손실로 간주되는 것은 확실히 귀하가 속한 국가의 이득이 될 것이다."[36]

국가 전쟁노동위원회와 루즈벨트 대통령의 녹음 금지 조치 종식 노력이 실패한 후, 의회 청문회는 페트릴로와 미국음악가연맹에 대한 부정적 시각을 형성하는 데 핵심적인 역할을 했다. 1942년 8월 5일 자《뉴욕타임스》의 한 사설은 "예를 들어 페트릴로가 라디오 방송국과 레스토랑의 음반 사용을 금지한다면 그들이 오케스트라와 밴드를 사용해야 할 것이라고 생각했다면 페트릴로는 엄청난 실수를 한 것이다"라고 지적했다.[37] 이 사설은 금지 조치의 영향은 오로지 음악을 위축시킬 뿐이라고 주장했다. 한편《네이션The Nation》은 기술 진보로 인하여 "미국음악가연맹이 취한 조치들은 음악인들의 위상을 주크박스 이전의 상태로 회복시키지 못할 것이다. 소규모 음악가들은 인디언처럼 시대에 뒤떨어졌다. 페트릴로는 그의 자신만만한 강인함에도 불구하고 이 사실을 부인할 수 없을 것이다"라고 말했다.[38]

시간이 흐르면서 이 협상에 반대했던 기업들은 녹음 금지 조치의 경제적 영향을 느끼기 시작했고, AFM과 계약을 체결했다. 1944년 11월 긴장이 잠시 가라앉고 최초의 전국 녹음 금지 조치는 끝이 났다. 1948년 AFM은 또 다른 파업을 시작했는데 이번에는 태프트-하틀리 노동관계법 Taft-Hartley Labor Relations Act (노조의 활동과 권한을 제한하는 미국 공법으로 1947년 제정되었음 _옮긴이)을 통한 음반·녹음방송기금의 불법화로 인해 발생했다. 이 파업은 "음악 공연 신탁 기금 Music Performance Trust Fund"을 만드는 조항의 신설이 포함된 타협으로 끝났다.

## 4. 음악 산업의 부흥

1942년의 녹음 금지 조치는 크게 보면 음악의 기술 진화의 긴 역사에서 일어난 하나의 일화에 불과했다. 그것은 두 가지 중요한 흐름을 바꾼 정치적 드라마의 한 순간이었다. 첫째 녹음 금지 조치의 즉각적인 영향은 새로운 음악 장르의 출현과 밀접하게 연관되어 있었다. 음악 산업계는 특히 재즈에서 새로운 돌연변이를 장려함으로써 대응했다. 두 번째 흐름은 새로운 산업의 성장을 초래한 기술적 다양성에서 비롯되었다. 전반적으로 생계를 유지하기 위해 계속 고군분투하는 음악가들에게 음악 산업은 별 혜택을 주지 못하는 방향으로 변모했다.

녹음 금지 이전 몇 년 동안 재즈는 변화를 겪었다. 1930년대 후반부터 시작해서 1940년대까지 '비밥 bebop' 스타일의 재즈가 구체화되기 시작했다. 리듬과 즉흥 연주에 대한 전통적인 관념에 도전하면서, 비밥은 "안정된 4분의 1 박자의 댄스 리듬이 아니라 8분의 1 박자와 16분의 1 박자의 변덕스러운 흐름 내에서 펼쳐지는 대비와 악센트에서 비롯되는 보다 복잡한 리듬 감각"을 사용했다."[39]

음반 및 방송 산업의 주된 동기는 이윤을 창출하는 것이었다. 기업 경영진들은 팔릴 만한 음반을 만들고 싶어 했다. 음반 산업계는 대중이 듣고 싶어 하는 것을 바탕으로 음반을 제작하여 대중문화에 편승했다. 대부분이 발라 드, 팝송, 빅 밴드 음악 등이었다. 주요 음반 회사들은 그들이 익숙하게 알고 있는 것을 판매하면 충분히 이익을 얻을 수 있다고 생각했고, 따라서 재즈에 돈과 노력을 대범하게 투자하는 것을 망설였다.

재즈는 녹음의 측면에서 전시물자 부족으로 인해 악영향을 받았다. 스콧 드보 Scott DeVeaux 는 이에 대해 다음과 같이 말했다. 즉 "음반 팬들이 즉시 팔을 걷어붙이고 일어서지 않는다면, 우연 이외에는 양질의 재즈 음반은 더 이상 나오지 않을 것이다. 음반의 주요 원료가 되는 셸락 shellac 도료의 부족에 따른 경비 절약의 필요성 때문에 이미 음반회사 경영진들은 극도로 보수적으로 바뀌어 버렸다. 이는 더 이상 젊은 밴드도, 더 이상 히트곡도, 새로운 시도나 실험도 없다는 것을 의미한다. …… 모든 회사가 히트 퍼레이드를 위해 곡을 연주하거나 계획하는 데 전념하고 있다."[40]

다양한 사회 계층의 사람들이 음반을 구입하거나 라디오로 음악을 들을 수 있었다. 이러한 추세를 따라 1942년 녹음 금지 조치는 소규모 음반 회사들을 대담하게 만들었고 음반 산업에 대한 엘리트 지배를 무너뜨렸다. RCA 빅터, 컬럼비아, 캐피톨레코드, 데카 등 '빅 4'가 역사적으로 음반 산업을 독점해 온 반면, 이 금지 조치로 소규모 회사들이 빛을 볼 수 있게 되었다.

특히 1943년 페트릴로가 녹음 금지 조치를 종료하기 위해 이들 회사들에게 제시한 거래는 녹음 독점권을 손상시켰다. 이 금지 조치 후 며칠 동안 데카만이 미국음악가연맹 AFM 과 계약을 맺었을 뿐 다른 대기업들은 타협을 거부했다. 이는 소규모 음반 회사들이 AFM과 계약을 체결하고 음반 시장의 적극적인 회원이 될 수 있는 전례 없는 기회를 제공했다. 이 기간 동안 음반 수요는 급증했고, 미국 주요 도시 전역에서 음반회사들이 생겨나고 있었다.

다시 말하면, "12달러와 약간의 여유 시간을 가진 사람이라면 누구나 녹음 분야에 진출하고 싶어 한다".⁴¹ 금지 조치가 내려지기 전 대부분의 생산을 장악했던 주요 음반회사들이 페트릴로의 거래에 강경하게 맞서고 있었던 반면, 소규모 회사들은 급증하는 시장을 이용했다. 음반 산업의 증가와 분산화는 일반적으로 비밥과 재즈에 긍정적인 영향을 미쳤다. 대형 음반회사는 주로 가장 큰 수익을 내는 음악 제작에 주력했기 때문에 신생 기업들은 음반 수요를 이용하여 재즈와 같은 장르에 집중할 수 있었다.

녹음 금지 조치가 재즈 혁신에 미친 영향은 상당했다. 그것은 재즈 중심의 소규모 기업들이 번창할 수 있는 기반을 만들었다. 재즈는 계속하여 주류 미국인들에게는 독특하고 다소 모호한 음악 스타일이었다. 그럼에도 불구하고 점점 더 많은 수의 음반들이 사회 내에서 재즈를 확고히 했고 혁신 성장의 기회를 제공했다.

녹음 금지 조치의 여파로 또한 밴드의 성격도 크게 바뀌었다. 빅 밴드의 시대는 끝나가고 있었다. 파업 기간 동안 가수들이 중심 무대를 차지하기 시작했고, 점차 다른 밴드들보다 더 각광을 받게 되었다. 이러한 변화는 나중에 밴드가 무대 뒤에서의 지원과 같은 역할 강등과 함께 뮤지컬 스타들에 대한 오늘날과 같은 과도한 찬사로 그 정점을 찍을지도 모른다. 이러한 변화들은 또한 음악 활동의 전체 영역에 걸쳐 급진적인 기술 혁신을 동반했다.

두 번의 파업은 단순히 신기술에 반대하는 것보다 더 큰 의미를 갖는다. "그 투쟁은 음악 공연의 제작보다는 녹음에 기반을 둔 새롭고 지배적 음악 제작 경제의 건설에 대한 비판적 개입과 항의의 조직적인 순간으로 이해되어야 한다."⁴² 그 도전은 "특정 기술이나 기계에 대한 것이 아니라 음악가들이 음악의 제작과 재생을 직접 통제하지 못하도록 하는 특정 기술 문화 집합체에 대한 것이었다. 일반적으로 이러한 파업은 미국에서 대중적인 음악 제작의 용어, 형식 및 목표를 둘러싼 투쟁과 관련되어 있었다".⁴³

이러한 변화를 단지 노동조합의 행동 탓으로만 돌릴 수는 없다. 산업 혁신의 내적 역동성은 미국음악가연맹의 힘에 도전하는 방식으로 음악 산업의 사회 조직을 변혁시켰다. 그 사이 음반업계는 성숙해졌고 자체 지적재산권 문제에 직면했다. 녹음 금지 조치 후 10년 만에 미국음반산업협회Recording Industry Association of America: RIAA가 창설되었다. 그 본래의 임무는 음반 저작권 수수료와 문제를 관리하고, 노조와 협력하며, 음반 산업 및 정부 규제에 관한 연구를 수행하는 것이었다. RIAA의 창설은 음반 산업 지원 조직을 설립하는 데 중요한 전환점이 되었다. 이는 음악을 녹음하는 것이 경제 지형의 새로운 특징으로 인식되게 했다. AFM이 다루어야 했던 기술 실업과 기존 산업의 이익 보호와 관련된 많은 과제들은 급속한 기술 변화의 시대를 맞이하면서 RIAA로 이전되었다.

## 5. 결론

기술 실업에 대한 불안은 녹음 음악에 대한 우려를 불러일으키는 데 핵심적인 역할을 했다. 이직에 대한 두려움은 신기술에 대한 가장 중요한 우려의 원천 중 하나다. 불안감이 상당 부분 과장되어 있지만 일자리 이탈의 위협은 현실적인 경우가 많다. 그러나 종종 무시되는 것은 신기술이 다른 곳에서 새로운 경제적 기회를 창출한다는 점이다. 기술적 연속성은 디지털 세계의 끊임없는 특징이었다. 기술적 연속성은 주요 산업을 몰아냈지만 새로운 산업도 창출했다. 예를 들어, 콤팩트디스크는 다른 형태의 미디어 저장 장치에 자리를 내주었다. 이러한 전환은 고용의 성격도 바꾸어놓았다. 음악 녹음의 경우는 정책 입안자들에게 많은 교훈을 준다.

첫째, 녹음의 사회적 이점은 산업에 직접 고용된 음악가의 수만으로 평가할 수 없다. 녹음은 음악 장르를 다양화하고 대중에게 다가갈 수 있게 했다.[44]

이러한 장르의 진화는 자기magnetic 녹음기를 사용하는 것에서부터 컴퓨터에 이르기까지 광범위한 녹음 기술과 연관되어 있었다.[45] 그러나 그 혜택은 음악 산업과 방송 산업의 더 큰 통합과 함께 다가왔다.

그러나 더욱 중요한 점은 음향 녹음 분야가 뛰어난 기술적 다양성과 연속성으로 특징을 이루어왔다는 것이다. 가장 대표적인 예가 테이프 레코더에서 DVD 그리고 '온라인 다운로드on-line down load'로의 전환이다. 신기술의 등장으로 하위 산업과 기술 개발 부문이 새로 생겨났다. 1979년 소니 워크맨 휴대용 카세트 플레이어의 도입은 광범위한 유사한 기술에 영감을 주었고, 2001년 애플이 출시한 상징적인 아이팟iPod으로 절정에 달했다. 그 이후 신세대 웨어러블wearable 기술이 뒤따랐는데, 그들 대부분은 음악과 무관한 분야이다.

두 번째 교훈은 기술 진보가 종합 음악synthesized music을 포함하여 창의성의 범위를 확장한 정도에 관한 것이다. 그러한 발전은 반드시 녹음 금지 조치의 직접적인 결과가 아니라 기술 진화의 일반적인 결과였다. 이 경우 주요 메시지는 녹음 기술이 음악가의 영향에만 초점을 맞추는 것으로는 예상할 수 없었던 방식으로 문화 지형의 여러 측면에 혁명을 일으켰다는 것이다. 그것은 음악 분야와 상호작용하는 새로운 산업의 플랫폼 역할을 한 것이다. 결국 녹음은 상업적 의미와 무관하게 사회의 창조적 능력을 향상시키는 데 도움이 되었다.

세 번째 교훈은 음악 파일 공유 회사인 냅스터Napster와 그 퇴출에 의해 구체화된 지적재산권과 같은 문제에서 법적 분쟁의 역할에 관한 것이다. 21세기로 접어들면서 냅스터는 오디오 음악 파일을 무료로 공유할 수 있게 한 선도적인 P2P 파일 공유 인터넷 서비스로 명성을 떨쳤다. 창립 직후 냅스터는 저작권 침해로 고소당했다.[46] 2001년 냅스터는 법원의 명령에 따라 영업을 중단했다. 저작권 소유자와 음악 창작자들에게 과거의 무단 음악사용에 대해 2600만 달러를 지불하기로 합의했다. 또한 향후 인허가 사용료에 대해 1000만 달러를 미리 지불했다.

법원 소송 진행 동안 냅스터는 확인된 침해 자료의 99.4퍼센트의 전송을 차단할 수 있는 소프트웨어를 개발했다고 말했다. 법원이 이 제안을 기각함으로써 관측통들은 99.4퍼센트가 충분하지 않다면 이 사건은 저작권 침해에 관한 것이라기보다는 파일 공유에 대한 전쟁에 관한 것이라고 주장하도록 부추겼다. 이 소송은 기존 산업의 '파괴적 창조'의 원천으로서 냅스타에 대한 더 깊은 우려를 숨겼다.[47] 단지 새로운 수혜자에게 가치를 이전시키는 것처럼 보였다.[48] 냅스터는 사전 녹음된 음악canned music 시대의 종말을 예고했다. "녹음 과학이 예전처럼 외롭고 신비롭고 경외심을 불러일으키는 것은 아니다. 기술 덕분에 마침내 마술은 사전 녹음된 음악으로부터 탈출했다."[49] 일부 마술의 탈출은 라이브 음악가들이 참여하지 않는 음악 창작을 가능하게 하는 새로운 기술의 개발이었다. 그 능력의 상당 부분은 이제 기본적인 컴퓨터와 소프트웨어로 구현되어 있어서 사람들이 악기를 사용하지 않고도 그들만의 음악을 쉽게 만들 수 있게 되었다. 이 기술은 또한 더 많은 사람들이 '오픈 소스 소프트웨어 운동open-source software movement'(일부 또는 모든 소프트웨어에 대해 오픈 소스 라이선스의 사용을 지원하는 운동 _옮긴이)을 포함한 창작물을 공유하는 새로운 규범을 갖게 했다.

기술 혁신과 음악 제작을 둘러싼 논쟁에서 얻은 네 번째 교훈은 조직화된 노동의 반응에 대한 이해의 중요성이다. 많은 경우 한 집단에 긍정적인 '창조적 파괴'로 보이는 것은 다른 집단에게는 사회에 명백한 이익이 없는 '파괴적 창조'로 간주된다. 따라서 이러한 기술적 전환을 관리하려면 그 성격, 분배 및 복지적 함의를 더 잘 이해해야 한다. 이것은 오늘날 기술 혁신의 세계적 성격을 감안할 때 특히 중요하다.

지금까지는 세계적 차원에서 신기술의 복지 영향을 관리하기 위한 효과적인 국제적 메커니즘이 없다. 그러므로 국가들은 계속해서 기술 파괴로부터 그들의 산업을 보호할 방법을 찾고자 할 것이다. 이런 점에서 신기술에 대한 긴장은 본질적으로 점점 더 세계화될 것이다. 기술적 포용과 같은 복지적 고려는 국제무역 협상에서 훨씬 더 중요한 부분이 될 것이다. 현재 세계무역기구WTO에 제기된 많은 무역 분쟁은 기술 혁신이 복지에 미치는 영향에 대해 더 깊은 우려를 나타낸다.

마지막 교훈은 금지 또는 제한이 기술 및 관련 창작물의 다양화를 위한 자극의 원천이 될 수 있는 방법에 관한 것이다. 녹음 음악을 금지하려는 노력은 노조에 일시적인 혜택뿐만 아니라 음악가들을 위한 대안을 모색하려는 시도로도 이어졌다. 음악 산업은 녹음 금지 조치를 극복하기 위해 새로운 방식으로 재편성되었다. 녹음 기술 자체는 인간의 창의성을 확장하는 플랫폼 역할을 했다. 음악이 더 널리 보급될 수 있도록 함으로써 일부 예술가들의 역량을 확장하는 데 도움이 되었다. 이러한 추세는 산업의 집중과 관련된 자체적인 도전을 야기할 것이다.

예술가와 기술의 관계는 계속 진화하고 있다. 테일러 스위프트Taylor Swift의 사례는 성공한 음악가들이 새로운 사업 계약을 통해 그들의 음악이 무료로 전파되지 않도록 함으로써 기업 전략에 어떻게 영향을 미칠 수 있는지를 보여준다. 이는 일부 음악가들을 위협하는 동일한 기술이 성공한 음악가들에게도 힘과 영향력의 원천이 되어왔기 때문이기도 하다. 스위프트가 영향력이 적은 예술가들의 이익을 대변해 과거 노조와 거의 같은 역할을 했다는 것은 주목할 만하다. 음악은 인간의 존재에 너무나 기본적인 것이어서 새로운 기술과 사업 모델이 전개됨에 따라 계속해서 새로운 긴장의 원천이 될 것이다.

*나는 왜 사람들이 새로운 아이디어를 두려워하는지 이해할 수 없다.*

*나는 오래된 아이디어가 두렵다.*

_ 존 케이지

환경과 인간의 건강에 모두 좋은 지속가능한 농업으로의 전환은 여전히 세계에서 가장 시급한 과제 중 하나로 남아 있다.[1] 대량 농업 기반의 식품생산은 현재 다량의 과일 및 채소 작물을 파괴할 수 있는 벌레 및 기타 해충을 죽이기 위해 살충제에 크게 의존하고 있다. 살충제의 사용은 광범위한 국제 환경 캠페인의 주제가 되어왔다.

이러한 우려 속에서 과학자들은 살충제의 사용을 최소화하면서 해충을 통제하는 데 도움이 될 수 있는 새로운 유전공학 도구를 개발했다. 이 기술은 작물에 유전자를 삽입하여 작물이 자체적으로 살충제를 생산할 수 있도록 하는 기술이다. 이 기술은 화학물질 사용의 영향을 줄이면서 식량 생산을 늘릴 수 있는 기회를 열었다. 그것은 레이첼 카슨Rachel Carson이 그녀의 고전적인 환경 저서인 『침묵의 봄』에서 제시한 새로운 환경 비전을 반영했다. 그녀는 이 유용한 기술을 "곤충의 화학적 통제에 대한 정말 놀랄 만큼의 다양한 대안으로 보았다. …… 일부는 이미 사용 중이고 훌륭한 성과를 거두었다. 다른 것들은 실험실에서 시험 단계에 있다. 어떤 것은 아직도 상상력이 풍부한 과학자들의 마음속에 있는 아이디어 수준에 있으며, 그것을 시험해 볼 기회를 기다리고 있다".[2] 그녀는 이것이 "그들이 통제하고자 하는 살아 있는 유기체와 이러한 유기체가 속한 생명체 전체 구조에 대한 이해를 바탕으로 한 생물학적 해결책"이라고 말했다.[3]

유전공학의 선구자 중 한 사람인 벨기에의 마크 반 몬타구는 거의 20년 동안 해충에 내성을 가진 유전자 변형 작물을 사용하면서 얻은 과학적 열정과 좌절감을 다음과 같이 적절하게 표현했다. "나는 유전공학 기술 덕분에 식물의 성장, 발달, 스트레스 저항, 개화, 생태적 적응에 대한 분자생물학적 기반 지식이 얼마나 빠르게 많이 발전했는지에 대해 매우 놀라고 감명을 받지만, 다른 한편 작물을 개량하고 지속가능하고 향상된 고수익 농업을 발전시키는 데 이 지식을 세계적으로 적용하기 어려워 좌절하기도 한다."[4]

이 장에서는 다른 주요 곡물 수출업체들과 함께 유럽과 미국 간의 무역 분쟁 사례를 사용하여 신기술과 기존 농업 체계 사이의 갈등을 설명한다. 이 책의 다른 사례들과는 달리 유전자 변형 작물에 대한 논란은 세계무역기구 WTO를 통해 관리되는 세계적 무역체제의 맥락에서 제기되었으며 처음부터 국제적 차원의 성격을 띠었다. 이러한 이유 때문에 각국 정부는 유엔의 후원 하에 외교적 협상을 통해 이견을 해결하고자 노력했다.

## 1. 깊은 뿌리

유전자 변형 작물의 경우는 기술 혁신 과정이 비약적으로 진행된다는 슘페터의 주장을 반영한다. 그러나 더 중요한 것은 그것이 편익과 위험에 대한 상당한 불확실성과 관련이 있다는 것이다. 불확실성은 유전자 변형 작물의 미래 위험을 증폭시키는 방식으로 논쟁의 틀을 형성했다. 본질적으로 유전자 변형 작물에 대한 규제는 '위해 개연성'에 근거한 것이며 '위해 증거'에 근거한 것은 아니었다. 잠재적인 위해는 시간이 지나면서 위해가 발생할 개연성으로 일반 대중에게 제시되었다.[5] 기술을 통제하는 새로운 규정은 확인된 위험이 환경, 개발도상국의 농민 및 인간의 건강에 치명적인 결과를 초래할 수 있다고 가정했다. 국제생물 안전 규칙의 제정 취지를 재평가할 수 있게 된 것은 기술에 대한 친숙함과 증거의 축적을 통해서 비로소 가능했다.[6] 이 장은 논쟁을 재연하고 부추기기 위한 것이 아니라, 다른 기술적 논란에 대한 교훈을 규명하기 위해 전개된 증거로서 논란의 역동성을 개괄적으로 설명하기 위한 것이다.

해충 저항성 유전자 변형 작물의 출현은 증가하는 세계 인구를 위해 경제적으로 많은 양의 식량을 재배하는 문제에 대한 부분적인 해결책을 제공하는 동시에 외부 보충제의 사용을 최소화한다. 한 가지 응용 방법은 작물이 특정 해충을 죽이는 'Bt 독소'를 생산할 수 있도록 하는 일반 토양 박테리아인 '바실러스 튜링겐시스Bacillus thuringiensis: Bt'의 유전자를 작물에 삽입하는 것이다.[7] 이 유전자 변형 기술은 현재 특정 해충의 화학적 방제의 대체물로 널리 사용되고 있다. 이 기술은 승인된 살충제인 Bt를 형질전환하지 않고 유기농 농민들이 수십 년 동안 사용한 결과를 바탕으로 한다.

이 기술은 살충제의 생태학적 및 인간 건강 영향에 대한 우려가 고조되던 시기에 개발되었다. 세계 여러 지역의 시민사회단체들은 화학 살충제 사용에 반대하는 캠페인을 벌였다. 개발자들은 해충을 통제하기 위해 Bt 독소를 사용한 유전자 변형 작물을 환경문제에 대한 잠재적인 해결책으로 생각했다. 그러나 Bt 작물의 상업적 출시는 세계의 일부 정부, 환경단체, 소비자단체 및 학계의 광범위한 반대에 부딪혔다. 경제적·건강 및 환경적 이점이 널리 문서화되었음에도 반대는 계속되었다.[8]

유전자 변형 작물은 그 공정과 관련된 논쟁으로 가득 찬 20년 동안 세계 농업의 상당 부분을 근본적으로 변화시켰다. 한 종種의 유전자를 다른 식물에서 발현시킬 수 있는 능력은 벨기에와 미국의 과학자들에 의해 30여 년 전에 성공적으로 입증되었다.[9] 잠재적 농업적 응용이 분명했지만 이 기술의 변혁적 특성은 분명하지 않았다. 그러나 과학자들과 정책 입안자들이 광범위한 응용을 통해 플랫폼 기술의 함의를 성찰하기 시작하면서 경제적 파급효과가 확실해졌다.[10]

식량 가격 상승과 함께 세계 식량 안보에 대한 우려로 인해 농업이 증가하는 인구의 요구를 충족시키기는 데 필요한 기술에 대한 탐구가 강화되었다. 시간이 지남에 따라 기후변화와 자원 보존이라는 새로운 도전에 대처해야 할 필요성도 농업 혁신의 추가적인 추동력이 되었다. 세계 식량 안보를 확보하는 데는 장애물이 많고 다양하며, 다양한 도전을 감당할 수 있는 다양한 기술과 기법을 필요로 한다. 비료와 살충제의 도입은 그 자체가 식량 생산과 상업 영농을 변혁시킨 혁신이었다. 시간이 지남에 따라 농화학물질 관련 기업들은 현대 농업 체계의 필수적인 부분이 되었다. 농화학물질의 도입을 전후하여 강력한 비즈니스 산업이 성장했다. 농약 사용으로부터 새로운 농업 체계로 전환하려는 노력은 농업 체계의 더 넓은 사회기술적 관성과 씨름해야 한다.

농약에는 제초제, 살충제, 살균제 등 크게 세 가지 유형이 있다.[11] 농약은 거의 모든 종류의 농업에서 다양하게 사용된다. 농업에서 농약의 도입은 작물 생산량과 생산성을 증가시켰다. 그런데 이러한 농약은 적절히 사용되지 않을 경우 광범위한 건강 및 환경적 부작용을 일으킨다.

20세기에는 지배적인 병충해 방제 전략으로 화학 살충제가 점진적으로 부상했다.[12] 이것은 주로 그 효능과 사용의 편의성 때문이었다. 화학 살충제는 연구기관, 정부부처 및 민간 기업들을 포함하는 새로운 제휴를 통해 적극적으로 장려되기도 했다. 그들은 농업 변화를 다루는 데 있어 과학기술의 역할에 대해 상당한 신념을 둔 새로운 세계관으로부터 상당한 혜택을 받았다. 화학 의존적 농업 체계의 확산은 제도적 구조를 형성했다. 농업인 훈련에서부터 시장 및 정책 기반 구축에 이르기까지 농약 사용이 지배하는 재래식 농업의 요구에 부응하기 위한 제도들이 진화했다.

농업 체계는 살충제에 의존하도록 조정되었다. 이러한 현상은 농민, 농업 순회교육, 농업정책 및 농업연구 체계가 농약 사용에 의존하고 지원하기 때문에 발생했다. 이로 인해 관련 당사자들이 변화에 저항하게 되어 신기술이 발판을 구축하기 어렵게 한다. 예컨대, 벨기에서 질병에 강한 '밀 재배종 wheat cultivar'의 느린 채택은 열악한 기술적 특성의 결과가 아니라 농민들부터 공급업체 및 정책 입안자들까지 모든 수준의 식품 사슬 food chain 에서 저항한 결과였다.[13] 지배적인 밀 재배 시스템은 화학물질의 사용을 선호하는 시스템 중심으로 조직되었고, 기존의 밀은 질병에 강한 밀 품종과 같은 새로운 진입자와 신기술이 적기에 기존 식량재배 관행의 파괴를 어렵게 만들었다. 민간 이해관계자들은 세 가지 방법으로 작물 보호 관행에 영향을 미칠 수 있다. 예를 들어 종자 판매보다는 농화학 물질을 선호하는 공급회사의 내부 편견, 공급업체의 판매원들 사이의 농화학적 응용에 대한 편견, 종자 회사들의 질병 및 해충 저항성을 위한 품종 개량에 대한 낮은 우선순위 등이 작물 보호 관행에 영향을 미칠 수 있다.[14]

공공 농업 및 순회교육 서비스는 농민들의 농업기술과 관행 선택에 영향을 미친다. 응용과학 정책연구는 기존 체계를 대체하기보다 개선하는 데 노력을 기울이기 때문에 기존 작물 체계에 집중하는 경향이 있다. 공공 농업 순회교육 담당관들은 농민들과 정책 입안자들에게 자문할 때 기존 기술력에 대한 자신들의 인식으로부터 영향을 받는다. 또한 정부 규제는 신기술에 대해 더 엄격한 안전 요건을 부과함으로써 기존의 농업 관행을 강화하는 경향이 있다.

정치적 차원에서 기존 농업 체계는 농업 지원 프로그램을 통해 강화된다.

1962년에 만들어진 유럽공동농업정책 European Common Agricultural Policy: CAP 에서 보듯이 농장 보조금은 이해 당사자들이 현 관행을 정착시키기 위해 사용하는 가장 강력한 경제적·정치적 도구 중의 하나이며, 이는 강력한 경제적·정치 세력에 의해 주도되는 연속성과 관성의 한 가지 예다. 예컨대, "로마조약 제39조는 농업지원에 대한 책무와 목표를 규정하고 있다. 이것은 1958년 스트레사 회의 Stresa Conference(유럽 공동 농업정책 채택을 위해 이탈리아 스트레사에서 개최된 국제회의 _옮긴이)의 의제를 설정하고 유럽 공동 농업정책 수립에 관한 후속 협상에 크게 영향을 주었다. 특히 농업 생산성 향상과 기술 발전을 지원하고자 하는 열망이 그 주요 지원 수단으로 높은 가격을 선택하는 데 큰 영향을 미쳤다."[15]

유전자 변형 기술의 출현 시기는 기술의 안전한 사용을 둘러싼 논쟁에서 중요한 부분이다. 소련의 붕괴는 구 동유럽 국가들이 유럽연합에 가입할 수 있게 되어 유럽연합의 확대를 위한 문을 열었다. 이것은 미국 농산물에 대해 잠재적으로 크고 새로운 시장을 예고했을 뿐만 아니라 유럽의 농업 무역을 이 지역으로 확장할 수 있는 기회를 제공했다. 농산물은 그리스뿐만 아니라 동유럽 국가들이 유럽공동시장에 기여할 수 있는 상당한 잠재력을 지닌 분야였다. 미국의 저렴한 농산물로 인한 자유시장 경쟁은 유럽의 경제 및 지정학적 영역을 동쪽으로 확대하려는 열망을 직접적으로 위협했다. 다르게 보면 세계화는 유럽의 정치적 정체성을 위협했다. 이러한 정치적 조건들은 신생 국가들이 세계적 경쟁력이나 유럽 국가들 간의 경쟁에 전적으로 노출되지 않는 신중한 우선적 경제 자유화를 선택하게 했다.[16]

20세기에 걸쳐 유럽은 세계 최고의 화학 강국으로 부상했다. 화학 회사들은 화학에서의 그들의 독특한 핵심 역량을 바탕으로 경쟁력을 구축했다. 결과적으로 그들은 매우 안정적이었으며 그들의 핵심 기술 분야에 특화되었다. 신기술에 대한 관심은 그들이 시장 지배력과 이전의 기술력을 가진 분야에 집중되었다. 연구개발 프로그램도 제품 전문화 분야를 강화하는 데 초점을 맞췄다.[17] 농약 생산을 주도한 기업들은 동일한 분야에서 연구를 추구하는 경향이 있었다.

기존 기술 유산에 기반해 구축한 결과 중 하나는 유럽 화학 회사들의 신제품 개발 속도가 느렸다는 것이다. 이 신제품들이 유럽 화학 회사들의 핵심 화학 및 관련 플랫폼과 연계될 것으로 예상되었다. 새로운 생명공학 분야에서 효과적으로 경쟁하기 위해 유럽 기업들은 생물학 지식을 습득해야 했다. 그러나 "그들의 내부 기술 문화와 외부 연계는 화학에 기반을 두고 있었다. 이 변화는 잘 확립된 내부 전통에 새로운 문화를 접목시키고 생물학에서 새로운 연결고리와 뿌리를 확립할 것을 요구했다."[18]

그 전략은 다양한 농화학 분야에서 유럽 기업들의 시장 지배력을 보장했다. 그러나 이는 재조합 DNA 기술과 같은 신기술 플랫폼의 새로운 경쟁 제품으로부터 발생하는 파괴적 변화에는 더 취약하게 만들었다. 유전공학과 같은 신기술로 분화하는 것이 어렵기는 해도 당초 이 DNA 기술이 유럽(벨기에)에서 처음으로 입증되었음에도 유럽 기업들은 이를 채택하는 데 늦었다. 그러나 당시 그들은 시간이 지남에 따라 지식을 습득하고 유럽 사업장에 통합할 수 있기를 희망하면서 미국의 소규모 생명공학 전문회사Dedicated Bio Firms: DBFs 에 투자를 선택했다. 그들은 크게 두 가지 방식으로 이를 추진했다. 첫째, 북미의 연구개발 전초기지를 미국의 학문적 기반과 연결하는 데 이용하고, 명시적으로 종종 그러한 연계를 사내 연구원의 교육훈련 수단으로 이용했다.[19] 둘째, 그들은 미국 시장의 역동성과 관련 연구로부터 혜택을 받는 간접적인 방법으로 미국의 생명공학 전문회사DBFs 와의 연구 계약에 의존했다. 이것은 또한 기업들이 신기술을 채택하기 전 위험을 회피하고 기술의 건전성을 시험할 수 있는 방법을 제공했다. 성공적인 연계는 "나중에 인수를 통해 완성되는 경우가 많았다".[20] 사실 이 전략은 유럽 기업들이 지식을 본국으로 이전하는 능력에 따라 성공 여부가 결정되는 위험한 전략이었다. 그러므로 미국 대학의 최첨단 연구에 근접하고 생명공학 기술을 개발한 생명공학 전문회사DBFs와 접촉을 유지하는 것이 중요했다.[21]

## 2. 농장의 해충 퇴치

유전자 변형 작물의 도입은 살충제에 반대하는 강렬한 사회운동과 동시에 일어났다. 살충제의 건강과 환경 영향에 대한 대중의 우려는 양성良性 살충제에 대한 관심으로 이어졌다. 레이첼 카슨의 『침묵의 봄』이 살충제를 둘러싼 생태학적 공포를 대중화하기 전에도 바실러스 튜링겐시스Bt 박테리아가 보다 양성적인 생물학적 살충제로 부활하여 사용되었다. Bt의 살충 특성은 박테리아 자체가 규명되기 훨씬 전부터 알려져 있었다. Bt 포자가 고대 이집트에서 사용되었을지도 모른다는 주장도 있었다. 1901년 일본의 생물학자 시게타네 이시와타리Shigetane Ishwatari가 누에 입고병立枯病을 연구하던 중 이 박테리아를 분리했다. 그는 그것을 '바실러스 소토Bacillus Sotto'라고 명명했다. 10년 뒤 에른스트 베를리너Ernst Berliner는 이 박테리아를 "독일의 튜링겐Thuringia 지방의 병든 지중해밀가루나방Ephestia Kuehniella으로부터 분리했고, 바실러스 튜링겐시스Bacillus thuringiensis: Bt"라고 명명했다.[22]

나방 유충에 미생물 살충제로 Bt를 처음 사용한 것은 1938년이었다. 이 생물 살충제는 제2차 세계대전 전에 애벌레 감염을 억제하기 위해 채소 농민들에 의해 상업적으로 사용되었다. 생물 살충제는 일부 선별된 종種을 대상으로 하고 무당벌레나 풀잠자리와 같은 유익한 유기체를 해치지 않고 남겨둘 수 있는 기능 때문에 인기가 높았다. 제2차 세계대전 이후 합성화학이 새로운 화학 화합물의 가장 지배적인 공급원이 된 후 과학자들은 해충 방제 해결책을 위한 생물 살충제를 연구하기 시작했다.

단백질은 햇빛과 습기에 노출되면 빠르게 분해되기 때문에 Bt의 국소적 응용은 제한적이다. 제2차 세계대전 전에는 살충제가 그 이후만큼 널리 사용되지 않았고, 그 후에 합성 화학물질의 해충 저항성에 대한 추가적 행동방식의 필요성을 밝혀내는 데 시간이 걸렸다. Bt는 특이하고 좀 더 특화된 행동방식이었기 때문에 우선적으로 선호되었다. 이는 Bt가 생물학적이거나 반드시 독성이 덜한 제품이었기 때문이 아니었다. 새로운 Bt 제제는 또한 빛과 습기에 의한 분해를 완화시켰다.

Bt 독소는 일반적으로 며칠 내에 분해되어 효과가 떨어지기 때문에 자주 분사해야 한다. 1960년대에 과학자들은 해충 방제를 담당하는 특정 단백질을 식별하고 선택하는 방법을 모색하기 시작했다. Bt 단백질 유전자를 작물에 주입하는 것 자체가 하나의 해결책이 되었다. "유전자 변형 작물에서는 Bt 독소가 지속적으로 생성되고 그 작물의 원소들로부터 보호된다. 따라서 그것은 성장기 내내 해충을 죽이는 능력을 유지한다. 더욱이 Bt 독소는 국소적으로 도포된 살충제로는 보호하기 어려운 내부 조직을 포함한 식물의 모든 부분에서 전반적으로 발현된다."[23]

1990년대 초부터 많은 민간 회사들이 대중들의 살충제 공포를 해소하기 위해 Bt 시장에 진출했고, Bt가 농작물을 파괴하는 해충을 더 안전하게 죽일 수 있는 잠재력에 다시 초점을 맞췄다. Bt에 초점을 맞춘 최초의 민간 기업들이 생물 살충제 산업을 활성화할 수 있는 기반을 닦았다. 생화학을 기반으로 한 생물 살충제 개발에 500만 달러가 소요된 것에 비해, 합성화학을 통한 살충제의 경우 최대 4000만 달러가 소요되었다. 새로운 살충제의 시판 과정은 생물 살충제의 경우 3년이 걸린 반면 합성 살충제는 최대 12년이 걸렸다.

Bt 시장에는 애봇 연구소Abbot Laboratories, 아메리칸 시안아미드American Cyanamid, BASF, 카파로Caffaro, 에코젠Ecogen, 데칼브DeKalb, ICI, 마이코젠Mycogen,

노보노르디스크NovoNordisk, 롬앤하스Rohm and Haas, 산도즈Sandoz 등 많은 주요 농업 기업들이 진출했다. 그들은 네 가지 주요 아종亞種인 비.아이자와이 B.aizawai, 비.이스라엘렌시스B.israelensis, 비.쿠르스타키 B.kurstaki 및 비.테네브리 오니스B.tenebrionis에 초점을 맞추었다. 이들 모두는 특정 그룹의 나비목 lepidopteran 또는 딱정벌레목coleopteran 해충에 특화된 관련 단백질을 포함하고 있다. 1992년 초까지 미국에서 200만 에이커에 달하는 농장에서 57개의 작물이 Bt로 처리되었다. Bt의 인기 상승은 환경 인식의 증가와 생산 방식을 생물학적·유기적 공정으로 전환해야 한다는 요구와 일치했다.

Bt의 사용이 증가함과 동시에 합성 살충제 사용에 대한 의존도를 줄이는 또 다른 잠재적 수단으로서의 유기농의 개념도 증가했다. 일반적인 믿음과는 달리 유기농 생산은 '자연' 살충제를 포함해 상당한 독성을 포함한 많은 승인된 물질의 사용을 허용한다. 여기에는 유황과 구리에서 추출한 살균제가 포함된다. 유기농은 또한 승인된 유성油性 살충제를 사용한다. 현재 단종된 로테논rotenone 살충제는 식물에서 추출한 것이기 때문에 안전하다고 여겨졌다. 그러나 연구에 따르면 이것은 생쥐에서 파킨슨병과 유사한 증상을 유발시킨다는 것이 밝혀졌다. 유기농 농민들은 윤작輪作 및 노동집약적 작물 재배를 포함해 보다 총체적인 통합 병해충 관리 전략을 선호한다.[24] 이 상이한 접근방식은 Bt 유전자를 이용한 유전자 변형 작물이 특히 새천년 미국에 도입되었을 당시, 그 후에 뒤따른 유전자 변형 작물에 대한 격렬한 논쟁의 길을 여는 데 일조했다.

유전자 변형 작물의 개발은 유전자 일반에 대한 과학계의 향상된 이해를 통해 가능했다. 유전자 변형 기술은 이전에는 식물 육종가들이 이용할 수 없었던 방대한 유용한 유전자 풀pool에 직접 접근할 수 있게 했다. 유전공학은 단일 '사건event'에서 여러 바람직한 유전자를 동시에 사용할 수 있게 했다. 기존의 작물 육종과 같은 응용 유전자 변형 연구는 생산성의 제약을 해결하기 위해 특정 특성을 선택적으로 변경, 추가 또는 제거하는 것을 목표로 한다. 이는 또한 원하지 않는 유전자를 포함하지 않고 밀접하게 관련된 식물에서 바람직한 형질을 채택할 수 있는 가능성을 제공한다.

Bt 유전자를 가진 최초의 유전자 변형 식물은 1985년 벨기에 회사인 식물유전 시스템Plant Genetic Systems에 의해 개발되었으며, 최초의 Bt 함유 작물은 1996년에 상용화되었다. 오늘날 해충에 대한 저항성을 부여하는 유전자들은 옥수수, 면화, 감자, 담배, 쌀, 브로콜리, 상추, 호두, 사과, 알팔파alfalfa 및 콩을 포함한 여러 식물에 삽입되었다. Bt의 '크라이형 Cry-type' 독소는 농작물을 파괴하는 해충인 면화벌레, 옥수수귀벌레, 유럽옥수수벌레, 벼줄기벌레 등에 효과적이다. 독소는 해충의 소화관에 있는 세포막의 투과성을 교란시켜 해충이 먹지 못하고 죽게 만든다.

일찍이 Bt 면화의 성공으로 미국, 중국, 인도, 아르헨티나 등 4대 면화 재배 국가가 빠르게 이를 채택했다. 2001년까지 Bt 면화는 미국, 호주 및 몇몇 개발도상국에서 상업적으로 재배되었다. 인도는 2002년 Bt 면화 판매를 공식 승인했다. 2014년까지 Bt 면화는 미국 전체 면화 생산량의 96퍼센트를 차지했다. 2010년 한 연구결과에 따르면 중국에서 Bt 면화의 채택이 농민들의 소득을 증가시키고 화학물질 사용을 감소시켰음을 보여주었다.[25] 2014년 최근 자료에 따르면 농가소득은 1997년부터 2013년까지 162억 달러 이상 증가했으며 2013년 한 해에만 16억 달러 증가했다.[26]

Bt 작물의 채택 과정에서 가장 중요한 사건은 몬산토가 유전자 변형 기술의 세계적 주도 기업으로 부상한 것이다. 유럽 화학회사들이 채택한 점진적 전략과는 대조적으로 미국에 본사를 둔 몬산토는 우선 해당 분야의 내부 전문성을 갖춘 하나의 생명과학 회사로 재창조하는 보다 급진적인 접근법을 채택했다. 몬산토는 체계적 검색을 통해 얻은 외부 지식의 원천을 이용해 기업들이 좁은 네트워크에 갇혀 있지 않고 네트워크의 유연성을 충분히 활용

할 수 있도록 지원하고, 내부 연구 조직의 강한 결속력과 통합 능력을 통해 그 접근법을 보완했다.[27]

몬산토의 전략은 세인트루이스에 있는 워싱턴대학교의 연구 실험실과의 협력을 포함했는데, 이 연구소는 "식물 생명공학의 사업화를 위한 주요 길을 열어준 주요 특허 출원과 다수의 과학 논문 발표에서 모두 성과를 거뒀다. 이 특허(1985년 10월 출원)는 식물이 특정 바이러스의 외피 단백질 유전자의 발현에 의해 담배모자이크바이러스에 대한 내성을 획득할 수 있음을 입증했기 때문에 식물 생명공학에서 주요한 돌파구가 되었다".[28] 몬산토의 변혁은 생명과학 단체와의 광범위한 협약을 통해 이루어졌다.[29]

이러한 진전은 세계 시장에서 주로 국가 전략의 맥락에서 신흥 플랫폼 기술이 예견되었던 집중적인 기술 경쟁 기간 중 일어났다. 전자공학의 부상과 새로운 아시아 경제 행위자들의 등장은 신생 기술에 대한 국가적 지원에 대한 미국의 정책적 우려를 고조시켰다. 미국 의회기술평가국OTA은 1990년대 초 비록 초창기였지만 신생 과학이 "과학자들이 생명체를 보는 방식을 혁신하고 인간과 동물의 건강, 식량공급, 환경의 질을 획기적으로 향상시킬 수 있는 제품의 상용화로 이어질 수 있는 연구개발을 이끌어낸 것으로 인정받고 있다"고 평했다.[30]

OTA는 생명공학의 국가적 특성과 세계적인 중요성을 강조했다. "주로 미국 실험실에서 개발된 생명공학의 많은 응용 프로그램은 이제 전 세계 기업과 정부에서 여러 다른, 겉보기에는 이질적인 산업의 경제성장을 위해 필수적인 것으로 간주된다.[31] 유럽 국가들은 이러한 잠재력을 충분히 인식하고 있었고 또한 국제 경쟁력을 위한 기술을 활용할 수 있는 전략을 모색하고 있었다.[32]

이러한 산업 재편의 결과는 종자 산업의 통합과 몇몇 대기업의 수중에 기술력 집중을 통해 몬산토, 듀퐁 Dupont, 신젠타 Syngenta 등 세계적인 생명공학

대기업의 출현을 가져왔다.[33] 소수 기업의 지배는 후에 특정 시민사회단체들 사이에서 하나의 우려 사항이 되었다. 그 우려 사항에는 보다 긴밀한 산학협력을 통한 연구자들 간의 인지된 자율성 상실이 포함되었다. 이렇게 밀착된 협력은 미국 생명공학 산업의 경쟁력을 촉진시킨 것으로 평가되지만 또한 이해충돌에 대한 우려와 생명공학 연구대학에 대한 대중의 불신을 가져왔다.[34] 식물 육종 분야에서 민간 부문의 지배력이 커지면서 개발도상국들이 생명공학에 접근할 수 있는 능력에 대해서도 상당한 우려가 제기되었다.[35] 반대파들에 의해 구축된 생명공학 기업에 대한 통제 인식은 지속되었고 연구 주체가 공공 부문이나 민간 부문에 상관없이 생명공학 채택에 큰 걸림돌이 되었다.[36]

그러나 이러한 기업들이 기술 개발에 대해 서로 다른 기업적 접근법을 채택했다는 점은 주목할 필요가 있다. 몬산토는 화학, 사료 및 기타 사업 플랫폼에서 초점을 옮겨 결국 유전학에 집중했지만, 다른 주요 기업들은 그들의 '포트폴리오'에 생명공학을 추가하는 데 훨씬 뒤쳐져 있었다. 따라서 몬산토는 농업생명공학 혁명의 상징으로 두각을 나타내게 되었다. 그것은 대부분의 이익을 차지하는 동시에 대중의 많은 분노와 악마화를 불러일으키는 지경에까지 이르게 되었다.


## 3. 과학에 의문 제기

규제의 불확실성은 처음부터 유전공학을 괴롭혔지만, 과학계는 유전공학이 대중과 과학에 미칠 잠재적 위험을 이해하면서 대부분의 경우 그러한 우려를 자율적으로 규제했다. 유전공학의 변혁력은 1973년 허버트 보이어 Herbert Boyer 와 스탠리 코헨 Stanley Cohen 에 의해 유전자 복제기술이 개발되었을 때부터 분명했다. 2년 후 1975년 재조합 DNA에 관한 아실로마 회의 The 1975 Asilomar Conference 의 참가자들은 유전공학에 대한 자발적인 모라토리엄을 요청해 국립보건원은 일부 사람들이 위험한 실험이 될 수 있다고 우려한 것에 대한 안전지침을 개발할 수 있도록 했다. 과학계는 적극적으로 나서면서 이용 가능한 최선의 과학적 지식과 원리에 기초한 안전지침을 설계하는 책임을 맡았다. 과학자들은 유전공학 발전의 후속 단계에 적용될 과학 기반의 위험 평가 및 관리 시스템이 될 방안을 강구하기 시작했다.

1984년 미국 백악관 과학기술정책실은 「생명공학 규제조정 기본 계획 The Coordinated Framework for Regulation of Biotechnology」의 채택을 제안했다.[37] 이 기본 계획은 1986년 생명공학에서 파생된 제품에 대한 연방 정책으로 채택되었다. 이 정책의 초점은 신생 산업에 새로운 부담을 주지 않고 안전을 보장하는 것으로 다음 세 가지 원칙에 기초했다. 첫째, 유전자 변형 과정 자체가 아닌 유전자 변형 산물에 초점을 맞췄다. 둘째, 그 접근 방식은 검증 가능한 과학적 위험에 기초했다. 마지막으로, 유전적으로 조작된 제품을 다른 제품과 대등하게 정의하고 현행 법률에 따라 규제할 수 있게 했다. 식품 안전과 관련된 사항은 식품의약청 FDA 그리고 환경 관련 사항은 환경보호청 EPA 에 각각 배정했다. 미국 농무부는 유전자 변형 작물의 농업적 측면을 규제하는 역할을 맡았다.

과학 기반 규제 원칙 개발의 또 다른 획기적인 사건은 미국 과학아카데미가 유전자 변형 유기체를 환경에 도입하기 위한 지침을 설정한 1987년에 발생했다. 이 문제에 대한 조언을 제공하기 위해 설립된 위원회는 두 가지 기본적인 결론에 도달했다. 첫째, "유전자 재조합 R-DNA 기술의 사용에 있어서나 관련 없는 유기체 간의 유전자 전달에 있어서 특유한 위험이 존재한다는 증거를 발견하지 못했다".[38] 둘째, "유전자 재조합으로 조작된 유기체의 도입과 관련된 위험은 비유전자 변형 유기체 및 다른 유전적 기법에 의해 변형된 유기체의 환경에 미치는 위험과 그 본질에 있어서 동일하다."[39] 같은 해 미국 과학아카데미는 농업생명공학의 세계 경쟁력의 전략적 중요성에 대해 별도의 조언을 제공했다.[40] 유전자 변형 작물의 현장 시험에 관한 1989년 미국 과학아카데미의 연구는 과학 기반 위험 평가 접근법을 강화시켰다.[41]

새로운 과학 기반 규제 체계는 세 가지 중요한 요소를 포함했다. 첫째, 개발 과정이 아닌 제품의 특성을 바탕으로 유전자 변형 제품을 고려하는 체제를 확립했다. 둘째, 유전자 변형의 유형, 유전자가 삽입된 유기체 및 유기체가 도입될 환경에 근거해 각 유전자 변형 유기체의 위험성을 평가하는 '사례별 접근방식case-by-case approach'을 채택했다. 셋째, 위험 확인 및 위험평가 방법을 채택함으로써 데이터 기반 접근, 인간의 건강 효과, 농업 효과 및 환경 영향을 다루는 기존의 규제 당국은 충분한 규제 권한을 가지고 있는 것으로 간주되었고, 재조합 DNA 기술 및 제품들에 초점을 맞춘 새로운 법률은 특별히 필요하지 않았다. 기술 진보와 규제 구조의 병행 발전은 미국을 다른 국가들보다 앞서게 하고 유전자 변형 작물의 개발과 상업적 판매를 촉진했다.

미국은 경제협력개발기구OECD, 세계보건기구WHO, 식량농업기구FAO 등 유엔 기구를 통해 과학 기반 규제 접근법을 국제화하고자 노력했다. 과학에 기반을 둔 규제 원칙은 관세 및 무역에 관한 일반협정GATT과 그 후계 체제인 세계무역기구WTO에 따른 국제 무역 규칙에도 부합했다.

농업생명공학에 대한 논쟁은 유전자 변형 식품의 국제 거래에 초점을 맞추고 있다. '유엔 생물다양성 협약UNCBD'을 통해 이견을 해결하려는 시도는 주로 살아 있는 변형된 생물의 환경적인 측면을 다루었다. 아이러니하게도 1990년대 후반 생명공학에 대한 논의는 개발도상국의 요구를 해결할 수 있는 잠재력에 초점을 맞추었다. 동 협약 당사국 정부는 개발 중인 생명공학의 잠재적인 역할에 관한 조항을 포함하는 UNCBD에 협상하고 서명했다. 그러나 모든 국가가 이 조항을 지지한 것은 아니었다. 1992년 리우데자네이루에서 열린 지구정상회의에서 채택된 '의제 21'은 개발도상국들의 농업 부문에서 생명공학의 유익한 잠재력에 광범위하게 초점을 맞추었다.

UNCBD는 2000년 1월 20일 '바이오 안전성에 관한 생물다양성 협약 카르타헤나 의정서'를 채택하게 된 새로운 협상의 길을 열었다. 카르타헤나 의정서의 주요 원칙은 정부가 유해하다는 결정적인 증거가 존재하지 않더라도 생물다양성이 위협받을 수 있다고 느낄 경우 환경으로의 제품 방출을 제한할 수 있도록 하는 '사전 예방적 접근방식 precautionary approach'이다. 이 접근방식의 주요 특징 중 하나는 입증 책임을 뒤집어 기술을 생성하는 사람들에게 그 기술의 부정적인 영향에 대한 논리적 불가능성을 입증하도록 요구함으로써 기술 생성자에게 입증 책임을 부과한 것이다.[42]

카르타헤나 의정서는 제1조에서 '사전 예방적 접근방식'을 천명하고 있다. 즉 "이 의정서는 환경과 개발에 관한 리우 선언의 제15 원칙에 포함된 사전 예방적 접근방식에 따라 인체 건강에 미치는 위해를 고려하고 특히 국가 간 이동에 초점을 두면서 생물다양성의 보전 및 지속가능한 이용에 부정적 영향을 미칠 수 있는 현대 생명공학 기술로부터 나온 유전자 변형 생물체의 안전한 이동, 취급 및 이용에 있어 적절한 보호수준을 보장하는 데에 기여하는 것을 목적으로 한다."[43]

동 의정서는 과학 기반 위험 평가를 명백히 번복해 제10조(6)에 다음과 같이 명시하고 있다. 즉 "유전자 변형 생물체가 인체 건강에 미치는 위해를 감안해 생물다양성의 보전과 지속가능한 이용에 미칠 수 있는 잠재적인 부정적 영향의 정도에 관한 과학적 정보와 지식이 불충분해 과학적 확실성이 결여되었다고 하더라도, 수입 당사국이 그러한 잠재적인 부정적 영향을 피하거나 최소화하기 위해 …… 해당 유전자 변형 생물체의 수입에 대해 적절한 결정을 내리는 것을 막지 못한다."[44]

이 조항은 국제법에서 '사전 예방적 접근방식'을 사실상 처음으로 표명한 것이었다. 그것은 국가들이 임의로 수입을 금지하고, 추가 정보를 요청하며, 유전자 변형 제품에 대한 의사 결정 기간을 연장하는 것을 가능하게 했다. 정당성과 상관없이 대중의 우려는 많은 나라에서 금지 조치를 남발하기에 충분했다.[45] 마찬가지로 많은 국가들은 유전자 변형 연구, 현장실험 및 상업적 판매를 제한하는 엄격한 조치를 채택했다. 유전자 변형 식품에 대한 많은 법과 규정들은 농업 유전학을 연구하는 지역내 연구자들에게 부정적인 영향을 계속 미치고 있다.

유전자 변형 작물은 농작물과 가축의 생산성을 크게 높이고 영양을 향상시킬 수 있는 잠재력을 가지고 있지만, 유전자 변형 식품에 대한 반발은 엄격한 규제가 개발되는 어려운 정치적 분위기를 조성했다. '제한적 규제'에 대한 아이디어의 대부분은 카르타헤나 의정서에서 비롯된다.[46]

UNCBD가 개발되고 있을 즈음에 덴마크, 그리스, 프랑스, 이탈리아, 룩셈부르크 등 5개 유럽연합 회원국들은 1999년 6월, 표지 부착과 추적 규칙이 마련될 때까지 유전자 변형 제품의 허가를 중단하겠다는 의사를 공식적으로 선언했다. 이 결정은 영국에서 '광우병'과 벨기에서 다이옥신 오염 동물사료와 같은 식품 관련 사건이 잇따른 데 따른 것이었다. 이러한 사건들은 유럽의 규제 시스템에 대한 신뢰를 훼손하고 다른 나라들의 우려를 불러일으켰다. 이전의 식품 안전사고는 새로운 공포에 대한 대중의 인식을 형성하는 경향이 있었다.[47] 본질적으로 심리적 요인과 반대자들의 캠페인은 유전자 변형 식품에 대한 대중의 반발을 불러일으켰다.[48] 이 중 상당 부분은 경제 세계화의 초기 단계에서 일어나고 있었는데 그 위험과 편익이 불확실하고 경제 시스템의 엄정한 도덕적 기반을 포함해 의문을 제기할 여지가 있었다.[49]

이 유예 조치 이후 두 가지 중요한 외교적 진전이 있었다. 첫째, EU는 무역 상대국들에게 '사전 예방적 원칙'을 구체화한 규제 절차를 채택하도록 설득하는 데 영향력을 행사했다. 둘째, 미국, 캐나다, 아르헨티나는 2003년 이 문제를 해결하기 위해 WTO에 가져갔다.[50] 이런 상황에서 많은 아프리카 국가들은 EU와 더 강력한 무역 관계를 가지고 있었고 따라서 외교적 압박을 받았기 때문에 '사전 예방적 접근방식'을 선택했다. 미국과 그들과의 관계는 주로 식량원조 프로그램을 통해서였다.[51] 2006년 WTO는 이 분쟁에 대한 최종 보고서를 발표했다. 그 결과는 주로 절차적 문제에 기초했으며 WTO법에서 '사전 예방적 원칙'의 역할을 해결하지 못했다.[52]

많은 개발도상국들은 이 의정서가 채택되기 전부터 엄격한 생물 안전 규정을 제정하기 시작했다. 이는 유전자 변형 작물의 채택을 줄일 수 있는 방법을 모색하기 위한 정치적 추동력의 신호였다. 개발도상국의 롤 모델role model이 된 EU는 구체적인 규제 개발, '사전 예방적 원칙'의 재해석, EU 식품안전청 신설 등 세 가지 접근법을 채택했다. 2003년 EU는 식품 성분 공급원의 허가절차, 표지 부착 및 추적에 관한 엄격한 규정을 채택했다. 그것은 '사전 예방적 원칙'을 환경보호에서 소비자 및 건강 보호로 확대했다. 2003년 규정의 새로운 조항에는 의무적인 표지부착과 추적을 통한 소비자 선택의 원칙, 위험 평가, 위험 관리 및 위험 소통 구분의 공식화, 그리고 위험 소통에 대한 대중의 참여가 명시적으로 포함되었다.

유전자 변형 기술에 대한 도전은 아프리카의 규제 문화에 깊이 뿌리박고 있다.[53] 예를 들어, 곤충 피해에 내성이 있는 유전자 변형 감자를 개발한 후에도 이집트는 유럽 수출 시장을 잃을 수 있다는 일부 우려 때문에 상업적 사용을 승인하지 않았다. 결국 많은 아프리카 국가들은 미국으로부터 제분되지 않은 유전자 변형 옥수수를 식량 원조로 받아들이는 것을 중단했다. 2001년과 2002년 극심한 가뭄으로 남부 아프리카에 1500만 명의 아프리카인들이 심각한 식량 부족을 겪었지만 짐바브웨와 잠비아 같은 나라는 옥수수 알갱이가 식품으로 사용되지 않고 재배되는 것을 우려해 유전자 변형 옥수수의 선적을 거부했다.

Bt 작물을 둘러싼 가장 널리 뒤따르는 논쟁 중 하나는 1999년 코넬대학교 과학자들의 논문에서 Bt 단백질이 제왕나비를 죽일 수 있다는 주장이었다.[54] 그 논문은 일반 대중들의 엄청난 관심을 불러일으켰고 유전자 변형 작물 반대시위로 이어졌다. 이 논쟁을 해결하기 위해, 정부, 산업, 학계, 시민사회의 주요 이해관계자들은 2001년 미국 과학아카데미 회보에 6개의 연구결과를 발표했다. 이 논문은 널리 사용되는 Bt 옥수수 꽃가루가 들판에서 옥수수 해충(유럽산 옥수수 좀벌레 유충)에 노출되는 Bt 독소 농도에서는 제왕나비 유충에 해를 끼칠 수 없다는 것을 보여주었다.[55] 그들은 또한 신젠타Syngenta 의 또 다른 Bt 제품은 그 적용이 상당히 제한적이었지만 독소 농도가 더 높았음을 보여주었다. 이 연구의 출판은 신속하게 진행되었고 일부 과학자들의 반대에도 불구하고 그 데이터는 공표되었다.[56]

사회의 일부 지역은 생명공학을 통해 개량된 작물에서 유래한 식품 사용에 반대하는 투쟁을 벌였지만 면화 산업은 예외였고 이 기술을 채택했다. 면화는 해충 공격에 취약했기 때문에 1990년대 초까지 전 세계 살충제 사용의 25퍼센트를 차지했다.[57] Bt 면화는 농약과 관리비를 줄이면서 수익과 수확량을 늘렸기 때문에 농민들에게 유익한 기술이 되었다.[58] 중국과 같은 나라는 일찍부터 이 기술을 도입하는 데 앞장섰고 계속해서 면화에서 농약 사용 감소에 따른 혜택을 받아왔다.[59]

입법 제한, 재배 금지 및 번거로운 승인 절차 외에도 유전자 변형 기술은 반달리즘vandalism 의 공격 대상이 되었다. "반달리즘에 의해 파괴된 학술 또는 정부 실험의 대부분은 유전자 변형 유기체GMO 의 안전성을 평가하기 위해 고안된 현장 평가였다."[60] 일부에서는 종자 분야의 '기업 통제' 주장이 세계 농업에 주요 위협으로 여겨지지만,[61] 대부분의 파괴 행위는 "위험 평가 전용 실험"을 포함한 유전자 변형 연구를 겨냥해 왔다.[62] 공격의 가장 중요한 결과 중 하나는 규제 당국이 상업적 출시를 위해 제품의 안전성을 평가하는데 도움이 될 수 있는 연구 결과의 가용성이 지연된 것이다.

　유전자 변형 기술연구에 반대하는 주장들 중 하나는 기술연구의 투명성이 부족하고 그 결과 연구가 민주적인 방식으로 행해지지 않았다는 것이다. 이러한 우려로 인해 복잡한 일련의 관료적 승인 요건의 일부인 연구 프로젝트와 그 위치를 공개해야 하는 절차가 채택되었다.[63] 이 정보는 기물 파괴자들이 연구 장소를 표적으로 삼는 데 사용되었다. "(법에 의해 부과된)개방성에는 이러한 개방성으로 인해 가중되는 공공기물 파손 행위를 방지하기 위한 정부 당국의 적절한 조치가 수반되지 않았다."[64] 사실 유전자 변형 제품의 표지 부착 요구에 대한 우려가 제기되는 것은 투명성의 정치적 이용이다. 표지부착을 요구하는 사람들 중 일부는 편견을 바탕으로 제품을 차별하는 데 필요한 정보를 얻는 데 관심이 있었다. 유전자 변형 작물의 재배 금지에 대한 법원의 결정은 기물 파괴자들이 그들의 행동을 정당화하기 위해 사용했다. 이 중 상당 부분은 규제의 초점을 제품에서 생산 공정으로 전환시킨 위험에 대한 다양한 오해에서 비롯되었다.[65]

　까다로운 정부 규제와 함께 부정적인 대중의 반발은 시간이 지나면서 유전자 변형 연구비용을 증가시켰다. 예를 들어, 스위스에서는 "연구에 1유로를 지출할 때 마다 보안에 78센트, 생물 안전에 31센트, 그리고 정부 규제 감독에 17센트가 추가로 지출되었다. 따라서 정부 규제와 대중의 반대로 인한 총 추가 지출은 연구에 사용된 1유로 당 약 1.26유로였다".[66]

　이 비용에 추가해 스위스 정부는 2012년에 2014~2017년 기간 동안 연간 60만 유로의 비용으로 보호 현장 부지를 구축하는 데 동의함으로써 반달리즘에 대응했다. 이 부지는 3헥타르의 연방 토지에 위치해 있으며, 연구원들이 추가 보안 비용과 공공기물 파손에 대한 걱정 없이 실험을 수행할 수 있다.[67] 반달리즘은 금지 조치와 마찬가지로 이 기술을 지연시켰을 수도 있지만 대부분 이를 국외로 추방시킬 것으로 보인다. 투명성에 대한 원래의 요구가 민주적 지배 구조라면 사용된 비민주적 방법은 투명성이라는 바로 그 원칙을 훼손하는 데 성공했을 뿐이다.


## 4. 기반을 구축하다

반대에도 불구하고 Bt 기술 채택은 빠른 속도로 지속된 반면 살충제 사용은 감소했다. 이 기술이 선진국에서만 사용될 것이라는 반대자들의 당초 우려는 개발도상국에서의 급속한 채택의 증거에 의해 뒤집혔다. 유전자 변형 작물의 기여도와 영향을 평가하기 위한 체계적인 정보가 없기 때문에 해당 기술에 대한 검증되지 않은 다양한 주장을 할 수 있는 여지가 상당했다.

국제 농업생명공학 응용 서비스The International Service for the Acquisition of Agri-biotech Applications: ISAAA의 창설은 시간이 지나면서 유전자 변형 작물의 채택 동향에 대한 정보에 중요한 역할을 했다. ISAAA는 1992년 개발도상국의 비영리 농민단체로서 설립되었다. 바이엘Bayer, 몬산토, 미국 국제개발청, 미국 농무부, 미국곡물위원회 등 민간 및 공공 부문 기부자들의 지원을 받고 있다. 또한 이탈리아의 폰다지오네 부솔레라Fondazione Bussolera와 스페인의 이베르카하Ibercaja 등 두 은행의 지원도 받고 있다.

ISAAA는 기술 이전을 모색하는 것 외에도 유전자 변형 작물 채택 동향에 대한 중요한 자료의 출처이다. 주로 《ISAAA Briefs》를 통해 정보를 배포해 왔으며, 그중 대표적인 연례 보고서인 「상용 바이오테크/GM 작물의 세계 현황」이 가장 눈에 띈다. 이 보고서는 ISAAA의 설립자인 클라이브 제임스Clive James 박사의 승인을 받고 1996년에 처음 등장했다. 채택 동향에 대한 다른 정보 출처가 없는 상황에서 연례 보고서는 권위 있는 참고 문서로 부상했다. 이 요약 보고서는 이제 동료 검토 학술지에 게재되는 학술적 자료의 출처 역할을 한다. ISAAA는 유전자 변형 작물 채택에 반대하는 여러 단체의 재정 지출에 비하면 미미한 수준인 연간 200만~250만 달러의 적은 예산으로 운영되고 있다.

그럼에도 ISAAA의 지원 범위가 상당히 확대되고 있다. 2014년 연례 보고서는 처음 90일 동안 3만 769건의 다운로드를 기록했다. ISAAA 웹사이트는 하루에 약 4000명의 방문객들이 접속한다. 이 보고서는 또한 전 세계에 걸쳐 이 단체가 주최하는 일련의 세미나에 대한 참고 문서로도 사용된다. 2014년에는 아프리카, 아시아, 중남미 등에서 30회가 넘는 세미나가 열렸다. ISAAA는 또한 175개국의 약 2만 명의 가입자를 대상으로 무료 주간 전자 자료인 《Crop Biotech Update》 뉴스 레터를 발행한다. 또한 ISAAA 웹사이트는 승인된 유전자 변형 작물의 온라인 세계 데이터베이스를 주관하며, 운영에는 20개국의 세계 생명공학정보센터 네트워크가 참여한다.

비평가들은 방법론적 문제, 업계와의 연계성, 독립적인 검증이나 동료 검토의 결여 등을 이유로 이 보고서에 이의를 제기해 왔다. ISAAA 데이터에 의존해 유전자 변형 작물의 영향을 심층적으로 분석하는 사람들(예: 런던 PG 경제연구 그룹)도 같은 비판을 받는다. 이러한 우려에도 불구하고 이 보고서는 주요 정보 출처로 남아 있으며 유전자 변형 작물의 채택률에 대한 불확실성을 줄이는 데 중요한 역할을 한다.

ISAAA 및 기타 출처는 유전자 변형 작물의 채택에 관한 광범위한 추세를 논의할 수 있는 근거를 제공하는 데 도움을 주었다. 그러나 현재 이 기술의 사용은 여전히 면화와 옥수수와 같은 주요 작물에 집중되어 있다. 기술적 친밀감이 확산됨에 따라 개발도상국들은 그들만의 독특한 해충 문제를 해결하기 위한 수단으로 이 기술을 채택하고 Bt 기술 목록을 추가할 자체 연구에 착수할 것으로 보인다.

중국은 Bt 기술의 초기 수용자였고 많은 혜택을 보았다. 살충제 사용 감소와 Bt 기술 사용 증가는 많은 농민들을 병들게 했던 유해한 살충제에 노출을 줄임으로써 중국 농민들에게 건강상의 혜택을 주었다.[68] 인도는 그 뒤를 따랐고, 소규모 농민들을 더 많이 포함시키기 위해 이 기술의 사용을 확대했다. 연구자들은 "Bt 면화는 살충제 사용을 50퍼센트까지 감소시켰으며, 가장 독성이 강한 화학물질 사용에서 70퍼센트의 가장 큰 감소가 발생했다고 밝혔다. 연구에 사용한 모델들은 Bt가 면화 재배 농가들 사이에서 급성 살충제 중독의 발생률을 현저하게 감소시켰다는 것을 확인해 주었다. 이러한 영향은 이 기술 채택률이 증가함에 따라 더욱 뚜렷해졌다. Bt 면화는 현재 매년 인도에서 수백만 건의 농약 중독을 피하는 데 도움을 주고 있으며, 또한 상당한 건강 비용을 절감하고 있다".[69]

인도의 한 연구는 다음과 같이 결론을 내리고 있다. "Bt 면화는 이제 매년 최소 240만 건의 살충제 중독을 예방하는 데 도움을 주고 있으며, 이는 1400만 달러의 건강 비용을 절약하는 것과 맞먹는다. 이 수치는 Bt 면화의 긍정적인 파급 효과를 고려하지 않는 건강상의 편익에 대한 최소 추정치이다. 다른 추정에 따르면 Bt 면화는 연간 최대 900만 건의 살충제 중독을 예방할 수 있으며 이는 5100만 달러의 건강 비용을 절감하는 것으로 해석된다. 어떤 경우에도 긍정적인 건강 외부 효과는 상당하다."[70]

Bt 기술의 많은 이점이 예상되긴 했지만 또 다른 뜻밖의 이점이 나타났다. 미국 국립연구위원회 The National Research Council 는 2010년 Bt 기술이 효과적으로 사용될 경우 살충제 사용의 필요성이 줄어들 것으로 예측했다.[71] 재래식 작물을 재배하는 이웃 농민들 사이에서 해충에 대한 지역적 억제와 같은 다른 의도하지 않은 긍정적인 결과들이 있었다. 2009년 Bt 옥수수가 미국 작물의 63퍼센트를 차지하는 2220만 헥타르에 걸쳐 심어진 미국의 사례를 들어보자. 연구자들은 1인당 성장률 추정치에 대한 통계적 분석을 적용하면서, "1차 해충인 '오스트리니아 누빌랄리스 Ostrinia nubilalis(유럽산 옥수수좀벌레)'의 지역적 억제가 Bt 옥수수 사용과 관련이 있다"는 것을 발견했다.[72] 게다가 일리노이, 미네소타 및 위스콘신의 옥수수 재배자들의 14년 동안의 누적 혜택은 32억 달러로 추정되었으며, 이 중 24억 달러 이상이 비Bt 옥수수 재배자들에게 돌아갔다.[73] 게다가 또 다른 연구에 따르면 해충을 억제함으로써 얻는 이득이 인근 비Bt 작물에까지 확대된다는 것을 보여주었다.[74] 미국의 일부 지역에서는 Bt 농작물이 유럽산 옥수수좀벌레를 억제하는 데 매우 효과적이고 해충의 위협을 최소화하면서도 경제적이었기에 농민들은 비용이 적게 드는 비Bt 옥수수로 전환하게 되었다.[75]

이러한 결과는 위험 평가에 관한 중요한 문제를 제기하며, '사전 예방적 원칙'의 적용을 완전히 바꾸어 놓는다. Bt 기술의 의도하지 않은 영향에서 발생되는 큰 편익은 독단보다는 진화하는 증거 발생에 근거해 내리는 의사 결정의 중요성을 강화시킨다. 그러한 잠재적 큰 이득과 함께 새로운 기술의 채택은 농업의 불확실성을 감소시키는 역할을 하는 것으로 나타날 것이다. 이러한 연구결과는 또한 비곡물 식물과 함께 작물 피난처의 완충 지대를 만들기로 선택한 농부들 또한 이 Bt 기술을 채택할 필요 없이도 여전히 그 기술의 이점을 얻고 있음을 암시한다.

반대운동이 만들어낸 정치적 논쟁이 격화되자 미국은 과학에 기반을 둔 위험 관리 관행을 계속 적용했다. 2001년 환경보호청 EPA 은 "기존의 모든 Bt 옥수수와 면화의 '시간 제한 등록'에 대한 종합적인 재검토를 완료했다. 평가의 일환으로 환경보호청은 유전자 변형 대상이 아닌 비표적 유기체의 보호와 토양 내 Bt 단백질의 축적을 보장하기 위한 확인 자료 요구, Bt 면화로부터 야생 유사 품종으로의 유전자 흐름을 제한하는 조치, 특히 강화된 곤충 저항성 관리 순응 프로그램을 포함한 추가 약관 등록을 확대하기로 결정했다."[76]

최근 문헌검토에서는 조류, 뱀, 비표적 절지동물 nontarget arthropods, 토양 매크로-마이크로 동물상 動物相 과 같은 비표적 종의 생물 다양성에 미치는 영향을 조사했다. 이 연구는 Bt 작물의 부정적인 영향에 대한 증거를 거의 또는 전혀 보여주지 않았다. 두 건의 연구가 비표적 절지동물에 대한 부정적인 영향을 보고했지만, 이들 연구는 "Bt 단백질(상업화된 것), 단백질 분해효소 억제제(중국 시장에 존재하는 유전자 변형 면화류 SGK321AKS만 해당) 및 '렉틴'을 발현하는 농작물 사이의 통계적 방법과 일반화에 대해 주로 비판을 받았다."[77] 실제로 새롭게 등장하는 증거 중 일부는 Bt 기술이 해충의 생물학적 방제에 기여한 것을 보여주고 있다.[78]

이 기술에 대한 계속되는 우려 중 하나는 곤충들이 Bt 기술에 대한 저항성을 발달시킬 위험이 있다는 것이다.[79] 실제로 "현재 13종의 주요 해충 종 중 5종의 일부 개체군에 대해 현장 진화에 의한 Bt 작물의 효능이 저하된 것으로 보고되었다".[80] 그러나 대부분의 논의는 Bt에 대한 저항성이 유전자 변형 작물의 도입 이전에 있었다는 증거를 무시한다.[81] 기술의 생성 방식에 관계없이 기술의 사용을 관리하는 장기적 관점이 필요한 것이다.[82] 문제는 돌연변이의 필연성을 감안할 때 Bt에 대한 해충 저항성의 발달을 지연시키는 방법을 찾는 데 있다.[83] 최근 연구에 따르면 '자연 작물 피난처'는 저항성 발달을 지연시키지만, 비Bt 면화 피난처의 동일한 면적만큼 효과적이지 않다는 것을 암시한다. 그것은 "2개 이상의 독소를 생산하는 Bt 면화로 전환하고 다른 제어 전술을 통합하면 저항성 증가를 더 느리게 할 수 있다"고 권고한다.[84] 저항성 관리 문제는 제품이나 환경 안전의 문제도 아니고 생명공학 작물에만 국한된 문제도 아니다. 사실 이는 제품 수명이나 노후화 문제로 역사적으로 시장에 맡겨 관리해야 했다. (Bt 작물 재배) 등록자에 대한 작물 피난처 요건을 부과하기 위해(미국에서 Bt 면화 재배자는 곤충의 Bt 저항성을 통제하기 위해 정부의 가이드라인에 따라 일정 규모의 작물 피난처를 설정토록 하고 있음 _옮긴이) 환경보호청EPA은 Bt 단백질을 정부 규제 당국이 관리할 공공재로 해석하기로 결정했다. 이것은 전례가 없는 일이며 크게 주목할 만한 것이 못 된다.

# 5. 결론

유전자 변형 작물을 포함한 농업기술 혁신의 약속 중 하나는 지속가능한 농업으로의 전환 기회를 확대하는 것이었다. Bt 기술은 건강 및 환경 옹호자들이 오랫동안 캠페인을 벌여온 잠재적으로 해로운 화학물질의 사용을 줄이는 큰 가능성을 제시했다. 역설적이게도 같은 그룹들이 새로운 기술에 맹렬히 도전하고 있었다. 더욱이 스스로를 환경 옹호자로 여겼던 일부 주권 국가들조차 신기술에 반대하는 입장을 보였다.

이 역설을 해결하기 위해서는 과학적 불확실성을 넘어 근본적인 교훈을 탐구해야 한다. 신기술에 대한 무지한 반대라는 일반적이고 상투적인 표현들은 새천년기의 가장 복잡한 대중적 논쟁 중 하나에 대한 도움이 되는 통찰력을 보여주지 못했다.

유전자 변형 작물의 영향에 대한 증거의 공개에는 제품의 안전에 대한 충분한 공감대가 형성되었는지에 대한 새로운 의문들이 뒤따랐다. 유전자 변형 작물의 상용화 첫 10년은 위험의 특징을 마치 실제 위험인 것처럼 특징짓는 데 크게 의존하는 주장과 법률에 의해 지배되었다. 미국 과학아카데미의 연구 결과는 유전자 변형 작물이 재래식 작물과 동일한 위험 양상을 가지고 있다는 평가를 강화한 증거의 균형에 대한 개요를 제공했다.

기후변화에 관한 정부 간 협의회The Intergovernmental Panel on Climate Change: IPCC 가 사용하는 언어를 바탕으로 유전자 변형 기술의 지지자들은 제품의 안전에 대한 과학적 합의가 있었다고 주장하기 시작했다. 반대자들은 이 견해에 대해 합의가 없었다는 선언으로 반박했다. 그 주장의 중요한 차이점 중 하나는 기존 증거에 대한 평가를 사용하는 사람들과 단일 연구에 의존하는 사람들 사이의 명백히 잘못된 균형이었다. 후자 그룹은 보고된 위험 사례를 지적하고 안전성에 대한 과학적 합의가 없었음을 강조했다. 이 경우에 진짜 문제는 실제 연구 결과가 아니라 어떤 결론에 도달하기 위해 증거를 다루는 방식이었다. 잘못된 균형은 종종 과학연구에 대한 의견을 연구 자체와 같은 무게로 취급하는 언론에 의해 강화된다. 그렇게 함으로써 언론은 의도치 않게 과학적 합의에 반해 결국 대중을 오도하게 된다.

논란은 또한 유전자 변형 작물이 제품의 안전성과 무관한 다른 문제들의 대용물로 사용되었다는 것을 보여준다. 예를 들어, 반대론자들은 세계 식량 체계에 대한 기업의 통제, 생명체에 대한 지적재산권, 시장의 세계화, 미국 시장 지배력과 같은 문제를 주요 관심사로 언급했다. 이러한 문제들은 나름대로 논의할 가치가 있다. 그러나 유전자 변형 기술에 대한 반대는 종종 논쟁의 핑곗거리가 된다. 이러한 논쟁 구조에서 투명성 결여로 인해 일어나는 결과 중 하나는 무언의 동기로 인해 공통점을 찾을 수 없다는 것이다.

이 사례에서 여섯 가지 주요 교훈을 얻을 수 있다. 첫째, 주요 우려의 원인은 두 가지 근본적 차원에서 현직에서 비롯되는 도전적 힘이 주는 이익에 있다. 그 첫 번째 요소는 농화학이 결정적인 역할을 하는 사회기술적 구조의 관성이다. 두 번째 요소는 기술 혁신의 범위를 제한하는 하나의 지식 플랫폼에 대한 주요 기업 행위자들의 경로의존성이다. 그 결과 이들 기업은 식물생명공학과 같은 새로운 지식 분야에서 경쟁할 수 없었다. 이러한 요소들은 기존의 농업 방식을 지원하는 농업정책과 혼합되어 유전자 변형 기술에 대한 도전을 거의 불가피하게 만들었다.

처음부터 기존 농업 체계에 대한 유전자 변형 작물의 영향은 기술에 대한 신뢰의 문제를 제기했다. 이것은 부분적으로 유럽과 같은 주요 시장이 내부적으로 정치적 변화를 겪고 있던 시기에 유전자 변형 작물이 등장했기 때문이다. 이때는 유럽 대중들이 일련의 주요 식품 공포에 이어 식품 안전 시스템에 대한 신뢰를 잃은 시기였다. 정책 입안자들은 광범위한 요인들이 새로운 기술에 도전하는 데 필요한 수단을 어떻게 사회의 각 부문에 제공할 수 있는지를 인식할 필요가 있다.

두 번째 교훈은 논쟁의 세계적 성격이다. 혁신에 대한 다른 우려 사례와 달리, 유전자 변형 논쟁은 두 가지 독특한 속성을 가지고 있다. 세계무역기구wto하에서 세계무역체제가 확대되면서 처음으로 등장한 주요 혁신은 유전자 변형 기술이었다. 유럽의 확장과 경제 통합의 과정은 토론의 복잡성을 가중시켰다. 새로운 EU 가입국들은 강력한 혁신 주도 경쟁에 견딜 수 있는 능력이 제한된 대부분의 농업경제 국가였다. 여기서 문제가 된 것은 전통적인 보호주의가 아니라 유럽의 확대 정책에 대한 위험을 낮추는 데 대한 관심이었다. 어느 정도 아프리카 국가들도 비슷한 정서를 공유했다. 그들의 경제는 유럽으로의 수출에 의존하고 있었고, 그 결과 그들의 제품 수입자들의 외교적 압력에 취약했다. 그러나 미국에서 유전자 변형 작물에 대한 도전은 주로 급속히 팽창하는 유기농에 의해 주도되었다.

세 번째 교훈은 선제적 규제의 사용이다. 아프리카 국가들은 국제 표준에서 합의된 것보다 더 엄격한 법을 제정한 첫 번째 나라들이었다. 그들의 행동은 상당수의 아프리카 국가들을 농업생명공학 분야에서 혁신의 침체 상태로 몰아넣었을는지도 모른다. 그들은 논쟁의 정점에서 현상 유지를 고수함으로써 잃을 것이 없었다. 실제로 많은 아시아 국가들이 이런 입장을 취했다. 그러나 도전의 상당 부분을 차지하기로 선택하면 생명공학 혁명에서 그들 자신의 미래 역할을 선점할 수도 있다. 한편 유럽은 새로운 길을 계획하거나 생명공학 논쟁을 환경 문제보다는 경제 문제로 재정의할 수 있는 지식 기반을 가지고 있다. 이것은 새로운 길을 만들 수 있지만 많은 아프리카 국가들은 이 '사전 예방적 원칙'의 적용에 따른 결과와 씨름해야 할 것이다.

이와 관련된 선제적 규제 문제는 미국 유기농 농민들이 유전자 변형 물질을 자신들의 제품에서 배제하기로 결정한 것이다. 이 결정은 유기농 농민들과 전통적 식품 생산자들 사이에 상당한 긴장을 야기했으며, 이 긴장은 대부분 유전자 변형 농작물을 악마화하려는 적대적 마케팅 기법에 의해 가속화되었다. 두 집단 간의 공존을 촉진하기 위한 노력은 유기농 운동의 주요 분파의 지지를 받지 못했다. 유기농 운동은 처음에는 주 차원에서, 그 다음에는 연방 차원에서 의무적인 '표지부착법'을 계속 모색했다. 그들은 낙농업계가 마가린에 도전하면서 채택한 것과 유사한 전략을 추구했다.

생물안전법에 대한 원래의 정당화와 모순되는 축적된 증거는 네 번째 중요한 교훈을 준다. '위험원hazards'과 '위험risks'을 명확히 구분하는 것이 중요하다. 위험원을 다루기 위한 법적 기본 틀framework을 모색하는 것이 필요하다. 그러나 그런 법적 기본 틀은 그 채택이 '유해harm'의 증거에 의해 다루어지는 엄격한 법률의 형태를 취해서는 안 된다. 신제품과 관련된 새로운 안전 문제를 지속적으로 평가할 수 있는 보다 유연한 기준은 '위험원'을 다루는 또 다른 방법이다. 이 접근방식은 '증거 기반 규제'를 허용한다.

다섯 번째 교훈은 유전자 변형 작물을 실제로 채택한 국가들에 관한 것이다. 이들 나라에서 이 신제품들은 실행 가능한 대안이 없는 실질적인 필요에 기여했다. 옥수수나 면화 해충을 억제하기 위해 화학물질을 사용하려는 노력이 정체되기 시작했다. 유전자 변형적 특성은 해충을 통제하는 탁월한 방법을 제공한다. 게다가 이 새로운 방법들은 해로운 살충제의 사용을 줄임으로 환경적 유익과 인간 건강상의 이익을 준다. Bt 작물이 빠른 채택률을 보이는 것은 대부분 이러한 기술적 우월성 때문이다.

이 점은 위험과 편익 사이의 균형이라는 맥락에서 볼 때 중요하다. 유전자 변형 작물의 위험성에 대한 인식은 처음에는 대부분 과학적 불확실성의 형태로 나타났다. 그러나 기업 통제에 대한 우려와 지역 농업 체계 보호의 필요성 또한 주요 긴장 요인이었다. 배제에 대한 인식과 관련된 다른 요소들도 있었다. 예를 들어 아프리카 국가들은 기술적 배제를 우려했고 신기술의 생산자가 아닌 수입자로 전락할 것이라는 생각에 분개했다. 그러한 상황에서

보다 실행 가능한 정책 대응은 국제 기술 및 비즈니스 파트너십에 초점을 맞추는 것이다.

마지막 교훈은 유전자 변형 작물 채택의 체제적 특성과 관련이 있다. 이 교훈은 두 가지 측면을 갖고 있다. 유럽과 아프리카 국가의 경우 유전자 변형 작물이 전반적인 농업 체계에 광범위한 영향을 미칠 가능성이 있다고 생각했다. 사실 체제적 변화와 관련된 불확실성은 주의가 요구된다. 기술의 체제적 특성의 다른 측면, 즉 농업 체계의 발전 수준은 그 체계를 채택하고 있는 국가들에서 식별이 가능하다. 유전자 변형 작물을 채택한 대부분의 나라들은 또한 새로운 특성이 내재될 수 있는 농업 체계를 갖추고 있었다. 이것은 북미, 남아공, 아시아에서도 그렇다. 반면에 아프리카는 농업 체계가 취약하고 소규모 농민에 대한 정치적 지원과 부분적으로는 유럽의 외교적 영향력에 민감하기 때문에 유전자 변형 작물을 채택할 수 없었다.

시스템 전반의 기술 개발의 중요성은 부르키나파소의 Bt 면화 사례에서 두드러진다. 2015년 이 나라는 섬유 품질 저하로 인해 유전자 변형 면화 생산을 단계적으로 퇴출하기 시작했다.[85] 이 사태는 아프리카가 유전자 변형 면화를 도입하지 않으려는 근거로 사용되었다. 이 경험에서 얻은 중요한 교훈이 있다. 첫째, 유전자 변형 기술의 생존 가능성을 결정하는 효과적인 방법은 그 기술의 사용을 통해서만 가능하다는 점이다. 둘째, 이 경험은 새로운 품종이 유전자 변형 여부에 관계없이 기대되는 품질 기준을 충족시킬 수 있도록 국내 생명공학 연구를 강화해야 한다는 점이다. 이것은 농업연구가 너무 부족한 경우다. 부르키나파소는 이 도전을 오래 전부터 알고 있었고, 주도적으로 자국 내 면화 연구대학을 설립했다.[86] 앞으로의 길은 그러한 사업을 강화하고 기술 혁신에서 후퇴하지 않는 것이다.

2세대 생명공학은 이제 유전자들을 쌓고 하나 이상의 특정 유전자를 이식받는 식물 유전자의 정확한 위치에 이식할 수 있게 했다. 이러한 특성에는 광합성과 질소 및 인산염 사용 효율을 증가시키는 기능이 포함된다. 다른 특성들은 알루미늄과 염도에 대한 내성을 증가시킨다. 합성생물학의 발전은 식물 재배 방법을 상당히 단순화할 수 있다. 이 방법은 "다중 특성(제초제, 곤충, 질병, 스트레스 저항성 및 영양 증진)을 부여한다".[87]

더 많은 식물 유전체의 '서열화 sequence'가 이루어지고, 새로운 유전자 편집 기술의 접근성이 높아짐에 따라, 당도, 해충 저항성 및 질병 저항성과 같은 작물의 바람직한 특성을 향상시키는 것이 훨씬 쉬워질 것이다. 그러한 작물에는 유전자 변형 물질이 포함되지 않을 것이다.[88] 이러한 진보는 유전자 변형에 대한 우려에 근거한 기존 규제 관행에 의문을 제기하고 있다. 이미 아르헨티나, EU, 미국, 호주, 뉴질랜드 및 기타 국가들은 유전자 편집 작물에 대한 새로운 규제를 고려하고 있다.[89] 또 다른 중요한 정책 변화는 2015년 유럽연합이 회원국들이 유전자 변형 작물의 채택을 결정할 수 있도록 한 것이다.

예를 들어 'RNA 간섭 RNAi' 기술의 발전은 유전자 변형 물질을 사용하지 않고 농업을 발전시키기 위한 강력한 도구를 제공한다. 유전자 편집 또는 정밀 번식 기술은 서로 다른 식물에서 원하는 몇 가지 특성을 변형하기 위해 성공적으로 사용되었다. 이러한 변형에는 "영양 개선, 식품 알레르겐 allergen 및 독성 화합물의 함량 감소, 생물 및 비 생물학적 스트레스에 대한 방어력 강화, 형태학적 변경, 남성 불임 기술, 강화된 2차 대사물 합성 및 씨앗 없는 식물 품종이 포함된다".[90]

유전자 편집 기술은 유전자 변형에서 더 악마화된 측면을 이용하지 않기 때문에 특히 중요하다. 이 기술은 식물 DNA 편집이나 '조정 tweaking'에 의존한다. 유전자 편집은 합성생물학자들이 원치 않는 DNA의 '서열 sequences'을 삭제하고 특정의 내생적 특성을 향상시키기 위해 기존 DNA를 편집하거나 조정할 수 있게 해준다. 게다가 과학자들은 유전자 변형 유기체를 둘러싼 불확실성의 한 측면을 다루는 방법, 특히 그들이 자연으로 탈출하는 것을 막는 방법을 개발했는데, 이것은 유전자 조작에 대한 비평가들의 주요 관심사다. 이 새로운 기술은 유전자 코드를 변경해 인공 아미노산에 의존하게 하고, 박테리아가 죽지 않게 한다. 이것은 본질적으로 "박테리아 내부에 자기 파괴 메커니즘을 설치하는 것이다".[91] 이런 연구는 대장균에 초점을 맞추고 있지만 이 기술은 결국 다른 유기체에도 적용될 수 있을 것이다.

한편 유전자 편집 기술의 힘을 보여주는 또 다른 예는 과학자들이 세포의 DNA를 최대로 정밀하게 바꿀 수 있도록 하는 '유전자 가위CRISPER'과 같은 새로운 도구의 개발이다. 특히 독특한 것은 '유전자 구동gene drive'(유전자 편집 기술의 하나 - 옮긴이)이라고 불리는 과정을 통해 개체군을 통해 편집된 특성을 확산시키는 능력이다.[92] 그 과정은 새로운 것이 아니다. 자연적으로 "특정 유전자는 그들이 유전될 확률을 증가시킴으로써 개체군을 통해 스스로 구동한다".[93] 이 경우 유전자 편집 기술을 사용해 자연적으로 변형된 특성을 확산시키는 것이 목표이다.

이 기술에 대한 인간의 건강, 환경 및 농업의 응용 분야는 방대하다. 예를 들어, '유전자 구동'은 말라리아에 대한 '방향 제어vector control'(질병 병원체를 전염시키는 포유동물, 조류, 곤충 또는 다른 절지동물을 제한하거나 근절하는 방법의 하나 _옮긴이)의 또 다른 방법을 나타낸다. 모기는 수컷의 불임성을 촉진해 몇 세대에 걸쳐 개체 수를 줄이거나 말라리아 전염 유전자를 억제하기 위해 변형될 수 있다. 또 유전자 구동은 '침입종'을 제한하고 살충제의 필요성을 제거함으로써 생태계의 퇴화를 막는 데 사용될 수 있다. 모든 경우에서 각각의 개입은 유익성과 결과를 평가하기 위해 개별적으로 평가되어야 한다.

보다 포괄적인 평가의 필요성은 브라질에서 소두증小頭症 확산과 관련이 있는 지카Zika 바이러스의 발생으로 설명될 수 있다. 이것은 뎅기dengue 바이러스를 조절하기 위해 유전자 조작을 한 '이집트숲모기Aedes aegypti'가 방출된 후 발생했다. 2016년 초 세계보건기구WHO는 지카 관련 소두증 및 신경학적 이상을 국제 규모의 공중보건 비상사태로 선포했다. 세계적인 우려 속에서 유전공학 반대론자들은 지카의 확산과 이와 관련된 건강상의 영향이 유전적으로 조작된 모기에 의해 야기되었을지도 모른다는 근거 없는 두려움을 제기했다. 그들은 유전자 조작 모기의 추가 방출을 중단할 것을 요구했다.[94] 영국에 본사를 둔 유전자 변형 모기를 연구하고 있는 '옥시텍 Oxitec'은 이들을 음모론자라고 부르며 뎅기 바이러스와 지카의 확산을 통제하기 위한 더 많은 협력을 호소하며 우려를 잠재우려 했다. 그러한 요구는 기술 반대론자들의 관심을 끌 것 같지 않다. 그러나 그것은 혁신적 기술을 도입할 때 포괄적 접근법과 현명한 공공 정책의 중요성을 강조한다. 이러한 사례는 책임감 있게 대처하지 않으면 신기술이 이용 가능한 최선의 선택이 될 수 있는 상황에서도 신기술의 사용을 빠르게 약화시킬 수 있음을 시사한다.

건강, 환경 및 농업 부문에서 이러한 기술의 잠재적인 사용은 인간 게놈의 편집과 야생 개체군 변경의 외부성에 대한 윤리적 우려의 영향을 받을 가능성이 높다.[95] 기술과 사회제도의 공진화는 이러한 사례에서 명백하며 유전공학 기술에 관한 향후 논쟁에서도 계속 등장할 것이다.

유전자 변형 작물을 둘러싼 유럽연합과 미국 사이의 무역 분쟁으로 시작된 것이 국가 간의 주요한 기술 격차로 변모했다. 무역 동맹의 변화는 유럽에서 미국 및 신흥 경제국으로의 기술 이전과 관련이 있다. 2015년 중국 국영기업 '켐차이나 ChemChina'가 스위스에 본사를 둔 '신젠타 Syngenta'를 430억 달러에 입찰한 것은 유전공학 기술을 포함한 농업기술의 배후에 있는 경제력의 재편에서 새로운 국면을 맞았다. 이러한 세계적 농업기술의 재편은 미래 형태가 불확실한 자체적 논란이 뒤따를 것으로 보인다.

*이따금 정해진 길을 벗어나 숲 속으로 뛰어들어라.*
*이전에 본 적 없는 무언가를 반드시 찾을 것이다.*

_ 알렉산더 그레이엄 벨

증가하는 세계 인구에 충분한 단백질을 공급하는 것은 여전히 가장 시급한 세계 식량 문제 중 하나이다. 단백질에 대한 수요 증가로 생태계 파괴, 기후변화 및 남획으로 인해 물고기 자원의 지속가능성이 위협받고 있다. 해양국가들과 다자간 기구들은 해양자원 보존 정책에 초점을 맞추어 이러한 위협에 대응해 왔다. 전통적으로 그것은 규제와 어업 제한을 통해 이루어졌다. 이러한 노력에도 불구하고 해양 생태계에 대한 새로운 압력이 높아지고 있다. 2050년에는 세계 바다에 물고기보다 플라스틱 쓰레기가 더 많을 것으로 예상된다.[1]

기업은 어류 양식에 투자해 자연 어류 자원 감소에 대응해 왔다. 전 세계 양식 어류의 급격한 증가는 주로 다른 종류의 가축 사육 관행과 유사한 전통적 어류 양식 프로그램을 통해 이루어져 왔다. 어류 양식에도 자체적인 환경문제와 경제적 문제가 있다. 어류 양식은 공해를 발생시키고, 이윤은 빠듯하다. 양식업만으로는 증가하는 인구의 어류와 단백질 수요를 해결하지 못했다.

어류 프로그램을 다루기 위한 제3의 돌파구가 등장했다. 유전자 변형에 의한 방법이다. 1990년대 중반 미국 매사추세츠에 본사를 둔 아쿠아바운티 테크놀로지 AquaBaunty Technologies 는 일반 물고기 성장기간의 절반 동안에 성숙할 수 있는 유전자 조작 연어 Salmo salar 로 어업계에 진출했다. 아쿠아바운티 테크놀로지는 미국 식품의약청 FDA 에 아쿠아어드밴티지 AquAdvantage 연어 판매 허가를 처음 신청한 지 20년 가까이 지난 2015년 11월 마침내 승인을 받았다. 이 승인으로 아쿠아어드밴티지 연어는 FDA가 인간 소비를 승인한 최초의 '유전자 변형 동물'이 되었다.[2] 아쿠아어드밴티지 연어는 FDA가 2009년까지 요구하는 인체 건강 및 환경안전 평가를 모두 통과하고 2015년 승인을 받았음에도 불구하고 최소 6년 동안 상업적으로 소비될 수 없었다.

이 장은 세계 어업 상황에 대한 기술적 대응에 관한 이야기다. 또한 어업을 변화시킬 잠재력을 가진 유전자 변형 연어를 상업화하기 시작한 미국 기업가 엘리엇 엔티스 Elliot Entis 의 고군분투에 관한 이야기이기도 하다.[3] 슘페터가 설명한 바와 같이 혁신은 기업가들의 노력의 산물이다. 결과적으로 자신의 창조물에 대한 사회적 반응과 직접 접촉하게 되는 것은 기업가들이다. 이 장에서는 혁신의 새로운 분야를 개척하는 플랫폼 기술을 개발할 때 기업가들이 직면하는 도전에 대해 탐구한다. 이 장은 최초의 식품용 유전자 변형 물고기의 상업화를 위한 정부 승인을 얻기 위한 아쿠아바운티 테크놀로지의 20년 동안의 노력에 대한 기술적·사회적·정치적 역동성을 추적한다. 이 논쟁의 강도는 다른 제품들과 관련된 경제적·심리적 요인들에 대한 많은 시사점을 반영한다. 이 연어의 승인은 다른 유전자 변형 물고기의 인간 소비를 위한 문을 열어주었다. 이 기술의 플랫폼 특성은 어업을 넘어 광범위한 분야에 걸쳐 우려를 불러일으켰을 뿐만 아니라 규제 기관의 입장에서도 더욱 많은 주의를 환기시켰다.

# 1. 어류 자원의 확보

어류는 전 세계적으로 소비되는 동물 단백질의 거의 6분의 1을 차지하는 세계 식단의 중요한 부분이다. 그러나 수산업은 미래의 공급을 위협하는 중대한 도전에 직면해 있다. 어류 생산량은 지난 50년 동안 매년 3.2퍼센트 증가했다. 2010년 포획 어업 및 양식 어업은 2175억 달러에 달하는 약 1억 4800만 톤의 어류를 공급했다. 동시에 야생 어류 공급은 줄어들고 있다. 유엔식량농업기구FAO는 2020년 전 세계 수요를 충족시키기 위해서는 연간 약 1400만 톤의 어류가 더 필요할 것으로 예상하고 있다. 이러한 추가 수요의 대부분이 개발도상국과 신흥 경제권으로부터 나올 것이다. 중산층이 점점 더 부유해지고 있는 중국은 2020년까지 전 세계 어류 수요 증가의 절반 이상을 차지할 것이다.[4]

인간이 여전히 먹이를 사냥하는 마지막 주요 개척지인 어업은 심각한 어려움에 처해 있다. 전 세계적으로 소비되는 어류의 거의 86퍼센트는 남획된 서식지에서 나온다. 개발도상국에서는 185억 달러, 선진국에서는 88억 달러로 추산되는 어업에 대한 정부 보조금 덕분에 어선들이 더 먼 바다로 이동할 수 있게 되었고, 어망에 의해 손길이 닿지 않은 수역은 거의 없게 되었다.[5] 과도하고 규제되지 않은 어업은 전 세계 해양 생태계를 위협하고 있다. 물고기와 그 자연 서식지는 해안개발, 오염, 침입종의 유입, 기후변화 등으로 인해 추가적인 부담을 안고 있다. 생물다양성의 상실은 오늘날 해양 생태계에 가장 큰 위협으로 간주된다.[6] 일부 연구자들은 현재 수준의 야생 어획이 지속된다면 현재 어획되는 모든 해산물은 2048년까지 멸종될 것으로 예측하고 있다.

어류 자원의 감소 외에도 생산되는 해산물의 상당 부분이 낭비되고 있다. 2009~2013년의 기간 동안 식용 해산물의 최대 47퍼센트가 미국 내에서 낭비된 것으로 추정된다. "이러한 손실 중 가장 큰 부분은 가정 내외의 소비자 수준에서 낭비(51~63퍼센트), 상업용 어업에서 버려진 어획물(16~32퍼센트), 그리고 유통 및 소매업(13~16퍼센트)에서 발생했다."[7] 이러한 낭비는 어류 생산량을 늘리는 것 외에도 수산자원 관리를 개선하기 위한 기회 확대의 중요성을 강조하고 있다.

수요를 충족시키고 야생 어류를 보충하기 위해 '양식업 aquaculture'이라고 하는 어류 양식 산업이 등장했다. 대부분의 정부가 야생 어류 수요를 줄이기 위해 대안적 형태의 어류 생산을 촉진하기로 결정한 후 어류 양식업이 개발되었다. 양식업은 어부를 양식업자로 변모시켰다. 어류 양식은 그물에 의해 개방수역에서 분리된 해안 지역이나 육지의 인공 또는 자연 연못에서 시작되었다. 2008년부터 2010년 사이에만 세계 어류 생산량에서 양식 어류 비율이 38퍼센트에서 45퍼센트로 증가해 세계적으로 가장 빠르게 성장하는 농업 부문이 되었다.[8] 세계 최대의 양식 어류 생산국인 중국은 세계 양식 어류의 60퍼센트 이상을 생산하고 있다. 야생 포획 어업에 비해 양식업이 유리한 점은 자연 어류 자원에 의존하지 않는다는 점이다.

경이로운 양식장 확장에는 경제적·환경적 문제가 수반되었다. 연못이나 바다에서 분리된 지역에서 양식하는 어류의 경우 이를 위한 시설의 건설, 유지 및 감시가 필요하기 때문에 야생 어류를 포획하는 것보다 훨씬 더 많은 비용이 든다. 물고기 알은 구매해야 한다. 어분 비용과 수조 내 질병 확산을 막기 위한 항생제 비용이 많이 든다. 에너지 비용 상승으로 양식업의 지속가능성에 대한 우려도 있다. 양식 어류가 탈출해 질병을 퍼뜨릴 수 있다는 우려가 더해지고 있다. 게다가 양식장은 환경으로 스며들어가는 상당량의 유출수를 배출한다.

세계적인 어류 소비 수준을 유지하기 위해서 현재의 양식업 생산은 향후 30년 간 3배가 되어야 할 것으로 보인다. 이것은 양식 비용과 그로 인해 발생하는 환경적 피해를 감안할 때 만만치 않은 도전이다.[9] 이러한 배경에서 엘리엇 엔티스는 한 어류 유전자의 단순한 변화가 물고기를 더 빨리 자라도록 하고 그 과정에서 자원을 적게 소비함으로써 양식업을 변혁시킬 수 있는 힘을 가지고 있다는 것을 알았다.

## 2. 생명공학의 물결을 타고

엔티스는 물고기 주변에서 성장했다. 그의 아버지는 매사추세츠 주 보스턴의 식당에 해산물을 판매하는 사업을 하고 있었다. 그는 결코 어업에 직접 뛰어들지 않겠다고 맹세했다. 하버드대학교에 진학해 국제관계를 공부한 후 1971년 캘리포니아대학교 UCLA 에서 석사학위를 받았다. 그는 정부 직책을 맡기도 했고 워싱턴 DC에 연구 회사를 설립해 수년간 운영했으며 가정도 꾸렸다. 결국 그는 워싱턴에서 너무 자주 사람들이 최악의 일을 한 것에 대해 보상을 받고 최선을 다한 것에 대해 벌을 받는다고 확신하게 되었기 때문에 좌절감을 느꼈다. "자신의 일을 누군가를 위해 측정 가능한 혜택, 즉 식품처럼 단순하고 실체적이고 측정 가능한 그 무엇과 연결하고자 하는 욕구가 항상 있었다. 그 점에서 나는 혼자가 아니었다. 친구들과의 저녁식사 대화는 결실을 맺지 못한 정책 문제에 대한 좌절감을 실질적으로든 상징적으로든 자주 해소해 주었다." 그의 아버지는 그가 집으로 돌아와 가업에 참여하도록 설득했다. 그러던 어느 일요일 아침 보스턴에서 《뉴욕타임스》의 한 기사는 엔티스를 최초의 유전자 조작 물고기를 판매하기 위한 기업가적 여정을 시작하게 했다.

엔티스는 매사추세츠 우즈홀 Woods Hole 의 과학자들이 처음 발견하고 캘리포니아와 캐나다의 과학자들에 의해 더 깊이 연구된 한 단백질에 대한 글을 읽었다. 가장 추운 북극과 남극 해역에서 해양생물이 자연적으로 생성하는 이 단백질은 극한의 추위로부터 생명을 보호했다. 그것은 '부동 단백질 antifreeze protein'로 명명되었다. 이 단백질은 연어와 다른 물고기들이 더 적은 양의 사료로 더 빠르게 정상적인 크기로 자라도록 하는 단순한 변혁의 원천이 되었다. 처음에 그의 생각은 그 단백질이 일 년 내내 물고기를 활력 있게 유지시킬 수 있다는 것이었다. 그는 보스턴의 인근 도시 캠브리지를 여행 중이던 이 단백질 연구원에게 연락을 취했고 그들은 만나서 맥주를 마시며 의견을 나누었다. 그들의 동업 관계는 곧 인간 장기를 보존하기 위해 부동 단백질의 사용으로까지 발전했다. 1992년 그는 바로 이 사업을 추진하기 위해 동료들과 함께 부동antifreeze: A/F 단백질 회사 'A/F 프로틴'을 설립했다. 회사 설립 직후 그의 연구원들 중 한 사람이 부동 유전자가 일 년 내내 단백질을 생산하기 때문에 일 년 내내 연어의 성장호르몬을 발현시키는 데도 사용할 수 있어 연어가 2배 이상 빨리 자랄 수 있다는 연구결과가 나왔다고 주저 없이 언급했다. 연어는 일반적으로 여름에만 성장호르몬을 생산한다. 부동 유전자(일명 '프로모터' 또는 '스위치'라고 함)의 일부를 연어 성장호르몬 유전자와 결합시켜 연어에 다시 이식시킬 수 있었다. 그 결과 모든 연어에서 정상적으로 발견되는 호르몬과 단백질을 함유한 하나의 '완전 물고기 제품all-fish product'이 만들어졌다. 사실 이러한 조작을 통해 연어는 부동 단백질이나 자체 성장호르몬을 과다하게 생산하지 않았다. 이러한 조작으로 연어에 보다 일관된 호르몬 공급이 가능해지고 호르몬을 보다 효율적으로 사용할 수 있게 되었다. 2000년 아쿠아바운티 테크놀로지는 연어를 시작으로 유전자 변형 물고기를 진흥하는 임무를 띠고 'A/F 프로틴'에서 분리·설립되었다.[10]

토론토의 연구원들과 함께 엔티스는 이 새로운 어류 기술의 허가를 신청했다. 그는 그 프로젝트가 업계로부터 환영받을 것이라고 믿었다. 그것은 물고기를 기르는 데 절반의 시간을 줄일 수 있고 물고기와 환경적 지속가능성 측면에서도 유익한 프로젝트였다. 양식업자들은 더 적은 양의 자원 투입으로 더 많은 물고기를 기를 수 있는 것이다.[11] 게다가 악화되고 있는 세계 어업 상황에 대처하기 위해 아쿠아어드밴티지 연어를 개발하기 위한 작업이 진행되고 있었다. 실제로 엔티스는 많은 사람들을 끌어들일 수 있는 능력이 있었다. 2006년 그는 기업공개를 통해 3760만 달러를 조달했다. 투자자들의 관심에도 불구하고 아쿠아바운티 테크놀로지는 곧 대중의 저항과 정부의 망설임에 직면했다.

세계 어업의 이야기는 농업의 이야기를 반영한다. 수생 및 해양 수렵 형태의 어업은 수십 년 동안 쇠퇴해 온 반면 어류 양식이나 양식업은 증가해 왔다. 농업에서와 마찬가지로 양식업에도 과학기술의 응용이 증가해 왔다. 이 중 많은 부분이 처음에는 물고기를 다른 장소에 적응시키는 것을 목적으로 하는 선택적 번식에 의존했다. 농업에서와 마찬가지로 새로운 형질을 이식하기 위해 종種 전체에 유전자를 전달하는 능력은 어업 연구에 매력적인 요소였다. 유전자 변형 방법을 통해 어민들은 성장 촉진, 냉동 저항성, 내한성, 질병 저항성, 불임성, 대사 변형 및 약리학적 단백질 생산과 같은 특성을 물고기에 부여할 수 있었다.[12] 이 모든 것이 어류의 생산량 및 생산 속도를 높였다. 아쿠아바운티 테크놀로지가 개발한 아쿠아어드밴티지 연어는 '치누크연어Chinook Oncorhynchus tshawytscha'에서 얻은 '연어성장 유전자'와 '해양 매기Zoarces americanus'의 짧은 DNA 염기서열 인자를 가지고 있으며, 이 유전자는 일 년 내내 성장호르몬을 생산할 수 있도록 해준다.[13] 이로 인해 이 연어는 36개월이 아닌 18개월 만에 성숙할 수 있고, 사료는 25퍼센트 줄어든다. 실질적으로 이 연어는 대서양의 일반 연어와 동일하다.[14]

유전자 변형 연어의 개발은 일반적으로 유전자 변형 물고기의 잠재적인 생태학적 영향에 대한 우려가 증가하는 상황에서 등장했다. 언론의 관심을 가장 많이 받은 것은 1999년 미국 과학아카데미 회보에 실린 '트로이 유전자 가설 Trojan gene hypothesis'이었다.[15] 트로이 유전자 가설은 빠르게 성장하는 유전자 변형 수컷 물고기가 선택적으로 번식해 성장호르몬 유전자를 야생종에 전달할 수 있다고 추정했다. 이 가설은 유전자 변형 물고기가 몸집이 크기 때문에 야생 경쟁자들을 제치고 암컷을 불균형적으로 유인하고 짝짓기를 할 것이라고 가정했다. 야생 연어 새끼들이 생존하기에 적합하지 않을 것이라는 우려가 있었다. 컴퓨터 시뮬레이션 결과 야생 연어의 개체수가 계속 감소할 것이며, 각 세대의 개체 수는 이전 세대보다 줄어들 것이고, 42세대 내에 멸종의 가능성이 있음을 보여 주었다.

아쿠아바운티 테크놀로지가 식품의약청에 아쿠아어드밴티지 연어에 대한 승인 신청을 한 이후, 다양한 과학연구와 유전자 변형 연어에 대한 영향평가를 통해 아쿠아어드밴티지 연어와 관련된 위험은 미미하다는 증거가 제시되었다. 아쿠아바운티 테크놀로지의 유전자 변형 연어는 영양 요건, 성장 특성 및 질병 저항성 측면에서 일반 대서양 연어와 동등하며 대서양 연어의 법적 정의를 충족했다.[16] 아쿠아어드밴티지 연어와 일반 연어는 모두 체내에서 순환하는 성장호르몬의 양이 같은 것으로 나타났다. 하지만 아쿠아어드밴티지 연어는 그 '유전자 스위치 gene promoter'가 더 가까운 서식지 부근에서 호르몬을 생산하게 하기 때문에 성장호르몬을 보다 효율적으로 사용한다.

유전자 변형 연어는 생산비용이 더 저렴하고 생산 속도가 빠를 뿐만 아니라, 이들의 식이 요구조건이 일반 야생 및 양식 연어보다 환경적으로 더 지속 가능하게 만든다.[17] 유전자 변형 연어는 식물성 단백질로 잘 자라는 반면, 일반 연어는 주로 다른 물고기를 먹고, 보통 상당한 양의 어분이 함유된 식단을 먹고 자란다. 이 어분은 에너지 집약적이고 값비싼 공정을 통해 다른 어류로부터 만들어진다.[18]

식품의약청의 승인에 따라 아쿠아바운티 테크놀로지는 식품의약청의 검사를 받은 파나마의 한 양식시설에서 해양으로의 탈출이 사실상 불가능한 육상 담수 탱크에서 3배체(유사 또는 동질 염색체가 세 쌍인 개체)의 모든 암컷 아쿠아어드밴티지 연어를 양식하여 시장으로 배송된다. 만약 그 회사가 다른 육상 시설에서 아쿠아어드밴티지 연어 양식을 하려면 추가 생산 현장에 대한 식품의약청의 승인을 받아야 한다. 대서양 야생 연어종과의 교배 위험에 대한 우려를 해소하기 위해(대서양 연어는 태평양 연어 온코린쿠스 Oncorhynchus종과 교배할 수 없다) 아쿠아바운티 테크놀로지는 예상치 못한 주변 해양으로의 탈출에 대비해 그 주변에 바다가 없는 육지 지역에만 육상 수조 시설을 배치할 것이라고 한다.

## 3. 규제 과정과 적응

대부분의 기업들과 마찬가지로 아쿠아바운티 테크놀로지는 더 빠른 승인 절차를 희망했다. 그러나 정부 규제 당국은 유전자 변형 동물에 대한 규제 경로를 천천히 조심스럽게 진행한다. 이 승인이 연구개발 과정에서 광범위한 유전자 변형 동물을 승인하기 위한 새로운 압력을 발생시키고, 유전자 변형 식용 동물에 대한 규제 시스템이 제대로 기능하는지를 입증해야 하는 이들의 입장이 우려되었다. 아쿠아바운티 테크놀로지는 유전자 변형 식품에 대한 대중의 인식을 시험했을 뿐만 아니라 정부 규제가 과학에 근거해 이루어질 수 있도록 했다.

식품의약청FDA은 1906년 설립된 이후 식품, 인간 및 동물 의약품 및 화장품 분야의 신기술 평가 및 입법 과정을 감독해 왔다. FDA는 1970년대 유전자 변형 작물에 대한 규제 절차를 수립하는 데 관여한 주요 기관이다. 다른 어떤 미국 기관도 새로운 식품 및 의약품 기술에 대한 평가와 규제 감독에 있어 더 광범위한 경험과 전문지식을 가지고 있지 않다.[19]

그러나 아쿠아바운티 테크놀로지가 1995년 아쿠아어드밴티지 연어의 승인 신청을 위해 FDA에 처음 접근했을 때 FDA는 유전자 변형 동물에 대한 정해진 규제 절차가 없었으며, 작물을 규제하는 데 사용되는 「생명공학 규제조정 기본계획The Coordinated Framework for Regulation of Biotechnology」에 의존해야 했다.[20] 유전자 변형 연어에 적용되는 종합 기본계획에 명시된 원칙을 이행할 책임이 있는 기관은 FDA와 EPA이다. 그럼에도 불구하고 유전자 변형 동물에 대해 특별히 지정된 규제 절차의 부재는 연어를 둘러싼 토론에서 논쟁과 비판의 주요 원인이 되었다.[21] 아쿠아어드밴티지 연어는 FDA에 제출된 유일한 유전자 변형 동물 제품이었을 뿐만 아니라 승인을 받기 위해 가장 오랜 기간 투쟁한 제품이었다.

정부 규제는 FDA의 '식품, 의약품 및 화장품법FD&C의 새로운 동물 의약품 규정'에 따라 미국의 유전자 변형 동물을 검토하는 방식으로 아쿠아바운티 연어와 같은 신기술에 대응했다. 유전자 변형 동물과 식물에 대한 승인 과정은 두 가지 면에서 다르다. 첫째, 유전자 변형 동물은 주로 FDA에 의해 승인되고 규제되는 반면, 해충 저항성을 위해 유전적으로 설계된 유전자 변형 식물은 미국 농무부, FDA 및 EPA와 같은 여러 기관에 의해 조정된 기본계획에 따라 규제된다. 다른 모든 유전자 변형 식물들은 적어도 두 개의 기관에 의해 규제된다. 유전자 변형 동물은 상용화에 앞서 FDA의 사전 승인을 받아야 한다. 그러나 유전자 변형 식물은 자발적인 사전 시장 협의에 기초해 규제된다.[22]

유전자 변형 동물과 식물에 대한 규제 과정의 두 번째 차이는 승인 과정의 투명성과 관련이 있다. 유전자 변형 식물의 경우 FDA의 식물 환경영향평가와 같은 모든 관련 승인 문서가 공개적으로 제공되지만 일부 정보는 지적재산권 보호를 위해 공개 사본에서 삭제될 수 있다. 반면 FDA는 동물의 후원자가 정보를 공개하기를 원하지 않는 한 유전자 변형 동물을 포함한 '신규 동물 의약품'에 대한 모든 사전 승인 문서를 기밀로 유지한다. 유전자 변형 동물이 동물과 식물 모두에 대해 승인되면 관련 문서의 요약본이 공개되어야 한다.

아쿠아바운티 테크놀로지가 처음 규제 승인을 신청했을 때 식품의약청은 유전자 변형 동물이 어떤 규제 경로를 따를지 아직 결정하지 않았으며 아쿠아바운티 테크놀로지에게 '신동물의약품 신청 NADA' 이나 '식품첨가물 신청' 규제 경로를 따를 수 있는 선택권을 부여했다.[23] 아쿠아바운티 테크놀로지는 NADA가 더 엄격했고 구체적인 승인이나 불승인으로 결론이 나기 때문에 식품 첨가물 신청 대신 NADA를 제출하기로 결정했다. 아쿠어드밴티지 연어의 경우 연어가 정상적으로 발달하는지, 연어가 개발자의 주장대로 활동하는지, 연어의 유전공학적인 특성이 여러 세대에 걸쳐 유전적으로 계승되는지를 확인하기 위해 독립적인 연구가 수행되었다. 2010년 이 모든 데이터는 워싱턴 DC에서 열린 공개회의에서 수의학 자문위원회에 제출되었다. 또한 이 회사는 모든 규제 자료와 연구결과를 웹사이트에 공개했다. 2012년 FDA는 아쿠아어드밴티지 연어가 인간의 소비, 환경 및 관련 동물에 대해 안전하다고 선언하면서 "중대한 영향이 없다는 결론"을 발표했다.

2010년 조사에 이어 공개 논평 기간이 이어졌다. 의견조사 기간 중 FDA가 해당 제품의 승인 여부를 최종 결정할 준비를 하면서 공공 및 민간 이해 당사자들은 서면 및 공청회를 통해 FDA의 검토에 대해 의견과 우려를 표명했다. 유전자 변형 연어에 대한 공개 의견 수렴 기간은 2010년 식품의약청이 공청회를 시작한 후 반복적으로 연장되었기 때문에 FDA 규제 과정이 지금까지 보여준 것 중 가장 길었다.

이러한 연장 및 지연은 아쿠아어드밴티지 연어의 인간의 건강과 환경영향에 대한 FDA의 과학적 평가가 충분히 철저하고 투명하지 않다고 생각한 반대자들에 의해 요청되었다.[24] FDA는 'NADA' 규제 경로에서 유전자 변형 동물에 대한 규제 과정이 비록 과학적으로 철저하긴 하지만 FDA가 아쿠아바운티 테크놀로지에 적용을 고려하기 시작하고서야 확립되었기 때문에 반대자들의 연장 요청에 긍정적으로 대응했다.

NADA에 따른 현재의 유전자 변형 동물에 대한 규제 절차에서 가장 문제가 되는 것 중 하나는 규제 기관의 결정이 언제 이루어져야 하는지에 대한 명확한 시간표가 없다는 것이다. 현재의 규제 과정에 대한 또 다른 비판은 유전자 변형 유기체와 관련된 환경위험에 관한 구체적인 조항이 부족하다는 것이다. 마찬가지로 규제 과정이 일반 동물에서 유전자 변형 동물로 허용 가능한 수준과 허용 불가능한 수준의 변화를 구별하는 과학적 기준이 포함되어 있다면 규제 과정에 대한 대중의 수용성은 잠재적으로 증가될 수 있다.

FDA는 광범위한 전문지식을 가지고 있다. FDA는 유전자 변형 기술에 관한 다수의 국내외 전문가들과 협의하고 규제 결정이 내려지기 전에 공개 논평 기간 동안 제기되는 모든 우려 사항을 고려한다. 유전자 변형 연어의 경우 아쿠아바운티 테크놀지와 기술 지지자와 비평가들 간의 직접적인 교류가 여러 차례의 공청회에서 허용되었다. FDA는 유전자 변형 연어가 환경적인 위험을 야기하지 않는다고 자문했다. 이 모든 기관들은 이 결론을 명시적으로 지지했다.[25]

FDA는 유전자 변형 동물의 인간, 동물 및 환경에 미치는 영향을 평가할 책임이 있지만 유전공학을 둘러싼 사회적·윤리적 문제를 다루는 메커니즘을 마련하지 못했다. 또한 유전자 변형 동물에 대한 현재의 FDA 규제 과정에서 요구되는 과학적 평가는 잠재적 위험에 크게 초점을 맞추고 있지만 새로운 기술이 기존 제품에 비해 갖는 혜택에 대해서는 충분한 관심을 기울이지 않는다.

유전자 변형 동물에 대한 FDA의 접근법에는 두 가지 문제가 있다. 첫째, 유전자 변형 유기체의 표현형과 같은 제품의 변경 없이 기술을 생산하는 과정이 바뀌면 제품에 실질적인 차이가 없더라도 새로운 위험 평가가 필요하게 된다. 둘째, 신기술에 대한 규제 결정의 기초를 형성해야 하는 것이 바로 기존 제품과 신제품 간 위험과 편익의 차이임에도 불구하고, 과정 위주의 위험 평가는 신제품과 관련된 위험과 편익을 기존 생산 시스템의 위험 및 편익과 비교하지 못한다.[26] 이것은 동물 생명공학의 위험에 대한 대중의 인식을 왜곡시킨다. 사람들은 불확실성에도 불구하고 현상을 유지하려는 일반적인 경향이 있다. 아무것도 하지 않는 것보다 행동함으로써 더 큰 해를 끼치는 것을 두려워하기 때문에 위험에 직면할 때 행동하는 것을 꺼린다. 따라서 그들은 행동하지 않는 위험을 과소평가하고 행동의 위험을 과대평가하는 경향이 있다.[27]

동시에 잠재적 손실이 잠재적 이익보다 더 커 보이기 때문에 잠재적 손실을 피할 때 사람들은 필요 이상으로 더 큰 위험을 감수한다.[28] 유전자 변형 연어에 대한 비판자들은 유전자 변형 연어의 승인과 관련된 잠재적 손실에 대한 사람들의 과도한 강한 혐오감을 이용하기 위해 이를 승인하는 조치에 대한 잠재적 위험성을 지나치게 강조했다. 그러나 일반적인 연어의 야생 포획과 연어 양식 관행에 대한 무대책과 관련된 위험은 상당했다. 남획으로 자연 어류 자원이 고갈되고 있는 한편, 현재의 양식 관행은 위험에서 아주 자유롭지 못하다. 기술 혁신과 규제에 관한 많은 전문가들은 아쿠아어드밴티지 연어를 둘러싼 심의와 규제 의사 결정 과정이 지금까지 가장 철저하고 투명한 과정 중 하나라고 주장했다.[29] 기존 기술과 비교해 신기술의 잠재적 위험과 편익을 모두 고려하고 그러한 균형 잡힌 기준에 근거한 결정을 내렸더라면 FDA의 유전자 변형 동물에 대한 규제 승인 과정이 더 효과적일 수 있었을 것이다.[30]

엔티스는 규제 과정에 대한 자신의 경험을 반성하면서 FDA의 승인 과정은 미국 내 더 넓은 정치와 유기농 및 자연식품에 대한 더 큰 공개 토론과 얽힌 것처럼 느꼈다고 말했다. 그는 FDA가 유전자 변형 동물 제품 승인을 위한 준비가 되어 있지 않았다고 지적했다. 결국 아쿠아어드밴티지 연어에 찬성하는 FDA의 여러 연구와 과학적 결론은 유전자 변형 동물에 대한 정치적·대중적 반대에 맞서 충분히 강력하지 못했다고 그는 덧붙였다. 그는 또한 그 과정이 처음에 생각했던 것만큼 순탄하지 않을 것이라는 경고 신호를 놓쳤다고 말했다. 그는 "나는 그 가능성에 대해 너무나 흥분했다"고 회상했다. 그는 분명히 자신의 제품에 대해 다른 견해를 가진 사람들의 반응을 과소평가했다.

## 4. 험난한 물결

엘리엇 엔티스는 그가 유전자 변형 제품 분야에서 기업가로서 배운 가장 중요한 교훈 중 하나는 자신을 좋아하지 않는 사람들과의 대화를 결코 멈추지 않는 것이라고 말했다.[31] 아쿠아바운티 테크놀로지는 지지자들이 많았지만 비판자들도 많았다. 유전자 변형 연어를 둘러싼 논쟁은 아쿠아어드밴티지 연어의 승인에 대한 대표적인 반대자인 식품안전센터 Center for Food Safety: CFS가 생생하게 포착한 두 가지 주요 트렌드를 중심으로 전개되었다. CFS는 2013년 그 입장을 요약한 팸플릿에서 "수십 년간의 남획, 오염, 농업 유출 및 경영부실"로 인해 해양 생태계와 그 의존 어업이 갈림길에 섰다고 인정했다.[32] CFS는 유전자 조작 어류의 개발이 수산양식 산업 발전의 다음 단계라고 밝혔지만, 아쿠아어드밴티지 연어가 "식품안전, 환경, 어민들의 경제적 후생, 동물복지 및 국제시장에 대한 새로운 위협의 원천"이라고 생각했다.[33] CFS에 따르면 해결책은 "우리의 야생 연어 개체군과 그들이 의존하는 생태계를 지속가능한 것으로 되돌리는 것이다."[34] 이것은 정당한 목표이긴 하지만 어류 생산에 대한 대안적 접근에 반대하는 강력한 주장은 아니다. 상황은 농업과 유사하다. 농업의 생태적 영향을 줄이는 것이 중요하고 시급하지만 이는 수경재배나 도시 옥상농업 같은 관행에 반대하는 주장은 아니다.

CFS가 개략적으로 밝힌 입장은 유전자 변형 어류 일반에 대한 반대 캠페인에서 대중적인 구호를 내거는 것이었다. 2020년 아쿠아어드밴티지 연어에 대한 FDA 청문회를 앞두고 CFS는 다른 시민사회단체들과 함께 아쿠아어드밴티지 연어에 대한 공개 항의를 제기했다. 이 단체들에는 푸드앤워터워치 Food & Water Watch, 지구의벗 Friends of the Earth, 유기농소비자협회 Organic Consumers Association, 푸드데모크라시나우 Food Democracy Now, 크레도액션 CREDO Action 등이 포함되었다. 이 캠페인에서 눈에 띄는 참여자는 아이스크림 제조업체인 벤앤제리 Ben & Jerry's 의 CEO이었다. 전 세계 30여 개국에 진출해 있는 이 회사는 모회사인 앵글로더치유니레버 Anglo-Dutch Unilever 그룹이 유전자 변형 식품 사용 기술을 개발했음에도 불구하고 이미 자사 제품에 부동 A/F 기술을 사용하지 않기로 결정을 내린 바 있다.

이 단체들은 FDA와 백악관을 향해 시위를 주도했다. 그들은 FDA가 규제 과정에 대해 그들의 청원을 비밀에 부쳐왔기 때문에 최후의 수단은 미국 대통령에게 청원하는 것이라고 주장했다. 시위대는 이 회사의 유전자 변형 물고기의 불임 보장에 의문을 제기하고 물고기 중 일부는 수정受精될 가능성이 있으며, 그들이 탈출하면 야생 개체군과 번식할 것이라고 주장했다. 그들은 또한 아쿠아바운티 테크놀로지가 수행한 안전 연구의 타당성에 의문을 제기했다.

소비자연합 Consumers Union 을 포함한 반대파의 후속 노력에는 유전자 변형 물고기가 승인될 경우 미국 전역의 식료품점에서는 이 생선을 취급하지 않겠다는 약속이 포함되었다. 2015년 현재 이 생선을 팔지 않기로 동의한 주요 기업으로는 알디 Aldi, 자이언트이글 Giant Eagle, H-E-B, 하이비 Hy-Vee, 크로거

Kroger, 메이지어Mejier, 타깃Target, 트레이더조Trader Joe's, 세이프웨이Safeway, 홀
푸드Whole Foods 등이다. 그들은 미국에 있는 약 9000개의 대형 매장을 대표했
다. 캠페인의 초점은 아쿠아어드밴티지 연어가 승인될 경우 기존 유통 매장
에 대한 접근을 거부하는 것이다.

경제적 이익이 유전자 변형 연어의 상업화에 반대하는 많은 정치적 저항
의 핵심이다. 2011년 돈 영Don Young 의원(공화당 알래스카주)과 린 울시Lynn
Woolsey 의원(민주당 캘리포니아주)은 아쿠아어드밴티지 연어를 승인할 경우
FDA에 대한 자금 지원을 중단할 것을 제안하는 FDA 세출법안에 대한 수정
안을 발의했다. 이 수정안은 전체 의원 435명 중 10명 미만이 투표를 했으며,
나머지 대표들은 백악관이 후원하는 의회 바비큐 행사에 참석하고 있었다.
엔티스는 "돈 영 의원이 이 수정안을 통과시키기 위해 …… 편법을 썼다고"
고 말했다.[35]

아쿠아어드밴티지 연어의 많은 지지자들은 이러한 견해에 동의했다. 영
의원과 알래스카 대표단이 추구하는 목표는 알래스카 경제에 매년 7만 8500
개의 일자리와 58억 달러를 기여하는 것으로 추정되는 알래스카 야생연어
산업을 보호해 왔던 것으로 보인다.[36] 그들의 우려는 아쿠아어드밴티지 연어
가 시장에 나와 연어 공급을 늘리면 미국 연어 가격이 하락해 알래스카 연어
생산자들의 이익이 줄어들 수 있다는 것이었다. 2012년 《워싱턴포스트》와
의 인터뷰에서 영 의원은 "그 빌어먹을 물고기들을 우리 바다에 넣지 마세
요. …… 제가 의원직을 계속 유지한다면 그 회사를 파산시킬 수 있다"라고
아쿠아바운티 테크놀로지를 지칭하며 "나는 인정합니다. 그게 바로 제가 하
려는 일입니다"라고 말했다.[37] 이 성명서의 단호한 어조는 마가린에 대한 초
기 반대자들을 연상시켰다.

그러나 알래스카 야생 연어는 고가 시장에서 판매되고 있다는 점에 유의
해야 한다. 아쿠아어드밴티지 연어를 비롯한 대부분 양식 연어는 저가 시장

을 목표로 하기 때문에 대부분의 알래스카 산 야생 연어와 직접적으로 경쟁하지는 않는다. 마거릿 함부르크Margaret Hamburg FDA 집행위원은 미국 상원의원들로부터 유전자 변형 연어 승인 과정에 이의를 제기하는 여러 통의 편지를 받았다. 그들은 연어에 대한 승인 절차를 전면 중단할 것을 FDA에 요청했다. 다시 말하지만 이러한 요구의 기초는 과학적 증거라기보다는 경제적 우려였다.[38]

2009년 오바마Barack Obama 대통령이 경제 성장의 원동력으로 "과학기술을 포용하겠다"고 약속했음에도 이 발언을 끝까지 관철할 수 있는 대통령의 역량은 제한적이었다. FDA가 2012년 환경평가 초안을 발표하면서 "아쿠아어드밴티지 연어의 승인은 …… 생존에 위협을 받거나 위기에 처한 대서양 연어의 미국에서의 지속적인 생존을 위태롭게 하지 않을 것이며, 연어의 중요한 서식지를 파괴하거나 해로운 번식을 초래하지 않을 것"이라고 밝혔다.[39] 아쿠아바운티 테크노로지는 자신들의 유전자 변형 연어가 곧 승인되기를 희망했다. 그러나 이 성명은 오바마 대통령이 재선을 앞두고 기록적인 낮은 지지율로 고전하던 시기에 나온 것이다. 미국인의 54퍼센트 가까이가 오바마가 일을 제대로 못하고 있다고 생각했고, 밋 롬니Mitt Romney는 공화당 예비선거에서 유력한 후보로 부상했다. 관측통들은 오바마의 선거 성공 여부는 환경론자들을 포함한 광범위한 지지를 얻는 데 달려 있다고 생각했다. 그의 진영은 아쿠아어드밴티지 연어를 승인함으로써 환경보호론자들의 민감성을 자극하고 싶지 않았다.[40]

식품 산업은 극히 적은 이윤으로 운영되며 따라서 판매 제품의 종류와 생산 공정과 관련해 발생하는 위험을 특히 의식한다. 식품 생산업체들은 소비자 반응이 불확실한 유전자 변형 연어 등 신제품을 판매하기로 합의할 경우 경쟁업체에 고객층의 몇 퍼센트라도 빼앗길 수 있다고 우려한다. 이러한 작은 이익률 때문에 그들의 고객 기반 중 일부라도 잃는 것은 식품 생산자들에게 위험할 수 있다.[41] 규제 승인과 무관하게 유전자 변형 연어를 팔지 않겠다는 미국 식료품 회사 홀푸드와 트레이더조Trader Joe's의 발표가 이런 경제 현실을 반영한다.

이러한 식품업계의 신중한 반응은 특히 유럽지역에서 두드러졌는데, 영향력 있는 녹색당, 미국의 주도권에 대한 일반적인 의심, 그리고 식품의 안전성을 정확하게 평가하는 정부의 능력에 대한 신뢰도 저하가 유전자 변형 식품에 대한 광범위한 반대에 기여했다. 세계 연어 시장의 대부분을 지배했던 노르웨이와 영국의 연어 생산자들은 특히 유전자 변형 어류에 대한 잠재적인 소비자 반발을 두려워했다.

남획과 수자원 오염이 세계적인 문제가 되어왔기 때문에 수산업은 현재 생산 과정의 지속가능성에 대해 환경단체로부터 압력을 받아왔다. 당연히 연어 생산자와 일반 어류 농민들은 자신들의 활동에 대한 대중의 우려를 강화시킬 수 있는 생산 과정인 유전자 변형 기술을 채택함으로써 대중들이 직면하는 불행을 악화시키는 것을 꺼려했다.

게다가 연어 양식업은 야생 포획 산업에 비해 상대적으로 일천했다. 유전자 변형 기술이 어류 양식에서 보편화되고 소비자들이 생산자들이 예상한 대로 부정적으로 반응한다면 양식 연어 소비자들은 비양식 어류로 쉽게 옮겨갈 수 있다. 미국, 캐나다, 칠레, 노르웨이의 연어양식업협회들이 유전자 변형 연어에 대해 심각한 유보적인 입장을 표명한 이유가 여기에 있는 것이다. 일부 사람들은 FDA가 유전 변형 연어에 대한 승인을 허가할 때까지 입장을 유보할 것이라고 발표했다. 여러 면에서 유전자 변형 연어 기술의 상업적 채택에 큰 걸림돌이 된 것은 실제 소비자 행동보다는 "소비자들의 두려움에 대한 생산자들의 두려움"이었다.[42] 반면 특수 이익단체들은 아쿠아어드밴티지 연어가 환경에 대한 위협이라고 계속 주장했다. 그들은 그것을 '프랑켄피쉬Frankenfish'로 악마화 했고, 이 물고기가 전통적인 연어의 두 배 크기로 자랄 수 있는 것으로 오도했다. 그들의 오도된 주장은 경제적 이해관계에 의해 야기된 일반적인 의혹을 부추겼다.

아쿠아어드밴티지 연어의 반대자들은 거의 20년 동안 규제 승인을 지연시킬 수 있었지만, 지지자들은 계속 입지를 강화시켜 나갔다. 바니 프랭크 Barney Frank 전 의원은 이와 관련한 많은 정치인들 중 한 사람이었고, FDA에 서한을 보내 "기술적 검토의 관점에서 아쿠아어드밴티지 연어를 다른 어떤 제품과도 똑같이 취급할 것"을 촉구했다.[43]

2012년 11월, 미국 전역의 주요 연구대학의 50여 명의 학자들과 해산물 분야를 포함한 다양한 산업 분야의 투자자들은 FDA가 유전자 변형 연어에 대한 결정을 진전시킬 것을 촉구하는 서한을 오바마 대통령에게 보냈다. 이들은 유전자 변형 연어 승인 과정을 둘러싼 느리고 불투명한 과정에 대해 우려를 표명했다. "유전자 변형 연어가 겪고 있는 이해할 수 없는 규제 병목현상은 FDA의 동물생명공학 제품에 대한 과학 기반 규제 검토 과정이 예측 가능하지 않으며, 이는 미국의 경제 성장, 혁신, 경쟁력 및 일자리 창출을 촉진하는 산업의 발전을 지연시키고 있음을 시사한다"[44]고 지적했다. 이 서한의 서명인들은 규제 절차가 합리화되지 않고 특수 이익단체에 의한 정치적 방해에서 벗어나지 못한다면 생명공학 개발자들이 미국 이외의 지역에서 제품을 상용화할지도 모른다고 우려했다.

도전이 확대되면서, 반대론자들은 유전자 변형 연어가 실제로 전통적인 연어의 두 배나 빨리 자란다는 주장에 의문을 제기했다. 이러한 주장은 특히 잠재적 투자자들에게 아쿠아바운티 테크놀로지가 가지고 있는 중요한 장점이었다. 2015년 푸드앤워터워치 Food & Water Watch 는 서한을 통해 미국 증권거래위원회 SEC 에 아쿠아바운티 테크놀로지의 나스닥 증권거래소 상장 등록 신청을 거부해 줄 것을 요청했다. 이 단체는 유전자 변형 연어의 성장 속도에 대한 특수 이익단체의 주장에 오해의 소지가 있다고 말했다. 이 서한은 증권거래위원회SEC에 아쿠아바운티 테크놀로지가 등록 문서를 수정해 유전자 변형 연어가 특수 이익단체가 주장했던 것만큼 빨리 자라지 않았다는 새로운 과학적 발견을 투자자들에게 새로이 알려주도록 요청했다. 게다가 이 단체는 또한 아쿠아바운티 테크놀로지가 유전자 변형 연어가 독특한 질병을 경험했다고 진술하기를 원했다. 이 진술의 의도는 유전자 변형 연어 기술과 아쿠아바운티 테크놀로지의 생존 가능성에 대한 투자자들의 의구심을 불러일으키기 위한 것이었다.

이러한 도전은 유전자 변형 식품에 대한 표지 부착을 모색하기 위해 다양한 분야의 노력이 증가하는 상황에서 발생했다. 알래스카주는 유전자 변형 연어의 표지 부착법을 통과시켰다. 이것은 다른 기관들이 주정부들이 표지 부착법을 채택하는 것을 방지하는 법안의 채택을 모색하도록 자극했다. 전반적으로 유전자 변형 연어에 대한 논란은 유전자 변형 작물 논쟁에 의해 설정된 넓은 맥락에 의해 크게 영향을 받았다. 엔티스는 "모든 토론을 통해 가능한 한 많은 사람들과 교류하려고 노력했다"고 말했다. 그는 외교적인 인물로 명성을 얻었다. 기업가로서 그는 기술 친화적 메시지가 그렇게 많이 나오지 않았고, 비평가들이 종종 더 큰 목소리를 냈다는 것을 기억하는 것이 중요하다고 말했다. 그는 "이 생각은 사람들의 마음속에서 의문을 제기하는 것이다. 어떤 사람들은 그들의 마음을 바꿀 것이다"라고 말했다.[45]

엔티스는 이 기술이 미래에 "매우 많이 사용될 것"이라고 생각했다. 하지만 그는 어떻게 될지에 대한 예측은 하지 않았다. 그 이후로 그는 'LIFTLAB 피부 재생'이라 불리는 화장품 제품에 부동 단백질을 사용하는 새로운 프로젝트에 에너지를 집중시켰다. 이 화장품류는 이 부동 단백질을 사용해 피부가 생산하는 단백질의 양을 늘려 피부 재생을 돕는다. 그는 자신의 기업가적 에너지와 새로운 플랫폼 기술을 옹호하면서 배운 교훈을 다른 목적으로 전환했다. 엔티스는 두 번째 기회가 주어진다면 여전히 유전자 변형 연어에 대한 규제 절차를 밟겠다고 단호히 말했다. 그는 다른 정치집단과 먹이사슬의 다양한 단계에서 폭넓은 지지를 모색하는 데 더 많은 시간을 투자했어야 했다고 말했다.

## 5. 결론

유전자 변형 연어에 대한 20년간의 논쟁은 미래 기술이 직면할 가능성이 높은 도전을 보여주었다. 특히 새로운 세대의 제품을 위한 길을 열어줄 수 있는 새로운 플랫폼을 기반으로 하는 경우 더욱 그렇다. 일반적으로 규제 당국과 일반 대중들 사이에 제품에 대한 친숙성이 부족하기 때문에 이러한 우려는 더욱 악화된다. 유전자 변형 연어는 경제적 이익을 가진 기득권 정치인들뿐 아니라 연어 양식업계와 식품업계에서도 직접 부정적인 반응을 경험했다. 경제적 고려 외에도 제품의 안전성에 대한 인체 건강 및 환경에 대한 불확실성은 기술 개발자들이 생성한 과학적 증거를 사용해 쉽게 완화시킬 수 없었다. 유전자 변형 물고기가 자연에서 생존할 가능성은 과학적 불확실성의 문제로 계속 남아 있다.[46]

유전자 변형 물고기의 개발 시기는 유전자 변형 작물에 대한 반대와 일치했다. 그 결과 농업에서 유전공학에 반대하는 많은 주장이 유전공학 제품에 쉽게 적용될 수 있었다. 그러나 농민들이 유전자 변형 기술을 채택한 농업과는 달리 유전자 변형 연어 기술을 고려함에 있어 양식업자의 관심을 끌기란 애초부터 어려운 것으로 판명되었다. 그들 중 많은 사람들은 이미 환경 및 소비자 단체의 비판에 직면해 있었고 제품에 대한 대중의 우려를 가중시킬 수 있는 신기술과 연관되기를 원하지 않았다.

아이러니하게도, 미국 규제 당국이 유전자 변형 동물을 승인하기 위한 새로운 시스템 구축을 피하게 한 것은 친숙함에 대한 호소이다. 세계적 대형 과제를 해결하기 위한 미래의 노력은 새로운 종류의 기술 시스템의 배치를 필요로 할 것이다. 이러한 기술이 특히 생산비 상승 및 생태학적 우려와 같은 기존 압력으로 이미 스트레스를 받고 있는 경제 부문에 도입될 경우 유전자 변형 연어를 차단한 것과 유사한 도전에 직면하게 될 것이다.

유전자 변형 연어의 경우는 신제품을 둘러싼 논쟁을 관리하는 정책 입안자들에게 많은 중요한 교훈을 준다. 첫째, 제품의 역사와 이와 관련된 긴장은 기존 어업 및 양식업 시스템과의 갈등의 분명한 결과물이다. 하지만 그것은 이야기의 일부일 뿐이다. 갈등의 두 번째 측면은 유전자 변형 연어가 상업적 출시를 통해 아직 위험 요소들이 연구되지 않은 다른 유전자 변형 제품에 길을 열어줄 선구적인 제품이라는 사실과 관련된 것이다. 여기에 정책 입안자들의 딜레마가 있다. 한편 그들은 세계적 지도력을 유지하고 그러한 제품을 승인하기를 원한다. 반면에 그들은 새로운 제품이 새로운 위험을 초래할 수 있는 다른 제품에 문을 열어주지 않는다는 보장을 필요로 한다. 따라서 그 결과는 매우 신중한 접근이었다. 이러한 느린 규제 접근법과 관련된 비용은 대부분의 기업가들이 새로운 제품 범주를 발전시키는 것을 제한할 것이다.

둘째, 미국에서 유전자 변형 연어의 미래는 여전히 그것이 지역에서 양식될 수 있는지에 달려 있다. 이것은 미국이 농업생명공학 분야의 세계적 지도자의 역할을 유지할 수 있는지를 결정할 것이다. 이것은 혁신자들에게 신뢰할 수 있고 예측 가능하고 과학에 기반을 둔 승인 과정과 과학적 사실에 기초한 건설적인 공개 토론을 필요로 한다. 만약 미국 정부가 미래 동물생명기술 제품에 대한 엄격하고 효율적인 승인 과정을 검토하고 개선해 나간다면 전세계적 규제 표준 모형과 모범 사례가 될 것이다.

환경과 인간의 보건 안전 기준에 대한 가치가 낮고 철저한 규제 감독 절차가 마련되지 않은 국가에 생명공학 분야의 선도적 지위를 빼앗기는 것은 생명공학 응용의 안전성에 심각한 영향을 미칠 수 있다. 생명공학 연구, 혁신 및 상업화 분야의 세계적 지도자로서 미국은 사회가 가능한 한 가장 안전한 방법으로 이들 기술로부터 가능한 가장 높은 이익을 얻을 수 있도록 생명공학 혁신의 규제에 모범을 보일 수 있다. 대중들은 규제 승인 과정의 엄격함과 더불어 유전자 변형 동물과 관련된 과학적 사실, 편익 및 잠재적 위험에 대한 비당파적인 정보를 필요로 한다.

셋째, 유전자 변형 동물에 대한 규제 승인 과정을 보다 신뢰할 수 있고 예측할 수 있도록 할 필요가 있다. 이는 공개 토론을 위한 일정한 기간의 도입은 물론 명확한 의사 결정 일정과 이정표의 도입을 통해 이루어질 수 있다. 더욱이 평가와 의사 결정 과정에서 상이한 규제 기관의 책임을 명확히 정의할 필요가 있다. 필수 평가 및 연구는 엄격히 과학에 기반을 두고 신청자에게 미리 알려야 하며, 생산 과정의 성격보다는 최종 제품의 안전성에 초점을 맞춰야 한다. 이를 위해 규제 기관은 유전자 변형 동물의 건강 및 환경 안전에 대한 통일된 표준을 정의하기 위해 생명공학 연구기관 및 민간 개발자와 협력할 필요가 있다.[47]

넷째, 정책 입안자들은 신제품에 대한 초기 반응의 지속성을 의식할 필요가 있다. 유전자 변형 연어에 대한 지속적인 우려 중 하나는 이 물고기가 야생 친족들과 교배해 야생 연어 개체군의 붕괴로 이어질 수 있다는 소위 "트로이 유전자 가설"이다. 이 가설의 원 저자들은 그들의 모델이 문제의 유전자 변형 연어에는 적용되지 않는다고 수차례 설명했다. 이것은 반대자들이 유전자 변형 연어에 반대하는 주장에 사용하는 것을 막지 못했다. 이 경우 초기 가설에 대한 이야기는 유전자 변형 연어의 위험을 정의하는 근거가 되었고, 그 반대자들은 계속해서 그 주장을 펴고 있다. 이 사건의 일반적인 메시지는 신제품에 대한 초기 소문을 잠재우기 어렵다는 것이다. 그러한 소문은 항의에도 불구하고 계속된다. 이것은 주로 그들이 더 넓은 이야기 범주에서 잘 들어맞기 때문이다. 유전자 변형 작물에 대한 수많은 진술을 포함하는 다른 사례들도 있다.

마지막으로 지구적 문제들은 국제적인 해결책을 필요로 할 것이고, 이러한 교훈을 빨리 배울수록 혁신과 현직 사이의 긴장을 더 쉽게 줄일 수 있다. 유전자 변형 연어가 다른 국가에서 양식되어 미국으로 수출될 가능성은 일부 환경적인 우려를 해소하는 것처럼 보일 수도 있다. 하지만 그것은 그 반대자들을 설득시키는 데는 별 도움이 되지 않았다. 슈퍼마켓에 유전자 변형 연어를 취급하지 말도록 압력을 가하는 반대자들의 활동은 그 물고기 판매를 지연시키려는 그들의 전략을 보여준다. 유전자 변형 연어에 대한 다른 조치들은 유전자 변형 연어가 기존의 물고기 표시 방법에서 다루는 것과 다른 위험을 수반한다는 어떠한 정보도 없음에도 불구하고 표지부착을 요구한다.

미국에서 유전자 변형 연어 양식은 계속해서 도전 받을 것이다. 2016년 초 상원의원 리사 머코스키 Lisa Murkowski(공화당 알래스카주)는 유전자 변형 연어의 앞날을 보여주었다. 상원 특별위원회가 로버트 칼리프 Robert M. Califf를 신임 식품의약청장으로 내정한 후, 머코스키 의원은 유전자 변형 연어 승인으로 상원 전체 회의에서 칼리프의 후보 출마를 저지하겠다고 약속했다. 칼리프의 지명을 둘러싼 논쟁은 주로 그의 제약업계와의 밀착 관계에 초점을 맞췄다. 그러나 머코프스키는 연어 생산에 관심이 있는 주를 대표한다. 그녀는 "FDA와 관련해 정말 중요한 한 가지는 물고기에 무슨 일이 일어나고 있는지 밝히는 것"이라고 말했다.[48] 유전자 변형 연어에 반대하는 사회경제적인 근원적 문제는 안전성 논쟁만으로는 완화될 수 없다.

*어떤 지적인 생각도 약간의 어리석음이 섞여 있지 않는 한*
*일반적으로 받아들여질 수 없다.*

_ 페르난두 페소아

이 책의 사례에서 알 수 있듯이 신기술은 종종 사회적 긴장을 야기할 뿐만 아니라 기존의 사회경제적 구조를 변혁시키려고 위협한다. 경제 재건을 위해 필수적이고 끊임없는 재충전을 위한 이러한 슘페터적 과정도 또한 대중적 논란의 원천이다. 이러한 긴장은 금지, 무역 제한, 악마화, 시장 승인의 지연 등 다양한 형태를 취한다. 대부분의 경우 규제 개입은 대중적 우려의 원천을 줄이고 새로운 기술 채택을 촉진하는 데 도움을 준다.

이 책의 사례들은 현대의 공공 정책 과제에 대한 많은 교훈을 제공한다. 세계는 3대 트렌드가 지배하는 새로운 시대로 접어들고 있다. 첫째, 경제성장의 촉진, 환경보호 및 지배 구조 개선의 필요성과 같은 거대한 도전에 대한 인식이 증가하고 있다. 둘째, 이러한 도전은 이제 본질적으로 세계적이며 공동의 국제적 행동을 요구하는 것으로 인식되고 있다. 셋째, 인간의 독창성의 표현으로서의 기술 혁신은 대규모 전환을 필요로 하는 세계적 도전에 대한 해결책을 찾는 데 훨씬 더 큰 역할을 할 것이다.[1] "우리 세대는 다른 어느 세대보다 세상을 변화시킬 수 있는 기회를 더 많이 물려받았다. 이것이 낙관론의 원인이지만, 우리가 우리의 선택을 염두에 둘 때에만 그렇다."[2]

급속한 기술 발전의 위험에 대한 경고의 목소리가 점점 커지고 있다. 로봇을 예로 들어보자. 로봇의 도입에 관한 전통적인 견해는 제한적인 파괴가 수반되는 점진적 변화 유형을 가정하는 경향을 띤다. 기술 격차를 메우기 위해 로봇이 도입되고 있다는 주장이 종종 제기된다. 따라서 로봇은 작업자를 대체하는 것이 아니라 다른 작업에 단지 재배치되는 것이다. 이런 식의 추론은 로봇이 일상적인 작업을 대신할 가능성이 더 높은 반면 인간은 더 창의적인 작업에 자신의 역할을 유지할 것이라는 관점으로 이어진다. 예를 들어, "창의적 직업이 노동력의 상당한 비율을 차지하는 영국과 미국 같은 경제는 미래 정보화의 진보로 인한 고용 문제에 대응하는 데 있어 다른 나라들보다 더 나은 위치에 놓일 수 있다"는 주장이 제기되고 있다.[3]

그러나 다른 이들은 자동화 속도, 로봇공학의 도입 및 인공지능의 발전이 현재 진행되고 있는 일의 성격과 관계없이 경제에 광범위한 영향을 미칠 것이라고 주장한다. 이러한 견해는 아마도 기술 발전이 그것이 창출할 수 있는 것보다 더 많은 일자리를 대체할 것이라는 이해에서 나온다. 결과적으로 기술 진보가 불균형과 실업을 창출함으로써 사회의 근본 구조를 위협하고 있다. 고용과 번영에 대한 전망이 어둡다. "하지만, 우리가 첨단 기술을 하나의 해결책으로 충분히 활용할 수 있다면, 그리고 고용과 소득분배에 대한 기술 진보의 함의를 인식하고 이에 적응해 나간다면 그 결과는 낙관적일 가능성이 훨씬 더 높다."[4]

눈에 띄는 사회문제는 과학기술의 풍요로움과 공존할 것이다. 사회가 이용 가능한 기술을 활용해 도전을 해결할 수 없다는 것은 과학기술 그 자체에 대한 환멸을 초래할 수 있다. 더욱이 어떤 사업 모델을 인간조건을 악화시키는 것과 연관 짓는 사람들은 기술 혁신 축소에 대한 요구를 증가시킬 가능성이 높다.

이 딜레마를 해결하려면 최소한 기하급수적 기술 발전을 시각화하고, 복잡한 사회경제 체제에서 손실에 대한 인식을 높이며, 정보에 입각한 의사 결정을 지원하기 위해 보다 적절한 접근방식을 개발하는 미래 세계관이 필요하다. 이 장은 지배 구조에 대한 기술적 논쟁의 함의를 보다 상세히 검토하는 것으로 끝을 맺는다.

## 1. 선도적 지도력과 실천 과제

지도력의 주요 기능 중 하나는 사회를 위한 새로운 길을 개척하는 것이다. 이것은 종종 불확실한 조건 아래에서 수행된다. 슘페터가 말했듯이 지도력은 공공 분야에서 행사되는 기업가 정신의 한 형태이다. 이것은 새로운 경제적 조합의 창출을 촉진함으로써 혁신으로 인한 편익과 위험의 분배를 재정렬할 때 특히 필요하다. 커피를 기독교 음료로 선포한 교황 클레멘스 8세의 결정과 같은 행동은 경제에 새로운 조합을 추가하는 데 도움이 되므로 기업가적인 성격을 띠고 있다. 이러한 지도력의 행사는 행정부에만 국한되지 않는다. 1980년 미국에서 일어난 획기적인 사건인 "다이아몬드 대 차크라바티 Diamond vs. Chakrabarty" 소송사건(유전자 변형 유기체의 특허 여부를 다루었던 미국 연방대법원 소송사건 _옮긴이)은 생명체에서 발생하는 특허 발명을 가능하게 함으로써 생명공학 산업의 출현에 결정적인 역할을 했다. 다른 많은 경우에 입법부는 새로운 산업이 출현할 수 있도록 하는 데 있어 똑같이 중요한 지도적 역할을 한다. 그 반대의 경우도 지도력이 혁신을 억제하고 기존 산업의 편을 들 때 매우 자주 발생한다.

숙의적 의사 결정은 민주적 통치의 중요한 측면이다. 이 과정은 사회가 공통 관심 분야를 식별하고 위험과 편익을 공유하는 방법을 학습할 수 있도록 돕는다. 그러나 공적 협의와 같은 활동에 호소하는 것이 사회의 최선의 이익으로 귀결될 것이라는 보장은 없다. 예를 들어, 여러 나라에서 유전자 변형 작물 재배를 심각하게 제한하게 된 숙의 과정이 그러한 나라들에게 도움이 되었는지는 의심스럽다. 실제로 그들 중 상당수는 새로운 도전이나 증거에 비추어 자신들의 결정을 재검토하고 있다.

신기술의 역사에서 다량의 정치적 자본을 통제하는 행정부에서 결정을 내려야 할 순간들이 많이 있다. 숙의와 자문은 그러한 행정 행위의 기반이 되지만 행정권 행사를 대체할 수는 없다. 혁신을 촉진하려면 상당한 정치적 용기가 필요하다. 예컨대, 인도에서 '녹색혁명' 채택과 관련된 위험은 처음부터 명백했다. 그러나 분명히 위험한 농업적 도박이었던 녹색혁명을 추진하기 위해서는 식품농업부 장관 치담 바란 수브라마니암 Chidam baran Subramaniam 의 정치적 용기가 필요했다. 그의 행동은 다른 각도에서 추진되었다. 그는 녹색혁명을 채택할 때의 부작용보다 아무것도 하지 않는 것의 위험성에 더 관심을 가졌다. 사실 녹색혁명에 대해 표출된 많은 우려들이 정당한 것으로 드러났지만 그의 관심은 농업 산출량을 증가시키는 데 있었다. 그것은 그가 성취하기 위해 세운 목표와 관련해 성과를 거둔 용기 있는 정치적 행위였다.

국가적·세계적 과제들이 증가함에 따라 새로운 기술의 적용을 옹호할 결단력 있는 지도자에 대한 요구도 커질 것이다. 지도력에 대한 다양한 요구를 제공하는 두 가지 사례가 있다. 첫 번째는 에너지 전환 분야이다. 기후변화 및 국제안보와 같은 다양한 우려는 화석연료의 지속적인 사용에 의문을 제기한다. 이러한 논쟁의 대부분은 '기후변화에 관한 유엔 기본협약 United Nations Framework Convention on Climate Change: UNFCCC'의 후원으로 일어났다. 기후에 대한 합의에 도달하는 것은 재생에너지 기술 및 기타 기후 완화 조치의 채택을 촉진할 의지가 있는 탁월한 지도자들의 존재를 전제로 한다. 태양 및 풍력 에너지 기술의 채택의 증가는 화석연료 산업을 대표하는 로비 그룹을 포함한 다양한 사회집단으로부터 상당한 반대와 관련이 있다. 강력한 기업가적 지도력은 특정 기술에 대한 지원을 통해 지속가능성을 위한 변화를 만들어 내는 데 중요한 역할을 할 수 있다.

마찬가지로 일부 신생 기술의 예상되는 영향을 해결하려면 지도력이 필요하다. 세 가지 사례가 두드러진다. 첫째는 자동화의 경우이다. 자동화의 영향, 특히 로봇 사용에 대한 우려는 새로운 것이 아니다. 로봇 사용으로 대체되는 일자리보다 더 많은 일자리가 창출된다는 것이 일반적인 이해였다. 이 시나리오에 따르면 자동화를 통해 생산성을 높이는 동시에 나머지 보유 인력이 새로운 작업을 수행하도록 할 수 있다. 그러나 지식 및 공학 역량의 기하급수적인 발전으로 자동화의 영향에 대한 고전적인 견해가 실제로 여전히 유효한지 확실하지 않다. 사회가 근로자를 유지하거나 교육 시스템을 재설계하기 위해 적절한 대응을 설계할 수 있는 것보다 일자리 파괴가 더 빨리 일어날 가능성이 있다. 자동화나 인공지능의 많은 분야에서 인간과 기술을 구별하기가 점점 더 어려워질 것이다. 이러한 융합은 대중적인 이분법을 무의미하게 만든다.[5] 이러한 상황에서 자동화의 편익과 위험을 균형 있게 조정하려면 결단력 있는 지도력이 필요하다.

한 가지 중요한 정책 조치는 사람들이 생산적인 사회 구성원이 될 수 있도록 하는 교육 및 기술 개발 기회에 접근할 수 있도록 하는 것이다. 포용적 경제는 "일자리와 수익을 창출하는 대규모로 운영되는 성숙 기술로 이루어지며, 미래 일자리와 수익의 기회를 제공하는 기술 개발이 포함된다."[6] 이러한 포용을 이루려면 지금까지 상상하지 못했던 새로운 정부 개입, 제도 개혁 그리고 새로운 경영 전략이 필요하다. 그렇지 못할 경우 기술 혁신에 대한 정치적 불안과 분노의 확산으로 이어질 수 있다.

결단력 있는 지도력이 필요한 두 번째 영역은 특히 유전자 편집 비용의 급격한 하락을 감안할 때 합성생물학 분야이다. 이러한 기술은 광범위한 의료, 농업 및 환경 문제를 해결할 수 있는 엄청난 기회를 제공한다. 그러나 이러한 기술은 또한 사회가 이전에 경험하지 못한 규모의 새로운 윤리적·경제적·생태적 문제를 야기한다. 예컨대, 말라리아를 옮기는 모기에게 불임이나 다른 특성을 부여하기 위해 '유전자 구동'의 사용 가능성을 고려할 수 있다. 이 기술은 말라리아를 줄이는 데 상당한 영향을 미칠 수 있다. 그러나 기존 생태계에서 종(種)을 억제하는 데 따른 생태학적 영향은 거의 밝혀지지 않고 있다. 사실 그것은 사후적으로만 완전히 알 수 있다. 잠재적인 특별한 편익과 재앙적인 위험 사이의 균형을 맞추려면 결단력 있는 지도력이 필요할 것이다.

국가 및 국제 수준에서 결단력 있는 지도력의 필요성을 보여주는 마지막 사례는 의료 및 건강관리의 기술 변혁이다. 급속한 과학기술 발전은 진단, 약물 전달, 치료 및 기타 의료 응용 분야에서 광범위한 저비용 기술을 제공하고 있다. 예를 들어 정보통신 기술은 이미 의료 서비스를 변혁시키고 있으며 신흥국을 비롯한 세계적인 응용을 위한 기회를 제공하고 있다. 사실 많은 경우 신생국들은 선진국들이 개척한 동일한 경로를 따르지 않고도 새로운 응용 분야로 도약할 수 있다.[7] 그러나 기존의 의료 및 규제 관행은 새로운 기술을 수용할 만큼 빠르게 적응하지 못하고 있다. 이들 국가에 새로운 의료 관행을 도입해 신생 기술의 혜택을 누릴 수 있는 결단력 있는 지도력에 대한 명확한 사례가 있다.

세계적 도전이 고조되고 기술 기회가 확대됨에 따라 지도력은 다른 성격을 띠어야 할 것이다. 그것은 복고적일 수 없으며 행동 방침이 분명해질 때까지 기다릴 수 없다. 많은 경우 사건의 추이를 지켜보기 위해 기다리는 것은 문제를 복잡하게 만들 수 있다. 따라서 포용적 혁신, 과학기술 자문의 더 나은 활용, 사회제도의 지속적인 조정 및 과학기술에 대한 더 많은 대중의 이해를 반영하는 윤리적 가치에 따라 결정을 내리는 것이 중요하다. 이 장의 나머지 부분에서는 이러한 문제를 보다 자세히 다룬다.

## 2. 나의 자문을 받아라: 과학, 기술, 그리고 혁신

차세대 지도력은 사회가 세계적 대과제뿐만 아니라 기술 진보와 공학적 응용으로 인해 발생하는 새로운 사회 문제에 어떻게 대응할 준비가 되어 있는지에 대해 크게 초점을 맞출 것이다. 지도자들은 적응력이 뛰어나고 유연하며 지속적인 학습에 개방적이어야 한다. 그들은 불확실성과 논란 속에서 점점 더 많은 결정을 내려야 할 것이다. 그들은 상황을 저울질하고 지나치게 조심하며 증거가 드러날 때까지 기다릴 수 있다. 그러나 그러한 행동은 중요한 기술적 기회를 놓치는 결과를 초래할 수 있다. 이러한 세계에서는 가용 지식을 활용해 상황을 평가하고, 정보에 입각한 행정조치를 적시에 취하고, 기술발전과 그 영향을 계속 감시할 수 있는 기업가적 지도자가 필요하다.

실제로 중세 중동에서 커피에 대한 종교적인 칙령을 뒤집은 행정부의 결정에서 알 수 있듯이 기술적 논란은 행정부의 개입으로 해결되는 경우가 많다. 미국에서 처음으로 유전자 변형 제품의 상업적 출시를 승인하기로 한 결정은 결국 대통령실에 의해 이루어졌다.

반면 유럽은 유럽연합EU 집행위원회에 수석 과학 고문을 임명했음에도 불구하고 큰 진전을 이루지 못했다. 4년간의 실험 끝에 2014년 그 직위가 폐지됐다. 이 직위에 반대자들은 그 직위에 있던 현직자가 EU 규제 체제의 기반이 되었던 과학적 합의를 뒤집으려 했다는 점을 지적했다. 그들은 과학적 자문을 위한 더 많은 선택권을 주장했고 그 직위를 효과적인 지침의 장벽으로 보았다. 과학 자문 기구에 대한 정치적 압력은 이례적인 것이 아니다. 예를 들어 미국에서 국회의원들이 환경보호청의 자체적인 과학적 자문을 활용하는 것을 막기 위해 2014년 법안을 발의했다.

기술적 문제는 전문가들에 의해 처리되어야 한다고 생각하는 지도자들은 혁신이 정치와 어느 정도 얽혀 있는지 완전히 인식하지 못할 수도 있다. 이것은 모든 수준의 경제발전에서 사실이다. 신흥경제국들은 나노기술, 로봇 공학, 무인 항공기, 합성생물학, 인공지능, 3D 프린팅 등 새로운 분야에서 선진국들이 사회적 우려와 씨름하는 것과 같은 방식으로 기반시설 프로젝트의 영향과 관련된 복잡한 결정을 내려야 한다.[8]

공개 토론의 대부분은 과학기술 및 공학에 관한 정부 정책에 영향을 미치기 위한 것이다. 이런 점에서 이용 가능한 정보를 평가하고 그것을 의사 결정에 사용할 수 있는 정부의 능력은 토론의 필수적인 요소이다. 혁신에 대한 정치적 지도력과 과학기술 자문기관의 존재는 경제적 지배 구조의 필수적인 측면이다. 이러한 기관들은 다양한 전문 지식을 수용하는 투명성과 시민참여와 같은 민주적인 관행을 구현해야 한다.[9]

과학기술 및 공학은 점점 더 정보화되고 민주적인 사회에서 실행된다. "시민, 이해관계자, 환자 및 사용자 모두는 그 사회의 과학기술과 함께 사회에 대한 자신들만의 견해, 의견 및 지식을 가지고 있다. 문화에 대한 민주적 지배 구조는 지식과 경험의 형태가 인식되고 …… 과학자와 엔지니어의 특정 전문성과 함께 역할을 할 수 있도록 허용되어야 한다."[10] 또한 이러한 참여는 절차적 정당성이 민주적 관행을 반영하고 혁신과 관련된 불확실성을 고려해 신뢰를 촉진하는 기관을 통해 관리될 필요가 있다.[11] 중요한 것은 단지 자문의 질뿐만 아니라 자문의 절차들이 진화해 온 조건들의 변화에도 불구하고 그러한 자문을 얻는 데 사용되는 절차 구조의 성격이다.[12] 그러므로 과학 자문기관은 대부분 절차의 보호자며 과학적 평가의 관리자다. 그들의 역할에는 자문이 필요한 시점을 결정하는 것이 포함된다.

의사 결정자들이 과학 및 공학적인 자문을 받는 구조화된 방법에는 최소한 세 가지가 있다. 첫째는 워크숍, 회의 및 세미나에서 권장 사항으로 제공되는 일반 또는 특별 자문이다. 이것은 지금까지 자문을 생산하는 가장 일반적인 방법이며 아마도 가장 효과적이지 않은 방법일 것이다. 대부분의 경우 그것은 체계적인 자문의 원천으로서보다는 대중을 교육시키는 데 더 많은 역할을 한다. 둘째, 다양한 공공 기관의 내부 조직에서도 자문이 이뤄진다. 정부부처들은 이런 기능을 수행하는 상설 과학위원회를 둘 수 있다. 셋째, 과학·공학 및 의학 아카데미와 같은 독립된 기관으로부터 자문을 받을 수 있다. 이들 기관들 중 대다수는 국가기관이지만 적어도 하나는 국제평가기구로서 기후변화에 관한 정부 간 협의회 Intergovernmental Panel on Climate Change: IPCC 는 세계적인 인정을 받았다.[13]

모든 과학 및 공학 아카데미가 체계적인 자문을 제공하기 위해 설계된 것은 아니다. 이러한 기관들은 두 가지 전통이 있다. 하나는 대체로 유럽과 이전 유럽의 식민지였던 곳에 있는 과학 및 공학 아카데미로 대부분 명예를 기리고 평생의 업적 인정에 중점을 둔다. 가끔 자문을 요청받을 수도 있지만, 그것이 그들의 주된 기능은 아니다. 정책 토론에 대한 그들의 기여는 그들의 책무에 의해 제한되며, 수월성을 인정하는 데 초점을 두는 경향이 있다. 반면 미국은 남북전쟁 이후 수월성 인정과 정부에 독립적인 정책 자문을 제공하는 강력한 시스템을 결합한 새로운 종류의 아카데미들을 발전시켜 왔다.[14]

과학·공학·의학 아카데미는 필요할 때 건전한 자문을 제공할 수 있다. 그러나 그 효과는 집행부에 보완적 자문기관의 존재 여부에 달려 있다. 주요 부처뿐 아니라 대통령이나 총리실에 수석 과학 고문의 존재는 자문 생태계의 필수적인 부분이다. 예를 들어 16개 아프리카 국가들이 국립 과학아카데미를 두고 있지만 2015년 현재 단 한 명의 아프리카 대통령도 과학기술 자문관실을 두지 않고 있다는 것은 주목할 만하다. 이런 상황에서 아카데미의 자문은 무시될 수 있다.

기술에 대한 많은 공론화는 특정한 문제에 대한 정부 정책에 영향을 주기 위한 것이다. 기술에 대한 정치적 지도력과 과학기술 자문에 필요한 기관의 존재는 신기술 지배 구조의 필수적 요소이다. 그러나 정부가 과학기술을 국가 발전 과정에 핵심적인 요소로 보지 않는 한 이 자문은 부적절할 것이다. 그런 점에서 과학기술 문제 해결을 위한 지도력 제고는 신기술 전반과 특히 생명공학에 대한 공론화를 효과적으로 관리하는 데 기여할 것이다.

미래 세대가 직면해야 할 핵심 주제 중 하나는 불확실성을 관리하는 방법이다. 세계적 문제에 대한 해결책을 찾는 데는 더 많은 위험을 감수하고, 실험을 하며, 열린 미래에 대한 약속이 필요하다. '예방적 원칙'이라는 부정적 해석 아래 일부 부문에서 추구했던 것처럼 혁신을 억제해 위험을 완화하려는 과거의 세계관은 새로운 접근 방식으로 전환되어야 할 것이다.[15] 예방조치를 긍정적으로 적용해 도전에 직면했을 때 조치를 취하도록 유도해야 하며, 이를 피하지 말아야 한다.[16] 그렇지 않으면 아무것도 하지 않는 것이 더 큰 위험을 초래할 수 있다. 사실, 예방적 견해는 초기의 긍정적인 행동을 필요로 할 것이다. 혁신을 억제하는 접근법을 채택함으로써 사회가 직면하는 가장 큰 위험은 보다 개방적인 미래를 주장하는 사람들을 침묵시킴으로써 현상 유지를 원하는 사람들의 활동을 증폭시킨다는 것이다.

자문기관들은 경계를 늦추지 않고 지도자들이 혁신과 현직 간의 긴장을 관리할 수 있도록 도와야 할 것이다. 그렇게 하기 위해서는 위험의 불확실성을 구조화framing하기 위한 규제 범위를 넓힐 필요가 있다. 지금까지 규제 기관에서 사용하는 지배적인 원칙이 있다. 첫째는 미국이 유전자 변형 작물을 승인할 때 사용했던 것과 같은 유해의 입증이다. 이 제도하에서는 입증 책임은 유해의 증거를 제시하는 사람에게 있다. 예방적 원칙에 의존하는 대안적 기본 체계framework는 입증 책임을 뒤집고 생산자와 규제 기관에 맡긴다. 기본 체계를 넓히면 증거를 통한 예방적 원칙의 사용도 포함될 것이다. 이러한 접근 방식은 또한 행위자들 간의 복잡한 상호작용에서 비롯되는 새로운 규제 문제의 출현을 고려할 수 있다.

이 접근방식은 "위험에 대한 적절한 노출 수준에 대해 내린 공식 및 비공식 결정을 규제의 기본체계 내에서 다양한 이해관계자가 보유한 사실에 대한 의견, 입장 및 해석의 복잡한 상호작용의 산물로 간주한다".[17] '증거를 통한 예방적 접근precaution-through-evidence'은 최초 승인 단계를 넘어 지속적인 지배 구조를 위한 기본 체계를 제공한다. 이 접근 방식은 신제품의 일시적 또는 제한된 승인이 포함될 수 있으며, 동시에 이해당사자 간의 협의 및 상호작용의 기회를 제공할 수 있다. 실제로 이러한 접근 방식의 변형은 제품을 재승인해야 할 때 시한부 승인에 사용된다. 이 접근 방식의 필수 요소는 상용화 후 감시와 협의에 더 중점을 두는 것이다.

기술 혁신과 관련 공학 활동의 과정은 일부 사회적 불만의 근본적인 동인을 고려해야 할 것이다. 적어도 두 가지 고려 사항이 있다. 첫째, 사회적 포용 문제가 신기술 설계에 반영될 필요가 있다. 사회경제적 포용 수요를 반영하지 않는 혁신이나 사업 모델은 계속 도전받을 것이다. 과학기술 및 공학 교육뿐만 아니라 관련 예술도 모든 단계에서 강화되어야 할 것이다. 이것은 보다 개방적이고 민주적인 사회의 출현을 위해 필수적이다. 자문기관들은 지도자들에게 보다 창의적이고 민주적인 문화를 육성하는 방법에 대해 지도할 필요가 있다. 둘째, 특히 환경에 대한 우려와 전반적인 지속가능성이 사회 내 과학기술 및 공학의 역할에 대한 미래 논쟁을 지배할 것이다. 이런 점에서 공공 정책은 지속가능성을 촉진하기 위해 과학기술 및 공학의 힘을 어떻게 활용할 것인가를 놓고 고심할 필요가 있다.[18] 공학자·기술자·기업가들에게는 개방적이고 지속가능한 미래의 요구 사항을 반영하는 제품을 설계해야 할 필요성이 점점 더 커질 것이다.[19]

다행스럽게도 과학의 진보는 인류가 자연이 어떻게 기능하고 생태학적 설계를 위한 자기발견법heuristics의 원천으로 작용할 수 있는지에 대해 더 많이 배우도록 돕고 있다. 자문기관의 과제는 과학자의 호기심, 공학의 설계 능력, 그리고 기업가의 사회적 통찰력을 여하히 활용해 미래를 생태학적 이미지로 재구축할 것인가 하는 것이다.[20] 지구적 문제 해결을 가로막는 것은 신기술의 부재가 아니라 오늘날의 문화를 성공적으로 구축한 이전의 사회 기술적 구조이다. 자문기관은 잠재적인 정치적 여파를 관리하면서 새로운 아이디어를 새로운 시스템에 통합하는 데 도움이 되는 경로를 밝혀내야 할 것이다. 새로움의 수레바퀴는 지금의 현실에 비추어 끊임없이 재창조되어야 한다.

이 책에서 다루고 있는 주제의 대부분은 학문적 연구의 초점이 아니다. '과학기술학Science and Technology Studies'은 단지 이 주제에 대해 언급만 할 뿐이다. 마찬가지로 기술사회학도 혁신에 대한 저항에 가끔 관심을 기울인다. 대부분의 마케팅 연구에서는 이 주제를 '채택 실패adoption failures'로 보고 있다. 혁신에 대한 저항을 '신러다이트 운동'의 부질없는 행동으로 치부하는 대중적 무관심은 문화 진화를 둘러싼 극적인 사건의 면밀한 검토를 저해했다. 혁신과 현직 간의 긴장의 중요성을 감안할 때, 이 분야를 특히 기술대학에서 독특한 학문 영역으로 개발할 때가 왔다. 이러한 공동 연구 노력의 결과는 정책 결정과 기술 논쟁에 대한 공공 참여를 촉진하는 데 도움이 될 것이다. 적어도 이 책은 그러한 연구 프로그램의 윤곽을 그려내고자 시도했다.

## 3. 우리는 함께 한다: 포용적 혁신

의료 접근성, 유전자 변형 작물 또는 청정에너지와 같은 문제에 대한 많은 세계적 기술 논쟁은 포용적 혁신에 대한 다양한 관점의 표현이다. 대기업들은 기초 기술underlying technologies을 세계 경쟁시장에서 판매할 제품으로 보고 있는 반면, 신흥국들은 이 기술을 지역 혁신을 위해 새로운 플랫폼을 제공하는 기반 기술generic technologies로 볼 수도 있다. 예를 들면, 유전자 변형 면화 씨앗이 인도의 구자라트주에 소개되었을 때 그것을 새로운 해충 저항성을 가진 재배 품종으로 개량하는 데 사용했던 지역 농민들에 의해 그 씨앗이 빠르게 채택되었다. 농민들에게 그 씨앗은 더 많은 혁신을 위한 플랫폼으로 보였다. 그러나 몬산토에는 제품 판매 수익의 손실로 보였을지도 모른다.[21]

제품과 플랫폼의 구별은 신기술 반대자와 지지자들 사이의 경계를 엄격히 유지하기 어렵게 한다. 포용적 혁신을 옹호하는 사람들은 기술 창출 기업과 직접 관여할 가능성이 더 높다. 제품관이 좁은 사람들은 정치적 담론을 제로섬 zero-sum 으로 정의하는 데 초점을 맞추는 경향이 있다. 두 그룹은 다른 목표와 문제 기술의 본질에 대한 다른 이해 관점에서 정보를 얻는다. 전자공학을 혁신의 플랫폼으로 본 나라들은 이 기술을 활용하고 이 분야의 혁신을 촉진하기 위한 새로운 산업정책을 수립할 수 있었다. 그것을 일련의 제품으로 본 사람들은 기존 산업을 보호하는 데 주력했고 혁신의 혜택을 거의 받지 못했다. 한편으로는 남아메리카와 아시아, 다른 한편으로는 아프리카에서 유전자 변형 작물의 채택 패턴의 차이와 관련해 비슷한 시나리오가 전개되고 있다.

논란이 되고 있는 새로운 기술들은 사업 모델에 포용적 기술 혁신을 위한 규정들이 포함되어 있는 곳에서 더 많은 현지 지원을 받을 가능성이 높다. 여기에는 신흥 분야에 대한 교육을 제공하기 위한 공공 기관의 참여 확대, 합작투자의 창출, 지적재산권의 공정한 관리, 비경쟁 제품에 신기술이 사용될 수 있도록 하는 시장 세분화 및 장기 기술 파트너십을 지원하기 위한 정책 환경 개선이 포함될 수 있다. 근본적으로 지역 역량을 구축하고 기술 개발에 있어 공공 참여를 촉진하는 것은 포용적 혁신의 중요한 요소이다. 대부분의 경우 신기술에 대한 반대는 배제감에서 비롯된다. 이는 외국 기업의 영업 부서의 우선순위가 아닐 수도 있는 새로운 해법을 창출하기 위한 플랫폼으로서의 기술과 제품으로서의 기술 사이의 미묘한 차이를 이해하는 것에 관한 것이다.[22] 그러나 포용적 전략의 부재가 정의, 형평성, 기업 지배력, 지적재산권 제도의 도전에 대한 격렬한 논쟁으로 이어지는 것은 놀라운 일이 아니다. 농업 및 제약기술에 대한 논란에서 얻은 교훈은 유전자 편집, 인공지능, 로봇공학, 드론 등 새로운 기술에 대한 보다 포괄적인 전략을 수립하는 데 도움이 될 것이다. 포용적 혁신을 위한 이러한 조치는 더욱 시급하며, 전 세계의 소득 격차는 기술 혁신과 그리고 반드시 새로운 가치를 창출하지는 않지만 기존 가치를 새로운 소유자에게 이전하는 사업 모델과 점점 더 연관되어 가고 있다.[23]

숨페터는 신기술의 광범위한 영향에 대한 생생한 이미지를 세상에 남겼다. 그는 혁신이 인류 복지에 미치는 장기적인 결과에 대한 양면성을 보여주었다. 그는 "기업가 정신의 사회적 편익에 대한 검토가 너무 복잡하고 어쩌면 절망적이어서 나는 그것을 검토하는 것에 대해 용서를 구하고 싶다"고 말했다.[24] 숨페터는 그의 고전 『경제발전론』 7장에서 경제적 서비스가 무용지물이 되는 사회의 각 부문에 밀어닥치는 고통을 예견했다. "이러한 상실로 인한 고통조차도 낡은 것들을 더 빨리 제거하려는 활동에 대한 동기로 작용한다. 하지만 이 '극적인 사건'에 직접 참여하는 사람들과 그 주변의 사람들은 다른 관점을 가지고 있다. …… 그들은 새로운 시대의 수레바퀴가 그들 위로 굴러갈 때 짓밟히는 사람들의 외침에 귀를 닫을 수 없다."[25]

숨페터는 혁신의 수레바퀴에 휩쓸린 기업들의 운명을 암울하게 그리고 있다. "수 세대를 거치면서 문제의 사람들은 더욱 암울한 절망을 안은 채 더 가난하게 살고 있다. 서서히 그들은 도덕적·지적 수준을 잃어가고, 그럴수록 주변의 경제적 전망은 어두워지고 있다. 그들의 회사는 점점 더 가난해지고, 심지어 더 불리한 상황에 빠지고, 사회적 불만의 온상이 되고, 점점 더 비열한 대중 설득자들의 손에 넘어간다."[26]

이러한 관찰을 통해 숨페터는 혁신이 그 자체의 도전에 대한 조건을 창출하는 정도를 아주 명확하게 제시했다. 로봇공학, 3D 프린팅 및 인공지능과 같은 신흥 분야의 변혁적 특성은 녹음 음악에 대한 초기 논쟁을 반영하는 기술 실업의 망령을 불러일으킨다. 오늘날 기술 혁신의 상당 부분이 새로운 가치를 창출하거나 단순히 그 가치를 새로운 소유자에게 이전하는 정도에 대한 우려가 대두되고 있다. 이러한 더 큰 사회적 불안은 불평등과 잠재적인 정치적 영향에 대한 새로운 우려의 일부이다.

오스만 제국의 종교 텍스트에 인쇄기의 채택이 오랫동안 지연된 것에서 알 수 있듯이, 혁신에 대한 우려는 특정 기술 도입에 국한된 것이 아니라 이들의 광범위한 사회적 함의와 관계된다. 새로운 사상에 대한 보수주의나 비합리적 거부로 표면적으로 나타나는 것은 도덕적 가치, 정당성의 원천 및 경제적 이익을 중심으로 조직된 사회 안정의 더 깊은 논리를 나타낼 수 있다. 이러한 상황하에서 신기술에 대한 반대는 단지 반대자들이 사용하는 수사적 도구에서만 아니라 더 넓은 사회 시스템에서 찾아야 한다.

손실에 대한 두려움은 신기술에 대한 우려의 가장 근본적인 동인 중 하나이다. 대부분의 경우 신제품에 대한 결정은 개인, 지역사회, 국가 및 지역에 대한 잠재적 손실에 대한 인식에 따라 결정된다. 충돌은 일반적으로 그 대리적 성격 때문에 실제 손실에 관한 것이 아니다. 그것은 종종 역사적·현대적 경향에 기초한 미래의 비전에 의해 형성된다. 예를 들어, 두 가지 주요 기술인 유전자 변형 작물과 휴대전화가 동시에 등장했지만 미국과 유럽에서 상당히 다르게 관리되었다는 것은 주목할 만하다. 유전자 변형 작물은 유럽의 기존 농업을 위협하는 것처럼 보였지만, 반면에 휴대전화는 경제적·정치적 통합의 힘과 부합하는 것처럼 보였다.

그 결과, 미국에서 휴대전화의 채택은 상대적으로 느렸지만, 유전자 변형 작물이 유럽에서 직면했던 종류의 문제에는 직면하지 않았다.[27] 아프리카는 유럽의 길을 따라 휴대전화를 훨씬 더 빨리 채택했지만 유전자 변형 작물에 대해서는 더욱 엄격한 법률을 적용했다. 이러한 채택 양상의 가장 근본적인 특징 중 하나는 러시아로부터 경제를 분리하려는 동유럽 국가들에서나 아프리카의 저개발지역에서 위험과 편익의 분포와 신생 기술이 포용에 대한 대중적 열망을 강화하거나 위협하는 정도에 대한 인식이었다.

대부분의 경우 대중의 인식은 실제 위험이 아닌 위험원 hazards 에 근거해 형성된다. 이것은 종종 새로운 제품이나 아이디어에 대한 연기, 거부 또는 반대를 통해 표현된다.[28] 그러한 두려움의 징후들은 많지만 경제적 두려움은 가장 오래 지속되는 것들 중 하나이다. 예를 들어, 2015년 캘리포니아는 무인 자동차에 운전면허증 소지자를 동승하게 하고, 필요할 경우 운전자에게 자동차를 인계할 수 있도록 하는 법안(상원 법안 1298호)을 제안했다.[29] 이것은 운전대의 설치를 필요로 하는데, 이는 "사람의 조작을 위해 핸들이나 페달이 없는 것으로 유명한 구글 자동차에는 큰 장애가 된다".[30] 이 법안은 무인 자동차가 사람이 운전하는 자동차보다 더 큰 안전 기록에 대한 가능성을 보여주었음에도 불구하고 채택되었다. 이 법안은 안전보다는 경제적 우려에서 영감을 받은 것으로 보인다. 이것은 1860~1890년대에 영국에서 제정된 '붉은 깃발 법'을 연상시킨다. 이 법의 취지는 공공의 안전을 명분으로 공공 도로에서 차량을 규제하는 것이다. 이 법은 차량의 이동 속도를 엄격하게 제한하고 붉은 깃발을 든 사람이 두 대 이상 연결된 모든 자동차보다 앞서가도록 요구했다. '붉은 깃발법'은 더 빠른 자동차를 위한 투자의 방해물이었다. 그 규제를 철폐한 독일은 더 빠른 자동차와 관련 교통 기반시설을 구축할 수 있었다.

기존의 자동차 산업과 기반시설이 없는 시장에서 다양한 육상, 항공 및 수상 차량의 운전자 없는 시대로 도약하는 경우에도 유사한 시나리오가 가능하다. 예를 들어, 승무원이 없는 보트는 전 세계의 외딴 수로에서 새로운 교통수단이 될 수 있다. 두 경우(영국의 붉은 깃발법과 미국의 무인 자동차 관련법

_옮긴이) 모두 그 의도는 주로 신기술의 경제적 영향 때문에 신기술 채택을 지연시키려는 것이었다. 무인 자동차의 안전기록은 자동차 보험 산업을 망칠 가능성이 높다. 이 기술은 또한 책임 소재에 대한 불확실성으로 인해 치안 유지에 새로운 도전을 제기한다.

급진적 혁신에 관한 기본적인 우려는 경제적인 것임에도 불구하고 지적·사회적·심리학적 요인에 의해 추가적인 논쟁 동력이 공급된다. 커피에 대한 도전이 항상 직접적이지는 않았지만 종종 현대 사회 및 정치적 요인에 따라 다른 관심사들로 뒤덮였다. 예를 들어 영국에서 커피하우스는 정치적으로 상당히 불확실한 시기에 언론의 자유를 증진시킨 새로운 제도였다.

경제적 논쟁이 커피에 대한 부정적인 반응을 부채질했지만 정부는 안보 문제를 커피하우스 철거에 이용했다. 따라서 경제와 안보에 관한 복합적인 문제는 영국 사회에서 커피의 위상을 규정했는데, 이러한 요소들 중 어느 것도 독립적으로 운용되지 않았다. 지적·심리학적 논쟁의 외면을 긁어모은다고 해서 새로운 기술에 대한 도전을 이끄는 더 깊은 사회경제적 힘이 자동적으로 밝혀지는 것은 아니다. 이에 대한 설명은 직접적인 인과관계에서보다는 사회적 상호작용에서 더 쉽게 찾을 수 있다.

논쟁은 종종 신기술의 변혁적 성격과 지배적인 사회경제 질서에서 관성 또는 경로의존성 사이의 긴장을 반영한다. 시간이 지남에 따라 기술은 사회제도와 공존해 광범위한 경제적 이해관계로 결합된 복잡한 문화적 구조를 형성한다.[31] 경로의존성을 극복하려면 새로운 경로의 생성을 위한 개방형 시스템에서의 기회를 인식해야 한다.[32] 새로운 아이디어는 사회의 다른 영역으로 퍼지는 우호적인 틈새에서 시작된다. 그러한 틈새시장은 종종 성공이 미리 보장되지 않는 기업가적 노력의 물결에 의해 만들어진다. 많은 경우에 이러한 틈새들은 기존 관행과 경쟁하지 않는 곳에서 번창할 가능성이 높다. 이를 위해서는 보다 불확실한 상황하에서 더 많은 혁신적 노력이 필요하다.

어떤 경우에는 제품의 포용적 혁신과 공존이 사회적 갈등과 시장 분쟁을 줄이기 위한 전략이며, 특히 경쟁 제품의 경제적 이익이 더 큰 경우에 그렇다. 예를 들어 1714년 "11명의 커피 제조업자들이 무역협회를 결성하는 데 참여했고, 빈Vienna에서 커피 무역이 발달했다. 커피가 인기를 끌면서 '커피 판매 길드'와 '주류 판매 길드' 사이에 격렬한 논쟁이 벌어졌다. 1750년 마리아 테레지아Maria Theresa는 마침내 두 '길드'를 통합하는 조치로서 커피하우스는 커피는 물론 술을 팔도록 하고, 선술집은 술은 물론 커피를 팔 수 있도록 함으로써 분쟁을 해결했다".[33] 결국 두 길드가 두 제품의 비용과 혜택을 모두 부담할 수 있게 되면서 정부가 주류에 세금을 부과할 수 있게 되었고, 이는 커피 판매 증가에 도움이 되었다. 즉, 기술적 포용은 신기술에서 발생하는 손실에 대한 인식을 다루는 데 중요하다.

커피의 꾸준한 채택과 세계적 상품으로 부상하는 데에는 커피의 우수성이 크게 작용했다. 그러나 마찬가지로 중요한 것은 커피의 변혁적 특성이었다. 커피의 채택은 새로운 가치와 사회규범을 만들어냈을 뿐만 아니라, 그 영향은 도시와 농촌의 설계와 사회적 상호작용의 관련 패턴과 같은 지속적인 구조적 변화에 영향을 주었다.[34] 커피하우스는 사회에서 새로운 역할을 하고 그들만의 정치권력을 행사하는 새로운 제도를 만들었다.[35] 커피의 도입은 새로운 산업을 창출하는 데 도움이 되었고 알루미늄과 같은 보완적 부문에서의 무역 확대를 촉진시켰다.[36] 이러한 변화는 커피 및 커피 제품의 재배, 생산, 공정, 유통 및 판매를 통해 창출되는 더 넓은 세계적 가치 사슬로 확장되었다.

포용적 접근의 필요성은 기술을 소멸시키려는 것이 아니라 기술의 채택을 늦추는 것을 목표로 하는 전략에도 반영된다. 몇 가지 예를 들면, 에디슨이 교류의 채택을 지연시키려는 초기의 노력은 자신의 투자를 다른 활동으로 이전할 시간을 벌기 위한 것이었다. 그는 혁신의 거대한 수레바퀴가 자신의 방향으로 굴러오는 것을 볼 수 있었다. 마찬가지로 미국마사회는 트랙터의 행진을 반드시 멈추게 하는 것이 아니라 축력을 위한 틈새시장을 창출하는 데 주로 관심이 있었다.

시장 점유율을 유지하는 것과 관련해 유전자 변형 작물에 반대하는 부문에 대해서도 마찬가지라고 말할 수 있다. 그러나 포용에 대한 보다 근본적인 우려가 작용하고 있다. 아프리카에서 유전자 변형 작물에 의문을 제기하는 대부분의 사람들은 이 기술에 반대하지 않는다. 그들은 기술적 배제의 위험에 대해 더 우려한다. 이들은 대부분 신기술에 접근해 자신의 문제를 해결하기 위해 이를 적용하는 데 관심이 많다. 수입 기술에 대한 그들의 의식적인 거부감은 기술을 습득하려는 욕구를 감추지만 그것을 다르게 사용한다. 역설적으로 기술에 대한 이들의 도전 강도는 사실 기술에 대한 거부감이 아니라 기술에 대한 관심의 표출일 수 있다. 새로움이 복지에 미치는 영향에 대한 우려에서 알 수 있듯이 긴장은 종종 모든 혁신이 좋은 것은 아니라는 견해에 뿌리를 두고 있다.[37] 금융권에서는 혁신이 '파괴적 창조'가 될 수 있다는 사실을 강조하는 증거가 꽤 많다.[38]

예를 들어, 농업에서 겉보기에는 미미한 기술 개선조차도 불확실성의 통제를 나타내며, 결과적으로 정치적 권력과 영향력의 원천이 된다. "상추 한 포기를 생산하는 이면에는 작물에 시비하는 방법이나 벌레를 방제하는 방법과 같이 겉보기에는 평범한 기술적인 결정들이 많이 있지만, 이러한 동일한 세부 사항들이 산업의 기초를 형성한다. 이러한 세부 사항들은 작물을 재배하고 또한 권력을 생산하는 구조를 만든다."[39] 우리가 적어도 포용의 기회를 확인하고 구체화할 수 있는 것은 숙의를 통해서이다.[40]

기업은 공존을 요구하는 포용적 접근방식을 채택할 수 있지만, 사회운동에는 종종 기술 자체를 말살하는 데 열중하는 파벌들이 존재한다. 결국 이러한 파벌들의 목소리는 논쟁의 본질을 규정하는 경향이 있으며, 신기술 옹호자들로부터 똑같이 강력한 반응을 불러일으키게 된다.[41] 많은 경우 적대감의 흐름은 양방향으로 진행된다. 따라서 기술적 공존을 촉진하기 위해서는 조속한 대화, 협의 및 조정이 필수적이다. 위험에 대한 집중적이며 대중적인 대화를 통해서 기술적 선택의 전체 의미를 이해할 수 있다.[42] 너무 늦게 시작된 노력은 갈등을 악화시키고, 에디슨이 살아 있는 동물에 대한 무시무시한 감전사나 음악 녹음을 금지하려는 미국 음악가 연맹의 노력과 같은 극단적인 조치를 초래한다.

기술적으로 편협한 많은 행위들은 일부 사람들이 국제무역에서 배제될 것이라는 인식에서 비롯된다. 이것은 승자가 모든 것을 차지하는 국제 무역협정에서 특히 그렇다. 미국에서 유전자 변형 작물의 증가와 후발주자인 유럽 시장에 대한 미국의 선점 가능성이 두 시장 사이의 긴장을 고조시켰다. 기술 혁신의 속도와 유형의 차이는 시장 손실에 대한 인식으로 이어질 수 있으며, 이는 무역 장벽을 세우기 위한 로비 단체의 노력으로 이어진다. 미국에서 일본 자동차에 부과된 무역 장벽이 그 예다.[43] 그러므로 좀 더 포용적인 국제 무역은 혁신과 현직 간의 갈등을 줄이는 데 도움이 될 수 있다. 이러한 견해는 신기술이 일정 기간 동안 기존 제품과 공존할 수 있음을 시사한다. 이는 기술 후발 주자들로 하여금 신기술 채택을 줄이기보다는 신흥 기술에 투자할 수 있는 기회를 제공할 수 있다. 그러므로 혁신의 장벽을 줄이는 것은 후발 경제나 산업이 시장의 참여자가 될 수 있도록 돕는 데 중요한 역할을 할 수 있다.[44]

신기술 논란 중 상당 부분은 신제품이 기존 제품에 도전할 때 발생한다. 이러한 측면에서 포용적 혁신은 이용 가능한 기술적 선택과 관련된 위험에 대한 협상을 포함한다. 혁신이 포용을 촉진하는 또 다른 방법은 충족되지 않은 요구를 해결하는 것이다. 예를 들어, 휴대전화의 급속한 채택은 새로운 필요를 충족시키고 기술 혁신의 이점을 확산시키는 데 도움을 준다는 사실에 의해 촉진되었다. 따라서 휴대전화가 전통적인 은행 시스템에 갈등을 유발한다고 해도 소외되었던 사람들에게 은행을 이용할 수 있게 해 주었기 때문에 여전히 지지를 얻었다.[45] 약물 전달 및 생체조직 공학과 같은 분야의 발전은 이미 기존 기술로는 충족시킬 수 없는 의학적 문제를 해결하고 있다.

이동통신에서와 마찬가지로 이러한 발전은 광범위한 의료 응용 및 관련 산업에 대한 새로운 플랫폼 역할을 한다. 인간의 머리카락 굵기의 1000분의 1의 정도의 시스템을 포함하는 나노 기술의 신흥 분야는 기존의 관행과 경쟁하지 않는 새로운 응용을 창출할 가능성을 확대하고 있다. 이는 주로 작은 크기와 매우 큰 표면적 대 체적 비율이 "약물이 세포에 들어가 시간의 흐름에 따라 천천히 방출하고 '약물의 독성 효과small-molecular payload toxic effects'를 조절하고, 경우에 따라 표면 접촉에 의한 신호를 증폭시키는 독특하고 유익한 능력을 만들기 때문이다".[46] 이러한 특성들은 치료, 진단 및 영상의학에서 새로운 의학적 응용에 대한 커다란 가능성을 창출했다.

신생 기술이 이전 응용 프로그램을 대체하고 사용자들에게 권력을 이동시키기 시작할 때 기술적 포용이 발생할 수도 있다. 헬스 케어는 통신에서 휴대전화의 역할을 의학에서 신기술이 해낼 주요한 기회를 보여준다. 기술이 의료 환경을 변화시키는 한 가지 방법은 환자가 의료 데이터 관리에 참여하는 것이다. "환자들은 자신의 기기에서 자신의 데이터를 생성하고 있다. 이미 누구나 휴대전화를 통해 무제한의 혈압이나 혈당 측정을 할 수 있고, 심지어 그들만의 심전도 검사를 할 수 있다. 데이터는 즉시 분석되고 그래프로 작성되어 화면에 표시되며 새로운 측정값으로 업데이트 되고 저장되며 개인의 재량에 따라 공유할 수 있다."[47] 이러한 변혁에 기여할 기술의 범위는 과학 발전의 기하급수적 성장에 힘입어 극적으로 확대되고 있다. 디지털 의학은 사하라 사막 이남 아프리카와 같이 의료에 대한 접근이 제한된 지역에 뿌리를 내릴 가능성이 훨씬 더 크다.[48] 그러한 지역은 산업 국가의 기존 산업의 이익에 의해 방해를 받지 않을 새로운 의료 응용 프로그램의 원천이 될 수 있다. 이것은 아프리카에서 처음 등장해 선진국으로 확산된 모바일 송금과 은행 업무의 '역혁신reverse innovation' 패턴을 따를 수도 있다.[49]

사물인터넷, 3D 프린팅, 디지털 학습, 오픈 소스 운동과 같은 새로운 분야의 등장은 포용적 혁신을 위한 협력적 기회를 제공한다.[50] 협업적 혁신은 생산적인 시스템을 구성하는 방식을 변화시킨다. 그러나 이것이 자동적으로 포용적 혁신으로 이어지는 것은 아니다. 기존 정책의 기본 틀은 "필요한 혁신의 본질, 관련 행위자와 상호작용, 그들이 수행하는 학습 유형, 그리고 제도적 환경을 포함한 포용적 혁신의 구체적 특징을 허용하도록 수정될 필요가 있다. 포용적 혁신이 성공하려면 제품, 소매 지원, 이러한 수요 측면의 서비스를 제공하는 소기업들, 더 광범위한 맥락 등 네 가지 시스템 영역이 효과적이어야 한다".[51] 정책이 포용적이라는 것만으로는 충분하지 않다. 정책 형성과 신기술 설계에도 잠재적 수혜자가 포함되어야 한다.[52]

마지막으로 정책 입안자들은 특히 신기술 투자가 필요한 경우 변화 관리에 투자해야 할 것이다. 급진적인 기술을 지원하고자 하는 정책 입안자들은 프로젝트 관리자로부터 지원을 받는 데 따르는 어려움을 이해해야 한다. 많은 경우에 "소극적인 심성 모형을 가진 관리자는 최대 다섯 가지 파괴적 혁신 거부 전략을 채택할 것이다. 즉 점진주의적 보상, 파괴적 혁신의 긍정적인 측면 무시, 성공에 대한 과거 인식에 몰입, 고도의 노력에 의한 성공이라는 인식, 부정적인 정보에 직면해서도 신념을 고수함 등이다."[53] 파괴적인 기술에 자원 배분을 꺼리는 이러한 원인들을 해결하려면 다른 곳에서 새로운 사업 기반이 된 중단되거나 지원되지 않는 기술적 기회에서 얻은 교훈을 포함해 기술 혁신 과정에 대한 보다 총체적인 이해가 필요하다.[54]

## 4. 따라잡기: 제도적 적응

법은 사회제도의 가장 명시적 표현 중 하나이다. 마가린의 경우는 그 제품의 채택을 저지하기 위해 법이 어떻게 사용되었는지를 보여준다. 독일에서 커피의 확산을 막기 위해 비슷한 조치들이 채택되었다. 마찬가지로 규제는 기계식 냉동기의 수용을 축소시켰다. 최근 수십 년 동안 새로운 기술의 채택을 축소하거나 촉진하려는 국제조약의 채택이 증가했다. 사실 세계화는 과학기술 외교의 중요성을 높였다.

두 가지 사례가 이 점을 보여준다. 오존층의 고갈을 줄이기 위한 노력의 일환으로 각국 정부는 1987년 '오존층 파괴 물질에 관한 몬트리올 의정서 Montreal Protocol on Substances that Delete the Ozone Layer'를 채택했다. 이 의정서는 일련의 수정을 통해 특정 오존층 파괴 물질의 생산에 대한 제한과 대안을 마련하기 위한 기술 촉진 간에 균형을 맞추려고 했다. 이와는 대조적으로 '생물 다양성에 관한 카르타헤나 의정서'는 반드시 실행 가능한 대안을 제시하지 않고 유전자 변형 작물의 사용을 제한하려는 체제를 만들었다. 카르타헤나 의정서는 유전자 변형 작물의 채택을 늦추려는 국가 입법의 원천이 되었다. 그것은 마가린 및 냉동법이 미국에서 달성하려고 했던 것을 국제적으로 실현하는 것을 목표로 했다.

제도적 요소들은 지지를 결집하고 사회운동을 창출하는 방안으로 공공 담론을 형성하는 데 중요한 역할을 한다.[55] 이 전술의 핵심적인 특징은 정치적 목적을 진전시키기 위해 다양한 민주적 원칙에 호소하는 것이다. 사실상, 이것은 그 활동이 그들이 지지하는 목적과 반드시 관련이 있는 것이 아닌 정치운동이다. 예를 들어 유전자 변형 작물에 도전하는 일부 단체들은 생물학적 다양성을 보호하기 위해서라고 주장한다. 그러나 그들 중 다수는 그들의 행동이 명시된 목표를 달성할 것이라는 것을 거의 증명할 수 없다. 그들은 종종 생물학적 다양성에 도움이 될 수 있는 바로 그 기술을 공격한다. 사실상 그러한 조직들은 다른 정치적 목표를 달성하기 위해 생물학적 다양성을 이용하고 있다.

마찬가지로 신기술 지지자들은 건강과 환경의 개선에 대한 대중의 정서에 호소하는 경향이 있지만 대개 그 기술은 개발의 초기 단계에 있다. 그러한 상황에서 갈등은 증거보다는 가상의 주장에 근거한 분노를 촉발시키는 경향이 있다. 논쟁이 해결되는 것은 대개 증거에 의하거나 논쟁의 주역들이 사라지는 경우이다.

제품의 표지 부착은 갈등의 본질에 대한 흥미로운 통찰력을 제공한다. 소비자는 자신이 구매하는 제품에 무엇이 들어 있는지 알 권리가 있다. 실제로 전 세계의 규제 기관들은 다양한 형태의 표지 부착을 결정하기 위한 기준을 설정했다. 여기에는 식품의 영양구성 변화, 첨가제의 존재 또는 알려진 알레르기 원인이 포함된다. 다양한 표지 부착 원칙이 있지만 가장 일반적인 것은 제품이 생산되는 과정보다는 제품 자체에 초점을 맞추는 것이다. 신제품의 표지부착을 둘러싼 많은 논란은 옹호자들이 언급한 목표와 실제적인 정치적 동기 사이의 차이에서 비롯된다. 대중들은 마가린에 대한 표지 부착을 소비자 보호 행위로 보았을지 모르지만, 그 이면에는 종종 명시되지 않은 보호주의적 목표들이 있었다.

알 권리에 대한 정당한 호소로 보일 수 있는 것이 실제로 보호주의적인 이유로 소비자가 거부할 수 있도록 제품을 낙인찍으려는 노력에 의해 주도될 수 있다. 이런 이유로 표지 부착이 '알 권리'라는 민주적 기준을 충족시킬 것으로 보여도 많은 기업들이 표지 부착에 대해 비타협적인 태도를 유지하는 것이다. 이런 상황에서 정치적 성과를 추구하는 많은 사람들이 공익 옹호자로 분장하는 경우가 많기 때문에 알 권리와 정치적 목적을 위해 낙인찍으려는 욕구에서 비롯된 주장을 구별하기가 쉽지 않다.

긴장의 특징 중 하나는 법적 유추를 통해 규제 원칙을 한 제품에서 다른 제품으로 확장하는 것이다. 이러한 체제 확장의 한 예로서 공학, 생물학 및 물리학의 융합인 합성생물학 분야에서 볼 수 있다. 이 새로운 분야는 생물학에 공학적 원리를 적용하는 것을 포함한다. 이 분야의 융합은 규제 불확실성을 높인다. 합성생물학 제품의 위험 명세서profile가 공학이나 생명공학 제품 대상으로 개발된 안전조치에 의해 관리되어야 하는지는 명확하지 않다. 분명한 접근방식은 각 적용상의 위험을 자체의 장점에 따라 평가하는 것이다. 예를 들어 '유전자 구동'과 같은 잠재적 대규모의 생태학적 영향을 가진 새로운 응용 기술이 이미 작물에서 널리 활용되고 있는 많은 유익한 유전체 편집 기술보다 더 정밀한 검사와 공개적 논의를 가능케 할 수 있다.[56]

그러나 일부 관련 단체들은 카르타헤나 의정서에 따른 유전자 변형 작물을 위해 개발된 원칙을 합성생물학에 적용하려 했다. 그들은 이 분야를 유전공학의 연장선상으로 보고 있으며, 이 분야가 그렇게 규제되길 원한다. 이런 유형의 규제체제 확장은 새로운 것이 아니다. 중세 중동의 커피 반대론자들은 이미 사용이 금지된 알코올과 유사하게 비교해 커피를 제한하려 했다.

유전공학과 합성생물학의 기술적 진보는 각 국가의 정부들로 하여금 그들이 신제품을 규제하는 방식을 재고하도록 강요하고 있다. 근본적으로 다른 방식으로 대응하는 일부 정부는 새로운 정보를 이용해 규제 관행을 검토하고 있다. 실제로 2014년 영국의 연구자들은 이러한 입법 개혁을 요구하기 시작했다. 이러한 개혁은 두 가지 주요 이유에서 혁신 경영에 중요한 역할을 계속할 것이다.

첫째 신기술의 도입은 많은 경우에 새로운 규제 원칙과 관행의 개발을 포함하는 공진화 과정을 필요로 할 것이다.[57] 이는 새로운 규제 체제를 만들지 않고도 유전자 변형 연어와 같은 새로운 제품 범주를 규제하기 위한 방법을 찾는 오랜 역사를 통해 잘 알 수 있다. 이러한 체계에서 신제품의 승인은 제도적 유연성과 입법적 학습을 전제로 하는 과정인 기존 규제의 점진적인 변화를 필요로 한다. 둘째, 신기술을 위한 공간을 만드는 것은 오래된 법률의 폐지를 포함할 수 있다. 이것은 마가린의 경우에 적용되었고 많은 국가에서 유전자 변형 제품의 경우에도 적용되어야 할 것이다. 입법이 사회질서를 확립하는 데 중요한 역할을 한다는 점을 감안할 때, 적응적 입법 체계를 갖춘 국가는 더 넓은 협치의 일환으로서 사회제도와 기술 사이의 공진화 촉진에 더 유리한 위치에 있을 것이다.[58] 이를 위해서는 일반 대중뿐만 아니라 사법 체계에서도 입법부와 행정부가 요구하는 것과 동일한 수준의 과학적 문해력이 요구될 것이다. 그것이 변호사를 과학자와 엔지니어로 바꾸는 것은 아니지만 기술과 사회 간의 공진화와 양방향 상호작용에 대해 더 깊은 이해를 필요로 할 것이다.

전반적으로 "규제들은 치밀한 사전 분석과 효과 여부에 대한 사후 검토를 통해 탄탄한 근거가 있는지" 확인하는 것이 필요하다.[59] 이는 신생 기술에 대응해 규제 기관이 소극적으로 작동하는 경향에 의문을 제기한다. 입증된 증거를 바탕으로 규제 기관은 실험 규칙, 규제 일몰 또는 마감 기한을 사용해 새로운 기술 또는 사업 관행에 대한 접근방식을 조정할 수 있다.[60] 중요한 점은 정보에 입각한 의사 결정 및 규칙 제정을 위한 기본 틀을 제공하는 것이다. 법이 신생 기술의 특성을 적절하게 반영할 수 있도록 보장하는 과학기술 자문의 역할도 마찬가지로 중요하다.

이러한 긴장의 한 예로는 3D 프린팅의 부상을 꼽을 수 있다. 이 분야는 법률이 따라잡을 수 없을 정도로 빠르게 발전하고 있다.[61] 주요 법적 과제 중 하나는 디지털 정보와 물리적 개체의 잠재적 융합이다.[62] 기술적 긴장을 줄이기 위한 제안에는 3D 프린팅에 사용되는 디지털 정보를 저작권 침해로부터 면제하는 것이 포함될 수 있다.[63] 지적재산권 문제로 표면에 나타날 수 있는 것은 실제로 기술 혁신과 현직 사이의 더 깊은 긴장을 반영할 수 있다.

포용적 혁신은 단지 더 넓은 사회 참여를 촉진하려는 상징적인 노력에 그치지 않는다. 그것은 혁신에 대한 사회적 반응을 형성하는 배제나 불의에 대한 더 깊은 원천에 대한 이해를 필요로 한다. 신기술에 대한 가장 중요한 긴장의 원인 중 하나는 성gender 격차이다. 예를 들어 새로운 농업 기술이 농촌 여성에게 미칠 잠재적인 영향은 전 세계의 새로운 기술에 대한 오랜 사회운동에 영감을 주었다. 겉보기에 유익해 보이는 기술에 대한 성 관련 반발은 역사상 널리 기록되어 있다. 그러나 그 관련성은 여전히 대부분의 기술 분석가들을 피해간다.

1880년 프랑스에서 발명된 유아 인큐베이터는 좋은 예이다. 스테판 타르니Stephane Tarnier 박사가 개발한 원래의 장치는 처음에는 엄마의 역할이 단순히 유아에게 따뜻함을 제공하는 것이라는 가정에 근거했다. 이 기술에 대한 반발로 인해 의사가 감독자 역할을 하고 돌봄 과정의 중심에 엄마를 두는 재설계가 이루어졌다.[64]

성은 사회의 조직에서 중요한 측면이다. 그러나 연령, 소득, 사회적 이동성, 교육적 성취도 및 지역사회의 소외와 같은 많은 다른 요소도 혁신의 핵심 요소로 적절하게 이해되고 인정되어야 한다. 마지막으로 신기술은 사회적 격차를 증폭시킬 가능성이 매우 높다. 이러한 차이에 대한 인식은 신기술에 대한 불안감을 조성하기에 충분하다.


## 5. 학습문화와 공교육

기술적 논란은 응용 프로그램의 물리적이고 더 분명한 측면에 초점을 맞추는 경향이 있다. 예를 들어 풍력 에너지와 휴대전화에 대한 반대는 각각 풍력 터빈과 '통신탑cell tower'에 집중되었다. 이러한 반대에 대한 분명한 대응은 터빈의 가시성을 줄이거나 통신탑을 나무와 비슷하게 만들어 주위 풍경과 조화를 이루도록 만드는 공학적인 해결책을 제공하는 것이다. 이러한 공학적 대응은 공교육에 대한 노력을 동반하지 않는 한 일반적으로 불충분하다.[65]

많은 공교육 프로그램은 신기술에 대한 사회적 우려의 근본 원인이 무지라고 가정하기 때문에 실패한다. 반대로 신기술에 대한 우려는 정보를 잘 알고 교육받은 인구 집단에서 비롯된다는 사실을 발견하는 것이 매우 일반적이다. 이것은 백신 접종뿐만 아니라 유전자 변형 작물도 마찬가지다. 무지에 대항하는 도구적 기능에 초점을 맞춘 교육 프로그램은 대중을 소외시키는 결과를 낳기도 했다. 따라서 공교육은 위험평가 과정의 합법성과 품질을 향상시키는 더 높은 목표를 가져야 한다.[66] 궁극적으로 목표는 위험 인식을 관리하고 신뢰를 조성하는 것이어야 한다.[67] 이러한 노력은 과학을 기반으로 해야 하며 신뢰도를 제도화하기 위해 국가 규제 당국과 협력하는 것이 포함될 수 있다. 이러한 협력은 방사선조사irradiated 식품에 대한 기술을 핵폭탄의 공포와 관련지으려던 반대자들에 대처한 사례에서 이루어진 바 있다. 이 사례에서 "방사선조사 식품 활동가들은 과학 기반의 신뢰 체제를 구축하기 위해 식품 안전을 입증할 데이터를 생성하는 안정성 연구를 시작했다".[68]

그러나 사고나 질병 발생으로 인해 대중의 신뢰가 훼손되었을 때 이를 회복하는 것은 훨씬 더 어렵다. 일반적으로 신뢰 상실은 제품 및 관련 기업에만 있는 것이 아니라 규제 당국을 포함하는 관련 체계에도 있다. 이러한 상황에서 신뢰를 재구축하려면 생산, 통제 및 브랜드brand의 식별을 포함하는 다양한 요소를 안정화하기 위한 새로운 협상이 필요할 수 있다. 이러한 노력은 전적으로 투명하게 이루어져야 한다. 1987년 트론헤임Trondheim에 본사를 둔 제과업체 니다르Nidar가 생산한 초콜릿을 먹은 어린이들이 살모넬라균에 감염됐을 때 노르웨이에서 이 방법이 효과가 있었던 것으로 나타났다. 이 경우 신뢰를 재구축하기 위해 "브랜드를 구성하는 각각의 다른 요소들(생산, 통제 시스템

및 브랜드의 정체성에 대한 신뢰)을 새롭게 협상하고 안정화해야 했다".[69]

신기술에 대한 논쟁은 신제품에 대한 오랜 사회적 담론의 일부분이다. 신기술의 전망에 대한 주장은 때때로 회의적인 반응을 보인다. 비방 또는 노골적인 반대 그리고 종종 중상모략, 공포 전술, 음모론 및 잘못된 정보에 지배되는 경우가 많다. 신기술이 알려지지 않은 위험을 수반한다는 가정은 많은 논쟁을 유발한다. 이것은 종종 알려진 위험의 위험성을 무색하게 하는 수준으로 증폭된다. 예를 들어 농업에서 사용되는 많은 농약들은 알려진 위험을 수반한다. 신제품의 의도치 않은 이익보다는 의도치 않은 위험에 초점을 맞추는 경향이 있다. 논쟁의 또 다른 특징은 새로운 기술을 채택하면 새로운 위험이 따르지만 아무것도 하지 않는 것은 위험이 없다는 가정이다. 결과적으로 대부분의 의사소통 노력에는 부작위 위험이 포함되지 않는다.

역사적 선례들은 기술적 논쟁에서 중요한 역할을 한다. 그것은 새로운 기술에 대한 논쟁을 정형화하기 위한 '자기발견법'과 비유를 제공한다. 이전에 금지되거나 제한되었던 제품들은 새로운 제품들을 금지하려는 단체들에 의해 종종 본보기 template 로 사용된다. 와인과 커피 사이 또는 화학적 오염과 유전자 확산 사이에 유사성을 도출하려는 노력은 이를 보여준다. 상당한 창의성이 그러한 논리적 오류와 악마화에 사용된다. 사실 신제품에 대한 논쟁의 대부분은 오류의 충돌이며, 종종 신제품을 인정하는 데 대한 관심 부족과 관련이 있다. 일시적인 열기 속에서 대부분의 사람들은 일반적으로 논리적인 오류를 지적하지 않는다. 그들의 초점은 대개 정치적 점수를 따는 것이지, 추리하거나 증거를 제공하는 것이 아니다. 논쟁의 끝은 수사적인 수단을 정당화하는 경향이 있다.

스웨덴에서 선을 보였을 때 전화기가 비웃음을 샀던 것처럼, 이러한 수사적 사례에는 '사탄의 음료', '청소년의 술',[70] '방부 식품', '수소bull 버터', '유전자 공해', '프랑켄푸드 Frankenfood', '프랑켄피쉬 Frankenfish', '악마의 악기' 등이 포함되어 있다. 대부분의 경우 주류 언론들은 이러한 구호 사용에 거의 영합하지 않는다.[71] 그러나 '프랑켄푸드'와 같은 일부 용어는 유전자 변형 작물에 대한 논쟁의 지속적인 특징이 되었다. 그러나 전반적인 목적은 기술과 그 옹호자들에 대한 부정적인 인식을 불러일으키는 것이다. 이러한 노력에는 제품에 대한 비방, 혐오스러운 잘못된 정보, 그리고 비평가들이 신기술과 연관시킨 사람들에 대한 인신공격이나 인격 살인이 함께 이루어진다.

혁신에 대한 악마화는 종종 과거의 제품과 관행을 낭만화하는 캠페인과 관련이 있다. 사실, 창조적 파괴의 슘페터적 과정은 새로운 것의 휩쓸기를 수반한다. 이러한 노력들은 흔히 '좋은 옛날the good old days'이라는 상투적인 표현에 사로잡힌 공동체의 상실감을 증폭시키기 위해 향수를 자극한다. 흔히 현재에 기인하는 종말론적 공포는 '나쁜 옛날the bad old days'에 대한 문화적 기억이다.[72] 혁신의 반대자들은 마치 전통 그 자체가 과거의 어느 시점에서 발명품이 아닌 것처럼 전통을 상기한다.[73] 여기서 주요한 점은 전통을 폄하하는 것이 아니라 과거를 낭만화하는 것이 새로운 것의 수용을 훼손하는 정치적 도구로 이용된다는 점에 주목하는 것이다. 악마화는 옛 것과 새로운 것을 혼합해 기술적 선택권을 확대하기 어렵게 만드는 시간적 이분법을 만들어낸다.[74] 기술 융합이라는 개념은 포용적 혁신의 중요성에 신뢰를 더한다. 신기술 옹호자들은 포용적 혁신에 더 호소함으로써 그들의 창작물이 갖는 사회경제적 함의에 똑같이 민감해야 한다.

공격은 또한 과학적인 증거가 기업들의 이익에 의해 편향되거나 조종된 것으로 폄하하거나 무시하는 경우로 확대된다. 반면에 지지자들은 신제품의 편익을 과대평가하고 그들의 위험을 과소평가하는 경향이 있다. 물론 이해상충 문제는 대중의 인식을 형성하고, 공공 부문에서 민간 부문 연구 지원으로의 전환은 유전자 변형 작물, 신재생에너지 및 기타 신생 기술에 대한 대중의 신뢰를 약화시켰다.

대중의 신뢰는 불확실성과 위험 관리에 중요한 요소이다.[75] 신뢰는 자신의 이익에 따라 행동하기 위해 다른 대리인이나 사람에게 의존하는 것을 포함한다.[76] 그것은 사회적 상호작용의 유익성과 위해성 모두를 공유할 수 있는 능력을 수반하며, 가장 기본적인 시장 기반 활동에서도 필수적이다.[77] 판매되는 제품의 모든 속성을 미리 알 수 없기 때문에 시장이 작동하려면 판단의 유예와 신뢰에 대한 의존이 있어야 한다. 신뢰는 단순한 믿음의 행위가 아니라 사회규범이나 민족적 충성심 또는 규제 기관과 같은 사회제도에 의해 보장되는 것이다. 신뢰는 공유된 위험과 편익의 기대 때문에 종종 소문의 형태로 공포심을 조장하는 풍조를 줄이는 데 도움을 준다.

소문은 종종 부정적인 인식의 전달 양식이다. 그러한 예 중 하나는 휴대전화의 '스파크spark' 위험에 대한 소문이다. 그 결과 미국 일부 지역에서는 주유소에서의 휴대전화 사용이 제한되었다.[78] 추가 조사 결과 이 '스파크'는 주유 중 차량에 재진입하는 운전자들의 신체 정전기에서 비롯된 것으로 밝혀졌으며 휴대전화는 희생양에 불과했던 것으로 드러났다.[79] 이런 소문들 중 많은 것들이 극단적이다. 예를 들어 커피는 불임을 유발한다는 소문이 광범위하게 퍼졌다. 2003년 필리핀에서는 유전자 변형 농작물 밭에 서 있는 남성들이 '게이gay'로 변할 것이라는 소문이 퍼지기 시작했다. 그러고 나서 10년 후 우간다에서는 유전자 변형 작물에 돼지 유전자가 들어 있다는 소문이 퍼졌다. 그러한 소문은 종교적 적대감을 부채질하기 위한 것이었다. 그러나 1940년대 미국에서 실크를 완전히 대신해 나일론스타킹이 도입되었던 사례처럼 일부 소문은 사실에 근거를 두고 있었다. 여성들 사이에 "이미 다리 암에 걸리고 있다"는 소문이 퍼졌다.[80] 이것은 스타킹에 사용된 염료 중 일부가 알레르기 반응을 일으킨 것으로 드러났다. 한 여성이 버스의 배기가스를 뚫고 걸어가다가 "뜨거운 배기가스가 그녀가 신은 나일론스타킹을 녹여버렸다"는 사실이 확인되지 않은 채 보도되었다.[81]

이처럼 불확실한 상황에서 신제품과 관련된 분쟁은 어느 한쪽의 승리에 대한 명확한 기준 없이 장기간의 논쟁을 통해 해결되는 경우가 많다. 대부분의 경우 문제 해결은 새로운 기술을 억제하기 위해 현직자들이 추구하는 경로인 고위 당국에 대한 호소를 통해 이루어진다. 이것은 사법적 판결 또는 지도자들의 명령의 형태를 취할 수 있다. 그러나 위험과 이익의 공유를 반영하는 타협을 통해 갈등이 해결된 경우도 있다.

신기술 비평가들은 종종 두 가지 근본적인 방법으로 논쟁의 규칙을 정의한다는 점이 주목할 만하다. 첫째, 그들은 안전을 입증하는 책임이 기술 옹호자들에게 있다는 인상을 심어주었다. 즉, 신기술 제품이 안전하다고 입증될 때까지 안전하지 않은 것으로 간주된다. 둘째, 비평가들은 환경, 인간의 보건 및 윤리적 용어로 논쟁을 구조화framing해 중요한 국제 교역 고려 사항들을 효과적으로 감추었다. 그렇게 함으로써 그들은 환경보호, 소비자 안전 및 윤리적·사회적 가치에 진정으로 관심을 갖는 활동가들의 지역구에서 훨씬 많은 지지자들을 규합할 수 있다.

공론화 촉진을 위한 공동의 노력이 의사소통을 개선하고 신제품 수용으로 이어질 것이라는 전망이 크다. 경우에 따라서는 그럴 수도 있지만, 일반적으로 우려 사항은 대부분 중대하고 공론화만으로는 해결될 수 없다. 이는 주로 논쟁의 근본 원인이 단순한 수사적 고려가 아닌 기술의 사회경제적 함의에 있기 때문이다. 대중 토론이 이견을 명확히 하거나 증폭시키는 데 도움이 될 뿐 근본적인 경제 및 무역 문제를 해결하는 데는 거의 도움이 되지 않을 수 있다.

기술의 역할에 대한 많은 논쟁은 생산자나 소비자의 손에 실제 제품이 쥐어져 있지 않은 가상의 주장에 근거하고 있다. 이런 상황에서 실질적인 기준점이 마련되기 전까지 소통과 대화만으로는 부족하다. 다시 말해, 비평가들의 주장을 반박하는 것은 시장에서 실제 상품의 이점을 제시하는 것만큼 중요하지 않다는 것이다. 이는 지역 과학자, 엔지니어, 기업가, 정책 입안자 및 시민사회단체 간의 협력적 노력을 통해 달성할 수 있다. 그러한 집단적 접근법하에서 결과의 대부분은 과학적 증거 자체보다는 공통된 신념에 의존한다.[82]

과학기술 소통의 문제를 해결하려면 변화하는 소통 생태계와 열악한 소통의 위험에 대한 이해가 향상되어야 한다.[83] 비평가들은 그들의 대의명분을 진전시키기 위해 다양한 종류의 사회운동을 이용하는 경향이 있지만, 옹호자들은 현대의 소통 생태계에서 영향이 거의 미미한 중앙 집중식 제도의 이용에 초점을 맞추었다. 그러나 필요한 다양성을 창출하려면 인간 복지에 있어서 과학기술의 역할을 옹호하는 사회운동의 저변을 넓힐 필요가 있다. 이 공계 구성원들은 종종 일반 대중을 소외시키는 방식으로 소통한다. 그 첫 번째이자 가장 일반적인 측면은 전문용어의 사용이다. 이것은 대부분의 직업에서 흔히 볼 수 있는 현상이다. 일반 대중과 소통하는 법을 배우는 것은 불신을 줄이는 중요한 측면이다. 과학자들과 기술자들은 종종 신기술에 대한 신뢰감을 심어줄 수 있는 자신들의 능력을 의도치 않게 감소시킬 수 있는 특정 수준의 영웅주의에 호소한다.

'용감한 새인간birdman'의 이미지가 비행 공포를 확산시키는 데만 도움을 준다는 항공업계 초기 역사의 경고성 이야기가 있다. "의사가 …… 다윈의 진화론을 들먹이며 조종사는 새의 후손인 반면 대부분의 인류는 물고기의 후손이기 때문에 비행기를 조종할 수 없을 것이라고 주장했다."[84] 항공 산업은 비행의 용이성과 안전성을 전달하는 여성 조종사를 고용함으로써 살아남았다. 그러나 이것은 대중들이 항공산업에 대한 신뢰를 얻은 후 여성들이 결국 지원 역할로 강등되면서 자체적인 긴장을 야기했다.

여기서 중요한 메시지는 과학자들과 기술자들이 그들이 하는 일에 특별한 종류의 사람이 필요한 것처럼 보이게 함으로써 은연중에 대중들에 대한 그들 자신의 신뢰를 훼손할 수도 있다는 것이다. 이 경우 일반 대중들은 그들에게 알려지지 않은 신기술에 위험이 있다는 것을 인식할 수 있다. 문제는 과학자들과 엔지니어들이 그들의 업적이 대중의 이해를 넘어서는 특별한 개인이 아니라 사회의 일부로 볼 수 있도록 다른 사람들과 연결하려는 과학·공학 공동체 구성원들에 대한 교육이 일반 대중에 대한 교육보다 미약하다는 점이다.

과학이 권위자로부터 일반 대중에게 전달될 수 있는 불변의 사실에 기초한다는 전통적인 견해는 의사 결정에 더 많은 참여를 요구하는 접근방식에 의해 도전받고 있다. 즉 과학 정보가 민주적 관행에 의해 도전받고 있다. 토론은 기술적인 문제에 대한 공공 담론의 경계를 넓히고 있다. 한편으로 사회는 본질적으로 기술적인 문제를 다루도록 강요받고 있으며, 다른 한편으로 과학계는 비기술적인 문제를 의사 결정의 유효한 투입물로 받아들여야 한다는 압력을 받고 있다. 과학기술 및 공학계는 증가하는 과학의 복잡성과 다양한 요구에 부합하는 소통 방법뿐만 아니라 명확한 지도적 분별력을 보여줄 필요가 있을 것이다.

오늘날 과학기술 소통의 대부분은 과학기술적 돌파구의 본질을 부각시키는 데 초점을 맞출 뿐, 새로운 기술이 사회에 미치는 영향에는 거의 주의를 기울이지 않는다. 만약 한다고 해도 보통 어떤 잠재적인 편익을 참조하는 표준 보도 자료 규정에 따른다. 일반적으로 기존 산업 관행에 미치는 영향에 대한 평가는 거의 없다. 이전 기술과 관련된 위험을 해결하기 위해 신기술이 사용되는 것은 매우 흔한 일이다. 생물정화기술 Bioremedication 은 이전 기술에 의해 야기된 오염을 정화하기 위해 사용되는 신기술의 한 예다. 또한 석판인쇄의 발명은 활판인쇄로 아랍어 책을 인쇄하는 데서 제기되는 많은 미적 문제와 비용 문제를 쉽게 해결할 수 있게 해주었다.

기존 기술과 비교해 신기술의 잠재적 편익을 일반 대중이 생생하게 이해할 수 있도록 특별히 돕는 과학기술 소통은 신생 기술의 편익과 위험에 대해 더 많은 정보에 입각한 심의를 촉진하는 데 큰 도움이 될 것이다. 어느 정도까지는 이 접근법은 적시에 과학기술 평가를 수행할 수 있는 역량을 전제로 한다. 그러나 그러한 평가는 대중들의 인식이 대중적 '이야기narrative'의 일부가 된 후에는 대중의 인식을 바꾸는 데 거의 영향을 미치지 못할 것이다.[85] 예를 들어 원자로의 안전 기록과 에너지 관련 사망률 감소에 대한 잠재적 영향에 대한 증거는 대중의 인식을 바꾸는 데 거의 영향을 미치지 않았다. 잠재적 효과성에 대한 결정을 포함한 평가는 과학기술 및 혁신 정책 연구에 전념하는 학교 또는 연구소가 수행할 수 있다. 이러한 연구의 독립성은 신뢰할수 있는 정보의 원천으로서 연구의 효과성에 매우 중요하다.

마지막으로 기술 논쟁을 해결할 수 있는 것은 인류에 이용 가능한 유용한 기술 제품의 범위이다. 이러한 견해는 적대적 대응에서 집단학습으로 전환함으로써 회의주의를 다루는 데 있어 다른 접근법을 필요로 한다. 많은 경우에 신기술 옹호자들은 특정 문제의 원인에 관심을 너무 많이 집중하는 경향이 있다. 회의론자들로 하여금 새로운 기술을 지지하도록 그들의 생각을 바꾸는 것을 목표로 하는 노력은 전략적으로 보일 수도 있다. 그러나 신기술 옹호자들은 회의론자들이 일반적으로 인구의 일부를 대표한다는 사실을 인식하지 못하는 경우가 많다. 회의론자들 중 더 활동적인 사람들은 종종 새로운 기술에 대해 준비되지 않은 대다수의 의견을 흔들기 위해 시간을 보낸다. 회의론자들에게만 초점을 맞추는 것은 종종 나머지 인구의 집단학습을 촉진하는 데 필요한 에너지와 시간을 빼앗는다. 중요한 것은 회의론의 원천을 무시하는 것이 아니라, 겉보기에 침묵하는 대다수가 결국 신기술의 운명을 결정한다는 것을 이해하는 것이다. 이러한 측면에서 포용에 초점을 맞춘 학습 접근법은 사실 적대적 접근법보다 더 중요한 전략이 될 수 있다.

# 6. 결론

통찰력 있는 역설은 지구촌의 미래를 특징지을 것이다. 과학기술 및 공학 능력이 확장됨에 따라 도전도 커질 것이다. 시간이 지나면 창의성과 혁신을 촉진하는 동일한 기술도 문화적 관성의 원천이 된다. 사회문제를 해결하기 위해 기술과 공학의 힘을 활용하는 능력은 사회제도의 보완적 적응이 동반되어야 한다. 이러한 발전은 결국 사회, 정치 및 문화 분야에서 민주적 원칙에 따라 보다 과학적이고 기술적으로 계몽된 사회의 출현을 요구할 것이다.

세계 문화의 역사는 인간이 단순한 기본적 존재 이상의 것을 열망한다는 것을 보여주었다. "우리는 도전이 필요하고, 의미가 필요하며, 목적이 필요하며, 자연과의 조화가 필요하다. 기술이 우리를 이것들과 분리한다면 그것은 일종의 죽음과도 같을 것이다. 하지만 기술이 이것들을 향상시킬 때 기술은 삶을 긍정한다. 기술은 우리의 인간성을 긍정한다."[86] 기술은 인류의 행복을 추구하는 사람들을 정의할 모험, 목적, 지속적인 개선 및 숙달이라는 인간 정신의 긍정이다.

우리의 분석이 아무리 계몽적이고 깊이 있다 하더라도 혁신과 현직 간의 긴장은 사라지지 않을 것이다. 사회는 현직보다 혁신에 더 큰 위험 지수를 할당하는 데 익숙하다. 점점 더 복잡해지고 불확실한 세상에서 아무것도 하지 않는 위험은 혁신의 위험보다 더 클 수 있다. 결국 기술, 경제 및 더 넓은 사회는 전체적으로 공진화한다. 신기술의 지지자나 반대자 모두 완전히 새로운 사회경제적 구조를 짜지 않고서는 그들의 논거를 전환시킬 수 없다. 오래된 설계 패턴은 일반적으로 다음에 올 일을 잘 예측하지 못한다. 미래를 열어놓고 포용적이고 투명하게 실험하는 것이 낡은 패턴의 격언을 강요하는 것보다 더 보람 있는 일이다.

콜로라도대학교(볼더) 물리학과 앨버트 바틀릿Albert A. Bartlett 교수는 "인류의 가장 큰 단점은 지수함수를 이해하지 못하는 것"이라고 말했다. 향후 정책 입안자들이 빠른 기술 혁신과 제도적 조정의 느린 속도 사이의 괴리에 더 많은 관심을 가졌으면 한다. 이러한 복잡한 현상을 더 잘 이해하면 혁신과 현직 사이의 긴장을 명확히 하는 데 도움이 될 것이다.

# 미주

## 서론

1 이 책의 내용과 제목은 Joel Mokyr의 논문에서 초기에 영감을 받았다. Joel Mokyr, "Innovation and Its Enemies: The Economic and Political Roots of Technological Inertia," in Mancur Olson and Satu Kähköhnen, eds., *A Not-so-Dismal Science: A Broader View of Economies and Societies*(New York: Oxford University Press, 2000).

2 Joseph A. Schumpeter, *The Theory of Economic Development*(Cambridge, MA: Harvard University Press, 1934), 87.

3 Schumpeter, *Theory of Economic Development*, 87.

4 Schumpeter, *Theory of Economic Development*, 84.

5 마케팅 및 조직 행태적 전망을 위한 혁신에 대한 저항 분석에 대해서는 다음 문헌 참조. Oreg Shaul and Jacob Goldenberg, *Resistance to Innovation: Its Sources and Manifestation*(Chicago: University of Chicago Press, 2015).

6 James Wei, *Great Inventions That Changed the World*(Hoboken, NJ: John Wiley, 2012); Julie Halls, *Inventions That Didn't Change the World*(London: Thames & Hudson, 2014).

7 Adam Burgess, *Cellular Phones, Public Fears, and a Culture of Precaution* (Cambridge: Cambridge University Press, 2004), 2.

8 기술의 실체와 인간성과의 관계는 광대한 철학적 탐구의 대상이 되어왔다. 이에 대해서는 다음 문헌 참조. Martin Heidegger, *The Question Concerning Technology and Other Essays*, trans. William Lovitt(New York: Harper and Row, 1977); Michael E. Zimmerman, *Heidegger's Confrontation with Modernity: Technology, Politics, and Art*(Bloomington: Indiana University Press, 1990).

9 Ulrich Dolata, *The Transformative Capacity of New Technologies: A Theory of*

*Sociotechnical Change* (London: Routledge, 2013).

10  John Grin, Jan Rotmans, and Johan Schot, *Transitions to Sustainable Development: New Directions in the Study of Long Term Transformative Change* (New York: Routledge, 2010); and Pamela Matson, William C. Clark, and Krister Andersson, *Pursuing Sustainability: A Guide to the Science and Practice* (Princeton, NJ: Princeton University Press, 2016).

11  혁신에 대한 다원적 관점에 관해서는 다음 문헌 참조. George Basalla, *The Evolution of Technology* (Cambridge: Cambridge University Press, 1988).

12  David Ropeik, *How Risky Is It, Really? Why Our Fears Don't Always Match the Facts* (New York: McGraw-Hill, 2010).

13  Brian E. Wynne, "Public Engagement as Means of Restoring Trust in Science: Hitting the Notes, but Missing the Music?," *Community Genetics* 9, no.3 (2006): 211-220.

14  Paul B. Thompson, "Need and Safety: The Nuclear Power Debate," *Environmental Ethics* 6, no.1 (1984): 57-69. 또한 민관 겸용 기술 대한 우려는 신생 기술의 출현과 관련된 주요 영역이다. 이에 대해서는 다음 문헌 참조. Jonathan B. Tucker, *Innovation, Dual Use, and Security: Managing the Risks of Emerging Biological and Chemical Technologies* (Cambridge, MA: MIT Press, 2012).

15  Iain Gately, *Tobacco: A Cultural History of How an Exotic Plant Seduced Civilization* (London: Simon & Schuster, 2001); David Kinkela, *DDT and the American Century: Global Health, Environmental Politics, and the Pesticide That Changed the World* (Chapel Hill: University of North Carolina Press, 2011); Steve Maguire and Cynthia Hardy, "Discourse and Deinstitutionalization: The Decline of DDT," *Academy of Management Journal* 52, no.1 (2009): 148-178; Peter Stegmaier, Stefan Kuhlmann, and Vincent R. Visser, "The Discontinuation of Socio-technical Systems as a Governance Problem," in *The Governance of Socio-technical Systems: Explaining Change,* ed. Susana Borrás and Jakob Edler (Cheltenham, UK: Edward Elgar, 2014), 111-131.

16  Naomi Oreskes and Erik M. Conway, *Merchants of Doubt: How a Handful of Scientists Obscured the Truth on Issues from Tobacco Smoke to Global Warming* (New York: Bloomsbury, 2010). 정의에 입각한 연구를 추구하는 과학자들에 대한 괴롭힘과 비방에 대한 관련 연구는 다음 문헌 참조. Alice Dreger, *Galileo's Middle Finger: Heretics, Activists, and the Search for Justice in Science* (New York: Penguin, 2015).

17  예컨대, Michael W. Bauer, Andrew Jordan, Christoffer Green-Pedersen, and Adrienne Héritier, *Dismantling Public Policy: Preferences, Strategies, and Effects*

(Oxford: Oxford University Press, 2012); Stegmaier, Kuhlmann, and Visser, "Discontinuation."

## 제1장 창조적 파괴의 돌풍

1  Eyal Ert and Ido Erev, "On the Descriptive Value of Loss Aversion in Decisions under Risk: Six Clarifications," *Judgement and Decision Making* 8, no.3 (2013): 214-235.

2  National Academy of Engineering, *Grand Challenges for Engineering* (Washington, DC: NAE, 2008).

3  Graeme Laurie, Shawn Harmon, and Fabiana Arzuaga, "Foresighting Futures: Law, New Technologies, and the Challenges of Regulating for Uncertainty," *Law, Innovation and Technology* 4, no.1 (2012): 1-33.

4  Ray Kurzweil, *The Singularity Is Near: When Humans Transcend Biology* (New York: Penguin, 2005).

5  "전체적 기술의 결집은 소수에서 다수로, 그리고 단순함에서 복잡함으로 스스로 발전해 나간다. 즉 기술은 스스로 자기로부터 자기를 창조한다고 말할 수 있다." W. Brian Arthur, *The Nature of Technology: What It Is and How It Evolves* (New York: Free Press, 2009), 21.

6  Dezhi Chen and Richard Li-Hua, "Modes of Technological Leapfrogging: Five Case Studies from China," *Journal of Engineering and Technology Management* 28, nos.1-2 (2011): 93-108.

7  Eric J. Topol, *The Creative Destruction of Medicine: How the Digital Revolution Will Create Better Health Care* (New York: Basic Books, 2013).

8  Nicholas G. Carr, *The Glass Cage: Automation and Us* (New York: Norton, 2014), 232.

9  Nathan Rosenberg, "Why Technology Forecasts Often Fail," *Futurist* 29, no.4 (1995): 16-21.

10  Rachel Carson, *Silent Spring* (Boston: Houghton Mifflin, 1962).

11  Gray E. Merchant, Blake Atkinson, David Banko, Joshua Bromley, Edith Cseke, Evan Feldstein, Devin Garcia, et al., "Big Issues for Small Stuff: Nanotechnology Regulation and Risk Management," *Jurimetrics* 52, no.3 (2012): 243-277.

12  Thomas Esper, "The Replacement of the Longbow by Firearms in the English Army," *Technology and Culture* 6, no.3 (1965): 390.

13   Esper, "Replacement of the Longbow," 392.

14   Esper, "Replacement of the Longbow," 392-393.

15   Lynn T. White, *Medieval Technology and Social Change* (Oxford: Oxford University Press, 1962), 28.

16   Joseph A. Schumpeter, *The Theory of Economic Development* (Cambridge, MA: Harvard University Press, 1934), 66.

17   Richard Swedberg, "Rebuilding Schumpeter's Theory of Entrepreneurship," in *Marshall and Schumpeter on Evolution: Economic Sociology and Capitalist Development*, ed. Yuichi Shionoya and Tamotsu Nishizawa (Cheltenham, UK: Edward Elgar, 2007), 188-203.

18   Joseph A. Schumpeter, *Capitalism, Socialism and Democracy* (New York: Harper Collins, 2008), 82.

19   Hugo Reinert and Erik S. Reinert, "Creative Destruction in Economics: Nietzsche, Sombart and Schumpeter," in *Friedrich Nietzsche: Economy and Society,* ed. Jürgen G. Backhaus and Wolfgang Drechsler (Boston: Kluwer, 2005), 55-85.

20   Esben S. Andersen, "Railroadization as Schumpeter's Standard Case: An Evolutionary-Ecological Account," *Industry and Innovation* 9, nos.1-2 (2002): 41-78.

21   Schumpeter, *Capitalism, Socialism and Democracy,* 82.

22   Schumpeter, *Capitalism, Socialism and Democracy,* 83.

23   Norman Clark and Calestous Juma, *Long-Run Economics: An Evolutionary Approach to Economic Growth* (New York: Bloomsbury, 2014).

24   Joseph A. Schumpeter, *Business Cycles: A Theoretical, Historical and Statical Analysis of the Capitalist Process,* vol.1 (New York: McGraw Hill, 1939), 73.

25   Schumpeter, *Business Cycles,* 73.

26   Schumpeter, *Business Cycles,* 73.

27   Dan Yu and Chang Chieh Hang, "A Reflective Review of Disruptive Innovation Theory," *International Journal of Management Reviews* 12 (2010): 435-452.

28   Clayton M. Christensen, *The Innovator's Dilemma: When New Technologies Cause Great Firms to Fail* (New York: HarperCollins, 2010), xv.

29   Christensen, *The Innovator's Dilemma,* xv.

30   Constantinos Markides, "Disruptive Innovation: In Need of Better Theory," *Journal of Product Innovation Management* 23 (2006): 19-25.

31   Gerard J. Tellis, "Destructive Technology or Visionary Leadership?," *Journal of Product Innovation Management* 23 (2006): 34-38.

32  Rebecca M. Henderson and Kim B. Clark, "Architectural Innovation: The Reconfiguration of Existing Product Technologies and the Failure of Established Firms." *Administrative Science Quarterly* 35 (1990): 9-30.

33  Michael L. Tushman and Philip Anderson, "Technological Discontinuities and Organizational Environments," Administrative Science Quarterly 31 (1986): 439-466.

34  Philip Anderson and Michael L. Tushman, "Technological Discontinuities and Dominant Designs: A Cyclical Model of Technological Change," *Administrative Science Quarterly* 35, no.4 (1990): 604. 지배적 디자인 개념에 대한 용어 표준화 시도에 대해서는 다음 논문 참조. Johann Peter Murmann and Koen Frenken, "Toward a Systematic Framework for Research on Dominant Designs, Technological Innovations, and Industrial Change," *Research Policy* 35, no.7 (2006): 925-952.

35  Erwin Danneels, "Disruptive Technology Reconsidered: A Critique and Research Agenda," *Journal of Product Innovation Management* 21 (2004): 246-258; Steven Keppler and Kenneth L. Simons, "Technological Extinctions of Industrial Firms: An Inquiry into Their Nature and Causes," *Industrial and Corporate Change* 6, no.2 (1997): 379-460.

36  Constantinos Markides and Paul A. Geroski, *Fast Second: How Smart Companies Bypass Radical Innovation to Enter and Dominate New Markets* (San Francisco: Jossy-Bass, 2005).

37  Susana Borrás and Jakob Edler, "Introduction", in *The Governance of Socio-Technical Systems: Explaining Change,* ed. Susana Borrás and Jakob Edler (Cheltenham, UK: Edward Elgar, 2014), 11.

38  Joshua Gans, *The Disruption Dilemma* (Cambridge, MA: MIT Press, 2016).

39  Charles Edquist and Björn Johnson, "Institutions and Organizations in Systems of Innovation," in *Systems of Innovation: Technologies, Institutions and Organizations,* ed. Charles Edquist (London: Pinter; Washington, DC: Cassell Academic, 1997), 51-55.

40  Paul A. David, "Clio and the Economics of QWERTY," *American Economic Review* 75, no.2 (1985): 332-337; Paul A. David, "Why Are Institutions the 'Carriers of History'? Path Dependence and the Evolution of Conventions, Organizations and Institutions," *Structural Change and Economic Dynamics* 5, no.2 (1994): 205-220; W. Brian Arthur, *Increasing Returns and Path Dependence in the Economy* (Ann Arber: University of Michigan Press, 1994).

41  Paul Pierson, "Increasing Returns, Path Dependence, and the Study of Politics," *American Political Science Review* 94, no.2 (2000): 251-267.

42  Arthur, *Nature of Technology,* chap.3.

43  Arthur, *Nature of Technology,* 23.

44  Arthur, *Nature of Technology,* 28.

45  Arthur, *Nature of Technology.*

46  Stefaan Blancke, Frank van Breusegem, Geert De Jaeger, Johan Braeckman, and Marc Van Montagu, "Fatal Attraction: The Intuitive Appeal of GMO Opposition," *Trends in Plant Science* 20, no.7 (2015): 414-418.

47  Arne Öhman and Susan Mineka, "Fears, Phobias and Preparedness: Toward an Evolved Module of Fear and Fear Learning," *Psychological Review* 108, no.3 (2001): 483-522.

48  Valerie Curtis, Michéal de Barra, and Robert Aunger, "Disgust as an Adaptive System for Disease Avoidance Behavior," *Philosophical Transactions of the Royal Society B* 366 (2011): 389-401.

49  Joshua M. Tybur, Debra Lieberman, Robert Kurzban, and Peter DeScioli, "Disgust: Evolved Function and Structure," *Psychological Review* 120, no.1 (2013): 65-84.

50  Blancke et al.,"Fatal Attraction", 416.

51  Mary Douglas, *Purity and Danger: An Analysis of the Concept of Pollution and Taboo* (London: Routledge, 1966).

52  James H. Young, *Pure Foods: Securing the Federal Food and Drug Act of 1906* (Princeton, NJ: Princeton University Press, 1989); Gabriella M. Petrick, "'Purity as Life': H. J. Heinz, Religious Sentiment, and the Beginning of the Industrial Diet," *History and Technology* 27, no.1 (2011): 37-64.

53  Martijntje Smits, "Taming of Monsters: The Cultural Domestication of New Technology," *Technology in Society* 28, no.4 (2006): 489-504.

54  Adam J. Berinsky, "Rumors and Healthcare Reform: Experiments in Political Misinformation," *British Journal of Political Science,* published online June 19, 2015, doi: http://dx.doi.org/10.1017/S0007123415000186.

55  Maarten Boudry, Stefaan Blancke, and Masimo Pigliucci, "What Makes Weird Beliefs Thrive? The Epidemiology of Pseudoscience," *Philosophical Psychology* 28, no.8 (2014): 1177-1198.

56  Katrina Navickas, "Luddism, Incendiarism and the Defence of Rural 'Task-Scapes' in 1812," *Northern History* 48, no.1 (2011): 59-73.

57  Adrian Randall, *Before the Luddites: Custom, Community and Machinery in the English Woollen Industry, 1776-1809* (Cambridge: Cambridge University Press, 1991)

58　Adrian Randall and Andres Charlesworth, eds., *Moral Economy and Popular Protest: Crowds, Conflict, and Authority*(New York: St. Martin's Press, 1999).

59　해군 교리의 혁신 함의에 관하여는 다음 논문 참조. Haico te Kulve and Wim A. Smit, "Novel Naval Technologies: Sustaining or Disrupting Naval Doctrine," *Technological Forecasting and Social Change* 77, no.7 (2010): 999-1013.

60　Elting E. Morison, *Men, Machines, and Modern Times*(Cambridge, MA: MIT Press, 1966): 17-44.

61　Eric Hobsbawm, "The Machine Breakers," *Past and Present* 1, no.1 (1952): 59.

62　Hobsbawm, "The Machine Breakers," 60.

63　Hobsbawm, "The Machine Breakers," 65.

64　Adrian Randall, "'The Lessons' of Luddism," *Endeavour* 22, no.4 (1998): 152-155.

65　Martin W. Bauer, ed,. *Resistance to New Technology: Nuclear Power, Information Technology and Biotechnology*(Cambridge: Cambridge University Press, 1995).

66　Schumpeter, *The Theory of Economic Development,* 58.

67　Schumpeter, *The Theory of Economic Development,* 64 n. 1.

68　지속가능성에서 혁신의 역할에 대한 검토와 관련해서는 다음 문헌 참조. Jochen Markard, Rob Raven, and Bernhard Truffer, "Sustainability Transitions: An Emerging Field of Research and Its Prospects," *Research Policy* 41, no.6 (2012): 955-967; Staffan Jacobsson and Anna Bergek, "Innovation System Analyses and Sustainability Transitions: Contributions and Suggestions for Research," *Environmental Innovation and Societal Transitions* 1, no.1 (2011): 41-57; Adrian Smith, Jan-Peter Vo $\beta$, and John Grin, "Innovation Studies and Sustainability Transitions: The Allure of the Multi-level Perspective and Its Challenge," *Research Policy* 39, no.4 (2010): 435-448; and Xiaolan Fu and Jing Zhang, "Technology Transfer, Indigenous Innovation and Leapfrogging in Green Technology: The Solar-PV Industry in China and India," *Journal of Chinese Economic and Business Studies* 9, no.4 (2011): 329-347.

69　동일한 역학이 과학적 발견 과정에도 적용된다. Simon S. Duncan, "The Isolation of Scientific Discovery: Indifference and Resistance to a New Idea," *Science Studies* 4, no.2 (1974): 109-134.

70　Joel Mokyr, "Technological Inertia in Economic History," *Journal of Economic History* 52, no.2 (1992): 327.

71　Charles Seife, *Zero: The Biography of a Dangerous Idea*(New York: Penguin, 2000): 6.

72　Alfred North Whitehead, *An Introduction to Mathematics*(New York: Henry Holt,

1911), 63.

73 Mokyr, "Technological Inertia," 328.

74 Mokyr, "Technological Inertia," 329.

75 Mokyr, "Technological Inertia," 330 n.17. 길드와 시장 규모의 관계에 대한 보충 설명. "소규모 시장에서는 기업 이윤이 신기술 도입에 따른 고정비용을 감당하기에는 불충분하다. 그러므로 전문화된 노동자들은 길드를 만들 이유가 없다. 중간 규모 시장에서는 기업 이윤이 높은 고정비용을 감당하기에 충분하지만 신기술 도입에 따른 노동자들의 저항을 저지할 만큼 충분히 크지 않다. 따라서 노동자들이 길드를 만들고 신기술 채택을 저지한다. 대규모 시장에서는 기업 이윤이 노동자들의 저항을 극복할 만큼 충분히 크다. 따라서 길드는 해체되고 더 생산적인 기술이 경제 전반으로 확산된다." Klaus Desmet and Stephen L. Parente, "Resistance to Technology Adoption: The Rise and Decline of Guilds," *Review of Economic Dynamics* 17 (2013): 437-458.

76 Rachel Schurman and William A. Munro, *Fighting for the Future of Food: Activists versus Agribusiness in the Struggle over Biotechnology* (Minneapolis: University of Minnesota Press, 2010).

77 Mokyr, "Technological Inertia," 332.

78 Bruce J. Hunt, "'Practice vs. Theory': The British Electrical Debate, 1880-1891," *ISIS* 74, no.3 (1983): 235-283.

79 A. D. Farr, "Early Opposition to Obstetric Anaesthesia," *Anaesthesia* 35 (1980): 902.

80 Rachel Meyer and Sukumar P. Desai, "Accepting Pain over Comfort: Resistance to the Use of Anaesthesia in the Mid-19th Century," *Journal of Anaesthesia History* 1, no.4 (October 2015): 115-121. 혈압 측정 기구에 대한 유사한 논의는 다음 논문을 참조. Hughes Evans, "Losing Touch: The Controversy over the Introduction of Blood Pressure Instruments into Medicine," *Technology and Culture* 34, no.4 (October 1993): 784-807.

81 Mokyr, "Technological Inertia," 332-336.

82 Joseph LaDou, Barry Castleman, Arthur Frank, Michael Gochfeld, Morris Greenberg, James Huff, Tushar Kant Joshi, et al., "The Case for a Global Ban on Asbestos," *Environmental Health Perspectives* 118, no.7 (2010): 897-901.

83 Patric Bond, "Emissions Trading, New Enclosures and Eco-social Contestation," *Antipode* 44, no.3 (2012): 684-701.

84 John S. Daniel, Susan Solomon, Todd J. Sanford, Mack McFarland, Jan S. Fuglestvedt, and Pierre Friedlingstein, "Limitations of Single-Basket Trading: Lessons from the Montreal Protocol for Climate Policy," *Climate Change* 111, no.2 (2012): 241-248.

85   Amitai Etzioni, "The Great Drone Debate," *Military Review* 93, no.2(2013): 2-13.

86   Thomas R. Wellock, *Preserving the Nation: The Conservation and Environmental Movements, 1870-2000*(Wheeling, IL: Harlan Davidson, 2007).

87   Max H. Bazerman and Don Moore, *Judgement in Managerial Decision Making*(New York: Wiley, 2008).

88   Charles Duhigg, *The Power of Habit: Why We Do What We Do in Life and Business* (New York: Random House, 2012).

89   Jagdish N. Sheth, "Psychology of Innovation Resistance: The Less Developed Concept(LDC) in Diffusion Research," in *Research in Marketing,* vol.4, ed, Jagdish N. Sheth(Greenwich, CT: JAI Press, 1981), 273-282.

90   Sheth, "Psychology of Innovation Resistance."

91   Daniel Kahneman and Amos Tversky, "Prospect Theory: An Analysis of Decision under Risk," *Econometirca* 47, no.2(1979): 263-292.

92   이에 대한 더 상세한 설명은 다음 논문 참조. Daniel Kahneman and Amos Tversky, "Choices, Frames, and Values," *American Psychologist* 39, no.4(1984): 341-350; Daniel Kahneman, *Thinking, Fast and Slow*(New York: Farrar, Straus and Giroux, 2011).

93   Barzerman and Moore, *Judgment.*

94   William Samuelson and Richard Zeckhauser, "Status Quo Bias in Decision Making," *Journal of Risk and Uncertainty* 1(1988): 7-59.

95   Barzerman and Moore, *Judgment.*

96   Ilans Ritov and Jonathan Baron, "Reluctance to Vaccinate: Omission Bias and Ambiguity," *Journal of Behavioral Decision Making* 3(1990): 263-277.

97   Ritov and Baron, "Reluctance to Vaccinate"; Daniel Kahneman and Dale T. Miller, "Norm Theory: Comparing Reality to Its Alternatives," *Psychological Review* 93, no.2 (1986): 136-153.

98   Ritov and Baron, "Reluctance to Vaccinate."

99   Nidhi Gupta, Arnout Fischer, and Lynn Frewer, "Socio-psychological Determinants of Public Acceptance of Technologies: A Review," *Public Understanding of Science* 22(2012): 817-831.

100  Hee-Dong Yang and Youngjin Yoo, "It's All about Attitude: Revisiting the Technology Acceptance Model," *Decision Support Systems* 38, no.1(2003): 19-31.

101  Kahneman and Tversky, "Prospect Theory."

102  Jennifer L. Dunn, "The Politics of Empathy: Social Movements and Victim

Repertoires," *Sociological Focus* 37, no.3 (2004): 237.

103 Nathan Rosenberg, "The Direction of Technological Change: Inducement Mechanisms and Focusing Devices," *Economic Development and Cultural Change* 18, no.1 (1969): 1-24.

104 "휘발유 엔진 트럭이 성공한 것은 그 성능이 기존의 전기 트럭이 하고 있었던 것 (예: 도시에서 마차를 대체)보다 더 뛰어나서가 아니라, 그것이 전적으로 새로운 시장을 창출하면서 보편적 서비스의 가능성을 제공했기 때문이다." Gijs Mom and David A. Kirsch, "Technologies in Tension: Horses, Electric Trucks, and the Motorization of American Cities, 1900-1925," *Technology and Culture* 42, no.3 (2001): 491-492.

105 Geoff Watts, "Turn On, Turn In, Stand Back," *New Scientist,* June 7, 2001, 50.

106 연속성은 기술 공진화의 커다란 맥락의 한 부분이다. Michael B. Schiffer, *Studying Technological Change: A Behavioral Approach* (Salt Lake City: University of Utah Press. 2011).

107 Shane Greenstein, *How the Internet Became Commercial: Innovation, Privatization, and the Birth of a New Network* (Princeton, NJ: Princeton University Press, 2015).

108 Joel Mokyr, *The Gifts of Athena: Historical Origin of the Knowledge Economy* (Princeton University Press, 2002), 257-258.

109 Tali Kristal, "The Capitalist Machine: Computerization, Workers' Power, and the Decline in Labor's Share within U.S. Industries," *American Sociological Review* 78, no.3 (2013): 361-389.

110 Kjell Erik Lommerud, Forde Meland, and Old Rune Straume, "Globalisation and Union Opposition to Technological Change," *Journal of International Economics* 68, no.1 (2006): 1-23.

111 벨 연구소의 상세한 역사에 대해서는 다음 논문 참조. Jon Gertner, *The Idea Factory: Bell Labs and the Great Age of American Innovation* (New York: Penguin, 2012).

112 Mark Clark, "Suppressing Innovation: Bell Laboratories and Magnetic Recording," *Technology and Culture* 34, no.3 (1993): 534.

113 Clark, "Suppressing Innovation," 534.

114 Frank W.Geels, "Regime Resistance against Low-Carbon Transitions: Introducing Politics and Power into the Multi-Level Perspective," *Theory, Culture and Society* 31, no.5 (2014): 21-40.

115 이와 유사한 성공 역학은 과학연구 분야에서 명백하다. Thomas Kuhn, *The Structure of Scientific Revolutions* (Chicago: University of Chicago Press, 1962).

제2장 부글부글 끓는 커피 논쟁

1   Suzanne Bush, "Coffee Cleared in Chemical Court," *BBC News,* September 30, 2003.

2   Bush, "Coffee Cleared."

3   Joseph A. Schumpeter, *Business Cycles; A Theoretical, Historical and Statistical Analysis of the Capitalist Process,* vol. 1 (New York: McGraw Hill, 1939), 73.

4   Calestous Juma, *The Gene Hunters: Biotechnology and the Scramble for Seeds* (Princeton, NJ: Princeton University Press, 1989), 41.

5   Brian W. Beeley, "The Turkish Village Coffeehouse as a Social Institution," *Geographical Review* 60, no. 4 (1970): 475-493.

6   William H. Ukers, *All about Coffee* (New York: Tea and Coffee Trade Journal Company, 1922), 370.

7   Ukers, *All about Coffee,* 5.

8   Jeffrey T. Schnapp, "The Romance of Caffeine and Aluminium," *Critical Inquiry* 28, no. 1 (2001): 249.

9   Lawrence E. Klein, "Coffeehouse Civility, 1960-1714: An Aspect of Post-courtly Culture in England," *Huntington Library Quarterly* 59, no. 1 (1996): 30-51.

10  Steven Pincus, "'Coffee Politicians Does Create': Coffeehouses and Restoration Political Culture," *Journal of Modern History* 67, no. 4 (December 1995): 807-834.

11  "수피파 신도들은 그들의 종교의식을 행할 때 커피를 사용했다. 왜냐하면 커피의 각성 성분은 길고 반복적인 신앙 회심 수행기간 중 신비스러운 황홀경으로 몰아넣었기 때문 이다." Markman Ellis, *The Coffeehouse: A Cultural History* (London: Phoenix, 2004), 14.

12  Ralph S. Hattox, *Coffee and Coffeehouses: The Origins of a Social Beverage in the Medieval Near East* (Seattle: University of Washington Press, 1985), 33.

13  Edward Robinson, *The Early History of Coffee Houses in England* (London: Kegan, Paul, Trench, Trubner, 1893).

14  Bennet A. Weinberg and Bonnie K. Bealer, *The World of Caffeine: The Science and Culture of the World's Most Popular Drug* (London: Routledge, 2002), 14.

15  Hattox, *Coffee and Coffeehouses,* 119.

16  Hattox, *Coffee and Coffeehouses,* 56.

17  Hattox, *Coffee and Coffeehouses,* 56.

18  Hattox, *Coffee and Coffeehouses,* 56.

19  Rudi Matthee, "Coffee in Safavid Iran: Commerce and Consumption," *Journal of the*

*Economic and Social History of the Orient* 37, no.1 (1994): 27.

20  Weinberg and Beaker, *World of Caffeine*, 15.

21  Matthee, "Coffee in Safavid Iran," 29.

22  Ukers, *All about Coffee*, 547.

23  Mark Pendergast, *Uncommon Grounds: The History of Coffee and How It Transformed Our World*, rev. ed. (New York: Basic Books, 2010), 8.

24  Ukers, *All about Coffee*, 31.

25  Ukers, *All about Coffee*, 31.

26  Pendergast, *Uncommon Grounds*, 8.

27  낙인을 찍기 위한 이러한 생생한 비유는 보기 드문 일이 아니었다. 1660년 프랑스 부르고뉴에서는 감자는 불법이었다. 왜냐하면 감자가 나병을 일으킬 수 있다고 생각했기 때문이다. 이는 감자 껍질과 나환자의 피부 사이에 외견상 유사점이 있었기 때문이다.

28  Weinberg and Bealer, *World of Caffeine*, 93

29  Henry Hobhouse, *Seeds of Change: Five Plants That Transformed Mankind* (London: Sidgwick and Jackson, 1985), 93-137.

30  Denys M. Forrest, *Tea for the British: The Social and Economic History of a Famous Trade* (London: Chatto and Windus, 1973). 에드문드 월러(Edmund Waller)의 시 「왕비 전하가 권하는 차」는 캐서린의 결혼 1년 후에 쓰여 졌으며, 이는 차 소비 증진과 관련된 왕실의 노력의 일환이었다. 그 결혼으로 포르투갈은 영국의 허가하에 인도에서 상당한 상업적 이권을 얻었다.

31  야곱은 그 후에 사업을 런던으로 옮겼다. 이에 대해서는 Anthony Clayton, *London's Coffee Houses: A Stimulating Story* (London: Historical Publications, 2003)을 참조.

32  Brian W. Cowan, *The Social Life of Coffee: The Emergence of the British Coffee-house* (New Heaven: Yale University Press, 2005), 92.

33  Weinberg and Bealer, *World of Caffeine*, 92.

34  Aytoun Ellis, *The Penny Universities: A History of the Coffee Houses* (London: Secker and Warburg, 1956).

35  Cowan, *Social Life of Coffee*, 95.

36  "커피하우스의 성장은 귀리, 맥아, 밀, 기타 농작물의 판매를 크게 저해했다. 우리의 농민들은 곡물을 팔 수 없기 때문에 망해가고 있으며, 지주들은 농민들로부터 지대를 걷지 못해 망하고 있다." Ukers, *All about Coffee*, 64.

37  Ukers, *All about Coffee*, 72.

38  Robinson, *Coffee Houses in England*, 163.

39  1674년 런던의 여성들은 남편들이 커피 마시는 것을 금지해 달라고 국왕에게 청원서

(Women's petition against coffee)를 제출했다. 다음은 그 청원서 내용 중 일부다. "그들(남편들)은 촉촉한 것이라곤 더러운 콧물 가득한 코밖에 없고, 뻣뻣한 것이라곤 관절밖에 없으며, 꼿꼿이 서 있는 것이라곤 귀밖에 없다. 그들은 커피를 마신 후 계속 잠이 깨어 있는 것처럼 가장하지만, 우리(여성들)는 졸렬한 경험을 통해 그들이 그 후에 아주 조용히 잠든다는 것을 발견한다. 약혼한 여왕은 그들에게 칼로 경고하지 않아도 그들 중 한 사람과 한 침대에 들 수 있다고 믿을 것이다. 또한 우리가 사용하는 모든 기술은 이 무기력 상태로부터 그들을 소생시킬 수 없다. 그래서 그들은 행동에 적합하지 않다. 징집된 젊은 시민군 병사들처럼 그들은 탄약이 부족하다. 우연히 나타나기도 하지만 실탄을 발사할 수 없고, 본격적인 실행은 하지 않고 단순히 불꽃만 번쩍이고 만다." 참조: http://www.staff.uni-giessen.de/gloning/tx/wompet.htm.

40 이 청원에 대한 남자들의 반응은 1676년에 나왔는데 커피의 의학적·경제적·사회적 편익을 제시하면서 만일 여성들이 공격을 중지하지 않는다면 남자들이 다른 나라로 이민을 갈지도 모른다고 암시했다. 그러나 이러한 대응은 여성들의 청원만큼 주목을 받지 못했다.

41 그 이전에 찰스 2세는 특정 무역을 보호하기 위해 선언문을 발표했다. 예컨대, 1660년 신하들에게 사순절(Lent)을 엄격히 지키도록 권고하는 포고령을 발표했다. 이것은 어부들의 고용에 유익했다. 이에 대해 자세한 내용은 다음 문헌 참조. Robinson, *Coffee Houses in England*, 166.

42 Weinberg and Bealer, *World of Caffeine*, 160.

43 Robert Liberles, *Jews Welcome Coffee: Tradition and Innovation in Early Modern Germany* (Waltham, MA: Brandeis University Press, 2012), 133.

44 Liberles, *Jews Welcome Coffee*, 133.

45 "관계 자료에 따르면 14세기 전반에 걸쳐 로스톡(Rostock) 항구나 한사(Hansa) 항구에서 출발하는 화물선의 화물은 주로 맥주였다. 그 화물선의 기착지는 벨기에 브뤼허(Bruges)였다. 하지만 덴마크 해상 절도단이 가끔 외레순 해협(Øresund Strait)에서 화물선을 약탈했으며, 맥주통을 전리품으로 코펜하겐으로 가져갔다." 참조: H.E. Jacob, *Coffee: The Epic of Commodity* (New York: Viking Press, 1935), 54.

46 Jacob, *Coffee*, 54.

47 Ukers, *All about Coffee*, 46.

48 Ukers, *All about Coffee*, 47.

49 Marie Clark Nelson and Ingvar Svanberg, "Coffee in Sweden: A Question of Morality, Health, and Economy," *Food and Foodways* 5, no.3 (1993): 239-254.

50 Mats Essemyr, "Prohibition and Diffusion: Coffee and Coffee Drinking in Sweden 1750-1970," in *Coffee in the Context of European Drinking Habits*, ed. Daniela Ball (Zurich: Johann Jacobs Museum, 1989), 87.

51   David Edgerton, *The Shock of the Old: Technology and Global History since 1900*( Oxford University Press, 2007), 30.

52   Hattox, *Coffee and Coffeehouses*, 7.

53   Hattox, *Coffee and Coffeehouses*, 7.

54   Hattox, *Coffee and Coffeehouses*, 7.

55   Paul Slovic, ed., *The Feeling of Risk: New Perspectives on Risk Perception*(London: Earthscan, 2010).

56   Jennifer Smith Maguire and Dan Hu, "Not a single Coffee Shop: Local, Global and Global Dimensions of the Consumption of Starbucks in China," *Social Identities* 19, no.5(2013): 670-684.

## 제3장 인쇄기를 멈춰라: 코란 인쇄하기

1   F. A. al-Razzak, "The Kingdom of the Book: The History of Printing as an Agent of Change in Morocco between 1865 and 1912," PhD dissertation, Boston University, 1990, 224.

2   Emilie Savage-Smith, "Islam," in *The Cambridge History of Science,* vol.4, ed. Roy Porter(Cambridge: Cambridge University Press, 2003), 656.

3   Fatma M. Göçek, *East Encounters West: France and the Ottoman Empire in the Eighteenth Century*(Oxford: Oxford University Press, 1987), 112.

4   Thomas F. Carter, "Islam as a Barrier to Printing," *Muslim World* 33, no.2(1943): 213.

5   Carter, "Islam as a Barrier," 213.

6   Carter, "Islam as a Barrier," 216.

7   Francis Robinson, "Technology and Religious Change: Islam and the Impact of Print, "*Modern Asian Studies* 27, no.1(1943): 233.

8   Toby E. Huff, *Intellectual Curiosity and the Scientific Revolution: Global Perspectives* (Cambridge: Cambridge University Press, 2010), 129.

9   Jeremiah E. Dittmar, "Information Technology and Economic Change: The Impact of Printing Press," *Quarterly Journal of Economics* 126, no.3(2011): 1133.

10   Dittmar, "Information Technology," 1133.

11   Savage-Smith, "Islam," 647-668.

12   Huff, *Intellectual Curiosity,* 130-131.

13  Robinson, "Technology and Religious Change," 232.

14  Salah al-Din al-Munajjid, "Women's Role in the Art of Calligraphy," in *The Book in the Islamic World: The Written Word and Communication in the Middle East*, ed. George N. Atiyeh (Albany: State University of New York Press, 1995), 147.

15  al-Munajjid, "Women's Role," 147.

16  al-Munajjid, "Women's Role," 147.

17  Robinson, "Technology and Religious Change," 234.

18  Constance E. Padwick, *Muslim Devotions: A Study of Prayer-Manuals in Common Use* (Oxford Oneworld Publications, 1961), 119.

19  William A. Graham, *Beyond the Written Word: Oral Aspects of Scripture in the History of Religion* (New York: Cambridge University Press, 1987), 81.

20  William A. Graham, "Traditionalism in Islam: An Essay in Interpretation," *Journal of Interdisciplinary History* 23, no.3 (1993): 511.

21  Robinson, "Technology and Religious Change," 235.

22  Franz Rosenthal, "'Of Making Many Books There Is No End': The Classical Muslim View," in Atiyeh, *Book in Islamic World*, 36.

23  Jared Rubin, "Printing and Protestants: An Empirical Test on the Role of Printing in the Reformation," *Review of Economics and Statistics* 96, no.2 (2014): 271.

24  Dittmar, "Information Technology," 1133.

25  Elizabeth L. Eisenstein, *The Printing Revolution in Early Modern Europe,* 2nd ed. (Cambridge: Cambridge University Press, 2005).

26  Rubin, "Printing and Protestants," 271.

27  Dittmar, "Information Technology," 1141.

28  Adrian Johns, *The Nature of the Book: Print and Knowledge in the Making* (Chicago: University of Chicago Press, 1998).

29  U. Neddermeyer, "Why Were There No Riots of the Scribes?," *Gazette du livre médiéval* 31 (1997): 6.

30  Neddermeyer, "Why No Riots?," 6.

31  Lucien Febvre and Henri-Jean Martin, *The Coming of the Book: The Impact of Printing, 1450-1800,* trans. David Gerard, ed. Geoffrey Nowell-Smith and David Wootton (London: Verso, 1958), 288.

32  Rubin, "Printing and Protestants," 272.

33  Douglas Miller, *Armies of the German Peasants' War, 1524-26* (Oxford: Osprey Publishing, 2003).

34  Rubin, "Printing and Protestants," 273.

35  Febvre and Martin, *The Coming of the Book*, 291.

36  Lewis W. Spitz, *The Protestant Reformation, 1517-1579* (New York: Harper & Row, 1985), 89.

37  Rubin, "Printing and Protestants," 272.

38  Febvre and Martin, *The Coming of the Book*, 291.

39  Rubin, "Printing and Protestants," 273.

40  Rubin, "Printing and Protestants," 280-281.

41  Dittmar, "Information Technology," 1133.

42  Metin M. Coşgel, Thomas J. Miceli, and Jared Rubin, "The Political Economy of Mass Printing: Legitimacy and Technological Change in the Ottoman Empire," *Journal of Comparative Economics* 40, no.3 (2012): 363.

43  Niyazi Berkes, *The Development of Secularism in Turkey* (New York: Routledge, 1998), 37-38.

44  Berkes, *Development of Secularism*, 40.

45  Berkes, *Development of Secularism*, 40.

46  Mohammed Ghaly, "The Interplay of Technology and Sacredness in Islam: Discussions of Muslim Scholars on Printing the Qur'an", *Studies in Law, Ethics, and Technology* 3, no.2 (2009): 3.

47  Yasemin Gencer, "İbrahim Müteferrika and the Age of the Printed Manuscript," in *The Islamic Manuscript Tradition: Ten Centuries of Book Arts in Indiana University Collections*, ed. Christiane Gruber (Bloomington: Indiana University Press, 2009), 158.

48  Berkes, *Development of Secularism*, 40.

49  Michael W. Albin, "Early Arabic Printing: A Catalogue of Attitudes," *Manuscripts of the Middle East* 5 (1990-1991): 115.

50  Albin, "Early Arabic Printing," 115.

51  Savage-Smith, "Islam," 659.

52  Orlin Sabev, "The First Ottoman Turkish Printing Enterprise: Success or Failure?," in *Ottoman Tulips, Ottoman Coffee: Leisure and Lifestyle in the Eighteenth Century*, ed. Dana Sajdi (London: Taurus Academic Studies, 2007), 63-194.

53  Savage-Smith, "Islam," 657.

54  Robinson, "Technology and Religious Change," 233.

55  Muhsin Mahdi, "From the Manuscript Age to the Age of Printed Books," in Atiyeh,

*Book in Islamic World*, 1.

56  Mahdi, "Manuscript Age,"1.

57  Mahdi, "Manuscript Age,"10-11.

58  Mahdi, "Manuscript Age,"11.

59  Mahdi, "Manuscript Age," 9-16.

60  Ghaly, "Interplay of Technology," 15.

61  Ghaly, "Interplay of Technology," 16.

62  Ghaly, "Interplay of Technology," 17.

63  Daron Acemoglu and James A. Robinson, *Why Nations Fail: The Origins of Power, Prosperity, and Poverty*(New York: Crown Publishing, 2012), 215.

64  Coşgel, Miceli, and Rubin, "The Political Economy," 357.

65  Yakup Bektas, "The Sultan's Messenger: Cultural Constructions of Ottoman Telegraphy, 1847-1880," *Technology and Culture* 41, no.4(2000): 696.

66  Bektas, "Sultan's Messenger," 696.

67  Bektas, "Sultan's Messenger," 696.

68  Savage-Smith, "Islam," 658-659.

69  Merlyna Lim, "Clicks, Cabs and Coffee Houses: Social Media and Oppositional Movements in Egypt, 2004-2011," *Journal of Communication* 62, no.2(2012): 231-248.

70  Gencer, "İbrahim Müteferrika," 183.

## 제4장 버터의 흑색 공격

1  Bentley Glass, "Oleomargarine Territory," Science, n.s. 153, no.3744(1966): 1595-1596.

2  이 논쟁의 종합적 분석에 대해서는 다음 논문 참조. David L. Seim, "The Butter-Margarine Controversy and 'Two Cultures' at Iowa State College," Annals of Iowa 67 (2008): 1-50.

3  Joseph A. Schumpeter, *The Theory of Economic Development*(Cambridge, MA: Harvard University Press, 1934), 86.

4  Geoffrey P. Miller, "Public Choice at the Dawn of the Special Interest State: The Story of Butter and Margarine," *California Law Review* 77, no.1 (1989): 89.

5  Miller, "Public Choice," 90.

6    Richard A. Ball and J. Robert Lilly, "The Menace of Margarine: The Rise and Fall of a Social Problem," *Social Problems* 29, no.5 (1982): 491.

7    Henry C. Bannard, "The Oleomargarine Law: A Study of Congressional Politics," *Political Science Quarterly* 2, no.4 (1887): 549.

8    Bannard, "Oleomargarine Law," 549.

9    Miller, "Public Choice," 90-91.

10   Miller, "Public Choice," 91.

11   Ball and Lilly, "Menace of Margarine," 488-489.

12   Ball and Lilly, "Menace of Margarine," 489.

13   Ball and Lilly, "Menace of Margarine," 489.

14   J. H. van Stuyvenberg, "Aspects of Government Interventions," in *Margarine: An Economic, Social and Scientific History, 1869-1969*, ed. J. H. van Stuyenberg (Liverpool: Liverpool University Press, 1969), 281-327.

15   Ball and Lilly, "Menace of Margarine," 491.

16   Ball and Lilly, "Menace of Margarine," 491.

17   W. T. Mickle, "Margarine Legislation", *Journal of Farm Economics* 23, no.3 (1941): 568.

18   Ball and Lilly, "Menace of Margarine," 492.

19   Ball and Lilly, "Menace of Margarine," 492.

20   S. F. Riepma, *The Story of Margarine* (Washington, DC: Public Affairs Press, 1970), 5.

21   Ball and Lilly, "Menace of Margarine," 492.

22   '순수 식품' 운동이 최고조에 이르렀을 때 이러한 토론이 일어나고 있었다는 것은 매우 교훈적이다. 다음 책 참조. Lorine Goodwin, *The Pure Food, Drink, and Drug Crusader, 1879-1914* (Jefferson, NC: McFarland, 1999).

23   Ball and Lilly, "Menace of Margarine," 492.

24   Katherine Snodgrass, *Margarine as a Butter Substitute* (Stanford, CA; Stanford University Press, 1930), 89-98; Riepma, *The Story of Margarine,* 85-107.

25   Mickle, "Margarine Legislation," 576.

26   Mickle, "Margarine Legislation," 570.

27   Miller, "Public Choice," 114-115.

28   Bannard, "Oleomargarine Law," 547-548.

29   Bannard, "Oleomargarine Law," 546.

30   Miller, "Public Choice," 125.

31   Miller, "Public Choice," 125-126.

32  Bannard, "Oleomargarine Law," 548.

33  Bannard, "Oleomargarine Law," 549.

34  Bannard, "Oleomargarine Law," 550.

35  Mickle, "Margarine Legislation," 571.

36  Mickle, "Margarine Legislation," 571.

37  Mickle, "Margarine Legislation," 571.

38  Mickle, "Margarine Legislation," 576.

39  Ruth Dupré, "'If It's Yellow, It must Be Butter': Margarine Regulation in North America since 1886," *Journal of Economic History* 59, no. 2 (1999): 353.

40  J. S. Abbott, *False Advertising: An Exposé of Propaganda against Margarine and the Margarine Industry* (Washington, DC: Institute of Margarine Manufacturers, 1928), 9.

41  Abbott, *False Advertising,* 13.

42  Abbott, *False Advertising,* 19.

43  Abbott, *False Advertising,* 5.

44  Abbott, *False Advertising,* 5.

45  Robert Ferber and George W. Ladd, "Trends in State Margarine Legislation," *Journal of Marketing* 24, no. 4 (1960): 65.

46  Ball and Lilly, "Menace of Margarine," 495.

47  William R. Pabst Jr., "Interstate Trade Barriers and State Oleomargarine Taxes," *Southern Economic Journal* 7, no. 4 (1941): 507.

48  L. D. Howell, " Internal Trade Barriers for Margarine," *Journal of Farm Economics* 25, no. 4 (1943): 802.

49  Pabst, "Interstate Trade Barriers," 509.

50  Howell, "Internal Trade Barriers," 803-804.

51  Howell, "Internal Trade Barriers," 804.

52  Dupré, "If It's Yellow," 356.

53  Dupré, "If It's Yellow," 356.

## 제5장 영농 기계화

1  Carolyn Dimitri, Anne Effland, and Neilson Conklin, *The 20th Century Transformation of US Agriculture and Farm Policy* (Washington, DC: United States Department of Agriculture, 2005).

2   Alan L. Olmstead and Paul W. Rhode, "The Agricultural Mechanization Controversy of the Interwar Years," *Agricultural History* 68, no.3 (1994): 36.

3   Clarence H. Danhof, "Gathering the Grass," *Agricultural History* 30, no.4 (1956): 169-173.

4   R. Douglas Hurt, *American Farm Tools: From Hand-Power to Steam-Power* (Manhattan, KS: Sunflower University Press, 1982), 133.

5   Wayne D. Rasmussen, "The Impact of Technological Change on American Agriculture, 1862-1962," *Journal of Economic History* 22, no.4. (1962): 574.

6   Rasmussen, "The Impact of Technological Change," 578; Wayne D. Rasmussen and Paul S. Stone, "Toward a Third Agricultural Revolution," *Proceedings from the Academy of Political Science* 34, no.3 (1982): 174-185.

7   Robert C. Williams, *Fordson, Farmall, and Poppin' Johnny: A History of the Farm Tractor and Its Impact on America* (Urbana: University of Illinois Press, 1988), 11.

8   Williams, *Fordson,* 90.

9   Deborah Fitzgerald, *Every Farm a Factory: The Industrial Ideal in American Agriculture* (New Haven: Yale University Press, 2003), 97.

10  Fitzgerald, *Every Farm,* 97.

11  Alan L. Olmstead and Paul W. Rhode, *Creating Abundance: Biological Innovation and American Agricultural Development* (Cambridge: Cambridge University Press, 2008), 373.

12  Dinah Duffy Martini and Eugene Silberberg, "The Diffusion of Tractor Technology," *Journal of Economic History* 66, no.1 (2006): 354-389.

13  Fitzgerald, *Every Farm,* 98.

14  George B. Ellenberg, "Debating Farm Power: Draft Animals, Tractors, and the United States Department of Agriculture," *Agricultural History* 74, no.2 (2000): 553.

15  Ellenberg, "Debating Farm Power," 553.

16  Robert E. Ankli, "Horses vs. Tractors on the Corn Belt," *Agricultural History* 54, no.1 (1980): 137.

17  Olmstead and Rhode, "Agricultural Mechanization Controversy," 39.

18  Olmstead and Rhode, "Agricultural Mechanization Controversy," 39.

19  Olmstead and Rhode, "Agricultural Mechanization Controversy," 38.

20  Ellenberg, "Debating Farm Power," 553.

21  Ellenberg, "Debating Farm Power," 553.

22  Robert C. Williams, "Farm Technology and 'The Great Debate': The Rhetoric of

Horse Lovers and Tractor Boosters, 1900-1945," in *At Home on the Range: Essays on the History of Western Social and Domestic Life,* ed. John. R. Wunder (Westport, CT: Greenwood Press, 1985), 137-155.

23  Ellenberg, "Debating Farm Power," 547-548.

24  Ellenberg, "Debating Farm Power," 549.

25  Olmstead and Rhode, "Agricultural Mechanization Controversy," 45.

26  Olmstead and Rhode, "Agricultural Mechanization Controversy," 45-46.

27  Ellenberg, "Debating Farm Power," 563.

28  Ellenberg, "Debating Farm Power," 549.

29  Fitzgerald, *Every Farm,* 99.

30  Olmstead and Rhode, "Agricultural Mechanization Controversy," 41.

31  Randy Steffen, *The Horse Soldier* (Norman: University of Oklahoma Press, 1979).

32  Olmstead and Rhode, "Agricultural Mechanization Controversy," 51.

33  Olmstead and Rhode, "Agricultural Mechanization Controversy," 42.

34  Olmstead and Rhode, "Agricultural Mechanization Controversy," 47.

35  Olmstead and Rhode, "Agricultural Mechanization Controversy," 47.

36  Olmstead and Rhode, "Agricultural Mechanization Controversy," 48.

37  Olmstead and Rhode, "Agricultural Mechanization Controversy," 51.

38  Olmstead and Rhode, "Agricultural Mechanization Controversy," 52.

39  Philip L. Martin and Alan L. Olmstead, "The Agricultural Mechanization Controversy," *Science* 227, no. 4687 (1985): 601.

40  Martin and Olmstead, "The Agricultural Mechanization Controversy," 601.

41  Olmstead and Rhode, "Agricultural Mechanization Controversy," 35-53.

42  Hurt, *American Farm Tools,* 256; R. Douglas Hurt, *American Agriculture: A Brief History* (Ames: Iowa State University Press, 1994).

43  Ellenberg, "Debating Farm Power," 556.

44  Ellenberg, "Debating Farm Power," 556.

45  Ellenberg, "Debating Farm Power," 557.

46  마력과 트랙터 동력의 비교에 대한 역사적인 시도에 대해서는 다음 논문 참고. Naum Jansy, "Tractor versus Horse as a Source of Farm Power," *American Economic Review* 23, no. 4 (1935): 708-723.

47  이와 유사한 철도의 영향에 관한 논의는 다음 논문 참고. Robert W. Fogel, *Railroads and American Economic Growth: Essays in Econometric History* (Baltimore: Johns Hopkins Press, 1965).

48 상세한 반사실적 분석(counterfactual analysis)을 사용해 Richard Steckel과 William White는 "농작물 생산의 기계화로 1954년 기준 GDP가 8퍼센트가 증가했다"고 결론지었다. 이와 관련 다음 논문 참조. Richard Steckel and William White, *Engines of Growth: Farm Tractors and Twentieth-Century US Economic Welfare*(Cambridge, MA: National Bureau of Economic Research, 2012); Alan L. Olmstead and Paul W. Rhode, "Reshaping the Landscape: The Impact and Diffusion of the Tractor in American Agriculture, 1910-1960," *Journal of Economic History* 61, no.3(2001): 663-698.

49 Economic Research Service, *The 20th Century Transformation of US Agriculture and Farm Policy*(Washington, DC: United States Department of Agriculture, 2005).

50 예컨대, 다음 논문 참조. Ernesto Clar and Vicente Pinilla, "Path Dependence and the Modernization of Agriculture: A Case Study of Aragon, 1955-1985," *Rural History* 22, no.2(2011): 251-269.

51 William H. Friedland, "Engineering Social Change in Agriculture," *University of Dayton Review* 21, no.1(1991): 5-42.

52 Friedland, "Engineering Social Change," 25-42.

53 예컨대, 다음 논문 참조. Clar and Pinilla, "Path Dependence."

**제6장 과충전된 전기 논쟁**

1 직류와 교류는 전기 에너지의 전도 및 전송 방식을 말한다. 즉 직류와 교류는 전자의 흐름을 통해 전기의 기본을 형성한다. 직류는 크기와 방향이 일정한 전류이고, 교류는 시간에 따라 크기와 방향이 주기적으로 변하는 전류를 말한다.

2 Thomas P. Hughes, *Networks of Power: Electrification in Western Society, 1880-1930* (Baltimore: Johns Hopkins University Press, 1983), 1.

3 새로움과 불확정성 그리고 비선형적 도약에 대해서는 다음 논문 참조. Joseph A. Schumpeter, "Development," *Journal of Economic Literature* 43, no.1(2005): 108-120.

4 Bruce G. Link and Jo C. Phelan, "Conceptualizing Stigma," *Annual Review of Sociology* 27(2001): 363-385.

5 Michael B. Schiffer, *Power Struggles: Scientific Authority and the Creation of Practical Electricity before Edison*(Cambridge, MA: MIT Press, 2008), 1.

6 Richard Swedberg, *Explorations in Economic Sociology*(New York: Russel Sage Foundation), 97.

7   William P. Gerhard, *The American Practice of Gas Piping and Gas Lightening in Buildings*(New York: McGraw, 1908), 263.

8   Gerhard, *American Practice,* 263.

9   Gerhard, *American Practice,* 267.

10  Gerhard, *American Practice,* 2.

11  Gerhard, *American Practice,* 8-11.

12  Jill Jonnes, *Empires of Light: Edison, Tesla, Westinghouse, and the Race to Electrify the World*(New York: Random House, 2003), 55.

13  John C. Griffiths, *The Third Man: The Life and Times of William Murdoch, 1754-1839* (London: Andre Deutsch, 1992), 353.

14  "가스 조명의 생산과 소비에 참여한 행위자들(개인과 조직)은 석탄 제조업자에서부터 시에 고용된 가로등 점등원에 이르기까지 그리고 공급자와 고객들과 투자자들을 모두 포함하는 제도화된 분야의 수단들을 가지고 있었다." 이와 관련 자세한 내용은 다음 논문 참조. Andrew Hargadon and Yellowlees Douglas, "When Innovations Meet Institutions: Edison and the Design of Electric Light," *Administrative Science Quarterly* 46, no.3 (2001): 485.

15  Jonnes, *Empires of Light,* 49.

16  Matthew Josephson, *Edison: A Biography*(New York: McGrow-Hill,1959): 251.

17  Gerhard, *The American Practice,* 271.

18  Hargadon and Douglas, "When Innovations Meet Institutions," 488.

19  Josephson, *Edison: A Biography,* 179.

20  Steven W. Usselman, "From Novelty to Utility: George Westinghouse and the Business of Innovation during the Age of Edison," *Business History Review* 66, no.2 (1992): 254.

21  Jonnes, *Empires of Light,* 119.

22  Francis E. Leupp, *George Westinghouse: His Life and Achievements*(Boston: Little, Brown, 1918), 139-140.

23  Leupp, *George Westinghouse,* 139.

24  Jonnes, *Empires of Light,* 137.

25  Richard Moran, *Executioner's Current: Thomas Edison and George Westinghouse, and the Invention of the Electric Chair*(New York: Vintage Books, 2002), 53.

26  A. J. Millard, *Edison and the Business of Innovation*(Baltimore: Johns Hopkins University Press, 1993), 101.

27  Jonnes, *Empires of Light,* 202.

28  Jonnes, *Empires of Light*, 203.

29  Paul A. David, "Heroes, Herds and Hysteresis in Technological History: Thomas Edison and 'The Battle of the Systems' Reconsidered," *Industrial and Corporate Change* 1, no.1 (1992): 171.

30  Robin Gregory, James Flynn, and Paul Slovic, "Technological Stigma," *American Scientist* 83, no.3 (1995): 220-223; Erving Goffman, *Stigma* (Englewood Cliffs, NJ: Prentice-Hall, 1963).

31  Thomas P. Hughes, "Harold P. Brown and the Executioner's Current: An Incident in the AC-DC Controversy," *Business History Review* 32, no.2 (1958): 145.

32  Hughes, "Harold P. Brown," 145.

33  Mark Essig, *Edison and the Electric Chair: A Story of Light and Death* (New York: Walker, 2003), 141.

34  Essig, *Edison and the Electric Chair,* 141.

35  Essig, *Edison and the Electric Chair,* 142.

36  Jonnes, *Empires of Light*, 172.

37  Craig Brandon, *The Electric Chair: An Unnatural American History* (London: McFarland, 1999), 52.

38  Essig, *Edison and the Electric Chair,* 117.

39  Hughes, "Harold P. Brown," 151.

40  Brandon, *The Electric Chair,* 68.

41  Hughes, "Harold P. Brown," 152.

42  Jonnes, *Empires of Light*, 205.

43  Hughes, "Harold P. Brown," 159.

44  Hughes, "Harold P. Brown," 159.

45  Brandon, *The Electric Chair,* 25.

46  Jonnes, *Empires of Light*, 208.

47  Brandon, *The Electric Chair,* 177.

48  Essig, *Edison and the Electric Chair,* 220.

49  Essig, *Edison and the Electric Chair,* 220.

50  Essig, *Edison and the Electric Chair,* 220.

51  Essig, *Edison and the Electric Chair,* 220.

52  Essig, *Edison and the Electric Chair,* 161.

53  Joseph P. Sullivan, "Fearing Electricity: Overhead Wire Panic in New York City," *Technology and Society Magazine* 14, no.3 (1995): 9.

54  Sullivan, "Fearing Electricity," 11.

55  Essig, *Edison and the Electric Chair*, 215.

56  Sullivan, "Fearing Electricity," 12.

57  Sullivan, "Fearing Electricity," 13.

58  Sullivan, "Fearing Electricity," 13.

59  Sullivan, "Fearing Electricity," 13.

60  Richard Swedberg, ed., *Explorations in Economic Sociology*(New York; Russell Sage, 1993), 235.

61  Schiffer, *Power Struggles*. 316.

62  Schiffer, *Power Struggles*. 315-316.

63  Frank L. Dyer and Thomas C. Martin, *Edison: His Life and Inventions*(New York: Harper, 1910), 264.

64  Walter G. Vincenti, "The Technical Shaping of Technology: Real-World Constraints and Technical Logic in Edison's Electrical Lighting System," *Social Studies of Science* 25, no.3(1996): 565.

65  기술의 비기술적 형성에 관한 논의는 다음 문헌 참조. Donald MacKenzie and Judy Wajcman, eds., *The Social Shaping of Technology: How the Refrigerator Got Its Hum*(Milton Keynes, UK: Open University Press, 1985); and Wiebe E. Bijker, Thomas P. Hughes, and Trevor J. Pinch, eds., *The Social Construction of Technological Systems: New Directions in the Sociology and History of Technology* (Cambridge, MA: MIT Press, 1987).

66  Susanne K. Schumidt and Raymund Werle, *Coordinating Technology: Studies in the International Standardization of Telecommunications*(Cambridge, MA: MIT Press, 2008).

67  Tom McNichol, AC/DC: *The Savage Tale of the First Standards War*(San Francisco: Jossey-Boss, 2006).

68  이러한 쟁점들을 둘러싼 복잡성에 관한 논의는 다음 논문 참조. Shelley McKellar, "Negotiating Risk: The failed Development of Atomic Hearts in America, 1967-1977," *Technology and Culture* 54, no.1(2013): 1-39.

69  Timothy Kostyk and Joseph Herkert, "Societal Implications of the Emerging Smart Grid," *Communication of the ACM* 55, no.11(2012): 34-36.

70  David J. Hesse and Jonathan S. Coley, "Wireless Smart Meters and Public Acceptance: The Environment, Limited Choices, and Precautionary Politics," *Public Understanding of Science* 23, no.6(2014): 688-702.

## 제7장 냉담한 환영: 기계식 냉동

1 산업 기술사의 전반적인 개요에 대해서는 Roger Thévenot, *A History of Refrigeration throughout the World*, trans. J. C. Fidler (Paris: International Institute of Refrigeration, 1979)를 참조.

2 Oscar E. Anderson, *Refrigeration in America: A History of a New Technology and Its Impact* (Princeton, NJ: Princeton University Press), 8.

3 F. Tudor, *Ice House Diary*, August 12, 1805.

4 Gavin Weightman, *The Frozen-Water Trade: A True Story* (New York: Hyperion, 2003), 195.

5 Philip Chadwick Foster Smith, "Crystal Blocks of Yankee Candles," *Essex Institute Historical Collections*, 1961. http://www.iceharvestingusa.com/crystalblocks1.html.

6 Anderson, *Refrigeration in America,* 15.

7 Anderson, *Refrigeration in America,* 69.

8 Anderson, *Refrigeration in America,* 69.

9 Anderson, *Refrigeration in America,* 69.

10 Anderson, *Refrigeration in America,* 71.

11 Anderson, *Refrigeration in America,* 69.

12 Weightman, *The Frozen-Water Trade,* 214.

13 *Abraham Lincoln Proclamation*, no.82, April 19, 1861.

14 Weightman, *The Frozen-Water Trade,* 224-225.

15 Susanne Freidberg, *Fresh: A Perishable History* (Cambridge, MA: Belknap Press of Harvard University Press, 2009), 25.

16 Jonathan Rees, *Refrigeration Nation: A History of Ice, Appliances, and Enterprise in America* (Baltimore: Johns Hopkins University Press, 2013), 55.

17 Rees, *Refrigeration Nation,* 63-64.

18 James Cullen, "To Ice!", *Ice and Refrigerationn* 73 (1927): 162.

19 *Ice and Refrigeration* 73 (1927): 211-218, Freidberg, *Fresh,* 243에서 인용.

20 Lisa Mae Robinson, "Safeguard by Your Refrigerator," in *Rethinking Home Economics: Women and the History of a Profession,* ed., Sara Stage and Virginia B. Vincenti (Ithaca, NY: Cornell University Press, 1997), 60.

21 E. Whitehorne, "Household Refrigeration," *House Beautiful*, September 1921, 212-214.

22 J. Seymour Currey, *Chicago, Its History and Its Builders: A Century of Marvelous*

Growth(Chicago: SJ Clarke, 1912), 67.

23 Joel I Connolly, Thomas J. Claffy, and John J. Aeberly, "Difficulties Encountered in the Control of Mechanical Refrigeration," *American Journal of Public Health* 20, no.3 (1930): 252-256.

24 *Ice and Refrigeration* 67 (October 1924): 239.

25 Jonathan Rees, "'I Did Not Know... Any Danger Was Attached': Safety Consciousness in the Early American Ice and Refrigeration Industries," *Technology and Culture* 46, no.3(2005): 546.

26 Rees, "'I Did Not Know," 554.

27 그 후 보험업자 안전시험소(UL)는 104개국의 고객들을 지원하는 연구·시험·인증 시설을 설치했다. 2012년 UL은 비영리 회사에서 영리기관으로 전환되었다. 업무 영역도 확대되어 당초 전기안전 기준영역에서부터 환경적 지속가능성, 안전 및 준법교육, 위험물질, 수질, 식품안전 및 성능 시험의 영역으로 크게 확대되었다.

28 Anderson, *Refrigeration in America,* 115-116.

29 냉동식품에 대한 상세한 토론 내용은 다음 논문 참조. Susanne E. Freiberg, "The Triumph of the Egg," *Comparative Studies in Society and History* 50, no.2(2008): 400-423.

30 Frank Horne, "Some Aspects of Food Conservation by Refrigeration," *Annals of the American Academy of Political and Social Science* 50(1913): 4; Lorian P. Jefferson, "Cold Storage," *American Political Science Review* 5, no.4(1911): 573-574.

31 Jefferson, "Cold Storage," 573-574.

32 Anderson, *Refrigeration in America,* 131.

33 Commonwealth of Massachusetts, *Report of the Commission to Investigate the Subject of the Cold Storage of Food and of Food Products Kept in Cold Storage* (Boston: Wright & Potter, January 1912), 269.

34 Commonwealth of Massachusetts, *Report of the Commission,* 272.

35 Commonwealth of Massachusetts, *Report of the Commission,* 269.

36 Barry K. Goodwin, Thomas Grennes, and Lee A. Craig, "Mechanical Refrigeration and the Integration of Perishable Commodity Markets," *Explorations in Economic History* 39, no.2(2002): 154-182.

37 Lee A. Craig, Barry K. Goodwin, and Thomas Grennes, "The Effect of Mechanical Refrigeration on Nutrition in the United States," *Social Science History* 28, no.2 (2004): 325-336.

38 Anderson, *Refrigeration in America,* 140.

39  Anderson, *Refrigeration in America,* 141.

40  "The National Education and Goodwill Advertising Campaign for the Ice Industry," *Ice and Refrigeration* 72 (1927): 158-161.

41  Gray D. Libecap, "The Rise of the Chicago Packers and the Origins of Meat Inspection and Antitrust," *Economic Inquiry* 30, no.2 (1992), 242-246.

42  Anderson, *Refrigeration in America,* 58.

43  Anderson, *Refrigeration in America,* 99-100.

44  Ruth S. Cowan, "How the Refrigerator Got Its Hum," in *The Social Shaping of Technology: How the Refrigerator Got Its Hum,* ed., Donald MacKenzi and Judy Wajcman (Milton Keynes, UK: Open University Press, 1985), 202-218. 여성의 역할이 후에 어떻게 냉장고 디자인에 영향을 주었는지에 대해서는 다음 논문 참조. Shelly Nickles, "'Preserving Women': Refrigerator Design as Social Process in the 1930s," *Technology and Culture* 43, no.4 (2002): 693-727.

45  Anderson, *Refrigeration in America,* 101.

46  *Transactions of the American Society of Refrigerating Engineers,* vol.5 (New York: American Society of Refrigerating Engineers, 1912).

47  *Transactions,* 31.

48  Dirk van Delft, "Facilitating Leiden's Cold: The International Association of Refrigeration and the Internationalisation of Heike Kamerlingh Onnes's Cryogenic Laboratory," *Centraurus* 49, no.3 (2007): 230-240.

49  Faidra Papanelopoulou, "The International Association of Refrigeration through the Correspondence of Heike Kamerlingh Onnes and Charles- Édouard Guillaume, 1908-1914," *Annals of Science* 66, no.3 (2009): 351.

50  Papanelopoulou, "The International Association of Refrigeration," 351.

51  Papanelopoulou, "The International Association of Refrigeration," 349.

52  Papanelopoulou, "The International Association of Refrigeration," 349-350.

53  Papanelopoulou, "The International Association of Refrigeration," 353.

54  Richard O. Cummings, *The American Ice Harvests: A Historical Study in Technology, 1800-1918* (Berkeley: University of California Press, 1949), 101.

55  Freidberg, Fresh, 111-112.

56  Anderson, *Refrigeration in America,* 238.

57  Anderson, *Refrigeration in America,* 132.

58  Anderson, *Refrigeration in America,* 252.

59  Anderson, *Refrigeration in America,* 254.

60 기존 산업들이 공중의 안전을 향상시키기 위한 중요한 기술적 개선을 어떻게 방해했는
지에 대한 설명은 다음 문헌 참조. R. John Brockmann, *Exploding Steamboats, Senate Debates, and Technical Reports: The Convergence of Technology, Politics and Rhetoric in the Steamboat Bill of 1838*(Amityville, NY: Baywood, 2002).

61 T. M. Razykov, C. S. Ferekides, D. Morel, E. Stefanakos, H. S. Ullal, and H. M. Upadhyaya, "Solar Photovoltaic Electricity: Current Status and Future Prospects," *Solar Energy* 85, no. 8 (2011): 1580-1608.

62 Kelly S. Gallagher, *The Globalization of Clean Energy Technology: Lessons from China*(Cambridge, MA: MIT Press, 2014).

63 John Deutch and Edward Steinfeld, *A Duel in the Sun: The Solar Photovoltaics Technology Conflict between China and the United States*(Cambridge, MA: Massachusetts Institute of Technology, 2013). 중국의 산업 보조금 정책과 관행에 대해
서는 다음 문헌 참고. Usha C. Haley and George T. Haley, *Subsidies to Chinese Industry: State Capitalism, Business Strategy, and Trade Policy*(Oxford: Oxford University Press, 2013).


## 제8장 욕을 먹더라도: 녹음 음악

1 Christian Schubert, "How to Evaluate Creative Destruction: Reconstructing Schumpeter's Approach," *Cambridge Journal of Economics* 37, no. 2 (2013): 227-250.

2 David Morton, *Off the Record: The Technology and Culture of Sound Recording in America*(New Brunswick, NJ: Rutgers University Press, 2000).

3 Robert D. Leiter, *The Musicians and Petrillo*(New York: Bookman Associates, 1953), 12.

4 James P. Kraft, *Stage to Studio: Musicians and the Sound Revolution,* 1890-1950 (Baltimore: Johns Hopkins University Press, 1996), 21.

5 Kraft, *Stage to Studio*, 24.

6 George Seltzer, *Music Matters: The Performer and the American Federation of Musicians*(London: Scarecrow Press, 1989), 16.

7 David Morton, *Sound Recording: The Story of a Technology*(Baltimore: John Hopkins University Press, 2004), 2-5.

8 David Suisman, *Selling Sounds: The Commercial Revolution in American Music* (Cambridge, MA: Harvard University Press, 2009)

9 Karin Bijsterveld, "A Servile Imitation: Disputes about Machines in Music,

1910-1930," in *Music and Technology in the Twentieth Century*, ed., Hans-Joachim Braun (Baltimore: John Hopkins University Press, 2002), 121.

10 Bijsterveld, "A Servile Imitation," 121.

11 Anders S. Lunde, "The American Federation of Musicians and the Recording Ban," *Public Opinion Quarterly* 12, no.1 (1948): 46-47.

12 Kraft, *Stage to Studio*, 62.

13 Tim Anderson, "'Buried under the Fecundity of His Own Creations': Reconsidering the Recording Bans of the American Federation of Musicians, 1942-1944 and 1948," *American Music* 22, no.2 (2004): 235.

14 Elizabeth Fones-Wolf, "Sound Comes to the Movies: The Philadelphia Musicians' Struggle against Recorded Music," *Pennsylvania Magazine of History and Biography* 118, nos.1-2 (1994): 14.

15 Mark Katz, *Capturing Sound: How Technology Has Changed Music* (Berkeley: University of California Press, 2004), 9.

16 Katz, *Capturing Sound,* 24.

17 Anderson, "Buried under the Fecundity," 246.

18 Joel Mokyr, *The Gifts of Athena: Historical Origins of the Knowledge Economy* (Princeton, NJ: Princeton University Press), 277-278.

19 Randal C. Picker, "From Edison to the Broadcast Flag: Mechanisms of Consent and Refusal and the Propertization of Copyright," *University of Chicago Law Review* 70, no.1 (2003): 281-296.

20 Lunde, "American Federation of Musicians," 49.

21 Lunde, "American Federation of Musicians," 47.

22 Seltzer, *Music Matters*, 30.

23 Seltzer, *Music Matters*, 31.

24 Leiter, *The Musicians and Petrillo*, 69.

25 Seltzer, *Music Matters*, 33-34.

26 Seltzer, *Music Matters*, 41.

27 Leiter, *The Musicians and Petrillo*, 132.

28 Seltzer, *Music Matters*, 40.

29 Leiter, *The Musicians and Petrillo*, 134.

30 Marina Peterson, "Sound Work: Music as Labor and the 1940s Recording Bans of the American Federation of Musicians," *Anthropological Quarterly* 86, no.3 (2013): 795.

31 Peterson, "Sound Work," 795.

32  Peterson, "Sound Work," 791-823; Seltzer, *Music Matters*, 41.

33  Seltzer, *Music Matters*, 279.

34  Kraft, *Stage to Studio*, 140.

35  Anderson, "Buried under the Fecundity," 246.

36  "FDR 'Telegram to Petrillo," *Broadcasting and Broadcast Advertising* 27, no.15 (October 1944): 11.

37  Anderson, "Buried under the Fecundity," 239.

38  Anderson, "Buried under the Fecundity," 239.

39  Scott DeVeaux, "Bebob and the Recording Industry: The 1942 Recording Ban Reconsidered," *Journal of the American Musicological Society* 41, no.1 (1988): 129.

40  DeVeaux, "Bebob," 146.

41  DeVeaux, "Bebob," 148.

42  Anderson, "Buried under the Fecundity," 232.

43  Anderson, "Buried under the Fecundity," 232.

44  M. William Krasilovsky and Sidney Schemel, *The Business of Music: The Definitive Guide to the Music Industry,* 10th ed. (New York: Watson Guptill, 2007).

45  Andre Millard, "Tape Recording and Music Making," in Braun, *Music and Technology,* 158-167.

46  Lisa M. Zepeda, "A&M Records, Inc. v. Napster, Inc.," *Technology Law Journal* 17, no.1 (2002): 71-90.

47  David E. Cavazos and Dara Szyliowicz, "How Industry Associations Suppress Threatening Innovation: The Case of the US Recording Industry," *Technology Analysis and Strategic Management* 23, no.5 (2011): 473-487.

48  Stan J.Leibowitz, "File Sharing: Creative Destruction or Just Plain Destruction?," *Journal of Law and Economics* 49, no.1 (2006): 1-28.

49  Mark Coleman, *Playback: From the Victrola to MP3, 100 Years of Music, Machines, and Money* (Cambridge, MA: Da Capo Press, 2005), 208.

## 제9장 유전자 변형 작물

1  아프리카 농업 바이오기술에 관한 나의 저작은 1980년대 중반으로 거슬러 올라간다. 1989년 이 주제에 대한 나의 첫 번째 주요 출판물은 『유전자 사냥꾼: 바이오기술과 종자 쟁탈전(*The Gene Hunters: Biotechnology and the Scramble for Seeds*)』이며, 북

아메리카에서 유전자 변형 작물에 관한 첫 번째 상업적 출시가 있기 거의 7년 전이다. 1995년부터 1998년까지 나는 「생물 다양성에 관한 UN 협약」의 초대 상임 사무총장으로 근무했다. 나는 아프리카의 지속가능한 발전에 기여할 수 있는 기술을 발굴하는 데 업무의 초점을 두고, 신기술의 부정적인 영향을 최소화하고 효과의 극대화를 추구하는 정책을 옹호했다. 이에 대한 자세한 설명은 The Bill and Melinda Gates Foundation의 후원을 받아 출간한 *The New Harvest: Agricultural Innovation in Africa*를 참조해 주기 바라며, 동 재단의 후원금이 이 장을 준비하는 데 사용되었음을 밝힌다.

2   Rachel Carson, *Silent Spring*, (New York: Houghton Mifflin, 1962), 278.

3   Carson, *Silent Spring*, 278.

4   Marc Van Montagu, "It Is a Long Way to GM Agriculture," *Annual Review of Plant Biology* 62 (2011): 1.

5   David Ropeik, *Risk: A Practical Guide for Deciding What's Really Safe and What's Really Dangerous in the World Around You* (New York: Mariner, 2002).

6   위해 기반 접근 방법은 '생물 다양성 협약에 관한 생명안전에 관한 카르타헤나 의정서 (The Cartagena Protocol on Biosafety to the Convention on Biological Diversity)'에 명시되어 있다. 의정서 전문은 "의정서 당사자국들은 인간 건강에 대한 위험을 고려하면서, 현대 생명기술의 급속한 팽창과 생물 다양성에 관한 잠재적 역효과에 대한 점증하는 대중의 우려를 인지하고 있다"고 선언하고 있다. Secretariat of the Convention on Biological Diversity, *Cartagena Protocol on Biosafety to the Convention on Biological Diversity* (Montreal: Secretariat of the Convention on Biological Diversity, 2000), 2.

7   "유전자 조작 유기체(GMO: Genetically Modified Organisms)"와 같은 용어 사용에 대한 상당한 혼란이 있다. 사실, 작물의 새로운 속성에 순응하는 모든 식물 증식 관행은 유전자 조작의 형태를 띤다. 대중적 관심의 대상은 다른 종의 유전자를 사용하여 조작되는 "유전자 변형 작물(transgenic crops)"에 중점을 두고 있다. 하지만 이종 간 특성 이전을 포함하지 않는 유전자 편집 기술을 사용하여 증식된 작물에까지도 대중의 반대가 확대되고 있다.

8   Drew L. Kershen, "Health and Food Safety: The Benefits of Bt-Corn," *Food and Drug Law Journal* 61, no. 2 (2006): 197-235; Matin Qaim, "Benefits of Genetically Modified Crops for the Poor: Household Income, Nutrition, and Health," *New Biotechnology* 27, no. 5 (2010): 552-557; A. M. Mannion and Stephen Morse, "Biotechnology in Agriculture: Agronomic and Environmental Considerations and Reflections Based on 15 Years of GM Crops," *Progress in Physical Geography* 36, no. 6 (2012): 747-763; Graham Brookes and Peter Barfoot, "Global Income and Production Impacts of Using GM Crop Technology 1996-2013," *GM Crops and Food* 6, no. 1 (2015): 13-46;

and Matin Qaim, *Genetically Modified Crops and Agricultural Development*(New York: Palgrave Macmillan, 2016).

9    N. Van Larebeke, C. Genetello, J. Schell, R. A. Schilperoort, A. K. Hermans, J. P. Hernalsteens, and M. Van Montagu, "Acquisition of Tumour-Inducing Ability by Non-oncogenic Agrobacteria as a Result of Plasmid Transfer," *Nature* 255(1975): 742-743; M. D. Chilton, M. H. Drummond, D. J. Merio, D. Sciaky, A. L. Montoya, M. P. Gordon, and E. W. Nester, "Stable Incorporation of Plasmid DNA into Higher Plant Cells: The Molecular Basis of Crown Gall Tumorigenesis," *Cell* 11, no.2(1977): 263-271; R. Fraley, S. G. Rogers, R. B. Horsch, P. R. Sanders, J. S. Flick, S. P. Adams, M. L. Bittner, et al., "Expression of Bacterial Genes in Plant Cells," *Proceedings of the National Academy of Science* 80, no.15(1983): 4803-4807.

10   Organisation for Economic Cooperation and Development(OECD), *Biotechnology: Economic and Wider Impacts*(Paris: OECD, 1989); and Henk Hobbelink, *Biotechnology and the Future of World Agriculture*(London: Zed, 1991).

11   농약이란 용어는 다음의 용어들을 포함한다. 향균제(antimicrobials), 동물 구충제 (animal repellents), 살금제(avicides), 살균제(bactericides), 소독제(disinfectants), 살 균제(fungicides), 제초제(herbicides), 곤충성장억제제(insect growth regulators), 살 충제(insecticides), 연체동물 구충제(molluscicides), 살선충제(nematicides), 어살제 (piscicides), 살수제(predacides), 쥐약(rodenticides), 소독제(sanitizers), 살흰개미제 (termiticides).

12   Gaëtan Vanloqueren and Philippe V. Baret, "Analysis: Why Are Ecological, Low-Input, Multi-resistant Wheat Cultivars Slow to Develop Commercially? A Belgian Agricultural 'Lock-In' Case Study," *Ecological Economics* 66, nos.2-3(2008): 436-446.

13   Vanloqueren and Baret, "Analysis."

14   Vanloqueren and Baret, "Analysis."

15   Adrian Kay, "Path Dependency and the CAP," *Journal of European Public Policy* 10, no.3(2003): 441.

16   Kym Anderson and Rod Tyres, "Implications of EU Expansion for Agricultural Policies, Trade and Welfare," in *Expanding Membership of the European Union*, ed., Richard E. Balwin, Pertti Haapararanta, and Jaakko Kiander(Cambridge: Cambridge University Press, 1995), 209-239; Richard E. Baldwin, Joseph F. Francois, and Richard Portes, "The Costs and Benefits of Eastern Enlargement: The Impact on the EU and Central Europe," *Economic Policy* 12, no.24(1997): 125-176.

17   Pari Patel and Keith Pavitt, "The Technological Competencies of the World's Largest Firms: Complex and Path-Dependent, but Not Much Variety," *Research Policy* 26,

no.2(1997): 141.

18  Margaret Sharp, "The Science of Nations: European Multinationals and American Biotechnology," *International Journal of Biotechnology* 1, no.1(1999): 146.

19  Sharp, "Science of Nations," 146.

20  Sharp, "Science of Nations," 146.

21  "접촉의 실패는 역량의 누적적 손실을 가져온다. 만일 미국 자회사들 또는 동업자들로부터 암묵지를 유럽의 다국적 기업들의 자국 실험실로 능동적으로 이전하는 수단이 없다면, 과학 관행의 선두 주자들로부터 손실을 보고 누적적 퇴보의 고통을 받은 것은 유럽의 과학이다. 따라서 이것은 장기적으로 이러한 분야에서 유럽이 고부가 가치 일자리를 창출하는 능력에 영향을 줄 수 있다." Sharp, "Science of Nations," 147-148.

22  Pierre-Benoit Joly, "*Bacillus thuringiensis*: A Century of Research, Development and Commercial Applications," *Plant Biotechnology Journal* 9, no.3(2011): 283.

23  National Academy of Sciences, *Genetically Modified Pest-Protected Plants: Science and Regulation*(Washington, DC: National Academy Press, 2000), 28.

24  Thomas R. DeGregori, *The Origins of the Organic Agriculture Debate*(Ames: Iowa State Press, 2004).

25  Qaim, "Benefits," 552-557.

26  Clive James, "ISAAA Brief 49-2014: Executive Summary," January 2014.

27  Pierre-Benoit Joly, "Innovating through Networks: A Case Study in Plant Biotechnology," *International Journal of Biotechnology* 1, no.1(1999): 67.

28  Joly, "Innovating through Networks," 68.

29  몬산토는 1997년 본사 화학부문을 분리해 솔티아(Soltia Inc.)를 설립했으며, 솔티아는 1994년 이스트만코닥(Eastman Kodak)에서 분리된 이스트만캐미컬컴퍼니(Eastman Chemical Company)에 47달러에 인수되었다.

30  Office of Technology Assessment, *Biotechnology in a Global Economy*(Washington, DC: Congress of the United States, 1991), 3.

31  Office of Technology Assessment, 3.

32  Margaret Sharp, *The New Biotechnology: European Governments in Search of Strategy*(Brighton, UK: University of Sussex, 1985).

33  James F. Oehmke and Christoper A. Wolf, "Measuring Concentration in the Biotechnology R&D Industry: Adjusting for Interfirm Transfer of Genetic Materials," *AgBioForum* 6, no.3(2003): 134-140.

34  Lawrence Busch, "Can Fairy Tales Come True? The Surprising Story of Neoliberalism and World Agriculture," *Sociologia Ruralis* 50, no.4(2010): 331-351.

35  Prabhu L. Pingali and Greg Traxler, "Changing Locus of Agricultural Research: Will the Poor Benefit from Biotechnology and Privatization Trends?," *Food Policy* 27, no.3(2002): 223-238.

36  Gemma Ferré, Koreen Ramessar, Richard Twyman, Teresa Capell, and Paul Christou, "The Humanitarian Impact of Plant Biotechnology: Recent Breakthroughs vs Bottlenecks for Adoption," *Current Opinion in Plant Biology* 13, n0. 2(2010): 219-225.

37  백악관 과학기술정책실의 유전공학 기본 계획(Framework)의 역사적 진화 과정은 다음 문헌 참조. Emily Marden, "Risk and Regulation: US Regulatory Policy on Genetically Modified Food and Agriculture," *Boston College Law Review* 33, no.3 (2003): 733-787.

38  National Academy of Sciences, *Introduction of Recombinant DNA-Engineered Organisms into the Environment: Key Issues*(Washington, DC: National Academy Press, 1987), 6.

39  National Academy of Sciences, *Recombinant DNA-Engineered Organisms,* 6.

40  National Academy of Sciences, *Agricultural Biotechnology Strategies for National Competitiveness*(Washington, DC: National Academy Press, 1987). 이 보고서는 이전 연구인 다음 보고서에 기초했다. National Academy of Sciences, *Genetic Engineering of Plants: Agricultural Research Opportunities and Policy Concerns*(Washington, DC: National Academy Press, 1984).

41  National Academy of Sciences, *Field Testing Genetically Modified Organisms: Framework for Decisions*(Washington, DC: National Academy Press, 1987). 이 보고서는 이전 연구인 다음 보고서에 기초했다. National Academy of Sciences, *Genetic Engineering of Plants.*

42  John N. Hathcock, "The Precautionary Principle: An Impossible Burden of Proof for New Products," *AgBioForum* 3, no.4(2000): 255-258.

43  Secretariat of the Convention on Biological Diversity, Cartagena Protocol, 3.

44  Secretariat of the Convention on Biological Diversity, Cartagena Protocol, 8.

45  Lucia Roda Ghisleri, Arturo Anadón, Miguel Á. Recuerda, Pedro Díaz Peralta, Fernando González Botija, Anselmo Martínez Cañellas, Alejandro Lago Candeira, Enrique Alonso García, and María Rosa Martínez-Larrañaga, "Risk Analysis and GM Foods: Scientific Risk Assessment," *European Food and Feed Law Review* 41, no.4 (2009): 235-250.

46  Robert Falkner, "Regulating Biotech Trade: The Cartagena Protocol on Biosafety," *International Affairs* 76, no.2(2000): 299-313.

47 Ellen van Kleef, Ø ydis Ueland, Gregory Theodoridis, Gene Rowe, Uwe Pfenning, Julie Houghton, Heleen van Dijk, George Chryssochoidis, and Lynn Frewer, "Food Risk Management Quality: Consumer Evaluations of Past and Emerging Food Safety Incidents", *Health, Risk and Society* 11, no.2 (2009): 137-163.

48 Lynn Frewer, Chaya Howard, Duncan Hedderley, and Richard Shepherd, "What Determines Trust in Information about Food-Related Risks? Underlying Psychological Constructs," *Risk Analysis* 16, no.4 (1996): 473-485.

49 Peter Jackson, "Food Stories: Consumption in the Age of Anxiety," *Cultural Geographies* 17, no.2 (2010): 147-165.

50 Sara Lieberman and Tim Stuart Gray, "The World Trade Organization's Report on the EU's Moratorium on Biotech Products: The Wisdom of the US Challenge to the EU in the WTO," *Global Environmental Politics* 8, no.1 (2008): 33-52.

51 Noah Zerbe, "Feeding the Famine? American Food Aid and the GMO Debate in Southern Africa," *Food Policy* 29, no.6 (2004): 593-608.

52 Ilona Cheyne, "Life after the Biotech Products Dispute," *Environmental Law Review* 10, no.1 (2008): 52-64.

53 E. Jane Morris, "The Cartagena Protocol: Implications for Regional Trade and Technology Development in Africa," *Development Policy Review* 26, no.1 (2008): 29-57.

54 John E. Losey, Linda S. Rayor, and Maureen E. Carter, "Transgenic Pollen Harms Monarch Larvae," *Nature 399,* no.6733 (1999): 214.

55 Richard L. Hellmich, Blair D. Siegfried, Mark K. Sears, Diane E. Stanley-Horn, Michael J. Daniels, Heather R. Mattila, Terrence Spencer, Keith G. Bidne, and Leslie C. Lewis, "Monarch Larvae Sensitivity to Bacillus thuringiensis-Purified Proteins and Pollen," *Proceedings of the National Academy of Sciences* 98, no.21 (2001): 11925-11930.

56 같은 시기에 멕시코 오악사카(Oaxaca) 지역에서 그 지방 옥수수에 Bt 유전자가 발견되었다는 주장에 대한 논쟁이 있었다 (이것은 후에 부적절하게 게재되었다는 이유로 《네이처》에 의해 거부당했다). 또한 미국에서 인간 식품사슬에서 동물 사료용으로 재배된 스타링크(StarLink) 옥수수의 Bt 유전자 검출에 대한 논란이 일어났다.

57 Ann M. Showalter, Shannon Heuberger, Bruce E. Tabashnik, and Yves Carrière, "A Primer for Using Transgenic Insecticidal Cotton in Developing Countries," *Journal of Insect Science* 9, no.22 (2009): 1-39.

58 David Zilberman, Holly Ameden, and Matin Qaim, "The Impact of Agricultural Biotechnology on Yields, Risks, and Biodiversity in Low-Income Countries," *Journal*

*of Development Studies* 43, no.1 (2007): 63-78.

59   Carl E. Pray, Jikun Whang, Ruifa Hu, and Scott Rozelle, "Five Years of Bt Cotton in China: The Benefits Continue," *Plant Journal* 31, no.4 (2000): 423-430.

60   Marcel Kuntz, "Destruction of Public and Governmental Experiments of GMO in Europe," *GM Crops and Food* 3, no.4 (2012): 262.

61   T. W. Sappington, K. R. Ostlie, C. Difonzo, B. E. Hibbard, C. H. Krupke, P. Porter, S. Pueppke, E. J. Shields, and J. J. Tollefson, "Conducting Public-Sector Research on Commercialized Transgenic Seeds: In search of a Paradigm That Works," *GM Crops and Food* 1, no.2 (2010): 1-4.

62   Kuntz, "Destruction," 262.

63   S. Gómez-Galera, R. M. Twyman, P. A. Sparrow, B. Van Droogenbroeck, R. Custers, T. Capell, and P. Christou, "Field Trials and Tribulations: Making Sense of the Regulations for Experimental Field Trials of Transgenic Crops in Europe, *Plant Biotechnology Journal* 10, no.5 (2012): 511-523.

64   Kuntz, "Destruction," 263.

65   Ronal J. Herring, "Science and Society: Opposition to Transgenic Technologies: Ideology, Interests and Collective Action Frames," *Nature Reviews Genetics* 9, no.6 (2008): 458-463; Klaus Amman, "Genomic Misconception: A Fresh Look at the Biosafety of Transgenic and Conventional Crops. A Plea for a Process Agnostic Regulation," *New Biotechnology* 31, no.1 (2014): 1-17.

66   T. Bernauer, T. Tribaldos, C. Luginbühl, and M. Winzeler, "Government Regulation and Public Opinion Create High Additional Costs for Field Trials with GM Crops in Switzerland," *Transgenic Research* 20, no.6 (2011): 1227.

67   Jörg Romeis, Michael Meissle, Susanne Brunner, Denise Tschamper, and Michael Winzler, "Plant Biotechnology: Research Behind Fences," *Trends in Biotechnology* 31. no.4 (2013): 222.

68   Jikun Huang, Ruifa Hu, Carl Pray, Fangbin Qiao, and Scott Rozelle, "Biotechnology as an Alternative to Chemical Pesticides: A Case Study of Bt Cotton in China," *Agricultural Economics* 29, no.1 (2003): 55-67.

69   Shahzad Kouser and Matin Qaim, "Impact of Bt Cotton on Pesticide Poisoning in Smallholder Agriculture: A Panel Data Analysis," *Ecological Economics* 70, no.11 (2011): 2105.

70   Kouser and Qaim, "Impact of Bt Cotton," 2111-2112.

71   National Research Council, *The Impact of Genetically Engineered Crops on Farm Sustainability in the United States* (Washington, DC: National Academies Press,

2010).

72  W. D. Hutchison, E. C. Burkness, P. D. Michell, R. D. Moon, T. W. Leslie, S. J. Fleischer, M. Abrahamson, et al., "Areawide Suppression of European Corn Borer with Bt Maize Reaps Savings to Non-Bt Maize Growers," *Science* 330, no.6001 (2010): 222.

73  Hutchison et al., "Areawide Suppression," 222.

74  K. M. Wu, Y. H. Lu, H. Q. Feng, Y. Y. Jiang, and J. Z. Zhao, "Suppression of Cotton Bollworm in Multiple Crops in China in Areas with Bt Toxin-Containing Cotton," Science 321 (2010): 1676-1681; Yanhui Lu, Kongming Wu, Yuying Jiang, Yuyuan Guo, and Nicolas Desneux, "Widespread Adoption of *Bt* Cotton and Insecticide Decrease Promotes Biocontrol Services," *Nature* 487 (2012): 362-365.

75  Eric W. Bohnenblust, James A. Breining, John A. Shaffer, Shelby Fleisher, Gregory Roth, and John F. Tooker, "Current European Corn Borer, *Ostrinia nubilalis*, Injury Levels in the Northeastern US and the Value of Bt Field Corn," *Pest Management Science* 70, no.11 (2014): 1711-1719.

76  Mike Mendelsohn, John Kough, Zigfridais Vaituzis, and Keith Matthews, "Are Bt Crops Safe?," *Nature Biotechnology* 21 no.9 (2003): 1009.

77  Alesandro Nicolia, Alberto Manzo, Fabio Veronesi, and Daniele Rosellini, "An Overview of the Last 10 Years of Genetically Engineered Crop Safety Research," *Critical Reviews in Biotechnology* 34, no.1 (2014): 77.

78  Lu et al., "Widespread Adoption," 362-365.

79  Bruce E. Tabashnik, Aron J. Gassmann, David W. Crowder, and Yves Carriére, "Insect Resistance to Bt Crops: Evidence versus Theory," *Nature Biotechnology* 26, no.2 (2008): 199-202.

80  Tabashnik et al., "Insect Resistance," 510-521.

81  Bruce E. Tabashnik, "Evolution of Resistance to *Bacillus thuringiensis*," *Annual Review of Entomology* 39 (1994): 47-79.

82  G. Sanahuja, R. Bankar, R. M. Twyman, T. Capell, and P. Christou, "*Bacillus thuringiensis*: A Century of Research, Development and Commercial Applications," *Plant Biotechnology Journal* 9 (2011): 283-300; National Research Council, *Impact of Genetically Engineered Crops*.

83  Bruce E. Tabashnik and Fred Gould, "Delaying Corn Rootworm Resistance to Bt Corn," *Journal of Economic Entomology* 105, no.3 (2012): 767-776.

84  Lin Jin, Haonan Zhang, Yanhui Lu, Yihua Yang, Kongming Wu, Bruce E. Tabashnik, and Yidong Wu, "Large-Scale Test of the Natural Refuge Strategy for Delaying Insect

Resistance to Transgenic Bt Crops," *Nature Biotechnology* 33 (2015): 169-174.

85 Brian Dowd-Uribe and Matthew A. Schnurr, "Briefing: Burkina Faso's Reversal on Genetically Modified Cotton and the Implications for Africa," *African Affairs* 115, no.458 (2016): 161-172.

86 아프리카 작물 기반의 대학 사례 분석에 관해서는 다음 논문 참조. Calestous Juma, "Education, Research, and Innovation in Africa: Forging Strategic Linkages for Economic Transformation," Discussion Paper 2016-01, Belfer Center for Science and International Affairs, Cambridge, MA: Harvard University, February 2016; Calestous Juma, *The New Harvest: Agricultural Innovation in Africa,* rev ed. (New York: Oxford University Press, 2015); and Calestous Juma, "Building New Agricultural Universities in Africa," HKS Faculty Research Working Paper Series RWP12-026, June 2012.

87 David Baulcombe, Jim Dunwell, Jonathan Jones, John Pickett, and Pere Puigdomenech, *GM Science Update: A Report to Council for Science and Technology* (London: UK Council for Science and Technology, 2014), 28.

88 Chidananda Nagamangala Kanchiswamy, Daniel James Sargent, Riccardo Velasco, Massimo E. Maffei, and Mickael Malnoy, "Looking Forward to Genetically Edited Fruit Crops," *Trends in Biotechnology* 33, no.2 (2015): 63-64.

89 N. J. Baltes and D. F. Voytas, "Enabling Plant Synthetic Biology through Genome Engineering," *Trends in Biotechnology* 33, no.2 (2015): 120-131.

90 S. Satyajit, A. S. Vidyarthi, and D. Prasad, "RNA Interference: Concept to Reality in Crop Improvement," *Planta* 239 no. (2014): 543-564.

91 Carolyn Y. Johnson, "Harvard, Yale Scientists Develop Technique to Make GMOs Safer," *Boston Globe*, January 22, 2015; and Daniel J. Mandell, Marc J. Lajoie, Michael T. Mee, Ryo Takeuchi, Gleb Kuznetsov, Julie E. Norville, Christopher J. Gregg, Barry L. Stoddard, and George M. Church, "Biocontainment of Genetically Modified Organisms by Synthetic Protein Design," *Nature* 518 (2015): 55-60.

92 Kevin Esvelt, "Strategies for Responsible Gene Editing," Project Syndicate, January 25, 2016, https://www.project-syndicate.org/commentary/crispr-gene-drive-editing-rules-by-kevin-m-esvelt-2016-01.

93 Kevin M. Esvelt, Andrea L. Smidler, Flaminia Catteruccia, and George M. Church, "Concerning RNA-guided Gene Drives for the Alteration of Wild Populations," *eLife* (2014): 2, http://dx.doi.org/10.7554/eLife.03401.

94 Oliver Tickell, "Pandora's box: how GM mosquitos could have caused Brazil's microcephaly disaster," *Ecologist*, February 1, 2016. 이 논문의 저자는 그 주장을 철회

했지만 유전자 변형 모기의 방출에 대해 우려할 필요성을 주장했다.

95  David Baltimore, Paul Berg, Michael Botchan, Dana Carroll, R. Alta Charo, George
    Church, Jacob E. Corn, et al., "A Prudent Path Forward for Genomic Engineering
    and Germline Gene Modification," *Science* 348, no.6230(2015): 36-38.


## 제10장 아쿠아어드밴티지 연어

1  Chris D'Angelo, "The Oceans Will Contain More Plastics Than Fish by 2050,"
   *Huffington Post*, updated January 20, 2016.

2  그 후 2015년 12월 FDA는 유전자 변형 닭의 사용을 승인했는데, 그 닭의 알에서 희귀병
   을 치료하는 데 사용되는 약품을 생산하기 위해서였다. 그 닭은 아쿠아어드밴티지 연
   어와는 달리 인간 소비를 위한 것이 아니었다. 그러나 그 닭은 그 연어와 똑같이 FDA
   기준에 따라 '동물약품'으로 간주된다. Rachel Becker, "US Government Approves
   Transgenic Chicken," *Nature*, December 9, 2015.

3  내가 엘리엇 엔티스를 처음 만난 것은 1996년 2월 '생물다양성 협약 바이오 안전에 관
   한 카르타헤나 의정서' 협상을 시작하기 위해 주최한 회의에서다. 동 의정서 사무총장
   으로서의 나의 직무는 내가 주최하고 있었던 여러 회의에서 다른 이해 당사자들과의 만
   남이 포함되었다. 이 회의는 자연히 유전자 변형 작물의 거의 모든 영역에서 강한 견해
   를 가진 다른 이해 당사자들에 의해 주도되었다. 회의 분위기는 긴장감이 돌았다. 그것
   은 북미에서 유전자 변형 작물의 최초 상업적 출시 첫 해였다. 엔티스는 독자적으로 이
   회의에 참석했다. 그는 유전자 변형 작물에 대한 협상 결과가 자신의 비전과 유전자 변
   형 물고기의 사업에 어떻게 영향을 미칠지에 대해 알려고 매우 노력했다. 나는 엔티스
   로부터 직접 유전자 변형 물고기와 관련해 그 진전 상황을 계속 지켜보았다. 그는 수차
   례 나의 학생들에게 이 물고기에 대해 강의했다. 대부분의 그의 발표에서 다양한 견해
   가 제기되었는데, 많은 적대적인 의견이 공개적으로 제기되었다. 그는 모든 주장에 대
   해 특별한 공감을 가지고 임했다. 내가 이 책에 유전자 변형 물고기에 대해 한 장을 할
   애하기로 결정한 것은 수년에 걸친 이러한 의견 교환으로 말미암은 것이다. 나와 엔티
   스와의 상호 교류는 엄격하게 학문적인 것이었고 재정적 이해관계나 그의 사업 활동과
   는 아무런 연관성이나 교류가 없었음을 밝힌다.

4  Dave C. Love, Jillian P. Fry, Michael C. Milli, and Roni A. Neff, "Wasted Seafood in
   the United States: Quantifying Loss from Production to Consumption and Moving
   Towards Solutions," *Global Environmental Change* 35(2015): 1116.

5  Emmanuel Chassot, Sylvain Bonhommeau, Nicholas K. Dulvy, Frédéric Mélin, Reg
   Watson, Didier Gascuel, and Oliver Le Pape, "Global Marine Primary Production

Constrains Fisheries Catches," *Ecological Letters* 13, no.4(2010): 501.

6    Boris Worm, Edward B. Barbier, Nicola Beaumont, J. Emmett Duffy, Carl Folke, Benjamin S. Halpern, Jeremy B. C. Jackson, et al., "Impacts of Biodiversity Loss on Ocean Ecosystem Services," *Science* 314, no.5800(2006): 787-790.

7    Chassot et al., "Global Marine Primary Production," 501.

8    Bernice Lee et al., *Resources Futures: A Chatham House Report*(London: Chatham House, 2012).

9    Lee et al., *Resources Futures*.

10   C. L Hew, G. L. Fletcher, and P. L. Davies, "Transgenic Salmon: Tailoring the Genome for Food Production," *Journal of Fish Biology* 47(Supplement A)(1995): 1-19.

11   엘리엇 엔티스와 개별 의견교환 결과임(September 2015).

12   Norman Maclean and Richard James Laight, "Transgenic Fish: An Evaluation of Benefits and Risks," *Fish and Fisheries* 1, no.2(2000): 146-172.

13   Shao Jun Du, Zhiyuan Gong, Garth L. Fletcher, Margaret A. Shears, Madonna J. King, David R. Idler, and Choy L. Hew, "Growth Enhancement in Transgenic Atlantic Salmon by the Use of an 'All Fish' Chimeric Growth Hormone Gene Construct," *Nature Biotechnology* 10, no.2(1992): 176-181.

14   Food and Drug Administration, *Briefing Packet: AquAdvantage Salmon*, Veterinary Medicine Advisory Committee, Food and Drug Administration Center for Veterinary Medicine, September 20, 2010, 109. http://www.fda.gov/downloads/Advisory Committee/CommitteesMeetingMaterials/VeterinaryMedicineAdvisoryCommittee/UC M224762.pdf(accessed October 27, 2013)

15   William M. Muir and Richard D. Howard, "Possible Ecological Risks of Transgenic Organism Release When Transgenes Affect Mating Success: Sexual Selection and the Trojan Gene Hypothesis," *Proceedings of the National Academy of Science* 96, no.24 (1999): 13853-13856.

16   Food and Drug Administration, *Briefing Packet*. http://www.fda.gov/downloads/ AdvisoryCommittees/CommitteesMeetingMaterials/VeterinaryMedicineAdvisoryCom mittee/UCM224762.pdf(accessed October 27, 2013).

17   Veterinary Medicine Advisory Committee, *Briefing Packet: AquAdvantage Salmon* (Washington, DC: Food and Drug Administration Center for Veterinary Medicine, September 20, 2010). http://www.fda.gov/downloads/AdvisoryCommittees/Commit teessMaterials/VeterinaryMedicineAdvisoryCommittee/UCM224762.pdf(accessed October 27, 2013).

18 Richard Ganga, C. Wall, S. Tibbetts, M. Bryenton, A. Peters, D. Runighan, D. A. Plouffe, J. T. Buchanan, and S. Lall, "The Effect of Partial Inclusion of Plant Protein in Diets for Genetically Engineered Diploid and Triploid Atlantic Salmon *Salmo salar* on Growth, Feed Utilization, Body Composition and Ammonia Excretion," *World Aquaculture Society Meetings*(2013), https://www.was.org/meetings/ShowAbstract. aspx?Id=28627(accessed October 27, 2013).

19 National Research Council, *Animal Biotechnology: Science-Based Concerns* (Washington, DC: National Academy Press, 2002); Alison L. van Eenennaam, William M. Muir, and Eric M. Hallermann, *Is Unaccountable Regulatory Delay and Political Interference Undermining the FDA and Hurting American Competitiveness? A Response to Tim Schwab's "Is FDA Ready to Regulate the World's First Biotech Food Animal?"*(Washington, DC: Food and Drug Law Institute, 2013).

20 Pew Initiative on Food and Biotechnology, *Issues in the Regulation of Genetically Engineered Plants and Animals*(Washington, DC: Pew Initiative on Food and Biotechnology, 2004).

21 Michael Bennett Homer, "Frankenfish ··· It's What's for Dinner: The FDA, Genetically Engineered Salmon, and the Flawed Regulation of Biotechnology," *Columbia Journal of Law and Social Problems* 45, no.5 (2011): 83-137.

22 Neil . Belson, "US Regulation of Agricultural Biotechnology: An Overview," *AgBioForum* 3, no.4 (2000): 268-280.

23 FDA는 유전자 조작 동물의 재결합 DNA(rDNA)를 '새로운 동물 의약품'으로 고려하고 있다(FD&C 규정 제 512 항 참조). 왜냐하면 이 조항은 동물의 기능 구조를 변경하기 위한 조항이기 때문이다.

24 Food and Drug Administration, *Comment on Proposed Regulations and Submit Petitions*(Washington, DC: Food and Drug Administration, page last updated October 20, 2014). http://www.fda.gov/RegulatoryInformation/Dockets/Com ments/default.htm (accessed January 20, 2016).

25 「The Appendix of the Environmental Assessment (EA) 35 of AquAdvantage Salmon」 은 다음 사항을 분명히 밝히고 있다. 즉 FDA는 미 상무성의 국립 해양대기청 국립 수산 원(the National Marine Fisheries Service of the National Oceanic and Atmospheric Administration)과 미국 내무성 어류및야생관리청 (US Fish and Wildlife Service of the Department of the Interior)과 협의한 결과 유전자 변형 연어가 환경에 영향을 끼치지 않는다는 점을 환경평가와 과학적 자료에 근거해 밝히고 있다. Center for Veterinary Medicine, "AquAdvantage Salmon: Environmental Assessment," FDA, November 12, 2015, http://www.fda.gov/downloads/AnimalVeterinary/DevelopmentApproval

Process/GeneticEngineering/GeneticallyEngineeredAnimals/UCM466218.pdf.

26  Van Eenennaam, Muir, and Hallermann, *Unaccountable Regulatory Delay*, 3.

27  Max H. Bazerman and Don Moore, *Judgement in Managerial Decision Making* (New York: Wiley, 2008).

28  Daniel Kahneman and Amos Tversky, "Prospect Theory: An Analysis of Decision under Risk," *Econometrica* 47, no.2 (1979): 263-292.

29  Alison L. van Eenennaam, Eric M. Hallerman, and William M. Muir, *The Science and Regulation of Food from Genetically Engineered Animals* (Washington, DC: Council for Agricultural Science and Technology, 2011).

30  Van Eenennaam, Muir, and Hallermann, *Unaccountable Regulatory Delay*,

31  엘리엇 엔티스와 개별적 의견교환 결과 (September 2015).

32  Center for Food Safety, *Food Safety Review*, Winter 2013, 1.

33  Center for Food Safety, *Food Safety Review*, Winter 2013, 1.

34  Center for Food Safety, *Food Safety Review*, Winter 2013, 1.

35  John Fiorillo, "Alaska's Don Young Pulls a Fast One with GM Salmon Vote," *IntraFish*, June 17, 2011. http://www.intrafish.no/global/news/article288627.ece (accessed October 27, 2013), 이 장의 저자는 의회 위원회에서 미국은 신생 국가들의 롤 모델이 되어야 하며 증거 기반에 의한 의사 결정을 해야 한다고 증언했다.

36  Alaska Department of Fish and Game, "Commercial Fisheries," http://www.adfg.alaska.gov/index.cfm?adfg=fishingcommercial.main (accessed October 27, 2013).

37  Brady Dennis, "Genetically Altered Salmon Are Safe, FDA Says," *Washington Post,* December 21, 2012. http://articles.washingtonpost.com/2012-12-21/national/36017637_1_ronald-stotish-aquabounty-technologies-atlantic-salmon (accessed October 27, 2013).

38  Van Eenennaam, Muir, and Hallermann, *Unaccountable Regulatory Delay.*

39  Food and Drug Administration, "Preliminary Finding of No Significant Impact: AquAvantage Salmon," prepared by the Center for Veterinary Medicine United States Food and Drug Administration Department of Health and Human Services, May 4, 2012, 5. http://www.fda.gov/downloads/AnimalVeterinary/DevelopmentApproval Process/GeneticEngineering/GeneticallyEngineeredAnimals/UCM333105.pdf.

40  Jon Entine, "White House Ends Its Interference in a Scientific Review," *Slate*, December 21, 2012. http://www.slate.com/articles/health_and_science/science/2012/12/genetically_modified_salmon_aquadvantage_fda_assessment_is_delayed_p ossibly.html (accessed October 26, 2013).

41  Elliot Entis, "Market Introduction of Transgenic Aquaculture Products: An Overview of Societal Issues," in *Environmental Strategies for Aquaculture Symposium Proceedings, ed., Ronald E. Kunnen* (Ames, Iowa: North Central Regional Aquaculture Center Publications Office, Iowa State University, 2005), 35-42.

42  Entis, "Market Introduction."

43  Letter by Barney Frank, Member of US Congress, to Margaret Hamburg, FDA Commissioner, November 22, 2010.

44  Letter to President Obama, September 14, 2012. http://aquacomgroup.com/wordpress/wp-content/uploads/2012/09/Hindering-innovation-in-food-production-091412-13.pdf.

45  엘리엇 엔티스와 개별적 의견교환 결과 (September 2015).

46  Robert H. Devlin, L. Fredrik Sundström, and Rosalind A. Leggatt, "Assessing Ecological and Evolutionary Consequences of Growth-Accelerated Genetically Engineered Fishes," *BioScience* 65, no.7 (2015): 685-700.

47  Van Eenennaam, Muir, and Hallerman, *Unaccountable Regulatory Delay,* 3.

48  Sabrina Tavernise, "F.D.A. Nominee Clears One Hurdle, but Others Remain," *New York Times*, January 12, 2016.

## 제11장 혁신의 수레바퀴에 윤활유를

1  Frank W. Geels, *Technological Transitions and System Innovations: A Co-evolutionary and Socio-technical Analysis* (Cheltenham, UK: Edward Elgar, 2005).

2  Erik Brynjolfsson and Andrew McAfee, *The Second Machine Age: Work, Progress, and Prosperity in a Time of Brilliant Technologies* (New York: Norton, 2014), 257.

3  Hasan Bakhshi, Carl Benedikt Frey, and Michael Osborne, *Creativity vs. Robots: The Creative Economy and the Future of Employment* (London: Nesta, 2015), 6.

4  Martin Ford, *The Rise of the Robots: Technology and the Threat of a Jobless Future* (New York: Basic Books, 2015), 248; James Bessen, *Learning by Doing: The Real Connection between Innovation, Wages, and Wealth* (New Haven: Yale University Press, 2015).

5  David A. Mindell, *Our Robots, Ourselves: Robotics and the Myth of Autonomy* (New York: Penguin, 2015); and Murray Shanahan, *The Technological Singularity* (Cambridge, MA: MIT Press, 2015).

6  Bessen, *Learning by Doing*, 205.

7    Eric J. Topol, *The Patient Will See You Now: The Future of Medicine Is in Your Hands*(New York: Basic Books, 2015), 257-274.

8    Rachel A. Parker and Richard P. Appelbaum, eds., *Can Emerging Technologies Make a Difference in Development?*(New York: Routledge, 2012).

9    Michael S. Carolan, "Science, Expertise, and the Democratization of the Decision-Making Process," *Society and Natural Resources* 19, no.4(2006): 1339-1341.

10   Wiebe E. Bijker, Roland Bal, and Ruud Hendriks, *The Paradox of Scientific Authority: The Role of Scientific Advice in Democracies*(Cambridge, MA: MIT Press, 2009), 167.

11   Michael J. Feuer and Christina J. Maranto, "Science Advice as Procedural Rationality: Reflections on the National Research Council," *Minerva* 48, no.3(2010): 259-275.

12   Peter D. Blair, "Scientific Advice for Policy in the United States: Lessons from the National Academies and the Former Congressional Office of Technology Assessment," in *The Politics of Scientific Advice: Institutional Design for Quality Assurance*, ed., Justus Lentsch and Peter Weingart(Cambridge: Cambridge University Press, 2011), 297-333.

13   과학기술 자문의 원칙과 구조에 대해서 다음 문헌 참조. Calestous Juma and Yee-Cheong Lee, *Innovation: Applying Knowledge in Development*(London: Earthscan, 2005), 140-158.

14   과학기술 자문의 요소의 개요에 대해서는 다음 문헌 참조. National Research Council, *Knowledge and Diplomacy: Science Advice in the United Nations System* (Washington, DC: National Academies Press, 2012), 13-20.

15   Calum G. Turvey and Eliza M. Mojduszka, "The Precautionary Principle and the Law of Unintended Consequences," *Food Policy* 30, no.2(2005): 145-161.

16   Marc A. Saner, "An Ethical Analysis of the Precautionary Principle," *International Journal of Biotechnology* 4, no.1(2000): 81-95.

17   Lisa F. Clark, "Framing the Uncertainty of Risk: Models of Governance for Genetically Modified Foods," *Science and Public Policy* 40, no.4(2013): 486.

18   Jan Nill and René Kemp, "Evolutionary Approaches for Sustainable Innovation Policies: From Niche to Paradigm?" *Research Policy* 38, no.4(2009): 668-680.

19   Frank W. Geels and Johan Schot, "Typology of Sociotechnical Transition Pathways," *Research Policy* 36, no.1(2007): 399-417.

20   Adrian Smith, Jan-Peter Voβ, and John Grin, "Innovation Studies and Sustainability Transitions: The Allure of the Multi-level Perspective and Its Challenges," *Research*

*Policy* 39, no.1 (2010): 435-448.

21  Anil K. Gupta and Vikas Chandak, "Agricultural Biotechnology in India: Ethics, Business and Politics," *International Journal of Biotechnology* 7, nos.1/2/3 (2005): 212-227.

22  Calestous Juma and Ismail Serageldin, *Freedom to Innovate: Biotechnology in Africa's Development* (Addis Ababa: African Union and New Partnership for Africa's Development, 2007).

23  Mariana Mazzucato, "Financing Innovation: Creative Destruction vs. Destructive Creation," *Industrial and Corporate Change* 22, no.4 (2013): 851-867.

24  Joseph A. Schumpeter, "The Creative Response to Economic History," *Journal of Economic History* 7, no.2 (1947): 155.

25  Joseph A. Schumpeter, "The Seventh Chapter of the Theory of Economic Development," trans. U. Backhaus, *Industry and Innovation* 9, nos. 1-2 (2002): 116.

26  Joseph A. Schumpeter, "Seventh Chapter," 116.

27  Sabrina Safrin, "Anticipating the Storm: Predicting and Preventing Global Technology Conflicts," *Arizona State Law Journal* 44 (2014); 899-953.

28  Mirella Kleijnen, Nick Lee, and Martin Wetzels, "An Exploration of Consumer Resistance to Innovation and Its Antecedents," *Journal of Economic Psychology* 30, no.3 (2009): 244-357. 이 아이디어에 대한 토론에 대해서는 다음 논문 참조. Bernard Barber, "Resistance by Scientists to Scientific Discovery," *Science* 134, no.3479 (1961): 596-602.

29  이 법안은 다음과 같이 규정하고 있다. "자율주행 차량 운영자는 자동차국(DMV)이 발행하는 자율주행차량 운영자 허가증을 가진 운전자라야 한다. 차량 운영자는 항상 차량의 안전운행을 감시할 책임을 지며, 자율운행 전 기술적 고장이 발생할 경우 즉각 운전을 인계받을 수 있어야 한다. 또한 운영자는 자율운행 중 발생하는 모든 교통규칙 위반에 대한 책임을 진다. 이 운영자 요구사항은 필요할 경우 차량을 제어할 수 있는 운전자의 안전을 확보한다". California Department of Motor Vehicle, "Summary of Draft Autonomous Vehicles Deployment Regulations," December 16, 2015: 2.

30  Bob Sorokanich, "California Progress Tightened Regulations on Autonomous Cars," Roadandtrack.com, December 17, 2015.

31  R. Rycroft and D. Kash, "Path Dependence and the Modernization of Agriculture: A Case Study of Aragon, 1955-1985," *Technology Analysis and Strategic Management* 14, no.1 (2002): 21-35.

32  Mari-Laure Djelic and Sigird Quack, "Overcoming Path Dependency: Path Generation in Open Systems," *Theory and Society* 36, no.2 (2007): 161-186.

33 Bennett Alan Weinberg and Bonnie K. Bealer, *The World of Caffeine: The Science and Culture of the World's Most Popular Drug* (London: Routledge, 2002), 77.

34 Selma Akyazici Özkoçak, "Coffeehouses: Rethinking the Public and Private in Early Modern Istanbul," *Journal of Urban History* 33 (2007): 965-986; Brian W. Beeley, "The Turkish Village Coffeehouse as a Social Institution," *Geographical Review* 60, no.4 (1970): 475-493.

35 Lawrence E. Klein,"Coffeehouse Civility, 1660-1714: An Aspect of Post-courtly Culture in England," *Huntington Library Quarterly* 59, no.1 (1996): 30-51.

36 Jeffrey T. Schnapp, "The Romance of Caffeine and Aluminum," *Critical Inquiry* 28, no.1 (2001): 244-269.

37 Christian Schubert, "Is Novelty Always a Good Thing? Towards an Evolutionary Welfare Economics," *Journal of Evolutionary Economics* 22, no.3 (2012): 586-619; Christian Schunbert, "How to Evaluate Creative Destruction: Reconstructing Schumpeter's Approach," *Cambridge Journal of Economics* 37, no.2 (2013): 227-250.

38 Mariana Mazzucato, "Financial Innovation: Destruction vs. Destructive Creation," *Industrial and Corporate Change* 22, no.4 (2013): 851-867.

39 Christopher Henke, *Cultivating Science, Harvesting Power: Science and Industrial Agriculture in California* (Cambridge, MA: MIT Press, 2008), 4.

40 Maarten Crivits, Michiel P. M. M. de Krom, and Joost Dessein, "Why Innovation Is Not Always Good: Innovation Discourses and Political Accountability," *Outlook on Agriculture* 43, no.3 (2014): 147-155.

41 시장 운동가들에 대한 상세한 설명은 다음 문헌 참조. Hayagreeva Rao, *Market Rebels: How Activists Make or Break Radical Innovations* (Princeton, NJ: Princeton University Press, 2009).

42 William Leiss, *In the Chamber of Risks: Understanding Risk Controversies* (Montreal: McGill-Queens University Press, 2001), 292.

43 Thomas J. Holmes and James A. Schmitz Jr., "Resistance to New Technology and Trade between Areas," *Federal Reserve Bank of Minneapolis Quarterly Review* 19, no.1 (1995): 1-17.

44 Stephen L. Parente and Edward C. Prescott, "Barriers to Technology Adoption and Development," *Journal of Political Economy* 102, no.2 (1994): 298-321; Mancur Olson, *The Rise and Decline of Nations: Economic Growth, Stagflation and Social Rigidities* (New Haven: Yale University Press, 1982).

45 Robert L. Langer and Ralph Weissleder, "Nanotechnology," *Journal of the American Medical Association* 313, no.2 (2015): 135-136.

46  Christopher Foster and Richard Heeks, "Analyzing Policy for Inclusive Innovation: The Mobile Sector and Base-of-the-Pyramid Markets in Kenya," *Innovation and Development* 3, no.1 (2013): 103-119.

47  Topol, *The Patient Will See You*, 6.

48  Topol, *The Patient Will See You*, 257-274.

49  Jacqueline W. DePasse and Patrick T. Lee, "A Model for 'Reverse Innovation' in Health Care," *Globalization and Health* 9, no.1 (2013): 1-7.

50  Jeremy Rifkin, *The Zero Marginal Cost Economy: The Internet of Things, the Collaborative Commons and the Eclipse of Capitalism* (New York: Palgrave Macmillan, 2014).

51  Christopher Foster and Richard Heeks, "Conceptualising Inclusive Innovation: Modifying Systems of Innovation Frameworks to Understand Diffusion of New Technology to Low-Income Consumers," *European Journal of Development Research* 25, no.3 (2013): 333.

52  Joanna Chataway, Rebecca Hanlin, and Raphael Kaplinsky, "Inclusive Innovation: An Architecture for Policy Development," *Innovation and Development* 4, no.1 (2014): 33-54.

53  Peter N. Thomond and Fioina Lettice, "Allocating Resources to Disruptive Innovation Projects: Challenging Mental Models and Overcoming Management Resistance," *International Journal of Technology Management* 44, nos.1-2 (2008): 140.

54  Michael A. Hiltzik, *Dealers of Lightning: Xerox PARC and the Dawn of the Computer Age* (New York, HarperBusiness, 2000).

55  Rachel Schurman and William A. Munro, *Fighting for the Future of Food: Activists versus Agribusiness in the Struggle over Biotechnology* (Minneapolis: University of Minnesota Press, 2010).

56  Kenneth A. Oye, Kevin Esvelt, Evan Appleton, Flaminia Catteruccia, George Church, Todd Kuiken, Shlomiya Bar-Yam Lightfoot, Julie McNamara, Andrea Smidler, and James P. Collins, "Regulating Gene Drives," *Science* 345, no.6197 (2014): 626-628.

57  Gary E. Marchant, Braden R. Allenby, and Joseph R. Herkert, eds., *The Growing Gap between Emerging Technologies and Legal-Ethical Oversight: The Pacing Problem* (Dordrecht: Springer, 2011).

58  Nick von Tunzelmann, "Historical Coevolution of Governance and Technology in the Industrial Revolutions," *Structural Change and Economic Dynamics* 14 (2003): 365-384.

59  Cass R. Sunstein, "Empirically Informed Regulation," *University of Chicago Law*

*Review* 78, no.4 (2014): 1350.

60 Nathan Cortez, "Regulating Disruptive Innovations," *Berkely Technology Law Review* 29, no.1 (2014): 277.

61 Anne Lewis, "The Legality of 3D Printing: How Technology Is Moving Faster Than the Law," *Tulane Journal of Technology and Intellectual Property* 17 (2014): 308-318.

62 Lucas S. Osborn, "Regulating Three-Dimensional Printing: The Converging Worlds of Bits and Atoms," *San Diego Law Review* 51, no.2 (2014): 553-621.

63 Deven R. Desai and Gerard N. Magliocca, "Patents Meet Napster: 3D Printing and the Digitization of Things," *Georgetown Law Journal* 102, no.6 (2014): 1691-1720.

64 Jeffrey P. Baker, "The Incubator and the Medical Discovery of the Premature Infant," *Journal of Perinatology* 5 (2000): 321-328.

65 Richard F. Hirsh and Benjamin K. Sovacool, "Wind Turbines and Invisible Technology: Unarticulated Reasons for Local Opposition of Wind Energy," *Technology and Culture* 54, no.4 (2013): 725.

66 Maria Paola Ferretti, "Why Public Participation in Risk Regulation? The Case of Authorizing GMO Products in the European Union," *Science and Culture* 16, no.4 (2013): 377-395.

67 Paul Slovic, "Perceived Risk, Trust and Democracy," *Risk Analysis* 13, no.6 (1993): 675-682.

68 Karin Zachmann, "Atoms for Peace and Radiation for Safety: How to Build Trust in Irradiated Foods in Cold War Europe and Beyond," *Technology and History* 27, no.1 (2007): 65.

69 Stig Kvaal and Per Østby, "Sweet Danger: Negotiating Trust in the Norwegian Chocolate Industry 1930-1990," *History and Technology* 27, no.1 (2011): 107.

70 커피 소비에 대한 사회적 반응과 남부 인도에서 '청소년 음료'로서 커피의 특성에 대한 설명은 다음 문헌 참조. A, R. Venkatachalapathy, *In Those Days There Was No Coffee: Writings in Cultural History* (New Deli: Yoda Press, 2006).

71 Kenneth T. Andrews and Neal Caren, "Making the News: Movement Organizations, Media Attention, and the Public Agenda," *American Sociological Review* 75, no.6 (2010): 841-866.

72 Otto L. Bettmann, *The Good Old Days: They Were Terrible!* (New York: Random House, 1974).

73 Eric Hobsbawm and Terence Ranger, eds., *The Invention of Tradition* (Cambridge: Cambridge University Press, 2012).

74  A. Bhalla, D. James, and Y. Stevens, eds., *Blending of New and Traditional Technologies*(Dublin: Tycooly, 1984); and Nathan Rosenberg, "Technology and Employment Programme on Technology Blending," Working Paper, World Employment Programme, 1986.

75  Paul Bellaby, "Uncertainties and Risks in Transitions to Sustainable Energy, and the Part 'Trust' Might Play in Managing Them: A Comparison with the Current Pension Crisis," *Energy Policy* 38, no.6 (2010): 2624-2630.

76  Francis Fukuyama, *Trust: The Social Virtues and the Creation of Prosperity*(New York: Free Press, 1996).

77  Guido Möllering, "The Nature of Trust: From George Simmel to a Theory of Expectation and Suspension," *Sociology* 35, no.2 (2001): 403-420.

78  Adam Burgess, "Mobile Phones and Service Stations: Rumour, Risk and Precaution," *Diogenes* 54, no.1 (2007): 125-139.

79  Adam Burgess, "Real and Phantom Risks at the Petrol Station: The Curious Case of Mobile Phones, Fires and Body Static," *Health, Risks and Society* 9, no.1 (2007): 53-66.

80  Jeffrey L. Meikle, *American Plastic: A Cultural History*(New Brunswick, NJ: Rutgers University Press, 1997), 147.

81  Meikle, *American Plastic*, 147.

82  Nils J. Nilsson, *Understanding Beliefs*(Cambridge, Mass: MIT Press, 2014).

83  Douglas Powell and William Leiss, *Mad Cows and Mother's Milk: The Perils of Poor Risk Communication*(Montreal: McGill-Queens University Press, 1997).

84  Joseph J. Corn, *The Winged Gospel: America's Romance with Aviation*(Baltimore: Johns Hopkins University Press, 1983), 74.

85  Pushker A. Kharecha and James E. Hansen, "Prevented Mortality and Greenhouse Gas Emissions from Historical and Projected Nuclear Power," *Environmental Science and Technology* 47 (2013): 4889-4895.

86  W. Brian Arthur, *The Nature of Technology: What It Is and How It Evolves*(New York: Free Press, 2009), 216.

# 찾아보기

# 감사의 말

이 책은 나에게 지도, 연구, 통찰력, 그리고 조언을 주신 많은 분들의 협력의 결과이다. 이 책 집필에는 6여 년이 소요되었고, 집필 기간 중 도움을 주신 모든 분들에게 일일이 감사의 말씀을 드린다는 것은 가능하지 않을 것이다. 사실 이 책의 몇 가지 아이디어들은 내가 나이로비 소재 환경연락센터 Environmental Liaison Center: ELC에서 노벨평화상 수상자인 고故 완가리 마타이 Wangari Maathai 박사 밑에서 일하던 1980년대 초까지 거슬러 올라간다. 그 이전의 석유 위기와 환경문제는 청정에너지에 대한 상당한 관심을 불러일으켰고, 1981년 나이로비에서 개최된 '신재생에너지에 대한 UN 회의'에서 그 절정을 이루었다. 그 당시 '나무 심기' 같은 기초적 생각은 겉보기에 수많은 사회적 장애물에 봉착할 것이 분명했다. 한편 ELC에서 기술과 환경에 대한 나의 생각은 게리 갈롱 Gary Gallon 의 지도와 당시 유엔환경프로그램 United Nations Environmental Programme: UNEP 국장인 모스타파 톨바 Mostafa Tolba 의 영감을 주는 지도력에 의해 형성되었다.

나의 지적 여정을 따라 나는 많은 동료들의 열정적인 지원, 제안, 조언 등을 통해 헤아릴 수 없는 혜택을 받았다. 그 명단이 너무 길어 여기에 일일이 다 열거할 수 없지만 다만 얼마라도 소개하고자 한다. 필립 애르니 Philipp Aerni, 부르스 엘버츠 Bruce Alberts, 그레이엄 앨리슨 Graham Allison, 루이스 브랜스콤 Lewis

Branscomb, 존 브라운John Browne, 노먼 클라크Norman Clark, 압달라 다르Abdallah Daar, 헨리 에츠코비츠Henry Etzkowitz, 레오넬 안토니오 페르난데스Leonel Antonio Fernández, 마이클 피셔Michael Fischer, 아천 펑Archon Fung, 켈리 심스 갤러거Kelly Sims Gallagher, 발 기딩스Val Giddings, 알렉산드라 골리코프Alexandra Golikov, 자크리 압둘 하미드Zakri Abdul Hamid, 모하메드 하산Mohamed Hassan, 존 홀드런John Holdren, 데이비드 킹David King, 빅토르 콘드Victor Konde, 셸던 크림스키Sheldon Krimsky, 기요시 구로가와Kiyoshi Kurokawa, 예청 리Yee-Cheong Lee, 프랜시스 만제니Francis Mangeni, 프랭클린 무어Franklin Moore, 벤키 나라야나무티Venky Narayanamurti, 조 나이Joe Nye, 존 오우마무가베John Ouma-Mugabe, 프레더릭 파르디Frederick Pardee, 피터 레이븐 Peter Raven, 마틴 리스Martin Rees, 앤드루 레이놀즈Andrew Reynolds, 맷 W. 리들리 Matt W. Ridley, 존 러기John Ruggie, 제프리 삭스Jeffrey Sachs, 비센테 산체스Vicente Sanchez, 바버라 스칼Barbara Schaal, F.M. 시러F.M. Scherer, 수전 세클러Susan Sechler, 시리아크 센다숀가Cyriaque Sendashonga, 라지 샤Raj Shah, 구스타브 스페스Gustave Speth, 키르스텐 슈텐달Kirsten Stendahl, 치카코 타카세Chikako Takase, 에릭 토폴Eric Topol, 해럴드 바머스Harold Varmus, 찰스 베스트Charles Vest, 토머스 용고Thomas Yongo, 용윳 유타봉Yongyuth Yuthavong, 도로시 진버그Dorothy Zinberg 등이다.

이러한 방대한 분량의 책은 많은 사람들의 논평과 저작들을 통해 얻어지는 끊임없는 영감의 원천 없이는 완성될 수 없다. 이러한 점에서 다음 분들에게 깊은 감사의 말씀을 드린다. 마틴 에이브러햄Martin Abraham, 아그레이 암발리Aggrey Ambali, 앨리슨 아챔볼트Allison Archambault, W. 브라이언 아서W. Brian Arthur, 앤드루 바넷Andrew Barnett, 마틴 바워Martin Bauer, 존 베딩턴John Beddington, 수자타 바티아Sujata Bhatia, 로지나 비어바움Rosina Bierbaum, 요한 보데고르드 Johan Bodegård, 존 보라이트John Boright, 브랜틀리 브라우닝Brantley Browning, 토머스 버크Thomas Burke, 고든 콘웨이Gordon Conway, 폴 데이비드Paul David 마테야 데르마스티아Mateja Dermastia, 엘리자베스 다우더스웰Elizabeth Dowdeswell, 니나 페도로

프Nina Fedoroff, 드보라 피츠제럴드Deborah Fitzgerald, 수잔 프라이베르크Susanne Freiberg, 린 프루어Lynn Frewer, 사키코 후쿠다파Sakiko Fukuda-Parr, 프랭크 길스Frank Geels, 키모 고레Kimo Goree, 필립 그리니시Philip Greenish, 브라이언 그로트카우Brian Grottkau, 아닐 K.굽타Anil K. Gupta, 에릭 폰 히펠Eric von Hippel, 헤핑 지아Heping Jia, 도널드 카베루카Donald Kaberuka, 트래비스 캘러닉Travis Kalanick, 유수프 케샤브지Yusuf Keshavjee, 제니퍼 쿠즈마Jennifer Kuzma, 그레이 마천트Gray Marchant, R. A. 마셀카르R.A. Mashelkar, 자넷 모한Janet Maughan, 로버트 메이Robert May, 에릭 밀스톤Eric Millstone, 조엘 모키어Joel Mokyr, 로맹 무렌지Romain Murenzi, 베르나디타스 데 카스트로 물러Bernarditas de Castro Muller, 아딜 나잠Adil Najam, 니콜라스 네그로폰테Nicholas Negroponte, 앨런 옴스테드Alan Olmstead, 오웬 피터슨Owen Peterson, 서맨사 파워Samantha Power, 페르난도 케사다Fernando Quesada, 아타 우르 라만Atta ur Rahman, 아드리안 랜달 Adrian Randall, 필 란다초Fil Randazzo, 피로즈 라술Firoz Rasul, 그레고리 로빈스Gregory Robbins, 네이선 로젠버그Nathan Rosenberg, 마크 사네르Marc Saner, 페테르 요한 셰이Peter Johan Schei, 브루스 스콧Bruce Scott, 조지프 슈와브Joseph Schwab, 린 셀프Rinn Self, 레치아 세키스트Lecia Sequist, 이스마일 세라겔딘Ismail Serageldin, 피터 싱어Peter Singer, 크리스 스마트Chris Smart, M.S. 스와미나탄M.S. Swaminathan, 캐럴라인 와그너Caroline Wagner 등이다.

기술 혁신의 역동성에 대한 깊은 통찰력으로 앨릭 브로어즈Alec Broers의 탁월한 지휘하에 백만 파운드 '엘리자베스 여왕 공학상'을 심사한 배심원 동료들에게 깊이 감사한다. 프랜시스 아널드Frances Arnold, 브라이언 콕스Brian Cox, 린 글래든Lynn Gladden, 라인하르트 휘틀Reinhard Huettl, 존 헤네시John Hennessy, 나라야나 무르티Narayana Murthy, 히로시 고미야마Hiroshi Komiyama, 크리스토퍼 스노든Christopher Snowden, 춘퐁 시Choon Fong Shih, 댄 모트Dan Mote, 비올라 포겔Viola Vogel, 그리고 폴 웨스트버리Paul Westbury에게 감사를 표하고 싶다.

초고를 읽고 논평과 추가적 정보를 제공해 준 클라우스 암만Klaus Ammann

앨리슨 반 이넨남Alison Van Eenennaam, 자말 엘리아스Jamal Elias, 엘리엇 엔티스 Elliot Entis, 로버트 프로쉬Robert Frosch, 앤 글로버Anne Glover, 로버트 랭어Robert Langer, 더치 레너드Dutch Leonard, 실라스 르와카밤바Silas Lwakabamba, 로버트 폴버 그Robert Paarlberg 그리고 성실한 편집 협조와 귀중한 논평을 제공해 준 J.크레 이그 벤터J.Craig Venter, 데번 메일리Devon Maylie에게 감사한다.

이 책의 집필 기간 중 다양한 청중을 대상으로 이 책의 내용을 발표할 기회를 가졌다. 이 책이 좀 더 학구적인 독자들을 위한 참고자료가 될 수 있도록 도와준 나의 제자들에게 감사한다. 특히 하버드 케네디 스쿨, 하버드 칼리지 그리고 예일대학교 산림환경학부에서 혁신과 지속가능성 강좌를 수강한 나의 제자들에게 감사한다. 그들의 비판적인 논평과 통찰력은 이 책의 구성과 내용을 향상시키는 데 크게 도움을 주었다.

이러한 방대한 프로젝트는 열성적인 연구 지원 없이는 완성하기 매우 어려운 일이다. 이러한 면에서 먼저 뮤리얼 칼로Muriel Calo에게 고마움을 전한다. 그의 지적 호기심과 완벽성은 이 책의 특성을 형성하는 초기의 자료들을 발굴하는 데 큰 도움을 주었다. 또한 히스기야 아그와라Hezekiah Agwara, 봅 벨 Bob Bell Jr., 앨리슨 디센소Allison DiSenso, 그레그 더럼Greg Durham, 서맨사 팡 Samantha Fang, 앤드리아 해프티Andrea Haffty, 데르야 혼사Derya Honça, 조 김Jo Kim, 카타리나 릭스Katharina Lix, 마핫 소마네Mahat Somane, 브라이언 토피Brian Torpy 등은 철저한 연구지원과 프로젝트관리를 수행했다. 이 책 저작 프로젝트를 완성하기까지 총괄 감독하고 추가적인 연구지원을 담당한 캐서린 고든Katherine Gordon에게 특별한 감사를 드리고 싶다. 그녀의 세심한 지원은 이 책의 질을 향상시키는 데 크게 도움을 주었다.

이 책의 많은 부분은 하버드 케네디 스쿨의 지속가능 과학 프로그램의 재정 지원으로 이루어졌다. 묵묵히 연구를 지원해 준 윌리엄 클라크William Clark 와 낸시 딕슨Nancy Dickson에게도 감사를 드린다. 이 책은 저자가 2014~2015년

MIT 공대 도시연구기획학부 마르틴 루터 킹 객원교수 재직기간 중에 완성되었다. 그러한 기회를 갖게 된 것을 감사하게 생각하며, MIT 재직 시 지원을 아끼지 않았던 에란 벤조셉Eran Ben-Joseph, 에드먼드 베르칭거Edmund Bertschinger, 필 버든Phil Budden, 필립 클레이Philip Clay, 웨슬리 해리스Wesley Harris, 필립 코우리Philip Khoury, 리처드 라슨Richard Larson, 피오나 머레이Fiona Murray, 케네스 오예Kenneth Oye, 리처드 새뮤얼스Richard Samuels, 비쉬 산얄Bish Sanyal, 로렌스 서스킨드Lawrence Susskind, 레온 트릴링Leon Trilling에게 감사한다.

이 책의 검토위원들에게 깊은 감사를 드린다. 그들의 솔직함과 엄격함은 검토 과정에서 익명 토론의 중요성을 더욱 절감케 했다. 1차 검토회의는 이 책에 수록된 자료들만큼이나 열정적으로 진행되었다. 나는 매사추세츠 종합병원에서 척추수술 후 회복 기간 중에 이 책을 최종적으로 편집했다. 입원 기간 중 우수한 의사, 간호사, 간호조무사 및 병원직원들의 관리하에 최신 첨단 의료기술의 도움을 받았다. 이러한 시의적절한 의료진의 도움이 없었더라면 아마 계획대로 이 책이 출판되지 못했을 것이다.

끝으로 집필 기간 중 묵묵히 참고 지원해 준 아내 앨리슨Alison과 아들 에릭Eric에게 감사한다. 이 책이 결코 완성되지 못할 것처럼 보이는 순간도 있었지만 가족들의 격려로 완성할 수 있었다.

2016년
칼레스투스 주마

지은이

# 칼레스투스 주마 Calestous Juma

칼레스투스 주마는 하버드대학교 케네디스쿨 산하 벨퍼 과학 및 국제문제 센터에서 국제 개발 실무 교수이자 과학, 기술 및 세계화 프로젝트 이사를 역임했다. 케냐인으로서 그는 경제 발전에서 과학, 기술 및 혁신의 역할에 대해 국제적으로 인정받는 권위자였다.

- 영국 서섹스 대학교 University of Sussex 과학정책학 박사
- 미국 하버드대학교 케네디스쿨 Harvard Kennedy School 과학기술 정책 교수
- 런던 왕립학회 Royal Society of London 정회원
- 미국 과학아카데미 US National Academy of Sciences 외국인 부회원
- 하버드대학교 케네디스쿨 경제개발 혁신 학장
- 생물다양성협약CBD 사무국 사무총장(1995-1998)
- 하버드대학교 국제개발센터 특별 고문
- 아프리카 기술연구센터 상임이사(1988-1995)

주요 저서

*Feeding the Next Generation: Science, Business, and Public Policy.* Belfer Center for Science and International Affairs, Harvard Kennedy School, Cambridge, USA, 2011.

*Going for Growth: Science, Technology and Innovation in Africa.* The Smith Institute, London. 2005.

*Long-Run Economics: An Evolutionary Approach to Economic Growth.* Pinter Publishers, London. 1987.

*The New Harvest: Agricultural Innovation in Africa.* Oxford University Press, New York. 2011.

옮긴이

## 박정택

박정택은 한양대학교 공과대학, 서울대학교 행정 대학원, 영국 서섹스 대학교, 고려대학교(박사)에 서 과학정책을 전공하였다. 기술고등고시(11회) 를 거쳐 과학기술부 국장, 주오스트리아대사관 겸 빈국제기구대표부 공사참사관, 경기과학기술진흥 원 원장, 한국연구재단 감사, 한국기술교육대학교 과학기술정책 담당 교수 등을 역임하고, 현재 서울 대학교 행정대학원 한국행정연구소 객원연구원으 로 재직하고 있다.

- 고려대학교 대학원 과학정책학 박사
- 서울대학교 행정대학원 행정학 석사
- 영국 서섹스대학교University of Sussex 과학정책학 석사
- 한양대학교 공과대학 전기공학과 공학사
- 서울대학교 행정대학원 행정연구소 객원연구원
- 한국기술교육대학교 과학기술정책 교수
- 경기과학기술진흥원 원장
- 한국연구재단 상임감사
- 주오스트리아대사관 겸 빈국제기구대표부 공사참사관
- 과학기술부 공보관, 과학기술협력국장
- 영국 원자력발전공사Nuclear Electric Plc. 정책자문관
- 제11회 기술고등고시 합격

주요 번역서
『원자력의 정치경제학』. 겸지사. 1997.

한울아카데미 2373

규제를 깬 혁신의 역사
왜 그들은 신기술에 저항하는가

**지은이** | 칼레스투스 주마
**옮긴이** | 박정택
**펴낸이** | 김종수
**펴낸곳** | 한울엠플러스(주)
**편집** | 조수임

**초판 1쇄 인쇄** | 2022년 4월 25일
**초판 1쇄 발행** | 2022년 5월 20일

**주소** | 10881 경기도 파주시 광인사길 153 한울시소빌딩 3층
**전화** | 031-955-0655
**팩스** | 031-955-0656
**홈페이지** | www.hanulmplus.kr
**등록번호** | 제406-2015-000143호

Printed in Korea.
ISBN 978-89-460-7373-9 90000(양장)
      978-89-460-8178-9 90000(무선)